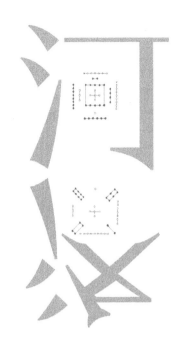

河洛文化研究丛书

河洛文化与宗教

温玉成　李晓敏　杨晓塘　杨　争　著

河南人民出版社

图书在版编目（CIP）数据

河洛文化与宗教/温玉成等著. — 郑州：河南
人民出版社，2018.2
（河洛文化研究丛书）
ISBN 978 - 7 - 215 - 10218 - 7

Ⅰ．①河… Ⅱ．①温… Ⅲ．①宗教文化—概况—
河南 Ⅳ．①B929.2

中国版本图书馆 CIP 数据核字（2018）第 027215 号

河南人民出版社出版发行
（地址：郑州市经五路 66 号　邮政编码：450002　电话：65788063）
新华书店经销　　北京虎彩文化传播有限公司印刷
开本 710 毫米×1000 毫米　　1/16　　印张 22.5
字数 280 千字
2018 年 2 月第 1 版　　　2018 年 2 月第 1 次印刷

定价：155.00 元

目 录

绪　言

　　河洛宗教是中国古代宗教的一部分。中国上古时代,一直以史官文化与儒家学说为信仰的中心。我们的祖先并没有创造出一种影响世界的宗教,这在某种程度上限制了中国文化在西域、东北亚及东南亚的传播。但是中国在扩展中,对异域文化和宗教并不排斥,而是采取了兼容并蓄的立场。佛教、火袄教、摩尼教、景教、伊斯兰教等相继传入,并不同程度地与中国传统文化相融合。和平的通商和残酷的战争是文化交流的两种形态。

　　中国佛教史的第一阶段,从东汉明帝"永平求法"到西晋怀帝"永嘉之乱",共约250年,是在以洛阳为中心展开的。产生于印度的佛教文化,是通过大月氏人,经天山南北的"丝绸之路"传入中国内地的。大月氏人建立的贵霜帝国,则是把伊朗文化、希腊(汉代称"兜勒")文化与印度文化冶为一炉的。所以,佛教文化的传入,也标志着中国文化与印度文化、伊朗文化及希腊文化交流的重大事件。中国人接受佛教文化之初,就具有强大的吸收力和改造力。"仙佛模式"的创造以及北魏把供奉佛像与祭祀祖先相结合,就是最显著的事例。西晋时,西域城邦诸国佛寺僧人,要受洛阳高僧的指导,反映了中原文化对西域文化的影响。

　　隋唐时代,佛教文化达到历史高潮。长安与洛阳并为两大中心。禅宗、天台宗、法相宗、净土宗、律宗、华严宗、密宗等相继形成具有中国特色的宗派。武则天以"弥勒下世"自居影响巨大,她第一次打破了"佛"与"人"的界限。自南北朝起,中国僧人即开始创作佛经,隋唐五代尤甚,往往被斥为"伪经"。依我之见,伪经者,中国僧人与时俱进所创作之经典也。《佛说父母恩重经》、《佛说十王经》等就是这类经典的代表。

金元时代,中国经历了空前的政治变局,思想也从宋代理学束缚下解放出来。这一变局对中国宗教的冲击巨大,僧人万松行秀倡导"冶三教于一炉",学者李纯甫提出了"孔门禅"。全真道则主张《道德经》《孝经》《心经》并重。人、神(佛)界限更加宽松,重庆大足宝顶出现了毗卢佛头顶柳本尊的造像。中下层民众则创立了代表他们利益的宗教派别,如糠禅(大头陀教)等。

道教创立之初即远离政治中心,主要有北方沿海的"太平道"和成都平原的"五斗米道"。他们建立了自己政教合一的教区("治")。寇谦之的道教改革,就是顺应时代,与朝廷合作。李唐帝国追认老子李耳为其远祖,道教获得空前大发展。但道教信仰庞杂,理论疏漏,乃多取佛教而变更之。"三世佛"与"三清","救苦观音"与"救苦天尊","四大天王"与道教"四大护法神"(天蓬、黑煞、玄武、火铃),皆属此类。道教也融合了一些摩尼教的教义。但是,道教追求的长生不老,炼丹,养生,具有永恒的魅力,故久传而不衰。

日益进步的科学技术,解决不了人们理想上和心灵上的悬念和追求,宗教填补了这个空间。社会的进步也催生着宗教的变革。读一点宗教史,也许是有益之举。它比那些浑浑噩噩成天泡在酒里,乐在闹中,更让人宁静而致远,从容而不迫。

编者

2010 年 3 月 4 日于北京

第一章　原始社会至夏商周时代的
河洛宗教概说

　　河洛地区是指黄河中游嵩山地区及洛水流域(包括伊、洛、涧、瀍诸水),曾是中华文明的发祥地之一。在洛阳伊川穆店村、凯旋路东段、北窑村先后发现的旧石器遗存,大约距今 3 万~10 万年;在洛阳地区偃师、巩义、登封先后发现的裴李岗文化遗址,大约距今 8000 年;距今 5000~6000 年的仰韶文化,是以洛阳西渑池县仰韶村的发现命名的,至今洛阳地区已发现同类型的文化遗址 100 多处。① 司马迁说:"昔三代之君,皆在河洛之间。"由原始部落而裴李岗文化,而仰韶文化,而夏商周三代文化。河洛文化作为原初文化之一,汇集各地邦国文化而形成了中华民族的王国文化。"中国"一词,最早出现于西周初期的青铜何尊铭文上,指的就是河洛一带。在此基础生发的宗教萌芽,有着鲜明的地域特色。

一、河洛原始社会的自然宗教

　　在人类原始社会中宗教的最初表现形式即是万物有灵论、拜物教等自然宗教。马克思、恩格斯在《德意志意识形态》中指出:"自然界起初是作为一种完全异己的、有无限威力的和不可制服的力量与人们对立的,人们同它的关系完全像动物同它的关系一样,人们像牲畜一样服从它的权力,因而,这是对自然界的一

---

① 　张森水等:《洛阳首次发现旧石器》,《人类学学报》1982 年 1 卷第 2 期。

种纯粹动物式的意识(自然宗教)。"①

洛阳一带最古的原始居民是从甘肃、陕西两省交界的黄土高原上迁来的姜姓的炎帝族和土著的东夷族。《诗经·大雅·崧高》云:"崧高维岳,骏极于天。维岳降神,生甫及申。"甫和申都是姜姓小国,自认出于嵩山。

混合华夏和东夷文化的氏族是高阳氏,它的首领是帝颛顼。帝颛顼是一位大胆改革的宗教主,他"使南正重以司天,火正黎以司地",从而有了专职的巫觋。

《山海经》中所讲的"帝",全是指天上的大神。中次二经群神往来之处,从伊水发源处的西边起,东过洛水的南边,再东为泰室、少室两山,即今嵩山,最东到密县的大隗山。中次三经里面有青要之山(新安县境内)为"帝之密都",是群神秘密往来的地方。中次七经所记的山有群神下棋的地方("帝台之棋",在休与之山,在今灵宝县境内),有群神宴饮的地方("觞百神"在鼓钟之山,在今嵩县东北),有群神暂时休息之树("其上有木焉,其名曰帝休",在少室之山,今登封境内)。

原始社会的图腾崇拜约与氏族公社同时发生。洛阳古称雒阳,雒,从佳各声,据《尔雅》,雒,忌欺也。由此推想,上古时代洛阳一带居住的氏族可能是以忌欺鸟为图腾。忌欺是一种什么鸟呢?或曰怪鸥,或曰钩雒鸥。雒阳改为洛阳始自曹魏黄初元年(公元220年)。郯子说,少皞氏"纪于鸟",换言之,少皞是以鸟类为图腾的,古代雒阳或许是少皞的一个民族。少皞族原是东夷,后来与东下的黄帝、炎帝合作。

《国语·周语》说:夏之兴也,祝融降于崇(同嵩)山,鲧称崇伯。鲧是嵩山一带的部落酋长。

据《史记·封禅书》引《尚书》,"舜在璇玑玉衡",对五岳五载一巡狩。舜死以后,"禹避舜之子于阳城(登封告城镇)"②鲧及其子禹,都是治理洪水的专家。《尧典》说:帝尧忧虑洪水泛滥,问大家谁可以治水。大家公推鲧,可是"九载绩用弗成"。因为他用的是共工氏治水的老办法,把高地方铲平,把低地方填高,

① 《马克思恩格斯全集》第三卷,第35页。
② 孟子:《孟子·万章篇》。

和今天筑堤坝一样。鲧治水失败,被逐远出。大禹被举治水,他考察河道,采用大规模疏导,使水畅游的办法,终于取得成功。大禹凿龙门的传说可能发生于伊阙。

禹娶于涂山氏,生子启,涂山氏化为石①,这可能表明石头是涂山氏的图腾崇拜。鲧和禹都被推选为部落大酋长,大酋长有权祭天、巡狩、处罚有罪的酋长和率众攻击敌对的部落。

从考古发掘的实物来看,洛阳的原始社会遗物十分丰富。在渑池、陕县、灵宝等地都发现了相当于中国猿人时代的石制工具。大约距今六七千年前,黄河流域已进入母系氏族社会的繁荣阶段。洛阳的涧水沿岸和涧西的周山脚下,已有人类居住的原始村落。近年发现的三十多处新石器时代遗址,则已进入父系氏族社会的阶段。洛阳发现的数十处夏文化遗址中最典型的有偃师县二里头遗址和洛阳南郊的矬李遗址。有的学者认为二里头可能是夏都斟鄩。而登封告成遗址则是禹都阳城。

从考古学的遗迹、遗物来论证原始社会宗教的文章,尚极少见,这是有待今后加强研究的一个重要课题。

二、河洛夏商周时代的宗教

夏朝的最后的国王是帝履癸(桀),他居于洛阳,是一个暴君。商的兴盛,是天乙(汤)时代的事。汤从商丘徙居亳(山东曹县),作灭夏的准备。商汤灭夏,回到亳都,自称武王。商的前期,过着游牧生活,盘庚迁殷,才把国都固定下来。

1959 年发现的偃师二里头遗址,可能是夏代文化遗存。遗址中的一号宫殿,东西长约 108 米,南北宽约 100 米,北部有雄伟的殿堂,中间为宽广的庭院,四周有环绕的廊庑,南面有壮观的大门,布局谨严、主次分明。值得注意的是殿堂附近及庭院中发现一些灰坑,里面有四副人骨架,一副兽骨,可能是举行某种仪式的"祭祀坑",从而推断此处殿堂可能是王室的宗庙建筑。该遗址中的二号

---

① 屈原:《天问》,王逸注引《淮南子》。

宫殿在一号东北 150 米,形制略小,其北有座同时的大墓,由此推测二号宫殿也可能是宗庙建筑。这种建筑正式名称应叫"世室",或可名"重屋",也就是周人所谓的"明堂"、鲁之所谓"大庙"、郑之所谓"大宫"。古代的宗庙不仅是统治者供奉其祖宗的庙宇,而且是最重要的行政场所,如国家的大典、隆重的祭祀,每月的告朔听政、外交上的会盟、军事上的出师援兵、献捷、献俘等均在宗庙举行,宗庙成为政权的象征。据《左传》庄公二十八年说:"凡邑,有宗庙先君之主曰都",二里头遗址既然有宗庙,就应该是一个都城。可能是最早的雒邑。①

夏王朝的宗教已经不是原始社会的自然宗教而是奴隶社会的宗教。《尚书·召告》说:"有夏服(受)天命";《论语泰伯》说:大禹"致孝乎鬼神"。二里头遗址灰坑中出土了一片刻有"鱼"字的骨片,是否此时已有占卜尚无定论。夏朝末期的帝孔甲"好方鬼神事淫乱,夏后氏德衰"②,诸侯叛夏,至夏桀,暴虐无道,不久夏亡。

1983 年春发现的偃师商城遗址(南北长 1700 余米,东西宽 740～1215 米),北据邙岭,南邻河,规模宏大,许多学者认为这就是商汤灭夏所都的"西亳"③。在南部有三座建筑遗址,正中一处基址旁有大型祭坛,祭坛前面有几处台阶可供上下。古人祭天,在里外除草扫地而祭叫做"墠"(音善),后来封土而祭叫做"坛"。

《吕氏春秋·顺民篇》记述了一则商汤祷雨的故事:汤克夏而正天下,天大旱,不收。汤乃以身祷于桑林,曰:"余一人有罪,无及万夫;万夫有罪,在予一人。无以一人之不敏,使鬼神伤民之命。"于是剪其发,磨其手,以身为牺牲,用祈福于上帝。

在商代人们的幻想中,他们深信,在宇宙间有个主宰一切的天神——"上帝"。上帝有一个以日月风雨等为臣工的帝廷,协助统治一切。他以自己的好恶,发号施令,称作"天命"。专门与神交通的是"巫"、"祝",国王也是巫祝的首领。④ 所以遇于大旱,汤以身为牺牲而祈祷于社。商人迷信鬼神,国王事无大

① 中国科学院考古院研究所二里头工作队:《河南偃师二里头早商宫殿遗址发掘简报》,《考古》1974 年 4 月;《河南偃师二里头二号宫殿遗址》,《考古》1983 年 3 期。
② 汉·司马迁:《史记·夏本纪》,中华书局 1982 年版。
③ 赵芝荃、徐殿魁:《河南偃师商城西亳说》;《全国商史学术讨论会会论文集》,1985 年 2 月。
④ 郭宝钧:《中国青铜器时代》第五章第一节,三联书店 1963 年版。

小，都要占卜，请鬼神指导，仅祭祀而言，就有乡(伐鼓而祭)、翌(舞羽而祭)、祭(献酒肉而祭)等等。①《尚书·洪范篇》，据说是周朝史官箕子的殷商政治文化的纲要。《洪范篇》说：你(国王)有大疑难的事，自己先想想，再和卿士商量，和庶民商量，和卜筮商量。卜筮的地位是很重要的。

周代尊礼敬天，畏敬鬼神但不亲近鬼神。周人思想的中心是敬天保民。公元前1066年，周武王载着文王木主去伐商纣王。两年后，周武王病死，周成王年幼，周武王的同母弟周公姬旦摄王位。周公欲迁殷顽民于洛阳，先把他们迁至大伾黎水傍，用占卜来减少其阻力。《尚书·洛诰》说："予惟乙卯朝至洛师。我卜河朔黎水(《孔传》："不吉")，我乃卜涧水东，瀍水西(即"王城"所在，周师驻此)，惟洛食。我又卜瀍水东(即"成周"所在，殷顽民迁于此)，亦惟洛食。"

周公摄行王政七年，这位大政治家本周旧制，参酌殷礼，制定了周朝的重要制度，这就是周公制礼作乐。制礼作乐中与宗教有关者是立七庙(三昭三穆与太祖)、定祭法、立明堂。天子祭天地，一年九祭，三祭昊天，六祭五方。诸侯祭社稷，大夫祭五祀。

周人祀稷神。稷神传为厉山氏之子，名桂，善植五谷(稻、粱、菽、麻、麦)。公元前770年，周平王东迁，周室衰微，号令不行，政由方伯。周平王东迁洛邑后，开始有地方约六百里，后来分赐立功诸侯或被侵夺，天子自有的土地和民人，实在所存无几。但在名义上，东周天子仍然保持"天下宗主"的地位，并且洛邑仍然是文化的中心。

《左传》桓公六年，季梁对隋侯说："夫民，神之主也；是以圣王先成民而后致力于神，……故动则有成。今民各有心，而鬼神令主，君虽独丰，其何福之有？"僖公十九年，司马子鱼评论宋公说："祭祀以为人也。民，神之主也。用人，其谁饗之？"庄公三十二年，史嚚评论虢公说："国将兴，听于民；将亡，听于神。神，聪明正直而壹者也，依人而行。"

东周人认为神有三类，一类是大自然界中的天、日、月、星、辰、名山大川(兴云致雨)乃至虎、猫；另一类是有关日常生活的(堂屋)、门、行(道路)、户、灶等；第三类是为民的英雄，如神农、稷神(周弃)、后土(社神)、帝喾(观天象、造历

---

① 冯友兰：《中国哲学史新编》第一章第一节，人民出版社1964年版。

法)、尧、舜、鲧、禹、黄帝、颛顼、契、冥、汤、周文王、周武王等。

这众多的神中最高的神是天或称皇天上帝,表现天意的则是命。无功的古人称为鬼,只许他们自己的子孙祭祀,"非其所祭而祭之,名曰淫祀,淫祀无福"①。及至东周之末,战事频繁,荣辱瞬变。人的祸福不尽系之苍天,这是明显的现实。所以人们对彼苍天愈益迷惘。像荀子这样的大思想家在《天论篇》中则论证人虽不能改变天常,人却可以顺应天常而自求多福,结语之中有人定胜天之意。当然,作为多数人们却仍然迷信天、命、鬼、神的存在,统治者仍然在实行愚民的政策,提倡卜筮祭祀。白鹳氏族战胜鲢鱼氏族后,当白鹳氏族酋长去世时,为纪念他的功勋,专门给他烧制"鹳鸟衔鱼及大石斧"陶缸作为葬具,用以显示酋长的身份和权威。

春秋战国时代,天子式微,诸侯崛起。因之,唯一的上帝,分裂为天下"五帝",黄帝居中,东方青帝,西方白帝,南方赤帝,北方黑帝。又有后土、勾芒、祝融、蓐收、玄冥为五帝的辅佐。周人还有源自土地崇拜的社神、稷神;日月星辰崇拜;气象崇拜(风神、雨神、云神、雷神等);山川水火崇拜;等等。沟通人神之间的是巫觋,他们有可以招神、招魂、引魂升天等巫术;甚至可以诅咒、避兵。占卜也是商周社会的重要活动,包括星占、龟卜、筮占、相术等等。

总之,春秋战国时代,是世界上宗教诞生的时代。两河流域的古犹太教,古波斯的祆教,古印度的婆罗门教、佛教、耆那教等已形成完整的宗教体系。但是在中国,虽然延续了远古的众多信仰,却没有形成一种宗教体系。因此中国的儒家信仰没能延伸到西域、西伯利亚、中南半岛诸国,在一定的意义上讲,限制了中国文化的传播。因为上古各族人民是需要宗教来加以教化的。

伴随着封建化的过程,在战国时代,燕齐一带出现了神仙方术。通神仙而有长生不死的仙方就是这类方士的"本领"。战国末期,方士和巫师采取齐人邹衍的阴阳五行说,变成神仙家,具有了更大的欺骗性。战国时代祭祀的诸神,据屈原的《九歌》,知楚国祭祀的有日神("东君")、云神("云中君")、司命运之神("大司命"与"少司命")、湘水男神("湘君")、湘水女神("湘夫人")、黄河神

---

① 《礼记·典礼》。

（"河伯"）、巫山女神（"山鬼"）等①。而《国殇》一篇则祭祀阵亡将士。所有这些神，都由国家祭祀，人民无权祭祀。《九歌》中诸神，除湘君、湘夫人及山鬼外，也应是东周各国祭祀之神。洛阳一带人民自然也祭祀洛神。

---

① 孙祚云：《九歌山鬼考》，《清华学报》11 卷第 4 期。

第二章　秦汉时代的宗教概述

　　"中国本信巫,秦汉以来,神仙之说盛行,汉末又大畅巫风,而鬼道愈炽;会小乘佛教亦入中土,渐见流传。凡此,皆张皇鬼神,称道灵异,故自晋迄隋,特多鬼神志怪之书。其书有出于文人者,有出于教徒者,文人之作,虽非如释、道二家,意在自神其教,然亦非有意为小说,盖当时以为幽明虽殊途,而人鬼乃皆实有,故其叙述异事,与记载人间常事,自视固无诚妄之别矣。"①

一、秦汉神仙方术

　　秦始皇好神仙,求之"如恐弗及",还曾亲自数次至海上求仙人,希望得到海中三神山——蓬莱、方丈、沨州的长生奇药②。

　　西汉武帝"尤敬鬼神之祀"③。元鼎元年(公元前116年),齐人公孙卿以札书"黄帝仙登于天"上奏武帝,并引其师申公之言,劝武帝学黄帝的样子上封、登仙。"于是天子曰:'嗟呼!吾诚得如黄帝,吾视去妻子如脱衣耳!'乃拜卿(公孙卿)为郎,东使候神于太室。"④元封元年正月,汉武帝行幸缑氏(今河南偃师县南缑山),诏曰:"朕用事华山,至于中岳,见夏后启母石。"乃登太室顶、祠中岳神,

---

① 鲁迅:《中国小说史略》第五篇,人民文学出版社2005年版。
② 汉·司马迁:《史记·秦始皇本纪》,中华书局1982年版。
③ 汉·司马迁:《史记·封禅书》,中华书局1982年版。
④ 汉·司马迁:《史记·孝武本纪》,中华书局1982年版。

令祠官扩修"太室祠"①(即中岳庙)。

1976 年 6 月在洛阳发现的西汉卜千秋(郡级官吏)墓壁画绘有一幅"升仙图",墓主夫妇在升入云霞纷繁的仙境时,日月当空,伏羲女娲引护,神禽仙兽拱卫,方士招引。这幅画以线描表现手法逼真而自然,具有强烈的宗教色彩,具体而生动地描绘出当时河洛一带民众的生死观。这种宗教绘画艺术,为后来道教宫观壁画的主要内容之一。"升仙图"堪称河洛文化的璀璨瑰宝,为我国道教艺术史上的一块丰碑。②

汉光武帝刘秀于建武元年六月(公元 25 年)命有司设坛场于鄗南,即皇帝位,燔燎告天,洁斋以祭六宗(水、火、雷、风、山、泽),望祭群神。中元元年(公元 56 年),宣布图于天下。③

东汉宫廷和民间盛行驱鬼之俗,谓之"逐疫"。宫廷"逐疫"之仪是于先腊一日,选中黄门子弟年十岁以上、十二以下一百二十人为"侲子",由黄金四目、蒙熊皮的方相氏带领,并十二兽,逐恶鬼于禁中。方相氏与十二神狂舞,欢呼周偏,前后省三过。然后持火炬,送疫出端门,再由宫外五营骑士接过火炬,弃恶鬼于雒水之中。百官各府皆以木面兽为"傩人",师讫,设桃梗、苇茭以驱疫癖邪。

东汉的谶纬学说是道教典籍中的重要内容之一,它大兴于东汉时的洛阳。谶是谜语式的语言,源出巫师和方士。纬是用迷信来解释经书文字,其中也包括相当多的天文历数、地理、典章、礼制、神话传说等合理的科学部分。谶纬之风经汉光武帝倡导,遂风靡东汉。这些内容与方法后来也被道教所吸收。

"谶"的记载,以《史记·赵世家》所载秦穆公时的"秦谶"为最早,一说此事出于后人依托,不足据,当以《史记·秦始皇本纪》所载卢生奏录图书之语为最早。最古的谶书是《河图》、《洛书》。纬书的内容萌芽于伏生的《尚书大传》和继起的董仲舒的《春秋阴阳》,但到汉武帝以后才出现托名于经书的纬书。当时《易》、《书》、《诗》、《礼》、《乐》、《春秋》六经和《孝经》都有纬书,总称为《七经纬》。又与《论语谶》、《河图》、《洛书》等合称为"谶纬",共有八十一篇:《河图》九篇,《洛书》六篇(说自出于黄帝至周文王的本文),又别有《河图》和《洛书》三

---

① 洛阳博物馆:《洛阳西汉卜千秋壁画墓发掘简报》,《文物》1977 年第 6 期。
② 南朝宋·范晔:《后汉书·光武本纪》,中华书局 1965 年版。
③ 南朝宋·范晔:《后汉书·礼仪志》,中华书局 1965 年版。

十篇(说自初起至孔子九位"圣人"增演的);还有《七经纬》三十六篇。此外,另有《尚书中候》、《洛罪极》、《五行传》、《诗推度灾》、《氾历枢》、《含神务》、《孝经勾命诀》、《援神契》、《杂谶》等书。汉末,郗萌又集图纬谶杂占五十篇,为《春秋灾异》。这些书总的思想属于阴阳五行体系,其中虽包含一部分有用的天文、历法、地理知识和古史传说,但绝大部分内容荒诞不经,可以穿凿附会地作几种不同的解释,并可任意证实其中一种是"正确"的,为改朝易代制造根据。王莽、汉光武帝都利用图谶称帝,取得政权以后,发诏颁命、施政用人也引用谶纬。汉光武帝中元元年(公元56年)又正式"宣布图谶于天下",定为功令的必读书,"言五经者,皆凭谶纬说"。儒生为了利禄,都兼习谶纬,称"七经纬"为"内学",而原来的经书反称为"外学"。谶纬的地位实际上凌驾于经书之上。

建初四年十一月(公元79年)汉章帝"于是下太常,将大夫、博士、议郎、郎官及诸生、诸儒齐会洛阳白虎观,讲议五经同异,使五官中郎将魏应承制问,侍中淳于恭奏,帝亲称制临决,如孝宣甘露石渠故事,作《白虎议奏》"①。洛阳白虎观的会议使儒家也披上了宗教神学的外衣。这种谶纬之学,与神仙方士的神鬼之说在本质上是一致的。《诗纬含神雾》及《孝经纬援神契》谓太华山上有仙室,少室山上有灵药,这些都被道教所吸收。

当谶纬学说大兴之时,黄老学说逐渐发展到顶峰。汉明帝、汉章帝时,朝廷崇信黄老尤甚。明帝不但身体力行修心养性,还劝其父光武帝颐爱精神。明帝之弟楚王刘英"诵黄老之微言,尚浮屠之仁祠",视"黄老"同"浮屠",黄老学说已与神仙养生术结合了起来。方士刘春与刘英关系很密切。洛阳皇宫收集了大量的秘书、列仙图和道术秘方。章帝还把这些图籍赠给东平王刘苍,让他在藩国传习,黄老学说在上层人士中被神秘化,黄帝老子被神化,已带有浓重的宗教性,到顺帝时,已发展成为宗教性的黄老道。不久,"琅玡(今山东)宫崇诣阙上言其师于吉于曲阳泉水上所得神书百七十卷,皆缥白素,朱介,青首,朱目,号《太平青领书》。其言于阴阳五行为家,而多巫觋杂语。有司(有关部门长官)奏崇妖妄不经,乃收藏之。后张角颇有其书焉"②。但由于朝廷信奉和民间信奉有阶级

---

① 唐·魏征:《隋书·经籍志》,中华书局2008年版。
② 南朝宋·范晔:《后汉书·襄楷传》,中华书局1965年版。

和地位之别,所以此书未被朝廷采用。

桓帝时,黄老道已公开在朝野传布,史载第一个黄老道徒就是汉桓帝。《后汉书·王涣传》载:"延熹(公元158～167年)中,桓帝事黄老道,悉毁诸房祀。""黄老道"之名始见于此。桓帝于延熹八年(公元165年)九月七日祠祀黄帝、老子于皇宫中的濯龙宫。并于这一年三次派中常侍(宦官)到苦县(今鹿邑)祭老子。令陈相边韶撰《祭老子文》并刻石立于老子祠(今鹿邑太清宫)。可以说,东汉洛阳是我国早期道教(教前派)的诞生地。

早期道教黄老道在洛阳宫廷创建之后,朝野上下蔚然成风,滨海一带的长生术(炼丹术)在洛阳得到很快发展。《三十六水法》、《太清金液神丹经》、《黄帝九鼎神丹经》等"火记六百篇"及《龙虎经》等都相继在洛阳问世。信奉黄老者络绎不绝到洛阳修真传道,著书立说,洛阳北邙遂成为早期道教胜境,留下了许多圣迹仙踪。

我国原始道教,约创立于东汉顺帝时期,当时的道教分二大系统:一系张陵(?—156年)创立的五斗米道,另一系是于吉创立的太平道。二者都是以黄老学说为基础,同时吸收了传统的鬼神观念和神仙方术,阴阳五行学说。

据《三洞珠夷》卷五引《道学传》卷二(陈人马枢撰,原20卷,已佚)张天师传云:"张天师弃家学道,负经而行,入嵩高山石室,隐斋九年。周流五岳,精思积感,真降道成,号曰天师。"可知传说张陵亦曾隐于嵩山。

顺帝时,琅玡人宫崇到洛阳向皇帝献他的老师于吉所著《太平清领书》(即后世所称之《太平经》),其书"专以奉天地、顺五行为本,亦有兴国广嗣之术;其文易晓,参同经典"①。

汉桓帝延熹九年(公元166年),好学博古、善天文、阴阳之术的平原(今山东)人襄楷上疏,"宫中立黄老、浮图之祠",祠在雒阳城西北部的濯龙殿,汉桓帝并祭道释二氏;②以天文、阴阳、灾异之数参诸人事,劝桓帝纳谏用贤,重人命,承天意,平冤狱,并极力推荐《太平青领书》。十余日后,又上书,被尚书承旨指责为"假借星宿,伪托神灵,造合私意,诬上罔事",被下狱治罪。

---

① 南朝宋·范晔:《后汉书·桓帝本纪》,中华书局1965年版。
② 南朝宋·范晔:《后汉书·襄楷传》,中华书局1965年版。

　　东汉时,雒阳有石刻杯盘,用以祭祀大老君、真人君、仙人君、东海君、西海君,①这是道教祭祀的"五君"。

　　道教在河洛的活动,影响最大的首推灵帝时的太平道。汉灵帝(公元168~189年)时,"巨鹿张角自称大贤良师,奉事黄老道,畜养弟子,跪拜首过,符水咒说以疗病,病者颇愈,百姓信向之。角因遣弟子八人使于四方,以善道教化天下,转相诳惑。十余年间,众徒数十万,联结郡国。自青、徐、幽、翼、荆、扬、兖、豫八州之人莫不毕应。遂置三十六方。大方万余人。小方六七千,各立渠师。讹言:'苍天已死,黄天当立。岁在甲子,天下大吉'。以白土书京城寺门及州郡官府,皆作'甲子字'。中平元年(公元184年)。大方马元义等先收荆、扬数万人,期会发于邺。元义数来往京师,以中常侍封谞。徐奉等为内应,约以三月五日内外俱起。未及作乱,而张角弟子济南唐周上书告之,于是车裂元义于洛阳"。"角等知事已露,晨夜驰敕,诸方一时俱起。皆著黄巾为标志。时人谓之'黄巾'。""所在燔烧官府,劫略聚邑,州郡失据,长吏多逃亡。旬日之间,天下响应,京师震动。"②张角以《太平经》为指导思想,以黄老道为组织纽带领导了这次农民大起义,因叛徒告密,汉灵帝捕杀马元义及雒阳城内太平道信徒千余人,时在是年二月。由此可知:太平道自顺帝以后四十年中在雒阳取得很大发展,信徒多达千余人之多。

　　黄巾大起义失败后,道教遭到严厉禁止,"诸事老子、妖巫、医卜,并皆废之。其有奉佛五戒勿坐"③。

　　顺帝初(公元226年)仙人于(一作干)吉,琅玡人,原名为室,曾作《太平经》,后"涉乱迁移","出入伊洛","帛君笃病,从于君受道,拜为真人"。师徒二人是在洛阳建立的道谊。

　　仙人帛和是帛家道的创建者,名护,字仲理,益州巴郡(今四川重庆嘉陵江北岸)人,曾在隆虑山(今河南林县西)学道。在洛阳拜师于吉后,便在洛阳北邙山翠云峰老子炼丹处布道。帛和到洛后,"博涉众事,治练术数"的洛中道士,向帛和咨询修道疑难,"帛和即寻声论释,皆无疑碍",遂得"远识人"雅号。帛和功

　　① 宋·洪适:《隶续》卷二,中华书局1986年版。
　　② 南朝宋·范晔:《后汉书·黄甫嵩传》,中华书局1965年版。
　　③ 隋·费长房:《历代三宝记》卷四。

法深湛,善隐形和轻功术,洛中人遂呼之为"神人"①。帛和在修道中授受很多数术秘籍。如《三皇天文》和《五岳真形图》等,道教列为典籍,视为珍宝。《五岳真形图》刻石至今仍保存在嵩山中岳庙。帛和最后在邙山修真处辞世,并葬于此。正当黄老道养生修行盛行于东汉洛阳之时,自称"邻国鄙夫"密县人、内丹家魏伯阳也曾多次在洛阳修真炼丹。后来他将自己的炼丹经验著成《周易参同契》,史称"万古丹经王",似解释《周易》,其实假借爻象,以论作丹之意(宋张君房《云笈七签》)。后被道教尊为五大经典之一。

在秦汉考古材料中,有许多反映时代意识的实物。灵宝张湾汉墓出土了七件镇墓瓶,这种镇墓瓶器腹外壁都有朱书的镇墓文字,文云:"天帝使者:谨为相氏之家镇安隐冢墓,谨以铅人、金玉为死者解适,生人除罪过。瓶到之后,令母人为安。宗君自依地下租岁二千万。令后世子子孙孙仕宦位至公侯,富贵将相不绝。移丘丞墓伯下,当用者。如律令。"②

在东汉晚期,原始道教多活动于下层劳动者中间,往往与农民革命相结合。封建统治者对于这种结合,视为心腹大患,多方禁止道教的活动。曹操曾招致许多方士,集中于魏国国都洛阳,为的是"诚恐斯人之徒,挟奸宄以欺众,行妖隐以惑民,故聚而禁之也"③。

1991 年在偃师县南蔡庄村一座东汉墓中,出土了《河南梁安乐肥君之碑》,碑身高 98 厘米、宽 48 厘米、厚 9.5 厘米。下有覆斗形碑座,座前刻三只耳杯,是我国发现最早的道教石刻。碑文称梁县人(今河南省汝州)肥致(字苌华)被称为"道人",又说他"生号真人,世无及者"。肥致"常舍止枣树上,三年不下,与道逍遥"。碑文记述了他两件大事,第一,有一天洛阳"赤气著重连天,及公卿百道以下无能消者",而肥致"应时发算,除去灾变"。第二,在隆冬季节有一天皇帝想吃生葵(一种夏天的野菜),肥致"君却如室,须臾之倾,抱两束葵出"。据说是从蜀郡太守(四川成都)那里取来的。由于种种神奇举动,所以肥致"声布海内,群土钦仰,来集如云"。从碑文推测,肥致大概是汉章帝、汉和帝时代的人。肥致的老师有魏郡张吴、齐晏子、海上黄渊、赤松子等。他的弟子是"功臣、五大

---

① 王明:《抱朴子内篇校释》,中华书局 1985 年版。
② 河南省博物馆:《灵宝张湾汉墓》,《文物》1975 年第 11 期。
③ 曹植:《辩道论》,载清·严可均辑:《全三国文》卷一八,商务印书馆 1999 年版。

夫"许幼仙。他"解止"(尸解),"从君得度世而去"。许幼仙的儿子许男建(字孝苃),心慈性孝,常思想神灵。他于建宁二年五月十五日(公元169年)"为君设便坐,朝暮举门",为肥君"招魂"。碑文还记载了"土仙"大伍公,见西王母于昆仑之墟,受仙道,大伍公从弟子五人,"皆食石脂"成仙而去。①

二、西王母神话

西王母亦称王母娘娘,金母、瑶池金母,传说中的女神。原是掌管刑罚和灾疫的怪神,后于流传过程中逐渐女性化与温和化,而成为年老慈祥的女神。

根据古书《山海经》的描写:"西王母其状如人,豹尾虎齿,善啸,蓬发戴胜,是司天之厉及五残。"她住在"昆仑之丘"的绝顶之上,有三只叫做"青鸟"的巨型猛禽,每天为她叼来食物和用品。但是在《穆天子传》里,西王母的言行却又像是一位温文儒雅的统治者。当周穆王乘坐由造父驾驭的八骏周游天下时,西巡到昆仑山区,他拿出白圭、玄璧等玉器去拜见西王母。第二天,穆王在瑶池宴请西王母,两人都做了一些诗句相互祝福。

在东汉的画像石上,常常有东王公拜见西王母的画面。西王母或坐于昆仑山上,或坐于龙虎座上,头戴"胜"(纺车的一个部件),背倚织布机,周围有三足青鸟,九尾狐,玉兔等等。这类画像石在山东、苏北、河南、陕西、四川等省均有分布。据《水经注》记载,在苦县赖乡有"老子庙",庙左前方有"孔子庙",老子庙左后方有"李老母庙"及老子母亲的坟冢。这些庙前有四通碑。老子庙前有汉桓帝命陈相边韶撰写的碑,还有魏文帝黄初三年(公元222年)撰写的碑。孔子庙前有陈相孔畴建和三年(公元149年)撰写的碑。李老母庙前有永兴元年立的碑(公元153年)。以上所述诸庙在今河南省鹿邑县太清宫附近。

晋朝葛洪的《枕中书》中记载:混沌未开之前,有天地之精,号"元始天王",游于其中。后二仪化分,元始天王居天中心之上,仰吸天气,俯饮地泉。又经数劫,与太元玉女通气结精,生天皇西王母,天皇生地皇,地皇生人皇。

---

① 李献奇等编著:《洛阳新获墓志》,文物出版社1996年版。

　　西王母的神话故事经历了两次演化。汉代是西王母神话传说演化的第一个阶段。这个时期,西王母居住在西方玉山(又称昆仑山)的石洞中,是一个人面兽身的怪物形象,另外,山上有长着牛角、满身豹纹、声音如犬吠的怪兽——狡,还有长着红色羽毛、喜好食鱼的三青鸟。魏晋南北朝时期是西王母神话传说演化的第二个阶段。此时,人们把西王母神话传说和周穆王西征、汉武帝西巡的历史事实联系起来,西王母形象人格化、神化传说故事化,其中周穆王和西王母在瑶池相会的故事广为流传,影响很大。神话传说的西王母形象是逐渐完善起来的,并且与历史有着密不可分的关系。

　　王母娘娘之所以如此受到道教信男善女的信仰崇拜,是因为她操有不死之药,能使人长生不老。王母娘娘(西王母)能使人长生不死之说甚早,据《穆天子传》记载,西王母曾为周天子谣曰"将子无死";《淮南子》讲:"羿请不死之药于西王母"。汉晋时期成书的《汉武帝故事》和《汉武帝内传》中,明知这个不死之药为"仙桃"(蟠桃)。此桃"大如鸭卵,形圆色青","桃味甘美,口有盈味","三千年一生实,中夏地薄,种之不生"。此仙桃因与西王母有关,故有称之为"王母桃"者。如《洛阳伽蓝记》卷一载:"(华林园中)有仙人桃,其色赤,表里照彻,得霜即熟。亦出昆仑山。一曰王母桃。"吃王母仙桃可长生不死,不仅影响帝王(如汉武帝)、民间,就是古代较为严肃的科学家也这样认为。如北魏贾思勰《齐民要术》卷十称,"仙玉桃,服之长生不死"。另外民间不仅认为王母娘娘握有不死之药,而且还赐福、赐子、化险消灾。如汉焦延寿的《易林》卷一载:"稷为尧使,西见王母。拜请百福,赐我善子。引船牵头,虽物无忧。王母善祷,祸不成灾。"

　　王母娘娘操有不死之药、赐福、赐子及化险消灾与泰山娘娘送生、保育、治病等有异途同归之意,道教仙话中的黄帝七女说与王母娘娘有关,也与泰山娘娘(碧霞元君)有关。李谔的《瑶池记》载:"黄帝尝建岱岳观,遣女七,云冠羽衣,焚修以迎西昆真人。玉女盖七女之一,其修而得道者。"岱岳观位于王母池(古称"瑶池"或"群玉庵")之西邻(李谔或许将岱岳观与王母池混了),李谔的《瑶池记》之瑶池,无疑是指王母池,而王母池供养的是王母娘娘,那么这个玉女显然就是王母娘娘了。一般说来,玉女是指泰山玉女(泰山娘娘),泰山娘娘也是黄帝七女之一。如谢肇淛《登岱记》云:"元君者,黄帝七女之一也。"王思任《泰山记》载:"考元君之始,黄帝封岱,遣七女云冠羽衣,迎昆仑真人。元君其一也。"文翔凤《登泰山记》亦有相同的看法:"至碧霞之宫,相传为黄帝时遣七女云冠羽衣,于岱岳之上以迎西昆真人,而玉女其一有道术者。"从以上文献记载不难看出,王母娘娘为黄帝七女之一者,也即泰山玉女娘娘。

三、嵩山神的信仰

嵩山,横卧于洛阳东南的登封县,东西绵延 30 多公里,是黄河流域与淮河流域的分水岭,为九州之险,五岳之冠。主峰太室山耸峙于东北,海拔 1440 公尺;次峰少室山峨据于西南,海拔 1512 公尺。两峰之间,雄踞着著名的"轩辕关",是"九朝故都"洛阳通往东南方的孔道。

原始洪荒,中华先民就辟草莱于嵩洛。《史记·封禅书》引《尚书》云:早在大舜时代(4200 年前),每五年就要巡狩一次中岳。《国语·周语》云,夏王朝兴起的时候,火神祝融诞降于嵩山。依《古本竹书纪年》的说法大禹都于洛城(今登封县东南的告成镇一带);又迁都于斟𬩽(今偃师县南部一带)。

《诗经·大雅·嵩高》云:"嵩高维岳,骏极于天。维岳降神,生甫及申。"嵩阳一带,春秋时属郑国,战国时归韩国。秦始皇十七年(公元前 230 年),秦灭韩,以嵩阳为颍川郡,始筑太室山神祠。

西汉武帝元封元年(公元前 110 年)三月,礼登太室山,以通神仙;以三百户为太室祠供奉,命此地为"高高邑"。东汉以后,祠祀相继。传说大禹的妻子涂山氏生下儿子启以后,化作一块巨石,人称"启母石"。这启母石至今仍屹立于嵩山南坡上。而涂山氏的妹妹——少姨,化作少室山的山神,专司蚕事。东汉安帝延光二年(公元 123 年)前后所建的"太室阙"、"少室阙"和"启母阙"保存至今,是国家级重点文物。元代杨奂《游少室山》写道:"路旁双阙老,蔓草入荒祠。时见山家女,烧香乞茧丝。"

崇山叠嶂、烟云缭绕的嵩山,自古就被认为是神灵出没、仙人得道的圣地。《山海经》中所述的天上大神——"帝",即往来于嵩洛周围。少室山上有群神休息之木,名曰"帝休"。据道家仙经传说,嵩山、王屋山、女儿山等名山,皆有正神掌管,是精思合做"仙药"的好地方。

古人还认为,嵩山是天下的中心。中国最古老的天文台——"周公测景台"就坐落在登封县告成镇,那里至今也还保存着元代科学家郭守敬(1231～1316)所建的"观星台"。一副对联昭示了这里在中国历法中的地位:"石表寓精心,氤氲南北变寒暑;星台留古制,会合阴阳交风雨。"

中岳嵩山的祭祀自汉武帝以来陆续不断。北魏末大司农卢元明撰有《嵩高山庙记》,①惜已失传。

东汉元初五年(公元118年),阳城长吕常造太室石阙,斋诚奉祀"崇(嵩)高神君",延光二年,建少室石阙。② 北魏泰常八年(公元423年),明元帝幸洛阳,遣使以太牢祀嵩高、华岳。

太延元年(公元435年)、太武帝令"立庙于恒岳、嵩岳上,各置侍祀九十人,岁时礼祷水旱。其春秋泮涸,遣官率刺史祭以牲宰,有玉币"③。

太和十八年十一月,魏孝文帝因"迁宇柳方"(迁都洛阳),遣官祭告嵩高山神。④

东汉时创立"五斗米道"的张道陵(公元34～156年)曾入嵩山石室,隐斋九年;周流五岳,真降道成,号曰"天师"。东汉道士刘根、三国道士郗元节、西晋道士鲍靓等,亦皆得道于嵩山。

3世纪中叶,鲜卑族拓跋部在诘汾率领下,战胜"九难八阻",南下到河套东部,开始了新生活。鲜卑族是东胡的一支,原居于大鲜卑山(今大兴安岭北部)。1980年7月,考古工作者在内蒙古呼伦贝尔盟鄂伦春自治旗的嘎仙洞,发现了鲜卑族拓跋部祭告"皇皇帝天"、"皇皇后土"及"皇祖"、"皇妣"的"旧墟石室"。4世纪初以来,中原丧乱,"五胡"入主黄河流域。鲜卑族先后建立了代、前燕、后燕、南燕、西秦、南凉、吐谷浑等八个地方政权。公元313年,拓跋氏修建盛乐城(今内蒙古和林格尔北)以为北都,修故平城(今山西大同)以为南都。386年,拓跋珪即代王位,接着改国号为魏。398年,迁都于平城,始营宫室,建宗庙,立

---

① 唐·李延寿:《北史·崔廓传》,中华书局2003年版。
② 清·王昶:《金石萃编》卷五,中国书店1985年版。
③ 北齐·魏收:《魏书·礼志》,中华书局1974年版。
④ 清·张英等辑《类函》:《魏孝文帝祭告嵩高山文》。

社稷,并在平城始作"五级浮图"。439年,北魏统一了中国的北方。

鲜卑族拓跋部占领中原后,亦崇拜嵩山神。太武帝太延元年(公元435年)立嵩山神庙于嵩山上。孝文帝太和十八年(公元494年),亲作《祭嵩高山文》,致祭于嵩山。文中颂扬道:"惟中挺神,祥契幽经。日月交辉,寒暑递成。万象含和,兆类孳盈。"

北魏时,道士寇谦之(公元365～448年)在嵩山改革"五斗米道",创立"新天师道",影响深远。他所立的《中岳嵩高灵庙之碑》(约作于公元435～440年)是有关寇氏崇道最早的文物史料,比《魏书》还早110多年。

太武帝拓跋焘曾两次请嵩山道士至平城传道,还派遣尚书崔颐和嵩山道士韦文秀入王屋山合炼金丹,然未获成功。孝文帝元宏也遣人与徐謇入嵩山合炼金丹,致延年之法,历年无所成遂罢。孝文帝迁洛后,在南郊设立道坛,方二百步,名"崇虚寺",给户五十以供斋祀之用。

北魏时嵩山上已建有祆教庙宇。《魏书·皇后列传》记宣武后胡充华(?～528年)"幸嵩高山。夫人、九姨、公主已下从者数百人,昇于顶中,废诸淫祠,而胡天神不在其列。"所谓"胡天神"应是祆教(古代波斯的琐罗亚斯德教)尊崇的善端最高神阿胡拉·玛兹达(即智慧或主宰之神)。当时,主要是旅居中国的中亚及西域人所信奉。

第三章　东汉至西晋的河洛佛教

　　佛教传入中国是佛教史和中国文化史上的重大事件,其意义之深远为世人所公认。佛教究竟是什么时候传入中国内地的? 这个具体时间却一直没有定论。多种观点,众说纷纭。经过综合考察,佛教在两汉之际输入中国应该是没有疑义的。[①] 东汉就是佛教在中国的初传阶段。而此时佛教的传布当然是以都城洛阳为中心向外辐射的。

　　"永平求法"这一佛教史上的公案应该是这一时期最重要的历史事件。传说东汉明帝派使臣前往大月支写取《四十二章经》,并于洛阳起塔立寺,白马寺于是成为中国的第一座寺院,被尊为"释源"。汉桓帝在宫中建立佛寺祭祠黄老和浮屠,用以求福延寿。汉灵帝时佛教得到进一步提倡,此时的洛阳成为中原佛经翻译的中心。东汉时期佛教初传主要借助西域来的僧人翻译佛经。安世高、支娄迦谶、竺佛朔、支曜、安玄等西域僧人、居士,译出了《阿含经》、《般若经》、《般舟三昧经》的许多单品。他们翻译佛经的事业受到了许多中原汉族贵族的支持,如洛阳人孟福、南阳人张莲等,这些中原汉族贵族应该就是中国第一代佛教信徒。[②]

　　曹魏继续建都洛阳,延续东汉的文化。佛教也在东汉佛教的基础上进一步传播。虽然曹魏建国初期曾明令禁止黄老神仙方术及鬼神等祭祀,其中自然也包括佛教,但是佛教在民间的继续扩大和传播却没有停止。曹魏中期禁令放松,

---

　　① 任继愈:《中国佛教史》第一卷,中国社会科学出版社 1985 年版。
　　② 田海林:《古代中原佛教概要》,《中州今古》2000 年第 1 期。

而且曹魏与贵霜王朝的交往也方便了西域以西的僧人来中国传教。当时有天竺、安息、康居等国的沙门昙柯迦罗、昙谛、康僧铠等先后来到洛阳,进行佛经翻译。

佛教戒律的传入是曹魏时期佛教传布的重要事件。嘉平二年(公元250年),中天竺律学沙门昙柯迦罗来到洛阳(约公元249~254年),译出了摩诃僧祇部的戒本一卷《僧祇戒心》。从此汉地僧侣就开始有戒律并进行正式的受戒。还有一位长于律学的安息国沙门名叫昙谛,于魏高贵乡公正元二年(公元255年)来到洛阳,在白马寺译出《昙无德(法藏)羯磨》一卷,后来一直在中国流传。当时开始受戒的有朱士行等人。朱士行也是中国第一个西行求法的僧人,他是从洛阳出发,到达于阗国,求取"正品梵书胡本九十章六十余万言"(公元282~260年),西晋时由竺叔兰译出,即《放光般若经》二十卷。

曹魏河洛佛教传播的范围虽然还不十分广阔,但是已经逐渐开始和本土的文化互相融合。曹魏时期的高僧更多地具有了本土文化的色彩,这与东汉时期主要依靠西域僧人有所不同。支谦、康僧会都是祖籍西域而出生于汉地,深受汉文化影响的高僧。他们所翻译的佛经不但文辞典雅,而且能够自由地运用本土的道家的语言来解释和表达佛教思想。这一时期还出现了梵呗,也就是运用乐曲创作歌咏佛经故事的赞颂声调。这种方法推动了佛教在更大范围的传播,支谦、康僧会都曾创作梵呗。当时的陈思王曹植也喜读佛经,而且能够创作梵呗。

曹魏时期遗留的佛寺佛塔等建筑、佛像雕塑十分稀少,在文献中略有记录。《魏书·释老志》记载魏明帝(公元227~239年)曾大起浮屠,[①]《法苑珠林》卷四十所引的《汉法本内传》也记载:魏明帝时"洛城中,本有三寺,其一在宫之西,每系幡刹头,辄斥见宫内,帝患之,将毁除坏,时外国沙门居寺,乃赍金盘盛水以贮舍利……帝叹曰……乃于道东造周阁百间,名为官佛图精舍"[②]。

魏明帝是否真的迁寺和建官寺?随着越来越多的印度和西域外交使节、商旅、僧侣来到汉地,曹魏政府建立一些供他们参拜和居住使用的佛塔、佛寺,以及民间因地制宜建造些佛寺,都是可以理解也是完全可能的。东魏杨衒之《洛阳

①　北齐·魏收:《魏书·释老志》,中华书局1974年版。
②　唐·释道世:《法苑珠林》卷四〇,中华书局2002年版。

伽蓝记》的《序》说:"至晋永嘉(307—313年),唯有寺四十二所"①,《魏书·释老志》也记载从洛阳建立白马寺,宫塔制度皆依印度而重叠建造,塔从一级至三、五、七、九级,"晋世,洛中佛图有四十二所矣"②。这四十二所寺院应该不会全是晋时修建的,所以曹魏时期一定是建有少量佛寺的。

晋武帝泰始元年(公元265年)到愍帝建兴四年(公元316年)建都在洛阳,共五十一年。西晋时期洛阳和长安是两大佛教传播中心。著名的佛教学者竺法护、安法钦、法立、法炬在洛阳译经传法。当时佛教的大乘和小乘共同传播,但是大乘般若学说更加流行。

西晋时期社会上下对佛教的信仰相当普遍,除门阀士族、官僚名士外,佛教进一步传向民间和普通的社会大众。普通人可以在白马寺为死者举行法会,祈求生于西方安乐世界。西晋两京共有寺院一百八十所,僧尼三千七百余人。这种后世的记载虽然未必确凿,但是可以看出当时西晋的佛教的确非常兴盛。竺法护时代已有"寺庙图像崇于洛阳"之说③,而见于现存记载中的,西晋时洛阳有白马寺、乐牛寺、菩萨寺、石塔寺、愍怀太子浮图、满水寺、盘鸱山寺、大市寺、宫城西法始立寺、竹林寺、光明寺、伊阙寺等十余所。

中国第一批汉族的尼姑就是产生在西晋时的洛阳。西晋末年,俗名仲令仪的净检,与其余23位妇女在洛阳由胡僧智山剃发受戒后在洛阳竹林寺修行。进入东晋后,净检等四人又请胡僧昙摩羯多建立戒坛,受具足戒,正式度为尼姑,成为汉地最早的比丘尼。

西晋的佛经翻译取得了很大发展,出现了几位卓有成就的高僧,如:竺叔兰、帛法祖、卫士度、支孝龙、帛法祚等。

《老子化胡经》也是在西晋佛教逐渐流行于社会各阶层的背景下出现的。"老子化胡"之说从后汉以来已开始了。如《后汉书·襄楷传》说:"或言老子入夷狄为浮屠。"④《魏略·西戎传》说:"浮屠所载与中国老子经相出入,盖以为老

---

① 东魏·杨衒之著,杨勇校笺:《洛阳伽蓝记校笺》,中华书局2006年版。
② 北齐·魏收:《魏书·释老志》,中华书局1974年版。
③ 南朝梁·僧祐:《出三藏记集》卷一三,中华书局2008年版。
④ 南朝宋·范晔:《后汉书·襄楷传》,中华书局1965年版。

子西出关,过西域之天竺,教胡。浮屠属弟子别号,合有二十九。"①晋惠帝时,道士祭酒王浮平日和帛法祖争论佛道二教的优劣长短,王浮于是写了《老子化胡经》以扬道抑佛。王浮的《化胡经》应该是集前人的传说而作的。自佛教传入中国以来,势力逐渐扩大,道教为了取得比佛教更为优越的地位而作了这部经,这是一般的说法。也有一些学者认为,老子变成释迦和老子教化释迦,也许都是为了使中国社会接受佛教才提出的权宜之说,或者说,最初是佛教方面提出来的。②

八王之乱使西晋王朝名存实亡。晋室南渡,北方进入了五胡十六国时代。这一时期战乱频繁,但是在后赵(羯人)、前秦(氐人)、后秦(羌人)、北凉(匈奴人)等割据政权的大力提倡和扶植下,佛教仍然十分兴盛。这期间最为重要的人物是佛图澄。佛图澄取得了后赵统治者的信任,广建寺院,发展信众。他的弟子道安创立了"僧尼规范",规定所有出家人以"释"为姓。而此时的洛阳战争频仍,佛教沉寂。佛图澄、道安等人仅在洛阳作短暂停留。

北朝虽然有北魏太武帝与北周武帝灭佛事件,但是并不能阻挡佛教兴盛的发展态势。公元495年北魏孝文帝迁都洛阳后,大力发展佛教,在洛阳迎像、度僧、立寺、设斋、起塔,广作佛事,提倡佛教义学,在嵩山建立少林寺。还在鸠摩罗什所居旧堂建三级浮图,访求罗什后裔。孝文帝采取了一些发展寺院经济的措施,他为寺院分配僧祇户以及僧祇粟,作为赈饥以及佛事之用。又以一些犯了重罪的人和官奴为佛图户,充任寺院的杂役和耕作等事。北魏时洛阳是全国的佛教中心,有寺院1367所,比西晋永嘉时的42所高出30多倍。杨衒之在《洛阳伽蓝记》中说:"逮皇魏受图,光宅嵩洛,笃信弥繁,法教愈盛。王侯贵臣,弃象马如脱屣;庶士豪家,舍资财若遗迹。于是招提栉比,宝塔骈罗,争写天上之姿,竞摹山中之影。金刹与灵台比高,广殿共阿房等壮。岂直木衣绨绣、土被朱紫而已哉!"③宣武帝(公元499~515年)也大兴佛教,有不少外国僧人来到洛阳,当时专门建立了永明寺,有一千多间房屋,可以容纳千余名外国僧人居住。著名的菩

---

① 三国魏·鱼豢著,张一鹏辑:《魏略辑本·西戎传》,陕西文献征集处1924年。《三国志》卷三○裴注引。

② 日·镰田茂雄:《简明中国佛教史》,上海译文出版社1986年版。

③ 东魏·杨衒之著,杨勇校笺:《洛阳伽蓝记校笺》,中华书局2006年版。

提流支到洛阳时就受到宣武帝的殷勤接待。到孝明帝(公元 515～528 年)时,太后胡氏(世称灵太后)摄政。公元 516 年,灵太后在洛阳建造了的宏伟壮丽的永宁寺塔。她还派遣宋云与崇立寺沙门惠生出使西域,拜佛求经。正光三年(公元 522 年)获得大乘经论一百七十部归国。

北魏译经,以北印度僧人菩提流支、佛陀扇多和中印度勒那摩提最为著名,最有代表性的是菩提流支译出的《十地经论》。昙摩流支精于律藏,于宣武帝(公元 500～515 年)景明二年到正始四年(公元 501～507 年)七年间,在洛阳译出《信力入印法门经》等三部。除此之外二人还分别译出《法华经论》、《宝积经论》及《究竟一乘宝性论》等。

这一时期,龙门石窟的开凿、少林寺的建立为中国佛教史的画卷写下了浓墨重彩的一页。北魏由平城迁都洛阳后开始在城南伊阙凿龛造像,后称龙门石窟。龙门现存窟龛 2345 个,北魏占 1/3,唐代占 2/3。

北魏皇室的奉佛与崇佛影响到了社会各界,北魏河洛地区佛事很盛。越来越多的人经官私得度出家为僧,另一方面也因战争频繁,很多人以此来以逃避徭役。到了北魏末年各地寺庙达三万有余。北魏至孝静帝(公元 534～550 年)时,分裂成东西二魏,高欢迁孝静帝到邺都,成为东魏。洛阳各寺院的僧尼也随同迁往邺都。

一、汉明帝"永平求法"

在中国历史上,长期以来流传着汉明帝永平年间因梦见佛陀而派人到西域求法的说法,并以此作为佛教正式传入中国的开始。这种说法几乎得到历代统治阶级的承认。[①] 这就是常说的"永平求法"。实际上关于佛教传入中国的史实,有各种各样的传说故事。而在所有的故事中,以汉明帝"永平求法"的故事最为著名。

这个传说大概是这样的:汉明帝夜里做梦,看到一个金人身材高大,头上有

---

① 任继愈:《中国佛教史》第一卷,中国社会科学出版社 1985 年版。

光芒四射,飞行于殿庭。第二天早上问他的大臣这是什么,当时的太史傅毅回答说:西方有神,其名曰佛。这个金人恐怕就是佛。汉明帝就派遣中郎将蔡愔、秦景、博士王遵等十八人作为使者去往西域求佛法。蔡愔等人在大月氏国遇到了沙门迦叶摩腾、竺法兰两人,并得到佛像经卷,于是用白马驮着一同回到了洛阳。汉明帝特意为两位僧人建立精舍居住,这就是白马寺。后来摩腾和法兰在寺里译出《四十二章经》。这几乎是汉地佛教初传的普遍传说,从西晋以来就流传于佛教徒间。千百年来被人们普遍遵信为佛教正式传入中国的标志。当然,后来经过诸多佛教史家推勘研究,证明这个传说的许多情节并不确凿,很多是后人虚构的。但是拂去这个神话中"梦感"等迷茫的神采,其基本情节还是可以肯定的。但它只是说明佛教在中国的进一步传播,而不能说是佛教传入中国的开始。①

值得注意的是,汉明帝的明德皇后马氏(公元35~79年)。她的父亲就是伏波将军马援(公元前14~49年)。马援在远征越南时,在越南南部建立铜柱。铜柱的铭文中有"金人汗出,铁马蹄坚"之句。这里的"金人"是指佛教或耆那教造像,我们不敢断言。但有关"金人"的神话,马皇后必有所闻。永平三年(公元60年),马氏被立为皇后,她或许也将"金人"的神话讲给汉明帝,为汉明帝夜梦金人起了一定作用。

这个传说实际上也是在不断演化、变迁的。较早记载这个故事的有东汉的《四十二章经序》、东汉末牟子的《理惑论》,东晋袁宏的《后汉纪》等,此外还有《老子化胡经》、《明佛论》、《冥祥记》、《出三藏记集》、《高僧传》、《真诰》、《水经注》、《洛阳伽蓝记》、《魏书·释老志》、《历代三宝记》等②。这些书中的记载使得这个传说故事不断地被更改,不断地被充实,不断地添加新的情节以吸引信众,抬高佛教的地位,所以这个传说也就越来越被神化了。比如《四十二章经序》只说汉明帝因傅毅以佛圆梦而派张骞、秦景、王遵等人"至大月支国,取佛经四十二章,在十四石函中,登起立塔寺"。《理惑论》又加上了"时于洛阳城西雍门外起佛寺,于其壁画千乘万骑,绕塔三匝;又于南宫清凉台及开阳城门上作佛

① 田海林:《古代中原佛教概要》,《中州今古》2000年第1期。
② 日·镰田茂雄:《简明中国佛教史》,上海译文出版社1986年版。

像"。到南齐王琰《冥祥记》的时候则形成了一个较为完备的说法。这个说法为以后大部分史书所继承,有的还有发展。[①]

各家记载中关于永平求法的具体情况也有不同的说法。如关于汉明帝求法的年代。是哪年出发的?哪年回来的?到底是永平三年、永平四年、永平七年还是永平十年?还有关于汉明帝所派遣的使者,张骞?秦景?王遵?蔡愔?是一个人,还是怎么组合的?第三是关于佛典的传译,有没有译经?译了什么经?是谁译的?摩腾、法兰是不是实有其人?《老子化胡经》说"写经六十万五千言",《四十二章经序》及《理惑论》只说明帝遣使到月氏,写取佛经四十二章,译事及译人都没有说到。《冥祥记》也只说写致经像。而《四十二章经》是不是汉代所译,是译本还是抄本?《理惑论》是不是汉代所撰,撰者是不是牟融?关于永平求法的种种异说,直到现在还未能决定。[②]

白马寺的出现也是这个传说中引起中外学者的疑问的一点。那么当时汉明帝是不是建造了白马寺?各家记载都令人扑朔迷离,《四十二章经》、《理惑论》的资料里都没有白马寺这个名字。汉明帝建造白马寺的说法是在北魏开始,以北朝佛教为中心逐渐确定的。《魏书·释老志》解释其得名是由于蔡氏一行返回洛阳时"以白马负经而至,汉因立白马寺于洛阳城雍门西"。但《高僧传·摄摩腾传》却说:"外国国王尝毁破诸寺,唯招提寺未及毁坏,夜有一白马绕塔悲鸣,即以启王,王即停坏诸寺,因改招提以为白马。故诸寺立名多取则焉。"到《冥祥记》则说从天竺请佛来华后"又于白马寺壁画千乘万骑,绕塔三匝之像,如诸传备载"[③]。北魏郦道元《水经注》、东魏杨衒之《洛阳伽蓝记》中也都有相应的记载。日本的镰田茂雄认为白马寺的传说是后代佛教徒所杜撰而创作的。[④]至于永平求法中提到的摄摩腾究竟有没有这个人?不应排除初期已经有外国高僧来到洛阳的可能。所以"摄摩腾"也可以看做是当时来华外域高僧的一个象征。汉明帝时东汉官府在洛阳城外为外来僧人设立精舍立寺安居是合乎情理的。这座精舍当时的名称不详,而白马寺的名称出现较晚。东汉以后白马寺在

---

①　任继愈:《中国佛教史》第一卷,中国社会科学出版社 1985 年版。

②　任继愈先生认为这些细节可以暂置不论,也没有必要作过多的推测。

③　唐·释道世:《法苑珠林》卷一三,中华书局 2002 年版。

④　日·镰田茂雄:《简明中国佛教史》,上海译文出版社 1986 年版。

中国佛教的发展中起过很大的作用,占有很重要的地位。不管怎样它都被公认为中国最早的佛教寺院之一。

　　当时东汉并不仅仅只有白马寺一座寺院,除了白马寺,还有其他一些关于佛教寺院的记载。东汉延熹九年(公元 166 年),襄楷上奏批评汉桓帝在宫中立"浮屠之祠"①,这是东汉宫廷设置佛寺的最早记录。灵帝光和二年(公元 179 年),洛阳城西有"菩萨寺",它的位置同白马寺相近。② 北京大学马衡教授在汉魏故城采集的石雕井栏上刻有佉卢文题记,是佛教徒题刻。可知公元 2 世纪时洛阳有信仰佛教的大月氏(贵霜)移民。光和二年至建安三年(公元 198 年)间,在洛都东南颍川郡之颍阴(今许昌),有"许昌寺"③。徐海地区出现佛寺,大致与洛阳置白马寺同时。《后汉书·楚王英传》引汉明帝永平八年(公元 65 年)诏,称刘英"尚浮屠之仁祠"。刘英的王都在彭城,他的浮屠祠可能就在彭城。

　　实际上,在永平求法的时代,还有其他的佛教传入的记载。永平八年(公元 65 年),汉明帝的弟弟楚王刘英信奉佛教,得到汉明帝下诏首肯。④ 可以想见,汉明帝当时对于佛教已经有了一定的了解,也很赞赏。那么他派人去西域求法也是可能的。而且当时东汉和西域之间一直有来往,交通畅通,所以西行求法的条件也是具备的。如果不去苛求那些具体的细节,汉明帝"永平求法"的传说反映的应该是佛教开始逐渐传入中国的过程,这种过程是很难用文字记录下来的,这就是早期的佛教传入。所以公元 1 世纪时佛教已传入中国是学界的共识。可以承认,第一位引进佛教的皇帝,第一部佛经译本,第一所佛寺,都在洛阳。

　　佛教传入东汉都城洛阳之后,到了东汉末叶桓灵二帝的时代(公元 147 ~ 189 年),记载才逐渐翔实,史料也逐渐丰富起来。

二、东汉至西晋的佛教经典翻译及信仰特征

　　如果说《四十二章经》只是后代佛教徒的传说,那么到了东汉末年桓、灵二

---

① 南朝宋·范晔:《后汉书·襄楷传》,中华书局 1965 年版。
② 南朝梁·僧祐:《出三藏记集》卷一三,中华书局 2008 年版。
③ 南朝梁·僧祐:《出三藏记集》卷一三,中华书局 2008 年版。
④ 南朝宋·范晔:《后汉书·楚王英传》,中华书局 1965 年版。

帝的时候，随着佛教的传入，来华的古印度、西域僧人和佛教学者日益增多，他们以洛阳为中心，译出大量佛教典籍。中国人从此开始阅读用汉语写成的外来经典。

（一）东汉译经

东汉后期从事佛教经典翻译的主要是西域的僧人，而不是印度的僧人。这是东汉佛教初传时的主要特点之一。其中最有影响的译者是安世高和支谶。安世高主要传译上座部系统说一切有部的学说，重点是"禅数"，他翻译了小乘经典 34 部 40 卷；支谶的重点是般若学说，他翻译了大乘佛典 14 部 27 卷。

1. 安世高

东汉末期的佛典翻译事业，主要开始于安世高。

安世高是安息国（即帕提亚，公元前 247～226 年）的太子，自幼好学，通晓天文、风角、医学等方术，名闻西域各国。他信奉佛教，经常讲经说法。他把王位让给叔父后出家修道，周游诸国。东汉桓帝建和二年（公元 148 年）他来到洛阳，很快学会了汉语。在洛阳的二十多年，他译出了《安般守意经》、《阴持入经》、《大十二门经》、《小十二门经》和《百六十品经》等三十多部经典。

安世高是精通阿毗昙学和禅经的学者，他翻译的经典主要是禅法的典籍，以及阿毗昙学。"禅"指禅观，是说通过禅定静虑，领悟佛教的人生观和世界观，以期达到神秘的涅槃精神境界。如《安般守意经》、大小《十二门经》、《大地道经》、《五十校计经》等，就是指导禅定修行的书。而《大、小安般守意》是中国最早盛行的禅法。阿毗昙指的是它对佛教基本理论概念的分类，多用数字表示，如四谛、八正道、十二因缘、五蕴（"阴"）、十二处（"入"）、十八界（"本持"）、十二门禅（四禅、四无量、四无色）等等。

安世高的翻译多用质朴的直译，"义理明晰，文字允正，辩而不华，质而不野"①，这也是这个时代佛经翻译的特点。后来的道安对安世高十分推崇，也说他的翻译是"音近雅质，敦兮若朴，或变为文，或因质不饰"②，"世高出经贵本不

---

① 南朝梁·僧祐：《出三藏记集》卷一三《安世高传》，中华书局 2008 年版。
② 东晋·道安：《地道经序》，载《出三藏记集》卷七，中华书局 2008 年版。

饰,天竺古文文通尚质,仓卒寻之,时有不达"①。

由于当时的安息盛行的是说一切有部小乘佛教,所以安世高翻译的佛经大多属于小乘佛教。主要内容是介绍小乘佛教的基本教义和修行方法的。有相当一部分是小乘佛教基本经典《阿含经》的单品。小乘和大乘的分歧是由于弟子回忆释迦牟尼的传法,发生了分歧,分成了不同的部派。所谓"小乘"是公元前后兴起的大乘佛教对原始佛教和部派佛教的贬称。"乘"(梵语 yana)是运载物(如车、船)的意思,大乘佛教自称能运载无数众尘超度"苦海"达到彼岸,而说小乘佛教只能运载少量众生达到彼岸。形象地说,小乘就像坐羊车,而大乘就像坐牛车。"人生如火宅",人生处境很危险,脱离苦海,坐牛车要快于羊车,最快的办法是"大乘"。

世高的禅学和他的译籍早已弘布于南方,而且有不少译经一直流传到近代以后。灵帝末年,中原战乱,安世高避乱到江南传教,最后死于会稽(今浙江绍兴)。

还有一位安息人是比安世高稍晚的安玄。安玄是个在家的居士,汉灵帝末年到洛阳经商,因功称"骑都尉",通晓汉语,经常和沙门讲论道义、讲论佛法被人们称为"都尉玄"。他与汉族沙门严佛调共译出《法镜经》一卷,安玄口译梵文,严佛调笔受。其内容是劝人信奉大乘佛教,并说在家居士应修持出家戒律。严佛调是临淮(即下邳,治在现江苏宿迁西北)人,是中原第一个出家者。也是当时杰出的参与佛经翻译事业的人。严佛调亲受教于安世高,他除与安玄合译佛经外,还著有《沙弥十慧章句》,这是第一部东汉本土僧人的佛教著作,也是宣传小乘佛教基本教义和修行方法的"禅数"著作。

2. 支娄迦谶

支娄迦谶简称支谶,是和安世高同时期来到洛阳的,他第一次把大乘般若学传进中原。他出身于大月氏国(即贵霜帝国,公元 1 世纪下半叶至公元 3 世纪中叶),"秉持法戒,以精勤著称,讽诵群经,志存宣法"②。支娄迦谶于桓帝末年来到洛阳,在灵帝时期译出了《般若道行经》、《般舟三昧经》、《首楞严三昧经》、

---

① 东晋·道安:《大十二门经序》,载《出三藏记集》卷六,中华书局 2008 年版。
② 南朝梁·释慧皎:《高僧传·支娄迦谶传》,中华书局 1992 年版。

《阿閦佛国经》等。

由于迦腻色迦王(约公元78～120年)的大力支持,大乘佛教的发展十分迅速。早期大乘佛典获得广泛传播,并沿着丝绸之路传到中国。支谶翻译的都是大乘经典,一部小乘佛教的经典也没有。这是与当时的历史背景相适应的。也就是后世所分的《般若》、《宝积》、《大集》、《华严》、《涅槃》五大部中一部分的异译,其中最重要的是《般若道行经》。

大乘般若学在魏晋时期曾依附玄学而盛极一时,对整个中国佛教理论产生过巨大的影响。而支谶所译《般若道行经》就是大乘般若学传入中国内地的开始。①

《首楞严三昧经》也是宣传大乘禅观的经典。据说如果能够达到"三昧"这种禅定状态就能拥有统摄一切佛法的不可思议的神秘力量。当时社会上下盛行神仙不老方术,这种宣传长生久视、变化自在思想的佛经受到了欢迎。所以这部经典从东汉末年到东晋短短二百多年的时间中共有七个译本。

在后世的中国有着极大影响力的阿弥陀佛随着《般舟三昧经》这部大乘禅观著作的译出,开始走进中国人的信仰世界。这是阿弥陀信仰传入中国内地的开始。佛经中说一个人如果一心思念阿弥陀佛,经一昼夜乃至七天七夜,就会在禅定状态中看见阿弥陀佛,死后可以往生阿弥陀净土(极乐世界)。

《般若道行经》和《般舟三昧经》实际上是支谶与也是在东汉桓、灵之间来到洛阳的译经僧竺佛朔合作翻译的。支谶所译《道行品经》(有三十品,即三十章)是《大品般若经》的节抄本,是由竺佛朔直接从天竺带来的原本。当时由竺佛朔宣读原本梵文,通晓汉语的支谶翻译成汉语,孟福、张莲两人进行笔录。支谶所译《般舟三昧经》的翻译也是这样组合与竺佛朔合译的:

《般舟三昧经》,光和二年十月八日,天竺菩萨竺朔佛于洛阳出。菩萨法护(四字疑衍)时传言者,月支菩萨支谶,授予河南洛阳孟福字符士,随侍菩萨张莲字少安笔受,今后普着。在建安十三年(公元208年)于佛寺中校定悉具足。后有写者皆得南无佛。又言建安三年(公元198年),岁在戊子(应为戊寅)八月八

---

①　方立天:《中国佛教简史》,宗教文化出版社2001年版。

日,于许昌寺校定。①

　　早期的佛经翻译一般常用"文"、"质"两个字来评价翻译的水平。安世高、支谶等人大多运用质朴的直译。到了康孟详时有了进步,翻译文辞典雅,译笔流利。

　　这一时期的译经事业得到了中原汉族地主阶级的支持与民间知识分子信徒的资助。如洛阳人孟福、南阳人张莲、南阳人韩林、颍川人皮业就是中国第一代佛教信徒。还有像孙和、周提立等"劝助者",他们就是提供译经资金、场所和各种生活用品的施主。

　　据任继愈先生总结,东汉的译经有以下四个显著特点:(一)译经者主要是外来僧,他们或是单译,或是合译,虽也有少量中原僧人或居士参加,但只是从小辅助工作;(二)外来僧带来什么梵本经就译什么经,而且,大小乘佛教典籍同时被翻译流传,人们对二者未能区别,把它们都看做是释迦的教说;(三)以译经为主,著述和注释极少;(四)译经事业没有得到政府的直接支持,而是由民间地主阶级及其知识分子信徒资助进行。这些特点,是由于佛教尚处于传播的早期阶段所决定的,而以后随着佛教在社会上广泛深入传播,才发生一些新的变化。②

(二)三国译经

　　三国吴支谦是这一时代的译经大师,他的祖先是月支人,他的祖父法度在后汉灵帝(公元 168 ~ 189 年)时,率领国人前来归化,支谦便出生在中国。支谦译出《大阿弥陀经》、《维摩经》、《大般泥洹经》、《大明度无极经》、《太子瑞应本起经》等,但是他的主要活动不是在洛阳而是在当时的东吴。当时在东吴的另一位译经僧是康僧会。他祖先是康居人,世居天竺,他的父亲因经商迁到交趾,康僧会 247 年来到建业,先后译出《六度集经》九卷和《吴品经》等。还著有《安般守意》《法镜》《道树》三经的注解。

　　佛教戒律的传入是曹魏时期佛教传布的重要事件。在这以前汉代的信徒皈依的表现只是剃发这一点与俗人不同,并没有受戒,也不按照戒律来生活,而且

---

　　①　南朝梁·僧祐:《出三藏记集》卷一七《般舟三昧经记》,中华书局 2008 年版。
　　②　任继愈:《中国佛教史》第一卷,中国社会科学出版社 1985 年版。

信徒们举行祭祀的礼仪还是沿用中国人传统的祠庙祭祀的形式。嘉平二年（公元250年），中天竺律学沙门昙柯迦罗来到洛阳（约公元249～254年），他主张一切行为应该遵守戒律。洛阳的僧众请他译出佛教的戒律，由于担心戒律过于烦琐复杂，普通信众不易接受，昙柯迦罗就译出了摩诃僧祇部的戒本一卷《僧祇戒心》，这是大众部戒律之节本。然后又邀请当地的梵僧举行受戒的羯磨来传戒。从此中原僧侣就开始有了戒律并进行正式的受戒，后世就将昙柯迦罗为律宗的始祖。当时还有一位长于律学的安息国沙门名叫昙谛，于魏高贵乡公正元二年（公元255年）来到洛阳，在白马寺译出《昙无德（法藏）羯磨》一卷，后来一直在中国流传。

三国时代在洛阳的译师还有康居僧人康僧铠。他于嘉平末年来到洛阳，译出《郁伽长者所问经》一卷、《无量寿经》二卷等四部。又有龟兹僧人帛延，于高贵乡公甘露三年（公元258年）来洛阳，译出《无量清净平等觉经》二卷、《又须赖经》一卷、《菩萨修行经》一卷、《除灾患经》一卷、《首楞严经》二卷等七部。此外还有安息僧人安法贤译出《罗摩伽经》三卷、《大般涅槃经》二卷，但是翻译年代不详，书也都阙失了。

曹魏时代颖川人朱士行西行求法的创举是这一时期的重要事件。在中国佛教史上，朱士行也是中国僧人西行求法的第一人。他改变了从佛教传入以来中土一直依靠外国僧人来华携带佛经的佛经翻译状况，与那些西域、印度僧人的作用同样重要。

朱士行少年出家，第一次接受羯磨受戒，成为中原第一名正式的比丘。"志业清粹……少怀远悟，脱落尘俗，出家以后，便以大法为己任。常谓入道资慧，故专务经典。"[1]出家之前朱士行就在洛阳研究和讲解《道行经》，因为当初译者翻译此经时把领会不了的内容往往略去，而且音译地方也多，所以读起来前后不连贯，解释不通。"每叹此经大乘之要，而译理不尽，誓志捐身，远迎《大品》。"[2]朱士行为了求取《般若经》的原本，公元250年出发到于阗去取经。于阗是天山南路南道的交通中心，约公元前74年，已经建有瞿摩提寺，是新疆最早传入佛教的

---

① 南朝梁·僧祐：《出三藏记集》卷一三《朱士行传》，中华书局2008年版。
② 南朝梁·僧祐：《出三藏记集》卷一三《朱士行传》，中华书局2008年版。

国家之一。印度佛教即经此地传到中国内地。

朱士行在魏甘露五年(公元 260 年)到于阗(今新疆和田),在那里得到了《大品般若》的胡本九十章六十余万言,晋武帝太康三年(公元 282 年)他派弟子弗如檀把所原本带回洛阳。而他本人则于八十岁时死在于阗。携带回洛阳的《大品般若》被送到南水寺,西晋时由竺叔兰译为《放光般若经》二十卷。"时执胡本者于阗沙门无叉罗,优婆塞竺叔兰口传,祝太玄、周玄明共笔受,正书九十章,凡二十万七千六百二十一言……"①因为与当时社会流行的玄学十分切合,所以曾经风靡一时。

朱士行之后,东晋法显、唐朝玄奘等人又继之往西域和印度取经。后人认为朱士行与四百年后唐僧玄奘"誓游西方,以问所惑,并取《十七地论》"②相比,"二人造诣事功,实不相侔,而其志愿风骨,确足相埒也"③。

(三)西晋译经

西晋在佛经翻译方面有比较大的发展,出现了几位卓有成就的高僧。如:竺法护、竺叔兰、帛法祖等人。

竺法护是月支人,世代住在敦煌郡(今甘肃省敦煌县),八岁出家,拜沙门竺高座为师,所以以竺为姓。他跟随师父竺高座周游西域列国,获得《贤劫》、《大哀》、《法华》、《普曜》等经的梵本共一百六十五部。泰始二年(公元 266 年)他从敦煌到长安,后到洛阳,又到江左,沿路带着经典传译。从武帝太康到惠帝元康二十年间(公元 280～299 年)是他译经事业的最盛时期。他翻译佛经的数量巨大,据《出三藏记集》记载他所译出的大小三藏经典共一百五十四部,《高僧传》中记载为一百六十五部,《历代三宝记》中的记载是二百一十部,《开元释教录》中记载为一百七十五部。现存《光赞般若波罗蜜经》十卷、《正法华经》十卷、《渐备一切智德经》五卷、《普曜经》八卷等八十六部。竺法护所翻译的佛经主要是在于弘扬般若性空的。他的译出《光赞》,和支谶译出《道行》、支谦译出《明度》,是一脉相承的。他还译出以般若性空为基础的《贤劫》八卷、《大哀》八卷、

---

① 南朝梁·僧祐:《出三藏记集》卷七《放光经记》,中华书局 2008 年版。
② 唐·慧立、彦琮:《大慈恩寺三藏法师传》卷一,中华书局 1983 年版。
③ 南朝梁·僧祐:《出三藏记集》卷一三《朱士行传》,中华书局 2008 年版。

《密迹》七卷、《持心》四卷、《海龙王》四卷、《等集众德三昧》三卷、《大善权》二卷等经典,并且曾经抽译龙树的《十住毗婆沙论》。他翻译的佛经对于后世中国佛教的影响很大。梁朝僧祐认为经法在中国的广泛流传,乃竺法护之力。[①] 晋朝的孙绰在《道贤论》中将天竺七僧比作竹林七贤,将竺法护比作山涛,以此用来赞美他的品德。当时的人们都将竺法护称作敦煌菩萨。

当时有长于梵学的优婆塞聂承远、聂道真父子帮助竺法护翻译佛经。聂承远对于竺法护译经文句多所参正,并担任笔受。他后来将竺法护《超日明经》删订成二卷。聂道真也曾担任笔录,法护圆寂后,他自己翻译了《无垢施菩萨分别应辩经》。

西晋的佛教义学,继承东汉、曹魏,以方等、般若为正宗,这在当时几位著名译人的译籍里可以看得出来。

还有一名玄学化的高僧竺叔兰,他祖籍天竺,生长在中原。元康元年(公元291 年),无罗叉和竺叔兰在陈留仓水南寺译出朱士行在于阗取得的《放光般若经》二十卷(现存)。竺叔兰后来在洛阳自译《异毗摩罗诘经》三卷、《首楞严经》二卷,二部都已经佚失了。

帛法祖,俗姓万,河内人。出家后精研大乘佛典,兼通世俗经史,广度僧俗弟子千余众,曾译有《惟逮菩萨经》、《菩萨逝经》、《菩萨修行经》、《佛般泥洹经》、《大爱道般泥洹经》等。

卫士度,汲郡人。惠帝时删略东汉支谶译《道行般若经》为《摩诃般若波罗蜜道行经》。

帛法祚,广有学问,洞达佛理,曾为《放光般若经》作注,并著有《显宗论》等。

还有法炬、法立二人在晋惠帝和晋怀帝时期合译出《楼炭经》六卷、《法句譬喻经》四卷和《佛说诸德福田经》一卷,这些经典全部散失了。

三、信仰特征

两汉时期特别是东汉,在朝野上下广泛盛行的是方术迷信。谶纬兴盛的同

---

① 　南朝梁·僧祐:《出三藏记集》卷一三《竺法护传》;中华书局 2008 年版。

时标榜"清净无为"的黄老道教也有广泛影响。佛教进入中国的土地,面对的就是这样的社会背景。因此作为一种外来宗教、外来文化,如果想要在中国扎根落户,必须要披上中国文化的外衣,用中国人能够接受的语言、形式来表达自己的思想内涵。这是特殊的文化需要。那么唯一的手段和方法就是尽量让佛教和中国人固有的风俗、习惯、思想、信仰等结合起来,并且必须配合道士和方术家所提倡的长生不老术来进行。比如安世高就是一个精通神道方术的高僧。

中国人刚刚接触佛教,不知佛教为何物。于是就用自己头脑中固有的信仰来比附佛教,将"黄老与浮图"并视。佛教的教理被认为可和黄老之学并论。"佛"被认为不过是与传统的神仙类似的一种大神而已。"浮屠者,佛也,西域天竺有佛道焉。佛者,汉言觉,其教以善修慈心为主,不杀生,专务清净。其精者号沙门。沙门者,汉言息心,盖息意去欲,而欲归于无为也。又以人死精神不灭,随复受形,生时所行善恶,皆有报应,所贵行善修道。以炼精神而不已,以至无为而得为佛也。"①当时人眼中的佛的形象是:身长一丈六尺,黄金色,项中佩日月光,无所不入,故能通百物而大济群生。这其实就是一个无所不能的神仙。

东汉末期中原河洛地区对于佛教的信奉,首先是宫廷的奉佛。佛教开始传入中国,汉桓帝始终把佛教和祈愿长生不老的黄老信仰同等看待,在祭祀黄老的同时而祭浮屠。佛陀被当做有攘灾招福,长生不老之灵力的神来信仰。前来传道的西域沙门被当做扮演巫祝角色的修仙者而受到尊敬。楚王刘英就是把佛当做神来祭祀的,以此祈求现世利益和长生不老。就这样,佛教竟完全被后汉社会当做为追求现世功利的道教信仰来接受了。

东汉末宫廷奉佛的情况有很多记载。《后汉纪》有关于楚王英的描述说:"英好游侠,交通宾客,晚节喜黄老,修浮屠祠。"明帝永平八年(公元65年)诏令天下死罪可以纳缣请赎,楚王英奉送缣帛以赎愆罪,明帝答诏说:"楚王诵黄老之微言,尚浮屠之仁祠,洁斋三月,与神为誓,有何嫌惧而赎其罪?"足见佛教在当时只不过是祠祀的一种。到了汉桓帝时,在宫中铸黄金浮图(浮屠)、老子像,亲自在濯龙宫中设华盖的座位,用郊天的音乐来奉事。如《后汉书·西域传》说:"楚王英始盛斋戒之祀,桓帝又修华盖之饰。"延熹七年(公元641年),襄楷

---

① 晋·袁宏:《后汉纪·明帝纪》,中华书局2005年版。

上书,有"闻宫中立黄老、浮屠之祠"等语。

可以看出,当时人认为佛教是一种神仙方术,故桓帝将黄老和佛陀同祠,"诵黄老之微言,尚浮屠之仁祠",把沙门视同方士。东汉时代,模仿"五帝",故有"五老君"之说。"黄老"就是中央黄老君也。在当时人的眼里,"佛"是一个神通广大的神仙,"法"就是一种无所不能的本事,"僧"当然常常被当做一种有巫术和法术的法师,这就是当时的信仰特点。这种早期佛教的信仰内容贯穿于以后的中国佛教史,反映了中国佛教最基本的性质。

这时期也是"老子化胡"盛行的时期,"老子入夷狄为浮图"虽然不是事实,但却是一种思潮,一种有很强大力量的文化思潮,处在这种思潮中,人无法不信。而老子化胡也体现了佛教徒面对中土文化所采取的应对措施。

从朱士行到于阗寻求佛经,说明随着佛教在中原的传播,汉族信徒对由印度和西域僧带来什么经就译什么经的状况已不满足,而是按照中国佛教传播情况和社会风尚的需要,主动到西域以至印度寻求有关佛典。

魏晋时期,玄学以老庄思想解释儒家经典,宣称"以无为本",名教出于自然。一些佛教僧侣试图用佛教,特别是宣扬"诸法悉空"的《般若经》教义来迎合玄学,并且用玄学唯心主义思想来讲解《般若经》。而某些知识分子也开始对佛教大乘般若学说发生兴趣,试图借用佛教唯心主义哲学来发挥他们的老庄玄学理论。《般若经》认为世界上一切事物和现象虚幻不实,反对执着名相,这在当时人看来它与玄学理论并无二致。

第四章　十六国至北朝的河洛佛教

一、佛图澄及其影响

　　五胡十六国时期是中国佛教史上的第一个高潮。各国纷纷建寺立五级浮屠，五级浮屠成为当时的国家象征。为什么佛教在五胡十六国时代迅速深入民间，形成第一个高潮？简单说原因有两个：其一，高僧成为各个小国的政治力量。其二，与胡人的心态有关。

　　北方政权是胡人建立，胡人认为佛是自己的神，把佛教作为自己的精神支柱。后赵石勒曾与中书著作郎王度讨论佛教，王度等人认为应全面禁止佛教，"佛出西域，外国之神，功不施民，非天子诸华所应祠奉。"而石勒却认为"朕出身边壤，添当期运，君临诸夏，至于飨祀，应兼从本俗。佛是戎神，正所应奉……乐事佛者，悉听为道"①。石虎明确地表示，自己入主华夏，但在祭祀方面还应该兼顾原来的风俗。既然佛是"戎神"，那么正应该信奉。不应当拘泥于前代的规定。他还允许赵国一切人等都可以自由地信仰佛教且出家。这是中国历史上统治者第一次明令汉人可以出家。

　　后赵佛教的中心人物是佛图澄（公元232～348年），他受到当时的华北霸主后赵王石勒、石虎的尊敬，被尊称为"大和尚"，"军国规模颇访之，所言多验"。他对后赵以及十六国北方佛教的传播和发展功不可没。

　　佛图澄本是罽宾人，九岁出家，西晋永嘉四年（公元310年）经敦煌来到洛

---

① 南朝梁·释慧皎：《高僧传》卷九《佛图澄传》，中华书局1992年版。

阳。想要建造寺院,因战乱而未果。佛图澄是个博学多识、善解文义的僧人。不仅精通佛教经典,而且还广读佛典以外的书籍。他还非常重视戒律,平生"酒不逾齿、过中不食、非戒不履。"因此博得中原地区及西域佛教学者的敬重。

但是他最大的特点是以神异名世。《高僧传》将他归入"神异部",记述了他许多的神异事迹,说他能够看到千里之外,能够预知吉凶。"善诵神咒,能役使鬼物;以麻油杂胭脂涂掌,千里外事,皆彻见掌中,如对面焉;亦能令洁斋者见。又听铃音以言事,无不效验"①。他的佛教理论以及戒律方面的成就反而不为人所重视。

佛图澄为了取信于后赵的统治者,不得不经常玩弄一些魔术,故弄玄虚或宣扬、编造一些佛教神通的故事。经过其弟子或信徒的夸张宣传,他在人们的心目中便成为一个"神僧",而关于他的神秘传闻也就越来越多了。佛图澄的这种传教方法的确收到了显著的效果。

为了给石勒解释佛教的灵验,佛图澄采取了因材施教的办法,他知道石勒"不达深理",于是用占卜吉凶的"道术"来获取石勒的信任:如取钵盛水,烧香祷祝,"须臾,生青莲花,光色耀目"。看到这种神奇的魔术表演,相信神灵、奇迹的石勒,便对佛图澄非常信服。②

佛图澄并不是开此风气之先,以往到中国内地传教的外国僧人为了方便和易于被接受,也往往借助一些方术。比如安世高就是这样一位僧人,他懂得"七正盈缩,风气吉凶"③;康僧会"天文图纬,多所综涉"④;昙柯迦罗"善学四韦陀论,风云星宿,图谶运变,莫不该综"⑤。佛图澄为了传播宗教,也要通晓这些本领。

根据《高僧传》卷九《佛图澄传》的记载,他在后赵除了从事宗教活动外,还参与了石勒的军事政治活动,为其出谋划策,提出建议。咸康四年(公元 338年)石虎将攻打前燕,佛图澄谏曰:"燕,福德之国,未可加兵。"石虎不听,后遭惨

---

① 南朝梁·释慧皎:《高僧传》卷九《佛图澄传》,中华书局 1992 年版。
② 南朝梁·释慧皎:《高僧传》卷九《佛图澄传》,中华书局 1992 年版。
③ 南朝梁·释慧皎:《高僧传》卷一《安清传》,中华书局 1992 年版。
④ 南朝梁·释慧皎:《高僧传》卷一《康僧会传》,中华书局 1992 年版。
⑤ 南朝梁·释慧皎:《高僧传》卷一《昙柯迦罗传》,中华书局 1992 年版。

败。①他还借助佛教的教义,说教方式和神奇的法术,增强他们入主中原,战胜对手的信心和勇气。佛图澄不是从汉族传统的文化思想中去找根据,而是以佛教的因果报应和生死轮回的理论来进行解释。那么,石氏作为"胡人"为什么有资格入主中原做皇帝呢?按照佛图澄编造的神话,石虎在过去曾是个大商人,但因为在前世举办法会供养阿罗汉,积下善德,经轮回转生,成为晋地国王。这种说法,自然要受到石虎的欢迎。

更重要的是,佛图澄得到石勒信任后,就力图以佛教感化石勒。石勒和石虎都是以残暴而著称,而佛图澄把佛教徒的绝对不许杀生与对世间帝王的"不杀生"的说教区别开来。他劝石虎"不为暴虐,不害无辜",对那些危害封建君主统治的人,可杀可刑者,还是该杀该刑。他说国君实行德政爱民,则日月星宿呈瑞象,否则天上就会出现彗星,天人之间是有感应的。他的说教受到石勒的欢迎和信任,救活了不少人,"凡应被诛余残,蒙其益者,十有八九。"②石勒、石虎的本性虽然难改,但是多少会收敛一些,对于处于战乱中的民众来说的确是一种幸运了。

在佛图澄的积极活动下,"中州胡晋,略皆奉佛"。后赵佛教,盛极一时。华北佛教因为佛图澄而繁盛起来。在后赵占领的广大地区,汉人和少数民族大都信奉佛教,出家为僧的人也迅速增加。佛寺兴隆,后赵短短数十年间,在朝廷和各州郡的资助下,佛图澄与其弟子建立佛寺八百九十三所,是佛教传入中国以来的最高数字。佛图澄时代所造的石雕造像碑,唐代《封氏闻见录》记载在邢台内丘县西有"释迦造像碑"(公元322年)。近年调查,在河北省迁安市方军山有"三世佛造像碑"(约公元330年)。

佛图澄以他的学问和声望在他的门下聚集了一大批英才。当时佛图澄身边弟子常有数百,前后门徒累计近万人之多。弟子当中,竺佛调、须菩提等几十名僧人,皆来自遥远的天竺、康居。中原关中著名僧人如释道安、竺法雅、竺法和(或作"释法和")、竺法汰、竺僧朗等都是佛图澄的弟子。此外法首、法祚、法常、法佐、僧慧、道进等,都是佛图澄身边的侍者、助手。而他的最著名的弟子道安可

---

① 唐·房玄龄等:《晋书·石季龙载记》,中华书局1974年版。
② 南朝梁·释慧皎:《高僧传》卷九《佛图澄传》,中华书局1992年版。

以称得上是建立中国化佛教的第一位高僧,他南下时,曾在伊川县陆浑作短时间停留。

佛图澄到洛阳的时候据说已经 79 岁,在后赵时期年过百岁,可以说看尽了世事沉浮,尝尽了人间冷暖,人生经历十分丰富。所以他对当时南北分立,群雄割据的政治形势以及后赵内部的情况十分清楚。而且又拥有众多的弟子和信徒,可以从不同渠道及时了解各种消息。因此他可以对某些重大问题作出正确判断和预言。他以宗教的语言和方式参与了政治,扩大了佛教社会影响。佛教社会影响扩大,又抬高了他的地位。

从两汉之际佛教传入中国到后赵佛图澄之前,虽然东汉的楚王刘英、桓帝曾奉佛祭祀,但从总的方面来看,佛教的译经、传教、建寺等等主要是靠民间信徒的力量,靠地主阶级及其知识分子信徒的资助而进行的。佛图澄是中国佛教史上第一个争取封建最高统治者把佛教纳入国家保护之下,利用国家力量帮助佛教发展的僧人。[1]

《高僧传》中的评价是这样的:

……慈洽苍生,拯救危苦。当二石凶强,虐害非道,若不与澄同日,孰可言哉。但百姓蒙益,日用而不知耳!

……郡国分崩,民遭涂炭。澄公悯锋镝之方始,痛刑害之未央。遂彰神化于葛陂,骋悬记于襄邺……终令二石稽首,荒裔子来,泽润苍生,国无以校也。[2]

佛图澄在中国佛教史上的地位非常重要,可以说,东晋十六国和南北朝佛教以佛图澄及其活动为起始,他本人及其弟子对于这一时期的佛教产生了极大的影响。[3]“使夫慧日余晖,重光千载之下;香土遗芬,再馥阎浮之地。涌泉尤注,实赖伊人。”[4]

①　任继愈:《中国佛教史》第一卷,中国社会科学出版社 1985 年版。
②　南朝梁·释慧皎:《高僧传》卷九《佛图澄传》,中华书局 1992 年版。
③　方立天:《中国佛教简史》,宗教文化出版社 2001 年版。
④　南朝梁·释慧皎:《高僧传》卷八《义解轮》,中华书局 1992 年版。

二、跋陀、菩提达摩与少林寺①

(一)跋陀开创

由洛阳市南行,攀过险要的"轩辕关"(俗称"十八盘"),沿山谷向西行约一公里,就到了少林寺。它坐北朝南,背倚五乳峰,面对少室山。一条小溪——少室溪自西向东横过寺前,是颍水的源头之一。时人评论这里是:松风飘管弦之韵,清泉弄潺援之声;浮云绕青峰之顶,山月照嫩桂之容。真一幽栖佳处也。

《魏书·释老志》在叙述徐州白塔寺道登法师卒于太和二十年之后,引用太和二十一年五月的诏书之前,夹叙一段文字,云:"又有西域沙门名跋陀,有道业,深为高祖所敬信。诏于少室山阴立少林寺而居之,公给衣供。"同书《孝文帝本纪》云:太和二十年八月,帝幸嵩高山。上述两项记载都暗示:少林寺始建于太和二十年(公元 496 年)。

到过少林寺的人,一定记得寺门外那东西并列的两座明代徽王府捐造的石牌坊。西牌坊造于嘉靖三十四年(公元 1555 年)秋,外侧刻的对联是:"心传古洞,严冬雪拥神光膝;面接高峰,静夜风闻子晋笙。"横额是"大乘胜地"。内侧所刻对联是:"双双玉井,碧澄冷浸千秋月;六六玄峰,翠峰光连万壑云。"横额为"嵩少禅林"。东牌坊造于明嘉靖二十二年(公元 1543 年)五月,外侧刻:"地在天中,四海名山为第一;心传言外,十方法教是初元。"横额为"祖源谛本"。内侧则只有横额"跋陀开创"四字,而未刻对联,恐怕是跋陀历史若明若暗,无从下笔所致。

这"西域沙门跋陀",就是道宣在《续高僧传》卷一六中所记的"佛陀禅师"。而著名的佛教史专家汤用彤先生(1893~1964 年)在《汉魏两晋南北朝佛教史》中又推论说:少林寺寺主佛陀禅师就是与勒拿摩提共译《十地经论》的佛陀扇多,是道宣"误认一人为二也!"目前学界大多赞同此说;惟有徐庆束先生在《〈魏书·释老志〉所记僧人略考》中对此提出了怀疑。

---

① 参见温玉成:《少林访古》,百花文艺出版社 1999 年版。

其实,"佛陀"(即跋陀)与"佛陀扇多"是两个人。有关佛陀的史料,散见于道宣的《续高僧传·佛陀传》(完成于665年)、裴漼的《皇唐嵩岳少林寺碑》(刊于728年)、靖彰的《大唐中岳永泰寺碑并序》(刊于752年)、张彦远的《历代名画记》(完成于847年)等等。

从各项记载可知,跋陀或音译为佛陀、僧伽佛陀,是天竺人。据说他出家后,"学务静摄,志在观方",即一面学习禅观之法,一面结伴漫游各地。与他共同修炼的五位道友先后都已证果,只有跋陀无所收获,尽管他勤苦励节,还是无济于事。为此,他甚至想自杀,了却此生。他的得道朋友劝导他说:"修道要借机缘,时来便克。你与震旦(中国)有特别的缘分,为什么不往彼修炼却白白去死呢?"

于是,跋陀开始跟从他的朋友们游历诸国。他们一行先是西行,甚至到过"拂林国"。拂林国就是东罗马帝国(拜占庭帝国),它的一部分领土在地中海东岸。接着,他们又沿着丝绸之路东行,经过西域诸国,直奔佛法兴隆的北魏国都平城(今山西省大同市)。他们到达平城的时间,大约是孝文帝元宏(公元467~499年)"亲政"的太和十四年(公元490年)前后。跋陀在那里受到优厚的待遇。孝文帝对他"敬隆诚至",为他"别设禅林,凿石为龛","国家资供,倍加余部"。

"石龛"又称"石室"、"石窟",是和尚们坐禅及观像的场所。跋陀的石龛可能也在大同市西郊16公里的云冈石窟中。490年前后的云冈石窟,"沙门统"昙曜主持开凿的五大窟已告完成;继任的"沙门统"僧显也许还在主持全国佛教事务。云冈石窟的"东区"和"中区"业已毕工,跋陀石龛只能到"西区"去寻觅。

据说平城城内有一位"资财百万"而"崇重佛法"的康姓人家,特为跋陀造了一所小寺院,跋陀常常在这小寺院内坐禅。有一次,孩子们从门隙内看见室内似乎起了火,"炎火赫然",惊慌地报告了康家主人。但当康家大小赶到时,却什么也没看见,只有跋陀依然在室内潜心坐禅。评论者都认为,跋陀的禅法妙通微玄,他已"得道"了。这康家可能就是移居平城的"康国"人氏。康国是中亚的昭武九姓国之一,其国都在今撒马尔罕一带。"昭武九姓"原居今甘肃省祁连山北的"昭武城"(今临泽县),后为匈奴所破,乃西迁至葱岭以西。

雄才大略的孝文帝,为了进一步推行"汉化政策"并与南朝争霸神州,不顾保守势力的反对,于太和十七年(公元493年)九月定迁都之计,至太和十九年

(公元495年)九月,六宫及文武百官尽迁洛阳。跋陀也随帝南迁,来到九朝故都洛阳。

虽然孝文帝在洛阳为跋陀设立了"静院",以供禅修,但跋陀"性爱幽栖,林谷是托。屡往嵩岳,高谢人世"。因此,孝文帝又为跋陀立少林寺。各地息心修禅,慕跋陀之名而聚集于少林寺者,常常有数百人之多。跋陀一面教弟子们坐禅,一面又辑出一些经义,供弟子们学习,少林寺蔚然成为禅学一大中心。

跋陀还曾对弟子们说:"此少林精舍,有特别的神灵护卫着它;立寺之后,永不消灭!"他年迈以后,不再参与僧伽活动,一切委诸学徒,自修成业。他本人则移至寺外一间小屋养老。他觉得有一善神,常常伴随他,守护他。所以临终以前,他在屋门上亲手画了善神之像。据记载,直到9世纪,这屋门上的神像还保存着。跋陀是位灵感极丰富的画家,他所画的"拂林国人物图"、"器物样"及"外国兽图",一直流传至唐末。

于是,我们或许可以替明朝人补上那副未完的对联:"生在天竺,漫游西域奔平城;禅传震旦,随帝南迁寓少林。"

跋陀是禅、律并重的高僧。他的两大弟子僧稠(公元480～560年)和慧光(公元487～536年)继承了他的事业。

跋陀——僧稠一系的禅法,是印度传统的"四念处"、"五停心"的止观禅法。有人概称为"三藏心禅"。僧稠是巨鹿郡瘿陶人(今河北省隆尧县北柏乡县西),原是一位忠孝达礼的儒生,后来被选为"太学博士",由于讲论坟索而知名。正当政治前途一片光明的时候,他却深厌世烦,潜扣道机,二十八岁在巨鹿景明寺投僧实法师出家。后来他又在少林寺从道房禅师学习禅法,道房正是跋陀大师的高足。此后他先后在定州嘉鱼山、赵州障供山、相州鹊山、怀州王屋山等处修习禅观。跋陀称赞他说:"自葱岭以东,禅学之最,汝其人矣!"跋陀因年迈,大约在514年前后移居寺外,不再参加僧伽生活,委托僧稠作少林寺的"寺主"。东魏时,他北转常山、大冥山。北齐天保二年(公元551年)应诏至邺都。次年,移住云门寺(安阳西郊),兼为石窟大寺(今邯郸西鼓山石窟)寺主。北齐乾明元年(公元560年)四月十三日,僧稠无疾而逝,春秋八十有一,僧腊五十夏,留有著作《止观法》二卷。唐代道宣在《续高僧传》中认为"高齐河北,惟盛传僧稠禅法;周氏关中,尊崇僧实禅法",对二人的宝重,可比当年的佛图澄和道安。僧稠也是极富传奇色彩的高僧,曾有人将他一生的神异故事绘成《云门像图》。

跋陀的另一大弟子慧光,定州人,少年出家,跟随跋陀学习,后来回家乡定州博听律部达四年之久。返回少林寺后,他一边协助翻译《十地经论》,一面潜心研究律部典籍,当时慧光的文笔很受人称赞,许多朝廷重臣把他看做圣人。北魏孝明帝末年慧光担任了主管全国佛教的"沙门统"的副手"都维那",后来到了邺城友担任东魏的"昭玄统",主领全国佛教事务。但是他主要的成就还是在对律学的研究上,他造有《四分律疏》,删定《羯磨戒本》,着《律义章》、《仁王七戒》及《僧制十八条》等等,后世尊之为四分律之祖。唐代大律学家道宣在《续高僧传·慧光传》中评论说:"初在京洛,任国僧都;后召入邺,绥缉有功,转为国统。……自正道东指,弘匠于世,则以道安为言初;缁素革风,广位声教,则慧光抑其次矣!"

僧稠的著名弟子有昙询、僧邕、智舜、智曼等人;慧光的著名弟子"十英"中,有昙隐、僧达、法上、道凭、僧范、昙遵、道云、道晖等都是杰出的人物,其中知名度最高的是法上。这批跋陀的再传弟子们,成就显赫,对后世佛教发展影响巨大。

(二)菩提达摩

被后世尊为"禅宗初祖"的南印度高僧菩提达摩(约公元450~约532元),一生充满了神秘色彩。是中国佛教史上最富传奇色彩的人物,以他为主题的绘画、雕刻等艺术作品也最为丰富。关于他的生平,学者们只能作出种种推测。

今少林寺西北约三公里处的山腰间,有一个"达摩洞",相传是菩提达摩头陀坐禅处。这是一个天然山洞,宽3.3米,深约4米,高约3.5米,内窄外宽,呈不规则形状。洞前有石牌坊一座,横额刻"默玄处"三字,是明万历三十二年(1604年)所立,宦官胡滨所书。

唐、宋以来,佛教界流传的菩提达摩的故事,大体是说:

菩提达摩原是南印度国王的第三子,为护国而出家,曾入南海之中,求得禅宗"秘法",并以"衣钵"为传法的信物。

自从佛祖释迦牟尼在灵鹫山大法会上拈花微笑,只有大迦叶会心一笑,以心传心,接过了大法,依次相传,灯灯相续,传到菩提达摩,是第二十八代。

菩提达摩以游化为务。于是,他渡沧海而到达广州,旋被请入南朝梁国之都南京,拜见了梁武帝萧衍。萧衍问:"我广造寺宇,度众人为僧;写佛经、造佛像也不遗余力。凡此种种,有何功德?"答:"并无功德。"萧衍追问:"为什么没有功德?"答:"你只不过干了几件好事,这实际上算不了什么功德。"萧衍闻言,心中不悦。菩提达摩知道因缘不契,便决意北上。

但当菩提达摩来到汹涌的长江边时,竟找不到渡船可乘。他便折断一枝芦苇踏上,渡过了长江。这枝芦苇上有五片叶子,所以后来的禅宗,发展成五派。这就是"一苇渡江"的故事。

他到达北魏国都洛阳后,曾参访过修梵寺及永宁寺。不久,他便隐于嵩山。他住过少林寺。随其所止,诲以禅教。他在山岩间坐禅,面壁九年,一动不动。就连小鸟也不怕他,竟然在他肩头上筑起了巢,蜘蛛则结网在他的手掌上。久而久之,连他的精气神色都透进石壁。

菩提达摩潜心苦修,终成正果,不料却引起别人的嫉恨,六次下毒,把他毒死。弟子们含泪将他埋葬在熊耳山前空相寺中。

然而西行求法归国的高僧宋云,却在西域大戈壁中遇到已死了很久的菩提达摩。他赤着脚,提着一只鞋,闷闷不乐。宋云问道:"大师往哪里去?"回答说:"回西天去!"说完就独自向西走去,消失在戈壁之中。

宋云回到洛阳,向众人报告了此事。人人诧异,决定开棺验尸,棺内却只有一只鞋……

少林寺内,有一通高大的元碑,上刻《大元重建河南嵩山少林禅寺萧梁达摩大师碑叙》。这是后至元五年(1339年),少林寺住持和尚息庵义让(1284～1340年)会同大都(今北京)上层僧俗人士,奏明太皇太后所立。由欧阳玄撰稿,嶝嶝书丹,赵世安篆额,颇表庄重之意。此碑立于至正七年(1347年)。

该碑的背面,刻有《初祖菩提达摩来往行实之记》,是少林寺住持和尚淳拙文才(1273～1352年)编写的,刻于至正六年(1346年)八月。

文才的这篇《行实之记》,记述了达摩一生许多重大事件:

达摩来华时间,为萧梁大通元年(公元527年)九月廿一日,并由广州刺史出面迎接,表闻梁武帝;

达摩于十月一日到金陵(南京)会见梁武帝,十九日潜过江北,十一月廿三日到洛阳,住少林寺;

这年十二月九日夜,大雪纷飞,弟子神光立雪断臂以求法,达摩收为弟子,令改名慧可;

孝明帝三次下诏,召见达摩,他不赴宫应命;

达摩面壁九年后,欲返印度,众弟子前来汇报修禅心得,他对道副说:"汝得吾皮。"他对某弟子说:"汝得吾肉。"他对道育说:"汝得吾骨。"最后对慧可说:"汝得吾髓。"并把从印度携来的袈裟传给了慧可;

五次投毒杀害菩提达摩的是菩提流支;

达摩以梁大同二年(公元536年)十二月五日终于洛州禹门,葬于熊耳山吴坂……

历史上关于菩提达摩在少林寺的记载,是有矛盾的。

《续高僧传》中只说达摩于天平年间(公元534～537年)"灭化洛滨"。过了三百年,后晋时刘昫等撰写《旧唐书》,在《方伎·神秀传》中却说达摩"隐于嵩山少林寺,遇毒而卒"。

又过了六十年,北宋景德年间(1004～1007年)道原在《景德传灯录》中则说,达摩于后魏孝明帝太和十年十月二十日"居于洛阳",后即"寓止于嵩山少林寺","面壁而坐,终日默默";至太和十九年丙辰岁十月五日乃"端居而逝"。

《景德传灯录》的这段文字,实是错误百出。首先,"太和"不是孝明帝年号,而是孝文帝年号;太和十九年不是"丙辰"而是"乙亥"。其次,太和十年(公元486年),孝文帝还没有迁都洛阳,少林寺还没有建立。少林寺始建于太和二十年(公元496年)。

此外,达摩"遇毒而卒"的说法,最早见于《历代法宝记》,该书系8世纪晚期之作。8世纪中期净觉作《楞伽师资记》时,尚无"遇毒"之类的说法。

历史学家指出,有关这位大师的早期的、可信的史料,只见于《洛阳伽蓝记》和《续高僧传·菩提达摩传》之中。但两部书中都未记载菩提达摩住过少林寺,更无"面壁九年"的蛛丝马迹。开元十一年(公元723年)的《皇唐嵩岳少林寺碑》只说"复有达摩禅师,深入惠门,津梁是寄。弟子惠可禅师等,玄悟法宝,尝托兹山"。"兹山"者,显然是指"嵩岳",也并未指明菩提达摩住过少林寺。

其实早在1927年8月,胡适就写了《菩提达摩考》,对这段历史作了考证。

对菩提达摩,至今我们所了解的可信的历史大约是这样的:

　　菩提达摩是南印度婆罗门种姓,神慧疏朗,闻皆晓悟,志存大乘,冥心虚寂,通微彻数,定学高之。他以游化为务,大约在南朝刘宋末年泛海而来,到达宋境南越(可能指交、广一带),不久,北渡至魏。约490年前后他已到嵩山一带穴居并头陀坐禅。在洛阳,他曾游修梵寺,称赞那里的金刚像"得其真相也"。他曾到过灵太后胡氏所立的永宁寺大塔(516年立,534年毁),歌咏赞叹"实是神功",自云"年一百五十岁,历涉诸国,靡不周遍;而此寺精丽,阎浮所无也。极佛境界,亦未有此"。口唱"南无",合掌连日。时约517～520年,他"自云年一百五十岁";实际上他大约七十岁左右。

　　他常常在嵩山、少室山一带头陀坐禅,随其所止,诲以禅教。菩提达摩的禅法叫做"大乘壁观";入道之门,分"理入"及"行入"。"行入"计有四法:报怨行、随缘行、无所求行及称法行。

　　"头陀"是梵文译音,又写作杜荼、杜多等等,意思是抖擞,即抖擞衣服、饮食、住处三种贪着之法,是用苦行锻炼心智,寻求解脱的一种方法。中国早期僧人中,有很多是持"头陀行"的。具体而言,又有十二种头陀行为的要求,如穿衣只穿衲衣、三衣;乞食,无论好坏皆受而食之,每日正午前吃一次饭,过午不食;不住寺宇、民宅,而坐于远离人烟的林间、草地、坟冢间,并"常坐不卧"等等。达摩一派,在四祖道信以前,都是奉行头陀法的苦行僧。菩提达摩的法孙那禅师"惟服一衣、一钵;一坐、一食"。那禅师的弟子慧满也是"一衣,一食,但畜二针;冬则乞补,夏便通舍,覆赤而已。往无再宿……常行乞食"。

　　菩提达摩似乎是住过"岩穴"(山洞)的。他的弟子僧副曾"循扰岩穴,言问深博"。他靠乞食及弟子们"给供谘接"。

　　大约在东魏初天平年间(公元534～537年),菩提达摩灭化于洛河之滨,葬于熊耳山(今河南陕县西李村乡支沟村南)前的空相寺。

　　菩提达摩的弟子有慧可、僧副、道育、林法师(昙林)、向居士、化公、彦公和禅师等。

　　至于菩提达摩曾住过少林寺一事,现在看来找不到可信的证据。菩提达摩与跋陀、菩提流支、勒拿摩提为同时代人,同在少室山,又同是印度人,但后三位大师的传记中却只字未提他们与菩提达摩有什么交往,这是不是也说明他确未曾住过少林寺呢?

少林寺号称"禅宗祖庭",但它真正成为一座禅寺,却是宋代的事。元符年间于寺外修建"面壁兰若",但归少林寺管理,后人往往不知道这段历史,传之既久,便对"达摩住过少林寺"信以为真了。

少林寺达摩洞原有一块"达摩影石"。寺僧传说是达摩祖师面壁九年,精诚所至,影透石中。明天启三年二月廿四日徐霞客游初祖庵时,犹见此石。至清嘉道年间,这"达摩影石"已被传得神乎其神。清道光廿八年(1848年)萧元吉为之写赞,曰:"全身精入石,灵石肖全角",一时间,颇神其事。但有学之士即指出其妄。李诩《戒庵老人漫笔》云:"魏庄渠先生督学河南,余得其'辨达摩面壁影'移文,云:'为辨息怪妄事。按少林相传,胡僧达摩面壁九年,影透入石,世以为神,书册记之。本职亲至其处,见洞口与影石形类不同,已了其妄。因命登封知县侯泰召石工,微凿其痕验之,则其怪诞不待辩说而自破。'"

这"达摩影石"此后被移出达摩洞,今存于少林寺内。此石色深褐,石质与达摩洞的青石不同类,达摩影像显然是人工刻制、浸色而成。

(三)菩提达摩的葬地

位于河南省陕县西李村乡熊耳山西麓的空相寺,原名定林寺,为禅宗初祖菩提达摩圆寂后葬身之处。1994年10月8日,我们亲自考察确定其遗址。这空相寺在陕县西李村乡支沟村东南约一公里处,东经111′30,60″,北纬34°~40°,38″,海拔707米。寺的东侧,有南北并列的两个山头,这就是熊耳山,海拔912米。

放眼望去,熊耳山并不雄伟,空相寺则一派荒凉。五间坐北向南的寺舍,早已揭顶断壁,残存四间,孤零零兀立在田野间。它北面的一座七层砖塔(建于明洪武五年,即公元1372年),塔刹向东倾斜着,塔基已松动不牢。

七层塔的东侧,有四通古碑,但龟趺已埋于土内,岩面亦剥蚀斑斑。

经仔细辨认,可知这四通碑是:

《菩提达摩大师颂并序》,无年月,从形制上看,应是金、元之作;

《菩提达摩圆觉大师碑》,明景泰五年(1454年)立;

《重修空相寺记》,少林寺无言正道禅师立于明万历四十年(1612年);

《重修熊耳山空相寺碑记》,清雍正十一年(1733年)立。

2004 年 2 月 29 日,空相寺僧人在春季植树挖坑时,在塔东南面约 200 米的地方挖出了一块唐碑,该碑通高 121 厘米,宽 58.5 厘米,厚 14 厘米,下有準,準高 11.5 厘米,宽 31 厘米,厚 10 厘米。共 26 行。碑首为圆额,双行篆书"汾阳王置寺表"。碑的首行题目为"故尚父汾阳王奏达摩祖师谥号寺额塔额度僧表并中书门下牒及牒寺牒"。立碑年代为唐宣宗大中十二年九月(公元 858 年)。立碑人为汾阳王郭子仪后人,时任河南府永宁县(今洛宁县)县令的郭琪。2004 年 8 月 17 日,我们亲往调查此碑,并获拓本。

碑文的大意为,郭子仪奉命平定"安史之乱"前,曾到空相寺朝拜达摩遗塔,至收复东京洛阳后,许愿若达摩禅师福佑,消灭叛军,必当奏请朝廷,对寺院"特加崇饰"。平定"安史之乱"后,郭子仪上书朝廷请赐谥号及寺额塔额,代宗御批"达摩禅师宜赐谥号圆觉禅师,寺额为空相之寺,塔额为空观之塔。"郭子仪奏章的落款日期是大历七年(公元 772 年)十一月二十五日,皇帝御批后,十二月十二日,中书门下批复各省"请录自施行者,各帖所由照准敕故牒"。大历八年(公元 773 年)正月四日郭子仪上书"谢赐谥号"。碑阴面还有大历八年三月对寺院的四至边界的记载。

唐武宗会昌毁佛的时候(公元 843 年),空观塔与塔志都曾被毁,"率土塔庙,鞠为丘壑,大师塔志,亦随湮灭"①。而此《汾阳王置寺表》碑却保留了下来。因为该碑有一个特点,那就是碑文中所有的"王"字都被涂毁。据《金史》记载,金正隆二年(公元 1157 年)海陵王下令将凡是石碑上的"王"字全部去掉,"公私文书,但有王爵字者,皆立限毁抹,虽坟墓碑志并发而毁之"②。可见此《汾阳王置寺表》碑至少在金代还立于地面之上。但是明清金石录都没有收录碑文,可以证明此碑金代以后明代之前被埋入了地下。

"故尚父汾阳王"即唐朝将领郭子仪(697~781 年),华州郑县人,"以武举高等补左卫长史,累历诸军使"。天宝八年(公元 749 年)拜左卫大将军,天宝十三年(公元 754 年)兼九原太守、朔方节度右兵马使。在广德二年(公元 764 年)为关内河东副元帅,河中节度等使,朔方节度大使,在平定"安史之乱"的过程中

---

① 清·陆增祥:《八琼室金石补正》,卷七五,文物出版社 1985 年版。
② 元·脱脱:《金史·海陵王本纪》,中华书局 1975 年版。

立下汗马功劳。德宗即位后，大历十四年（公元 779 年），赐号"尚父"，进位太尉、中书令，所领诸使副元帅并罢。可谓"再造王室，勋高一代"。建中二年（公元 781 年）六月十四日去世，时年八十五，赠太师，陪葬建陵。①

立碑之人朝议郎、河南府永宁县令郭珙为郭子仪的后代，"冢孙"之意表明是郭子仪的嫡系后代，为郭子仪的第四代孙。郭珙任永宁县令后，到空相寺朝拜时得知当年往事，为显先祖功德，于大中十二年（公元 858 年）九月立碑。此碑的碑阴所刻空相寺地界为大历八年（公元 773 年），与阳面碑文篆刻时间相距 86 年。也许是郭珙将空相寺原来的一块碑刻的正面磨平后刻以"汾阳王置寺表"，而碑阴则仍保留着原碑的内容。而大历八年恰是郭子仪上表的第二年，所以这块旧碑就应该是当年朝廷批复后所立之碑。在《汾阳王置寺表》碑文中看出当时中书门下也就是中央的批复中只有"达摩禅师宜赐谥号圆觉禅师，寺额为空相之寺，塔额为空观之塔，"的批文，并没有将郭子仪奏请的内容完全抄录，而是说"余依牒至准"。这就是说还有保留的内容，而这所"余"的也许就有寺院的设置情况，当然包括了寺院的四至。大历七年上表、批复，第二年有了寺院的四至，也是合情合理的。

碑文中所提到的中书侍郎元载、门下侍郎平章事王缙，二人同在代宗朝为相，正与碑文所记公文签发日期大历七年相符。

空相寺目前已存石碑有《菩提达摩大师颂并序》（金、元）、《菩提达摩圆觉大师碑》（明景泰五年，即公元 1454 年）、《重修空相寺记》（明万历四十年，即公元 1612 年）、《重修熊耳山空相寺碑记》（清雍正十一年，即公元 1733 年）

清代金石学家陆增祥的《八琼室金石补正》卷七五收录了唐代《再建圆觉大师塔志》（大中七年正月五日立，即 853 年），并说它在陕州（今河南省陕县）。据《再建圆觉大师塔志》②（大中七年 853 年正月五日）可知，郭子仪"复东京之明年"也就是在"安史之乱"后收复东京洛阳的第二年就向皇上上表，请求给菩提达摩一个谥号。唐代宗李豫决定给菩提达摩大师一个"圆觉大师"的谥号，塔号为"空观"。大概在唐代宗（公元 762～779 年在位）时，由郭子仪为功德主创建

① 后晋·刘昫：《旧唐书·郭子仪传》，中华书局 1975 年版。
② 清·陆增祥：《八琼室金石补正》，卷七五，文物出版社 1985 年版。

"空观塔"于熊耳山下。但到唐武宗灭法时(公元843年),塔庙与塔志都被毁灭。

可是唐史中记载的收复东京共有两次,755年12月洛阳第一次被安禄山攻陷,757年10月郭子仪收复洛阳,759年,洛阳再次陷落于史思明,再次被收复已经是762年了,按《再建圆觉大师塔志》所记载的"复东京之明年"上表,则可能是758年或者763年,这都与《汾阳王置寺表》所记载公元772年的上表时间有所差别。在《汾阳王置寺表》文中指出"及收东京日,身虽不往,心发至愿:偿禅师福佑,俾被氛〇灭,国步再安,必当上闻,特加崇饰。今若缄默,有负曩诚。"就是说,当年收复东京洛阳之后,虽然没有去,但是也曾许下了心愿,现在必须要还愿了。看来,上表与"收东京"之间是有一段时间间隔的。以情推测,在刚刚收复都城后百废待兴的时间里,恐怕还没有时间和精力来做这件事情吧,所以772年上表可能更可信。而且《汾阳王置寺表》为郭子仪后人郭琪在大中十二年对郭子仪奏章以及皇帝的批复认真拜读之后所记录下来的,应比《再建圆觉大师塔志》更具可信性,更有说服力。

至唐宣宗李忱,于大中四年庚午八月十五日下诏河南尹,重建此塔,恢复寺院。于是,河南尹召集洛阳知名僧俗数百人,商讨此事。众人一致推举高僧审元主其事。这审元就是白居易(公元772~846年)在他的诗歌中提到的洛阳龙门山天竺寺的禅师。

当咸丰六年(1856年),陆增祥在"京城市肆"上购得这份拓本时,得知此碑已破裂为大小六块。同治十二年(1874年),他又得到消息说,此碑在陕州。那里还有东魏"元象元年(公元538年)寿庵立石一通"、"空相寺吉祥大师立石一通"。

菩提达摩是中国禅宗的初祖,随着禅宗在中国的发展,达摩逐渐成为传说式的人物。他是中国佛教史上最富传奇色彩的人物,对达摩的记载,传说多于史实。大约在东魏初天平年间(公元534~537年),菩提达摩灭化于洛河之滨,葬于熊耳山前的空相寺。

《汾阳王置寺表》的发现改写了中国佛教史上有关"达摩晚年事迹,各传都未明确记载"的定论,增添了重要的早期有关史料。达摩死后葬于何处成为一个谜团,而《汾阳王置寺表》"葬于熊耳山下,遗塔见在"的记录明确了达摩的葬地就是熊耳山下的空相寺。郭子仪在"安史之乱"前见到过遗塔,记载这件事的《汾阳王置寺表碑》在金正隆二年二月(1157年)仍然立于地上。

空相寺东汉建寺时称为定林寺,达摩葬此后,因为有"只履西归"的传说附会,近代人以"空棺只履"附会误释为"空厢寺"。《汾阳王置寺表》碑出土,世人方明白定林寺易名空相寺乃唐代宗李豫钦赐,"空厢寺"实为"空相寺"。"空相"并非"空厢",而是唐代宗所赐寺名。"自经圣代,未蒙旌异",说明是唐代宗首次赐号,又亲书寺塔两额。这就破解了空相寺易名的亘古之谜。对于达摩的传说,最广为流传的是"只履西归",这也恰恰是历来解释"空相寺"之名的理由。但是《汾阳王置寺表》中并未提及此传说,而表中所载"其所着履,化为神泉,其所持杖,变生一树"的传说却没有被流传下来。

菩提达摩在中国佛教史中的历史地位毋庸置疑,唐人尊为"禅宗初祖",而此《汾阳王置寺表》碑文的出土,显示这是第一次官方承认其为"禅门第一祖师"。

(四)《洛阳伽蓝记》的少林寺之谜

杨衒之在他的《洛阳伽蓝记》中对少林寺只字未提。杨衒之对于住过少林寺的译经大师菩提流支是了解的,他在该书卷四"永明寺"条中提到了他;他对于在嵩少头陀坐禅的菩提达摩也是了解的,在该书卷广永宁寺"条及"修梵寺"条中提到过他。那么,杨衒之怎么会遗漏这大名鼎鼎的少林寺呢?

在《魏书·冯亮传》中找到了端倪。

这冯亮,原是萧衍"平北将军"蔡道恭的外甥,正始元年(公元504年)八月,当北魏中

汾阳王置寺表碑

山王元英攻打梁国义阳城(今河南省信阳市北)时被俘虏。元英素闻冯亮"博览诸书,笃好佛理",便以礼接纳之。冯亮到洛阳后,因性喜清静,即隐居于嵩少道场寺。不久,菩提流支、勒拿摩提在少林寺"翻经堂"翻译《十地经论》(508~511

年间译出),冯亮恐亦参与其事,所以在511年时宣武帝命冯亮"侍讲"《十地经论》。足见冯亮和译师们"同步"对此经深有研究。这暗示:冯亮可能一直住在少林寺,而少林寺当时可能就叫道场寺。

冯亮在寺内与僧徒一起,礼诵为业,蔬食饮水,并有终焉之志。他曾一度因逆人王敞事件受牵连,被执送尚书省十余日。虽获免雪,不敢还山,寓居城内之景明寺,"后思其旧居,复还山室"。这"山室"应是"少室"的形误。

冯亮雅爱山水,又兼巧思。宣武帝曾给其工力,命他与河南尹甄琛、沙门统僧邈等人修造闲居寺,即今登封县城北五公里处的嵩岳寺。该寺竣工于520年,而冯亮本人却于513年冬天去世。有趣的是,他在临终前的遗嘱中说,他死后要左手持笏板,右手执《孝经》,置尸于磐石之上,然后火焚、起塔,表示三教同归之意。

还有一个旁证,说明少林寺就是道场寺。《续高僧传·法上传》云:法上(公元495～580年)是跋陀的法孙、慧光的大弟子。他长期在少林寺学法,声誉很高,时人称赞说:"京师极望,道场法上。"意思是京师洛阳的顶尖人物,便是道场寺的法上。

完成于唐高宗麟德二年(公元665年)的道宣的《续高僧传》,在记述孝文帝为跋陀立寺时说:"有敕就少室山为之造寺,今之少林是也。"同样暗示当年这寺院还不叫少林寺。同书又记跋陀称其所住处为"少林精舍"。"精舍"一词,最初是指汉代儒家教授学生之处。《后汉书》中的《姜肱传》、《刘淑传》、《檀敷传》、《包咸传》等均有记载。三国、西晋以来,道士及沙门所居亦往往袭用"精舍"之名,后来,"精舍"一词含义扩大,亦泛指寺院。则可推测"少林"的名目,最初只属于跋陀所住的禅室而已。

三、北魏后期洛阳佛教的繁盛

拓跋鲜卑族最先接触佛教的是始祖力微的长子沙漠汗。他作为"质子",自曹魏景云二年(公元261年)至西晋咸宁元年(公元275年)住在洛阳,"备究南夏佛法之事";沙漠汗的随行者务勿尘,亦"登仙于伊阙之山寺"。然而,沙漠汗学习了中原先进的文化,"风采被服,同于南夏,兼奇术绝世",却被一帮守旧的诸部大人斥为异法怪术,视为"乱国害民之兆",竟惨遭杀害。

一百多年后,当太祖拓跋珪平中山,经略燕赵时,佛教已成为致力于社会革新的拓跋部的精神支柱。天兴元年(公元398年),拓跋珪下令大兴佛法。而聪明的佛教领袖法果也适时提出了太祖就是当今如来的重要口号,要求"沙门宜应尽礼"。

孝文帝迁都洛阳后,河洛佛教有了巨大发展。北魏后期的洛阳,佛教呈现一派光怪陆离的兴旺景象。杨衒之的《洛阳伽蓝记》详细记录和描述了这一时期繁荣的洛阳佛教。这部书被誉为是"反映一个京师、一个王朝的历史文学"。

杨衒之主要活动在北魏末年和东魏时期,他在《洛阳伽蓝记》的序文中说,自从东汉时期传入佛教到西晋永嘉(公元307~312年)年间,洛阳只有寺四十二所,而到北魏太和八年(公元494年)迁都洛阳,佛教迅速兴盛,王侯贵臣竞相建寺造像,据卷五载,北魏时洛阳有寺曾达1367所,而到迁都邺城仅余下421所。杨衒之面对宫寺毁废的苍凉景色,回忆往时洛阳佛教的盛况,无限感慨,决定撰述此书以传后世。

《洛阳伽蓝记》五卷分别记述北魏洛阳的城内、城东、城南、城西、城北较大的佛寺或有代表意义的佛寺的兴建缘起,兴盛情况以及有关传说、典故。全书正面介绍的佛寺有40所,顺便提到的有43所。

(一)北魏皇室崇佛

"雅好读书,手不释卷。《五经》之义,览之便讲,学不师受,探其精奥。史传百家,无不该涉。善谈《庄》《老》,尤精释义。"[1]这就是北魏孝文帝,一个非常崇信佛教的帝王。信仰佛教已经成为他多年养成的习惯。孝文帝迁都洛阳后,开启了洛阳佛教的繁盛局面。孝文帝曾在洛阳永宁寺度百余良家男女出家为僧尼,又到永宁寺听讲佛经,还允许高僧入殿讲论佛经,并命令大臣与僧侣讨论佛义。他为了缅怀鸠摩罗什,在鸠摩罗什住过的寺院旧址修建三级浮图,还以授给官位的办法来寻求罗什的后代子孙。孝文帝允许了昙曜的请求,把青齐地方的

---

① 北齐·魏收:《魏书·高祖纪》,中华书局1974年版。

人民等,每年输谷六十斛入僧曹以为僧祇户,其谷即称僧祇粟,作为赈饥及佛事之用。又以一些犯了重罪的人和官奴为佛图户,以充寺院的杂役和耕作等事。对于后世影响最大的举措恐怕当属孝文帝亲自下令修建了少林寺。

宣武帝(公元499～515年)“笃好佛理,每于禁中亲讲经论……上既崇之,下弥企尚”。他比孝文帝更加信仰佛教。宣武帝对佛教采取了宽纵的政策,在位时大兴佛教。他本人甚至亲自在宫廷给朝臣和僧侣宣讲《维摩经》。当时有不少外国僧人络绎不绝来到洛阳,宣武帝特意为他们建立永明寺,有房舍一千多间,“庭列修竹,檐拂高松,奇花异草,骈阗阶砌”,可以居住外国沙门千余人。著名的译经僧昙摩流支、菩提流支、勒那摩提、佛陀扇多等都住持在永明寺。其中菩提流支最为著名。博学多识的菩提流支在永平元年(公元508年)来到洛阳,受到了宣武帝的殷勤慰劳,被称为译经的元匠。菩提流支译出了《十地经论》,后来又陆续翻译出许多佛教经典。当年的四月一日他在皇宫的太极殿举行首译式,开译《十地经论》,宣武帝亲自为其笔受一日,以示重视。实际上,《十地经论》是由勒那摩提于正始五年(公元508年)在少林寺翻经堂始译。永平二年(公元509年)菩提流支始至少林寺翻经堂“助传”,开始“合翻”。后因翻译上的分歧而“相争”,继而扩展为“二德争名”合翻的本子由慧光“通其两净,取舍由悟,纲领存焉”。但这并未消除矛盾,故二德又各自别译,不相询访,其间隐没,互有不同。① 著名的龙门石窟也是从这时开始开凿的。景明元年(公元500年),宣武帝下诏命令依据平城云冈石窟,在伊阙为孝文帝和文昭皇太后各造一窟,因为规模太大,没能完成。五年后又诏令缩小规模继续修造。永平年间(公元508～512年),又为宣武帝造一窟。这便是著名的龙门石窟的宾阳洞三窟。

孝明帝元诩(公元515～528年)登基,灵太后胡氏把握朝政,把崇佛之风推向高潮。灵太后非常聪明而且多才艺,自幼就与佛教结缘,略得佛经大义。她在熙平元年(公元516年)营造了洛阳的永宁寺塔,极其壮丽。中有九层木塔,高九十丈,上有十丈高刹,塔上有金宝瓶、承露金盘、金铎……“殚土木之功,穷造形之巧”,在有风的夜晚,塔铎的鸣声可传十余里。殿中有丈八金像一躯,中长金像十躯,绣珠像三躯,有僧房一千余间,建筑极为豪华。她还派遣宋云与惠生

---

① 温玉成:《佛教史上十二问题补正》,载《佛学研究》1997年第6期。

前往西域朝礼佛迹,访求经典。正光三年(公元522年)宋云等人取得大乘经论一百七十部后回国。

皇室对于佛教的崇奉使全社会形成了信佛的热潮,普通百姓出家为僧侣的日渐增多,许多人是为了逃避赋役。社会各阶层人士也广建寺院,到了魏末,洛阳有寺院一千三百七十六所,各地寺庙达三万有余。佛教的兴盛也带来了社会的危机。《魏书·释老志》说:"正光以后,天下多虞,工役尤甚。于是,所在编民,相与入道。假慕沙门,实避调役,猥滥之极。自中国之有佛法,未之有也。略而计之,僧尼大众二百万矣,其寺三万有余。流弊不归,一至于此,识者所以叹息也。"

北魏末年,政局迭变,六年间(公元528～534年)换了四个皇帝,改了七次年号,至天平元年(公元534年)十月,北魏灭亡。此时"城廓崩毁,宫室倾覆,寺观灰烬,塔庙丘墟,墙被蒿艾,巷罗荆棘"。

(二)北魏后期洛阳的寺院

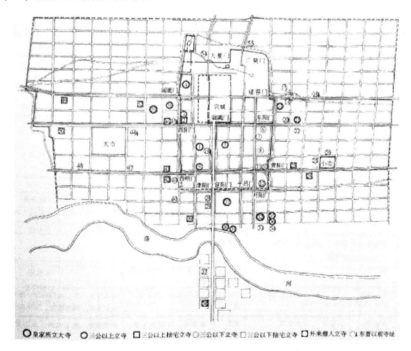

北魏洛阳佛寺分布简图(引《中国古代建筑史》第二卷)

北魏时期洛阳的佛教显示出的繁盛景象突出地表现在佛教寺院的建设上,

社会各阶层都卷入了建寺的狂潮中。根据《洛阳伽蓝记》当时洛阳的佛教寺院共有 1367 所,下表就是对于《洛阳伽蓝记》中记载的寺院简况的统计。

北魏洛阳城内佛寺简况表①

	序号	寺名	立寺年代	立寺人	寺庙位置描述	寺内主要建筑描述
城 内	1	永宁寺	熙平元年 516 年	灵太后胡氏	宫前阊阖门南一里御道西,寺东有太尉府,西对永康里南界昭玄曹,北临御史台	中有九层浮图一所,架木为之;浮图北有佛殿一所,形如太极殿;南门楼三重,通三阁道,去地二十丈,形制似端门
	2	建中寺	普泰元年 513 年	乐平王尔朱世隆	西阳门内御道北所谓延年里,本是司空刘腾宅,宅东有太仆寺	堂比宜光殿,门匹干明门,一里之内,廊庑充溢
	3	长秋寺	高祖时	长秋令卿刘腾	西阳门内御道北一里,亦在延年里,即是晋中朝时金市处,寺北有蒙汜池	三层浮图一所
	4	瑶光寺	宣武帝时	宣武帝元恪	阊阖城门御道北,东去千秋门二里,寺北有承明门,有金墉城	五层浮图一所;讲殿尼房,五百余间
	5	景乐寺	宣武帝时	清河王元怿	阊阖门南御道东,西望永宁寺正相当,寺西有司徒府,北连义井里	佛殿一所;堂庑周环,曲房连接
	6	昭仪尼寺	不详	阉宦等	东阳门内一里御道南	佛堂;寺内有池
	7	愿会寺	永安元年左右	中书侍郎王翊	昭仪寺池西南,寺南宜寿里	佛堂
	8	光明寺	不详	苞信县令段晖	宜寿里,晋侍中旬助故宅	
	9	胡统寺	不详	太后从姑	永宁寺南一里许	宝塔五重
	10	修梵寺	不详	不详	青阳门内御道北,寺北有永和里	并雕墙峻宇,比屋连甍
	11	崇明寺	不详	不详	修梵寺西	
	12	景林寺	不详	不详	开阳门内御道东	讲殿叠起,房庑连属;寺西有园,中有禅房一所,内置祇洹精舍

① 郑州大学历史学院 2004 级人文班尹亮学士论文:《从〈洛阳伽蓝记〉看北魏时期洛阳佛教寺院》。

	序号	寺名	立寺年代	立寺人	寺庙位置描述	寺内主要建筑描述
城	13	明悬尼寺	高祖时	彭城宣武王元勰	建春门外石桥南,寺东有中朝时长满仓,高祖令为租场	
	14	龙华寺	不详	宿卫羽林虎贲等	建春门外阳渠南,寺南租场	
	15	璎珞寺	不详	不详	建春门外御道北,所谓建阳里,里内共有璎珞等十寺	
	16	魏昌尼寺	不详	阉宦瀛洲刺史　李次寿	建阳里东南角,东临建春门外一里余东石桥(南北行)	
	17	景兴尼寺	不详	阉宦等	石桥南道	
	18	灵应寺	正光初520年	京兆人杜子林	崇义里,里西绥民里,更西建阳里,门临御道。晋朝太康寺,本有三层砖浮图	崛得砖数万,还为三层浮图。有石铭云:"(晋太康六年)仪同三司襄阳侯王浚敬造"
	19	砖浮图	晋义熙十二年(416)	军人所作	太尉府前	
东	20	庄严寺			东阳门外一里御道北,所谓东安里,北为租场	
	21	秦太上君寺	宣武时	灵太后胡氏为母追福	东阳门外二里御道北,所谓晖文里	五层浮图一所,高门向街,佛事庄严,等于永宁,通室禅堂,周流重叠
	22	正始寺	正始中504~507	百官等	东阳门外御道南,所谓敬义里。里内有典虞曹	檐宇清静,美于丛林,众僧房前,高林对牖
	23	平等寺	宣武帝时	广平王元怀(孝文帝之子)	青阳门外二里御道北,所谓孝敬里	
	24	景宁寺	高祖至肃宗时	司徒公杨椿	青阳门外三里御道北,所谓景宁里	
	25	宝明寺	不详	不详	青阳门外三里御道北孝义里,西北角苏秦冢旁,里东有洛阳小市	
	26	归觉寺	不详	太常民刘胡	孝义里东,市北殖货里	

	序号	寺名	立寺年代	立寺人	寺庙位置描述	寺内主要建筑描述
城	27	景明寺	景明中 500～503	宣武帝元恪	宣阳门外一里御道东	方五百步。山悬堂光观盛,一千余间。复殿重房,交疏对霤。青台紫阁,浮道相通。正光中(520～524)造七层浮图,去地百仞
	28	大统寺	不详	不详	景明寺西,所谓利民里	
	29	招福寺	不详	三公令史高显略	景明寺南,人谓苏秦旧宅	
	30	秦太上公寺	宣武帝时	灵太后立西寺,皇姨立东寺	景明寺南一里,并门临洛水,寺东有灵台,基址高五丈余	各有五层浮图一所
	31	砖浮图	宣武帝时	汝南王王悦(孝文帝子)	灵台基址之上	
	32	报德寺	孝文帝时	孝文帝元宏	开阳门外三里(御道东?)	
	33	大觉寺 三宝寺 宁远寺	不详	不详	开阳门御道东,有汉国子学堂,高祖题为劝学里	里内三寺,周回有园
南	34	正觉寺	宣武帝时	尚书令王肃	劝学里东延贤里	
	35	龙华寺	孝文帝时	广陵王元羽(孝文帝弟)	报德寺东延贤里	龙华、追圣、报德三寺园林茂盛,京师诸寺莫与之争
	36	追圣寺	孝文帝时	北海王元祥(孝文帝弟)	报德寺东	
	37	归正寺	正光后 525年以后	萧衍子萧正德	归正里(永桥南御道西北起第一里)	
	38	菩提寺	不详	西域胡人	慕义里(永桥南御道西北起第四里)	
	39	高阳王寺	不详	不详	津阳门外三里御道西,高阳王雍宅,宅北有中甘里	
	40	崇虚寺	不详	不详	城西(南)	

	序号	寺名	立寺年代	立寺人	寺庙位置描述	寺内主要建筑描述
城	41	冲觉寺	孝文帝时	清河王元怿（孝文帝子）	西明门外一里御道北	西北有楼，出凌云台。楼下有儒林馆、延宾堂，形制并如清暑假。孝昌元年（525），建五层浮图一所
	42	宣忠寺	宣武帝时	城阳王元徽	宣忠寺东	
	43	王典御寺	不详	阉宦王桃汤		门有三曾浮图一所，工逾昭仪
	44	白马寺	汉代	汉明帝刘庄	西阳门外三里御道南	浮图，前有茶林葡萄；经堂
	45	宝光寺	晋代		西阳门外御道北。即晋朝石塔寺处	有三曾浮图一所，以石为基，形制甚古。园中掘出浴堂及井。园中有一海，名咸池
西	46	法云寺	不详	乌苌国沙门昙摩罗	宝光寺西，隔墙并门	佛殿僧房，皆为胡饰
	47	灵仙寺	景明中	比丘道恒	大市南皇女台上，汉大将军梁冀造台，时犹高五丈余	
	48	开善寺	不详	京兆人韦英妻	大市外埠财里	
	49	河间寺	建义中529	不详	寿丘里，河间王元琛宅	文柏堂，形如徽音殿；造迎风馆于后园，窗户之上，列钱青锁。飞梁跨阁，高树出云
	50	追先寺	建义中	不详	寿丘里，河间王元略宅	
	51	融觉寺	孝文帝时	清河王元怿	阊阖门外御道南	有五曾浮图一所，与冲觉寺齐等。佛殿僧房，充溢一里
	52	大觉寺	宣武时	广平王元怀	融觉寺西一里许元怀宅	怀所居之堂，上置七佛；林池飞阁，比之景明。永熙年中（532），平阳王元修即位，造砖浮图一所
	53	永明寺	宣武时	宣武帝元恪	大觉寺东	房庑连亘，一千余间
城	54	禅虚寺	不详	不详	大厦门外御道西，寺前有阅武场	
北	55	凝玄寺	不详	阉官贾璨	广莫门外一里御道东，所谓永平里	地形高显，下临城阙，房庑精丽，竹柏成林

附:洛阳郭外之寺:

北邙山上有冯王寺、齐献武王寺。

京东石阙有元领军寺、刘长秋寺。

嵩高中有闲居寺、栖禅寺、嵩阳寺、道场寺,上有中顶寺,东有升道寺。

京南阙口有石窟寺,灵岩寺。

京西鏖涧有白马寺,乐熙寺。

佛教深入到社会生活的多个层面,引起了全社会的佞佛盛行。为了满足人们这一病态的心理需求,拥有雄厚资金的社会上层千方百计地广建寺院。从皇帝、皇后到王公大臣都参与到寺院的建设,足以证明佛教对社会影响之大。

河洛地区的佛教寺院的兴盛与皇帝带头兴建寺院有着密切的关系。从《洛阳伽蓝记》中可知①,孝文帝在开阳门外三里处修建报德寺为祖母冯太后追福。宣武帝先后建了瑶光寺、景明寺和永明寺三座寺院。瑶光寺是一座尼寺。为了安置外国僧人,宣武帝又建永明寺。灵太后胡氏所建的永宁寺影响深远,对北魏时期佛教在河洛地区的兴盛起了推波助澜的作用。她还先后兴建太上公寺和太上君寺给自己的父母追福。因为灵太后的重视,"常有大德名僧,讲一切经。受业沙门,亦有千数"。灵太后的家人也纷纷在洛阳建寺。

诸王也多建寺院,这些寺院既有尼寺,也有僧寺。清河王元怿修建的景乐寺是尼寺,还在洛阳城西建融觉寺,规模也较大。彭城王元勰修建的明悬尼寺在洛阳城东。外戚冯熙在诸州镇建佛图精舍,共七十二处。此外广陵王所建的龙华寺、北海王所建的追圣寺与灵

北魏洛阳永宁寺遗址照片

太后所建的秦太上公寺是京师洛阳的三大名寺。

龙华寺、正始寺、景宁寺、招福寺和正觉寺都是官员所建。龙华寺为宿卫羽林虎贲等所立,景宁寺是太保司徒公杨椿所立。三公令史高显洛在利民里地下

---

① 参见薛瑞泽:《读〈洛阳伽蓝记〉论佛教对河洛地区社会生活的影响》,《高敏先生八十华诞纪念文集》,线装书局 2006 年版。

挖出黄金百斤,根据黄金上的铭文,"遂造招福寺"。正觉寺是尚书令王肃所立。宦官所建的寺院大多为尼寺,如昭仪尼寺、景兴尼寺、宦官刘腾所建长秋寺、李次寿所立魏昌尼寺等,"亦阉官等所共立也"。只有宦官王桃汤所建的王典御寺是僧寺。

僧人所建的寺院有普提寺,"西域胡人所立也,在慕义里"。西域乌场国胡沙门昙摩罗所立法云寺,比丘道恒立灵仙寺于黄女台。

这一时期还出现了舍宅为寺的风气。为了表示对佛的虔诚,上自达官贵人,下至平民百姓都纷纷将自己的住宅舍出来作为寺院。洛阳城内的愿会寺、建中寺、昭仪寺和光明寺都是这样形成的。

规模宏大的佛教建筑浪费了大量的财物,永宁寺气势夺人堪称洛阳寺院之首,长秋寺、瑶光寺、昭仪尼寺、胡统寺、修梵寺、嵩明寺、景林寺等都是当时奢华宏伟的寺院。建设如此豪华的佛教建筑,必然要浪费大量钱财,史料中也有很多相关记载。百官为了修建正始寺纷纷出资,多者四十万,少者五千。佛教建筑的修建还动用了大量的人力。如平等寺塔的修建,从永熙元年开始至三年二月五日,共用了两年多的时间,"土木毕工"。对当时尚不太富足的社会形成了很大的压力。

(三)洛阳民众的佛教生活①

从孝文帝迁都洛阳以来,佛教已经成为社会生活的一部分,影响着人们的日常生活和价值取向。

社会上层广建寺院对佛教影响人们生活产生了广泛的作用。规模宏大的宗教建筑与居民建筑杂糅在一起,佛教寺院多融入居民建筑中,成为里坊中最为豪华的建筑。洛阳城内,建中寺"在西阳门内御道北所谓延年里",长秋寺"亦在延年里",景乐寺"北连义井里",昭仪尼寺"东南治粟里",愿会寺"寺南有宜寿里",修梵寺"寺北有永和里"。普通建筑与宗教建筑混杂在一起,更烘托出佛教在社会生活中的影响。

---

① 薛瑞泽:《读〈洛阳伽蓝记〉论佛教对河洛地区社会生活的影响》,《高敏先生八十华诞纪念文集》,线装书局 2006 年版。

　　如此众多的豪华瑰丽的佛教寺院，成为居民闲暇游览之地。宝光寺有一咸池，景色优美，"葭菼被岸，菱荷覆水，青松翠竹，罗生其旁"。"京邑士子，至于良辰美日，休沐告归，征友命朋，来游此寺。雷车接轸，羽盖成荫。或置酒林泉，题诗花圃，折藕浮瓜，以为兴适"。

　　佛教对洛阳的社会生活提供了娱乐的内容，观看佛事活动也成为居民生活的重要内容。特别是佛教节日也成为民众节日。四月八日佛诞节到来的前一天，洛阳城中的佛像都要汇聚到景明寺，观者如堵，甚至引发了踩死人的惨剧发生。"京师诸像皆来此寺，尚书祠曹录像凡有一千余躯。至八日以次入宣阳门，向阊阖宫前受皇帝散花。于时金花映日，宝盖浮云，幡幢若林，香烟似雾。梵乐法音，聒动天地。百戏腾骧，所在骈比。名僧德众，负锡为群；信徒法侣，持花成薮。车骑填咽，繁衍相倾。"有西域沙门见此，赞叹是到了"佛国"。景兴尼寺"有金像辇，去地三尺，施宝盖，四面垂金铃七宝珠，飞天伎乐，望之云表。做工甚精，难可扬攉。像出之日，常诏羽林一百人举此像。丝竹杂伎，皆由旨给"。为了观看精美的佛像出现了万人空巷的场面，场面极为宏大。"宗圣寺有像一躯，举高三丈八尺，端严殊特，相好毕备，士庶瞻仰，目不暂瞬。此像一出，市井皆空，炎光腾辉，赫赫独绝世表。妙伎杂乐，亚于刘腾，城东士女多来此寺观看也。"

　　佛教兴盛导致出家的人越来越多。佛教的势力也逐渐扩大，佛教徒借机敛财、侵扰百姓的行为在《洛阳伽蓝记》中也有不少的揭露。建阳里因为与居民区杂居，"里内士庶二千余户，信崇三宝，众僧刹养，百姓所供也"。杨衒之认为"释教虚诞，有为徒费，无执戈以卫国，有饥寒于色养，逃役之流，仆隶之类，避苦就乐，非修道者。又佛言有为虚妄，皆是妄想，道人深知佛理，故违虚其罪。启又广引财事乞贷，贪积无厌"。一些僧徒还利用朝廷对他们的放纵，"侵夺细民，广占田宅"，时人怒斥他们为"释氏之糟糠，法中之社鼠"。北魏末年，随着兵役、徭役的负担越来越重，更多人纷纷离开家庭依归寺院，造成财政的重大损失，"假慕沙门，实避调役，猥滥之极，自中国之有佛法，未之有也"。

四、北周武帝灭佛及其影响①

北周武帝宇文邕(公元543~578年),小字弥罗突,公元560~578年在位。代郡武川(今内蒙古武川西)人。宇文泰第四子。

北魏永熙三年(公元535年)孝武帝为高欢所逼,从洛阳入关,鲜卑族将领宇文泰拥立孝文帝建立西魏政权,定都长安。宇文泰死后,其子宇文觉代西魏称周天王(北周闵帝),大权由宇文泰之侄宇文护掌握,灵帝及其后的明帝都是被他杀死的。武成二年(公元560年),权臣宇文护毒死明帝宇文毓,立时为大司空、鲁国公的宇文邕为帝。宇文邕即位(公元560年)后,因晋公护专权,"常自晦迹,人莫测其深浅"②,对军政大事,"无所关预",以"谈论儒玄"和重祭祀来防止宇文护的妒忌。天和七年(公元572年),宇文邕诛杀宇文护,开始亲自处理国务。

北周孝闵帝宇文觉和明帝宇文毓虔诚信佛,佛教在其境内长盛不衰。

宇文邕崇尚儒家,重用儒生,当时的佛教发展速度很快。北方的僧尼有200多万人,寺院3000多所。③ 面对兴盛的佛教,他认为:人民信佛,供养出家人会不专心于生产;出家人没有财产,不从事物质生产不用交税,影响国家财政收入。于是想废除佛教。如果想要统一北方,就需要"求兵于僧众之间,取地于塔庙之下"④。因为僧尼可以免去赋税徭役,而寺院占有大量的土地。建德二年(公元573年)宇文邕确决三教先后,规定以儒为先,道次之,佛教最后。次年下令禁断佛、道二教,沙门、道士并还俗,为历史上三武灭佛之一。

在灭佛之前,宇文邕对三教关系讨论过多次:

天和四年(公元569年)三月十五日,宇文邕召集高僧、名儒、道士和文武百官二千多人,讨论三教先后,他主张"以儒教为先,佛教为后,道教为上"⑤。以儒

---

① 温玉成:《少林访古》,百花文艺出版社1999年版。
② 唐·令狐德棻:《周书·武帝纪》,中华书局1974年版。
③ 北齐·魏收:《魏书·释老志》,中华书局1974年版。
④ 唐·道宣:《广弘明集》卷二四《谏周祖沙汰僧表》,上海古籍出版社1991年版。
⑤ 唐·道宣:《广弘明集》卷八《灭佛法集道俗议争》,上海古籍出版社1991年版。

佛关系而论,儒先佛后,以佛道关系而论,道在佛下。

同年三月二十日,再次集众讨论,宇文邕说:"儒教、道教,此国常遵,佛教后来,朕意不立。"①排除了佛教在国家意识形态领域中的地位。

同年四月初,宇文邕又集众进行讨论,并敕司隶大夫甄鸾详细研究一下佛道二教的关系,定深浅,辨真伪。

天和五年(公元570年)五月十日,宇文邕召集群臣讨论甄鸾奉旨而作的论述佛道二教关系的作品《笑道论》,此论对道教加以嘲笑。宇文邕认为它"伤蠹道法",当场予以焚毁。他又看到道安写的《二教论》,觉得道安关于佛教是内教,儒道二教是外教的说法,理由很充分,他也不好加以反对,三教废立之事就暂时搁置下来了。

建德二年(公元573年)十二月,宇文邕在西安的太极殿召集群臣及僧、道,辩论三教先后。他主张"以儒教为先,道教为次,佛教为后"②。

道士张宾先登高座发言。他说:"大道清虚,淳一无杂;祈恩请福,上通天曹。白日升仙,寿同天地。岂如佛法虚幻,言过其实。客寓中华,不容本土。百姓无知,信其诡说!"这时,主持廷辩的襄城公何妥手里拿着玉制的如意,准备递给发言的僧人。坐在僧人第一位的少林寺等行禅师愤而站起,准备发言。诸僧人阻止他说:"皇帝在此,不可造次;您是佛法大海,但应对之间,应讲究辩才。"于是商议让四川僧人智炫应辩,何妥将玉如意交给了智炫。

智炫不慌不忙地登上高座,手执如意对张宾说:"请你说说,道教是何时诞生,佛教又是何时诞生的?"

张宾说:"圣人出世,有何定时?说教兴行,有何定处?总之,道教旧来本有,佛法近自西来。"

智炫反驳说:"如果说不出道教诞生的时间,等于还没有诞生;说不出地点,等于没说。你说道教旧来本有,这就是清虚;上请天曹,岂能无杂?寿同天地,岂能无始?"

张宾倚仗皇帝的信任,竟公然说:"这帮僧人,都该杀掉!"周武帝只得令舍

---

① 唐·道宣:《广弘明集》卷八《灭佛法集道俗议争》,上海古籍出版社1991年版。
② 唐·令狐德棻:《周书·武帝纪》,中华书局1974年版。

人扶张宾下殿。

周武帝亲自登上高座,他说:"佛教中有三种不净。一是释迦牟尼娶过妃子耶输陀罗并生了儿子罗睺罗;二是经律中允许吃三种净肉;三是僧人多有犯法造罪者,佛在世时弟子们便互相攻击。这样看来,佛、法、僧皆不净。我的意思是除掉佛教以息虚幻。如果你们能证明佛法中无此三不净,我就保留佛法!"

智炫应声对曰:"陛下所说,引证经典,确是事实。但是,道教中的三不净更胜于佛教。天尊在紫微宫,侍御者五百童女;道教章醮请福时,必须用鹿脯;道士犯法者各朝各代也都有。如果说因为有和尚犯法就应该取消佛教,逆子、叛臣相继而出,难道也要取掉皇位吗? 这当然不可以……"智炫从容自若,雅调抑扬,言音朗润,虽在皇帝面前,却一点儿也不恐惧。

周武帝听了,愕然良久,继而恼怒,拂袖而去。群臣及众僧惊恐不已,智炫、等行等却毫无惧色,表示宁可早升净土,也不与无道之君共世而生。

北周武帝说不过和尚又恨道士不争气,不再进行辩论,直接颁布诏书:"断佛、道二教,经像悉毁,罢沙门(僧尼)道士,并令还民。"诏令发布之后,立即实施。蜀新州果愿寺僧僧猛,进京与武帝论述不宜灭佛,静蔼法师也面见武帝论其灭佛之过,都被武帝派人逐出。

次年五月十六日,宇文邕在太极殿令僧人、道士辩二教优劣,先由道士张宾和法师智炫辩论,张宾败北,宇文邕亲自登台,指斥佛教是"不净"之教,而智炫说,道教的不净,比佛教更重。①

第二天,宇文邕就下令二教俱废,普灭佛道二教。同时令道士、僧人还俗为民,各种不符合儒教礼义的"淫祀",也都废除。少林寺遂被废于承光元年(公元577年)二月以后不久。直到大象二年(公元580年)六月,北周静帝宇文阐又下诏兴复佛道二教,少林寺改名为"陟岵寺",至开皇元年(公元581年)才恢复少林寺之名。

同年六月二十九日,宇文邕却又下诏设"通道观",观中包括僧人、道士一百二十人,在一起讨论三教,意在会通三教,"通道观"之"通",就是三教会通之"通"。这表明,宇文邕虽然二教俱废,其实是想对道教有所保留的,但这种道

---

① 唐·释道宣:《续高僧传》卷二四《智炫传》,上海古籍出版社1996年版。

教,又必须是三教会通之道。

三年后,宇文邕再次下诏毁佛。

公元 577 年,武帝灭北齐后,把废除佛教的政策推广到北齐境内。武帝亲自到北齐国都邺城,召僧人入殿宣布废佛令,下令在原北齐国境内灭佛。宇文邕的废佛讲话中,谈到他以儒教六经立国,至于佛教,真佛无像,敬佛应敬在心中,而大译佛经,大建寺塔之类,不能使人受恩惠,所以必须荡除佛教。当时僧众五百余人,俯首听命,独慧远和尚厉声抗辩说:"陛下今恃王力,破坏三宝(指佛、法、僧),是邪见人,阿鼻地狱不论贵贱,陛下安得不怖?"武帝听后大怒,眼睛直瞪着慧远说:"只要百姓得乐,我也不怕入地狱!"随后,严厉的废佛活动在原北齐国境内大张旗鼓地开展起来。结果,四万多所寺庙被赐给王公作宅第,一切经像尽毁于火。寺院财产、簿录入官、寺院奴婢,全部释放。近 300 万僧尼全部被勒令还俗。自三年前毁佛以来,"关陇佛法,诛除略尽"①。加上这一次毁北齐佛教,四万寺庙被赐予王公贵族使用,僧人夺籍,还俗为兵士、百姓者有三百万,佛像经典遭焚毁,寺庙财产或入官,或作赏赐之用,分散荡尽。

宇文邕的废佛,史料中多载是受道士张宾和曾是僧人的卫元嵩的影响,实际上起决定作用的还是宇文邕自己的以儒治国的政策。不过卫元嵩上书省寺减僧的十五条建议中对佛教提出的批评,佛教界是应该加以反省的。他建议行大乘佛教,佛教应该注意到社会上的贫穷阶层,佛教要有利于社会的和合,有利于社会的经济发展,佛教要加强纪律约束,反对大立寺院三藏,等等。这些建议多是针对当时佛教界所存在的问题而提出的。

宇文邕的灭佛,本质上也源于佛教和儒学之间价值观上的冲突,宇文邕本人是遵从儒学的。除此之外,也有经济上的考虑,即如僧人昙积指出的,是想"求兵于僧众之间,取地于塔庙之下"。北齐、北周时,"末法"之说广为流传。所谓"末法",是《佛本行经》《善见律》等造出的一种宗教预言,说佛法诞生后,要经历"正法"(五百年,或说一千年)、"像法"(一千年)、"末法"三个阶段,在末法时期,只有"月光童子"在"脂那国"做大国王,护持佛法……周武帝灭法,被认为是"末法"的开始。慧日既隐,苍生昼昏,所以人鬼哀伤,天神悲惨。信徒们深感

---

① 唐·释道宣:《续高僧传》卷二四《智炫传》,上海古籍出版社 1996 年版。

"光流末季","运感将移","知身无常,危同泡沫",纷纷造塔、雕像、刻经、吃斋,准备"后事"。公元 578 年 6 月,周宣帝宇文赟继位,恢复佛教及道教。他自称"天元皇帝",座左置佛像,座右置天尊像,三尊并坐,并大陈杂戏,令京城士民纵观。

虽然在佛教史上有"三武一宗"的四次灭佛,但是从佛教的总体发展进程来看,灭佛只是佛教在融入中国文化过程中的小插曲。最终佛教在经历数次打击之后,不断调整与发展,成为中国人自己的宗教,成为中国传统文化不可或缺的重要组成部分。

第五章　隋唐时代的河洛佛教

　　隋唐虽然定都长安,但是在隋炀帝与唐高宗、武后与中宗时期,洛阳作为东都确是全国实际上的政治中心,同时也是佛教活动的重要舞台。河洛地区的佛教在隋唐时期达到了极盛,非其他地区所能比拟。[①]

　　隋唐时期的绝大多数皇帝都信奉佛教。这一时期的佛教与政治的结合更加紧密,佛教得到统治者的积极倡导和大力支持,弘扬佛教已成为国家的一项事业。王法与佛法、戒律与家法、高僧与士人之间有着密切而协调的关系。僧侣极力介入政治,为统治者效劳,以争取帝王的支持,帝王也乐意利用佛教为自己的统治服务。

　　隋唐时代的洛阳是名僧萃集之地。在洛阳长期居住或来洛阳从事佛教活动的印度僧人有菩提流支、日照、实义难陀、宝思惟、善无畏、金刚智、不空等,还有于阗沙门提云般若。国内名僧有彦琮、慧远、智脱、智岂页、慧琳、法济、法安、转明、慧满、玄奘、法藏、义净、明佺、仁俭、慧澄、神会、义福、道氤、普寂、慧日、凝公、自在、崇王圭、澄观、伏牛山自在和尚等;嵩山名僧有法如、慧安、道莹、一行等。

　　隋唐时期在洛阳编写不少佛经目录。洛阳设有翻经馆,从事翻译的僧人不断总结译经的实践经验,提高了翻译水平,并且撰写成了总结译经规律的专著。

　　唐代基本上对儒道佛"三教"兼容并蓄,在高宗、武后、中宗诸朝,佛教无论从名义或者实际上,均居于道教之前。

　　唐代中国式的佛教已经完全形成。各个寺院都有了自己的产业,出现了雄

---

　　① 参见程有为:《隋唐河南佛教述论》,《华北水利水电学院学报(社科版)》1999 年第 9 期。

厚的寺院经济。形成了各种各样的具有中国色彩的佛教宗派。神秀创立禅宗北宗于嵩洛,禅宗南宗神会,建菏泽寺于洛南,归葬于龙门山宝应寺。天台宗七祖可贞,实受唐玄宗之敕封。华严宗康法藏,家居洛阳,祖坟题记,发现于龙门。净土宗善导,受命为龙门大卢舍那像龛之检校僧。三阶教重要寺院大福先寺位于洛阳。密宗三大士中善无畏、金刚智二大士皆译经于洛阳,葬身于龙门广化寺及奉先寺。西行之玄奘出家于洛阳净土寺,义净出发于洛阳,归于洛阳,葬于龙门。新罗惠超,乃少林寺法如之弟子。

武则天时,佛教和政治紧密结合,洛阳呈现出空前的宗教热潮。当时佛学大师、禅宗北宗鼻祖神秀来洛阳,"天下号释氏者,咸师事之"。神秀的高足弟子普寂,在洛阳传教长达二十余年,"人皆仰之"。普寂的重要弟子中,就有像天文学家僧一行(俗名张遂)那样的著名人物。

同时也兴起了一股以洛阳为中心的凿窟造像之风,时间主要在唐代前期和中期。唐代龙门石窟造像始于太宗贞观十五年(公元64年),就是魏王李泰为长孙皇后在洛阳伊阙凿龛造的石佛像。像旁立有碑,碑文极称佛,谓为儒、道所不及。

隋唐时期的佛教已经深入到社会生活的方方面面,其广博的教义可以吸引各阶层的人士。当时洛阳为一些名僧举行葬礼,参加人数很多,礼仪也极为隆重。这些盛大的佛事活动花费了不少钱财,吸引了众多的僧侣和俗士参与,反映了当时佛教的普及和世俗化。

唐代贞观至开元间,史称盛世,"公卿贵戚开馆列第于东都者,号千有余邸"[①]。在佛教广为传播的唐代,公卿贵戚、国内外高僧于龙门开石窟、树伽蓝、下舍利、立宝塔的风气很盛。但是,这种随着政治、经济发展而繁盛起来的寺院,自然也随着唐代的变乱和唐帝国的灭亡与衰败乃至毁弃。"安史之乱"后,洛都市井萧条,百里无人烟。宋人李格非说:"及其离乱,继以五季之酷,其池塘竹树,兵车蹂践,废而为丘墟;高亭大榭,烟火焚燎,化而为灰烬。与唐共灭而俱亡者,无余处矣。"[②]李氏虽然写的是东都园林的毁败情况,但寺院的毁败也可想而

---

① 宋·李格非:《洛阳名园记》,载《古文观止》,中华书局2004年版。
② 宋·李格非:《洛阳名园记》,载《古文观止》,中华书局2004年版。

知。

"安史之乱"后,洛阳凋敝;中晚唐时,佛教渐衰。唐武宗会昌灭佛,佛教势力受到严重打击。此后佛教虽再度复兴,但已不及以前之盛况。洛阳佛教便处在抱残守缺的状态之中了。

一、隋代河洛佛教、隋唐洛阳寺院

(一)隋代佛教

1. 隋朝皇帝与佛教

隋文帝、隋炀帝都笃信佛教。

周武帝宣政二年(公元 578 年)去世后,继位的是宣帝和静帝,但是朝政实际上把持在外戚杨坚的手中。杨坚自幼由尼智仙抚养,笃信佛教,所以此时的佛教得以继续传播。等到杨坚建立隋朝后,便大力恢复佛教。北周武帝时受到压制的佛教得到迅速的复兴,进入了新的发展时期。

隋文帝有步骤地推行佛教复兴政策,使得隋朝的佛教迅速地繁荣起来。隋文帝在即位之初,就"普诏天下,任听出家"。命令各地修复因周武帝废佛而荒废的寺院,灭陈统一全国后,进一步推行佛教治国的政策。开皇十年(公元 590 年)"度僧至五十万人"[1]。文帝一生建造佛寺精舍 3792 所,筑立宝塔 110 个,缮写新佛经 132086 卷,修治故经 3853 部。[2]

仁寿元年(公元 601 年)到仁寿四年(公元 604 年),隋文帝先后派人向全国 111 个州送舍利,命令全国各地建立舍利塔供奉舍利,又命令各地在同一时间举行盛大的法会,为皇室和官、国民祈祷,加强全国臣民的统一意识,它的意义已经超出了宗教范围。隋文帝推行佛教政策的目的是使佛教成为隋王朝统一国家的精神支柱,因此隋朝佛教之为国家宗教的色彩很浓。[3] 隋文帝的一系列恢复佛教的政策,消除了在无宗教状态下民众潜存的不满,成功地激发起人们对新王朝

---

① 唐·释道宣:《续高僧传》卷十《靖蒿传》,上海古籍出版社 1996 年版。
② 唐·法琳:《辩正论》卷三,《大正藏》No.2110.
③ 日·镰田茂雄:《简明中国佛教史》上海译文出版社 1986 年版。

的衷心拥戴。①

隋文帝的各位皇子都信奉佛教,尤其是后来成为隋炀帝的杨广。杨广在当皇子的时候就礼遇僧侣。他在任扬州总管后建立了四道场,把江南佛教界德高望重的僧侣都集中到扬州,使扬州成为南方的佛教中心。他当了皇太子后又在长安建造日严寺,同样集中了全国的高僧学者。当了皇帝后,杨广又在长安和洛阳广招僧侣,大建佛寺。迁都洛阳后在洛阳建立了慧日内道场,招揽了许多义学高僧和异能之士,还在洛阳上林园设立翻经馆,专门从事佛经翻译。杨广对于高僧智顗的尊崇也是为人称道的。炀帝一生总度僧尼 16200 人,铸刻新佛像 3850 躯,修治旧佛像 101000 尊,缮写修补佛经 612 藏。

2. 隋朝高僧

隋朝重要的大德高僧主要有智顗、信行。

信行(公元 540~594 年)是中国佛教史上三阶教(又名普法宗)的开山祖师。俗姓王,魏郡人,是个地道的苦行僧。他少年出家,在相州法藏寺(北关古寺坊)和光严寺(云门寺)修道。他舍戒而不还俗,并有创宗立派的明旨。他认为隋朝乃末法时代,应因时设教,以法验人,并依照折中末法观创立了三阶教。

他曾在相州(今安阳市)光严寺发愿,要为皇帝、诸师、父母及一切众生施舍身命财物,建立礼佛、转经、众僧、离恶、头陀、饮食、食器、衣服、房舍、床坐、灯烛、钟呗、香、柴炭、洗浴十六种无尽藏行,"愿施无尽,日日不断"②直至成佛。

他撰写了《对根起行法》、《三阶集录》、《众事诸法》等四十余卷书,但是仅存有《三阶教法》四卷,《对根起行法》一卷,《大乘无尽藏法》和《七阶佛名经》等残卷。

《金石萃编》卷七一《大唐净域寺故大德法藏禅师塔铭并序》(开元四年五月二十七日建):

"有善华月法师。乐见离车菩萨,愍兹绝纽并演三阶,其教未行,咸遭杀戮。有隋信行禅师,与在世造舟为梁,大开普教认恶之宗,将药破病之说,撰成数十余卷,名曰《三阶集录》……"

① 日·砺波护著,韩昇编,韩昇刘建英译:《隋唐佛教文化》,上海古籍出版社 2004 年版。
② 《信行遗文》,敦煌文献 S. 3137。

信行把佛教依时、处、人分为三类,每类分三阶,以阐明机教相应与根行相契。他认为末法时代能够救度众生的只有普法,所以他崇信普法。认为信众应该皈依一切佛、一切法、一切僧,断一切恶,修一切善。

信行创立的三阶教反对净土宗之念佛三昧,只念地藏菩萨,不念"阿弥陀佛",指一切佛像为泥龛而不尊,称一切众生才是真。这一点与当时社会上下佛教的信仰模式相差很远,因此被其他佛门宗派视为"异端"。在信行死后,隋文帝、武则天、唐玄宗时都曾下令禁止三阶教。

智顗(公元538~598年)俗姓陈,字德安,十八岁出家,是陈、隋之际的著名高僧,天台宗的实际创始人,在江南佛教界有很高的地位和声望。隋炀帝杨广与智顗的关系非比寻常。杨广当晋王时,曾多次致函拜智顗为师,并于开皇十一年(公元591年)请他来扬州。智顗在扬州总管寺城设千僧会,为自己授菩萨戒,并授予杨广"总持菩萨"之号。杨广尊称智顗为"智者大师"。直到智顗去世,二人始终保持着密切的关系。①

智顗精研律学,注重禅观,以"定慧并重"的独特风格得到僧众的敬重。他主要在金陵、天台山和荆州修行和传教。由于他曾在天台山隐居潜修十年,也被人称为"天台大师"。仁寿元年(公元601年)在杨广的援助下在天台山建立国清寺,成为天台宗的圣地。

智顗的著作大部分是他本人讲述并由其弟子灌顶记录的,如《法华玄义》、《摩诃止观》、《法华文句》,这三部经典是天台宗最重要的代表作,被称为"天台三大部"。此外还有《观音玄义》、《观音义疏》、《金光明玄义》、《金光明经文句》、《观无量寿佛经疏》被称为"天台五小部",此外还有《六妙法门》、《金刚般若经疏》、《仁王般若经疏》、《维摩经疏》、《菩萨戒义疏》、《四教义》、《观心论》等许多著作。

智顗的学说是天台宗教义的核心内容,以"止观"作为佛教修行的根本途径。他还提出了"五时八教"的判教理论,为天台宗的创宗建派提供了经典和历史依据。

智顗曾"造寺三十六所,大藏经十五藏;亲手度僧一万四千余人;造旃檀、

---

① 唐·释道宣:《续高僧传·智顗传》,上海古籍出版社1996年版。

金、铜、素画像八十万躯;传弟子三十二人,得法自行,不可称数"①。

2. 内道场与翻经院②

内道场在历史上的正式出现是在隋炀帝时期。

杨广在扬州时曾设立四道场,就是慧日、法云两个佛教道场和玉清、金洞两个道教道场。慧日、法云道场集中了江南佛教界的高僧大德。三论宗大师吉藏在慧日道场受到优厚的待遇。后来在长安建立的日严寺应该是慧日道场的延伸。他登基后,在洛阳设立东都内慧日道场,成为皇家宫廷佛教研究院。

南北朝时期的南北佛教风格迥异。南方佛教重理论,北方佛教重实践,这就是所谓的南义北禅。伴随着隋朝的政治统一,南北佛教风格也应该统一。于是天台宗提出了定慧双修的止观法门。隋炀帝拜智顗为师,无疑会受到天台宗的濡染。由于他长期居住扬州,对南方佛教有一定的了解。他所以在洛阳设立内道场,无疑是以南方佛教改造北方佛教,消泯二者的差异,融会为统一风格。

东都内道场中高僧有:

智脱,扬州人,七岁出家,游学南北,遍学经论,名气远扬。一生"凡讲《大品》、《涅槃》、《净名》、《思益》各三十许遍,《成论》、《文玄》各五十遍"。

法澄,南京人,精通《中论》、《百论》、《十二门论》、《大智度论》。

道庄,南京人,精通四论,讲《法华经》。

法论,南郡(湖北江陵市)人,"虽外涉玄儒,而内弘佛教"。

立身,金陵(南京市)人,有文章,工辩对。

智果,剡县(浙江嵊县)人,除了具备佛学修养,还通晓经史文学,其书法成就接近王羲之。

智骞,江南人,精通语言文字学。

这些高僧,都是南方人,而且大多是炀帝带过来的扬州内道场的僧人。他们都有着从扬州慧日道场到日严寺再到东都内道场的过程。

大业二年,炀帝在东都上林园设立翻经馆,品位很高。"其中僧有学士之名"③。隋朝的译经中心从长安转移到了洛阳。翻经馆中汇集着一批中外籍僧

---

① 《大正藏》卷五〇,第 197 页下。

② 参见郭绍林:《隋代东都洛阳的佛教内道场和翻经馆》,《世界宗教文化》2006 年第 4 期。

③ 宋·赞宁:《宋高僧传》卷三,中华书局 1987 年版。

人。中国僧人最突出的是担任主事的彦琮,外国僧人则是来华的南天竺僧达摩笈多。

彦琮精通中文和梵文,开皇年间他在长安奉诏翻译佛经。仁寿二年(公元602年),他撰成《众经目录》一书,对流行典籍,分作单译、重翻、别生、疑惑、伪妄五类。彦琮又将《舍利瑞图经》和国家《祥瑞录》由中文译成梵文,合成十卷。洛阳上林园翻经馆建立后,彦琮主持翻经馆的翻译工作。平定越南后获得了佛经564夹,合1350余部以及昆仑书(南洋文字)、多梨树叶(贝叶经)。这些都被送到翻经馆,由彦琮来浏览整理。他撰成五卷目,译成中文应有2200多卷。他前后译经共23部100来卷。彦琮将在长期的翻译实践中产生的体会写成《辩正论》,提出了系统的翻译理论,以作出翻译的范式。大业六年七月二十四日,他在翻经馆中病逝,俗寿54岁。

达摩笈多在开皇时期来长安,被安排在大兴善寺翻译佛经。上林园翻经馆建立之际,炀帝立即征聘达摩笈多并诸学士来这里从事翻译。达摩笈多在这里工作了14年,直到唐高祖武德二年(公元619年)去世,连同他在长安的工作,共翻译经论七部共32卷。彦琮根据向达摩笈多询问其游历的国家和地区的情况撰成了《大隋西国传》一书共十篇:方物、时候、居处、国政、学教、礼仪、饮食、服章、宝货、山河、国邑、人物。"斯即五天(东西南北中五天竺)之良史,亦乃三圣之宏图"①。

翻经馆还是一所外国语学校。彦琮在这里曾向达摩笈多学习梵文,行矩、智通等僧也在这里学习梵文。智通"往洛京翻经馆学梵书并语,晓然明解",入唐后参与翻译佛经,"善其梵字,复究华言,敌对相翻,时皆推服"②。

(二)龙门十寺

大和六年(公元832年),唐代大诗人白居易在《修香山寺记》中说:"洛都四郊山水之胜,龙门首焉;龙门十寺观游之胜,香山首焉。"那么龙门十寺究竟是哪些寺院呢?历史上是否存在?

① 唐·释道宣:《续高僧传·达摩笈多传》,上海古籍出版社1996年版。
② 宋·赞宁:《宋高僧传·智通传》,中华书局1987年版。

到了元代,萨都剌(1308～?)在《龙门记》中则说:"(龙门)旧有八寺,无一存者。但东岩岭有叠石址二区,余不可辨。数十碑,多朴,其守者仅一、二。所刻皆佛浯,字剥落不可读,未暇详其所始。"萨都剌之游龙门,当在至正间,即 14 世纪 40 年代。①

延至明、清以来,关于"龙门十寺"问题众说纷纭。②"龙门十寺"问题是一个关系到唐以来佛教史和文学史的问题,又是一个涉及中外关系史的问题。笔者在研读唐人诗文,龙门碑刻的基础上,结合出土文物与实地考察,认为白居易时代的龙门十寺乃是:香山寺、奉先寺、宝应寺、干元寺、天竺寺、菩提寺、广化寺、敬善寺、石窟寺和胜善寺。

1. 香山寺

龙门香山寺既是屡见史乘的著名伽蓝,又是中朝友谊的历史见证,更因大诗人白居易的经营、栖居而为后人所称道。直至清乾隆十五年(1750 年)高宗弘历巡游龙门时,犹赋诗云:"龙门凡十寺,第一数香山。自古才华地,当秋罕跸间。"可惜,这座名刹没有留下什么文物。乾隆所咏,只是面对一座假香山寺而已。

香山寺创建于北魏熙平元年(公元 516 年)。据宋人陈振孙作《白居易年谱》称:"(香山)寺在龙门山后,魏熙平元年建。"陈氏之说应是可靠的。因为禅宗二祖慧可即"出家依龙门香山宝静禅师得度具戒"。慧可约于四十岁时(公元

---

① 清·柯劭忞:《新元史》卷二三八,中国书店 1988 年版。

② 概而言之,计有三家:

其一,路朝霖着《洛阳龙门志》(1870 年刊),吸收《洛阳名胜志》,《河南府志》和《洛阳县志》诸说,认为十寺是香山寺、奉先寺、石窟寺、灵岩寺、干元寺、广化寺、崇训寺、宝应寺、嘉善寺和天竺寺。这十寺之中,石窟寺和灵岩寺,见于北魏杨衒之《洛阳伽蓝记》,而崇训寺和嘉善寺不见于唐人诗文或石刻中。

其二,关百益在《伊阙石刻图表》(1935 年刊)中虽然沿用了路氏所说的十寺名称,但又称言:奉先寺亦曰龙华寺,又名天竺寺。又说石窟寺即宾阳中洞。则关氏文中,"十寺"乃成"九寺"。

其三,日本水野清一、长广敏雄在所著《龙门石窟之研究》(1941 年东京版)一书中提出的龙门十寺有灵岩寺、天竺寺、香山寺、玉泉寺、菩提寺、敬善寺、奉先寺、龙华寺。广化寺和石窟寺。但他们依据《白氏文集》而提出的"灵岩寺"并不是杨衒之所记的灵岩寺,而是太湖之滨的一座寺院。玉泉寺也不在龙门。这样水野与长广指出的"十寺",在龙门的只有"八寺"。

宋人苏过(1072～1123 年)云:"仆以事至洛,言还,过龙门,留一宿。自药寮度广化潜溪入宝应。翌日,过水东,谒白傅祠,游皇龛,看经两寺。登八节,尤爱之,复至奉先。"这是首见潜溪、看经两寺的名字。近时又有人着文,把始见于宋代的看经寺和潜溪寺拉入唐代"十寺"之内,更徒增加了混乱。

526 年)始入少林寺投菩提达摩为师,则公元 526 年以前香山寺已存在了。①

香山寺的重兴,在唐武则天垂拱三年(公元 687 年)以后。香山寺在龙门东山(伊水之左)南部《龙门山阳》。此处原有一废寺,是地婆诃罗的门人"修理灵龛(即石像七龛)、加饰重阁(即浮图八角)"之后,经武三思奏请而重设伽蓝的。②

魏唐香山寺的位置应在今大万伍佛洞以东,约在轴承厂疗养院附近,亦即陈振孙所谓"寺在龙门山后"。1965 年 3 月至 5 月,龙门保管所配合轴承厂疗养院基建,对两个探方作了试掘。发掘出土大批板瓦和筒瓦,并有绿色釉莲瓣纹瓦当若干。出土的长砖和方砖也很多。尤其重要的是发现房基一座,内有石柱础和一个石雕莲花座。房基内出土的铜钱有唐代的"开元通宝"、"景福元宝",北宋的"天圣元宝"、"绍圣元宝"和"崇宁重宝"。笔者参加了部分试掘工作,现场考古调查判明:这是一座北宋末焚毁的寺院遗址,结合文献判断,应是古香山寺的一部分。金人魏博霄说香山寺"向传已矣不可见",完全符合香山寺毁弃的时间。

武则天称帝后,曾率群臣乘春游幸龙门,至香山寺。"则天御石楼,坐朝文武。百执事班于水次"③。武则天命群臣赋诗,宋之问诗成(《驾幸龙门应制》),受则天赞赏,将赐予左史东方虬的锦袍夺回,赐予宋之问,这就是诗坛上有名的"赐夺锦袍"的佳话。宋之问为武周政权热烈讴歌,唱出了"先王定鼎山河固,宝命乘周万物新,吾君不事瑶池乐,时雨来观农户春"的诗句。正是道出了武则天的心声。

新罗王之孙,三藏法师玄奘的大弟子文雅(字园测,公元 613～696 年)死后,于万岁通天元年七月廿五日"燔于龙门香山寺北谷,便立白塔",这是安葬于

---

①　元·释常念:《佛祖历代通载》卷十,中国书店 2009 年版。

②　《华严经传记》卷一载中天竺国三藏法师地婆诃罗传云:"爰以永隆初岁,言届京师。……以垂拱三年十二月二十七日……无疾而卒于神都(洛阳)魏国东寺……香花辇舆瘗于龙门山阳,伊水之左。门人修理灵龛,加饰重阁,因起精庐其侧,洒扫供养焉。后因梁王(按即武三思,武则天之侄)所奏,请置伽蓝,敕内注名为"香山寺"。危楼切汉,飞阁凌云;石像七龛,浮图八角。驾亲游幸(指武则天),具题诗赞云尔。"

③　北宋·王谠:《唐语林》卷五,上海古籍出版社 1978 年版。

龙门的第一位朝鲜高僧。① 长庆初年,新罗国使金柱弼偕沙门无染来唐后,曾上香山寺,向如满禅师(按即与白居易结为"香山九老"的佛光寺和尚)问禅法。龙门西山今有《新罗像龛》。古代中朝人民友好往来,此为又一例证。

白居易晚年退居于洛阳履道里,常幽栖于香山寺中。大和六年,他以为好友元稹撰墓志所酬六七十万,施修香山寺;"虽一日必葺,越三月而就(五至七月)"。会昌六年(公元846年),白居易卒,"遗命不归下邽,可葬于香山如满师塔之侧。家人从命而葬焉"②。白居易墓应在龙门东山南坡,这是没有问题的。日本国智证大师园珍、于大中九年(公元855年)至洛阳,"十二月十七日,踏雪没膝至东都龙门伊水之西广化寺,礼拜无畏三藏舍利之塔。沙门道园撰《三藏和尚碑》,流传海东。十八日,又踏大雪至东都,……乘闲诣于大圣善寺善无畏三藏院,礼拜真容("真容"即画像)。其后,游历敬爱、安国、天官、菏泽等诸寺。""大中十年正月十三日,与园觉等,回至龙门西岗,寻金刚智阿阇梨坟塔,遂获礼拜,兼抄塔铭。便于伊川东边,望见故太保白居易之墓。"③园珍来龙门时,恰值白居易去世十周年之际,坟茔赫然,且有"如满塔"在侧。

唐代,香山寺虽然香火繁盛,然而也时有沉寂。韦应物(公元737至元和中)诗云"寂寞僧侣少,苍茫林木成。墙宇或崩剥,不见旧题名"④,说的是白居易墓修葺前的情形。而陶谷(公元903~970年)在《龙门重修白乐天影堂记》指出,在后周广顺三年(公元953年)它所见到的白公祠已成"荒祠"。

北宋时对香山寺又略为修整。宋人梅尧臣、司马光、蔡襄、范纯仁等都有吟咏香山寺的诗篇。元代前期,香山寺仍然存在。刊于1296年的《嵩山大法王禅寺第九代复庵和尚塔铭并序》中,就有复庵园照的"嗣法小师","香山寺住持福海"和复庵园照的"法弟"、"奉先寺首座"园敏的法名。⑤

元末以来,香山寺不再见于史乘。⑥ 新香山寺的重修则是康熙四十六年

① 清·王昶:《金石萃编》卷一一六《大周西明寺故大德园测法师佛舍利塔铭并序》,中国书店1985年版。
② 后晋·刘昫:《旧唐书·白居易传》,中华书局1975年版。
③ 园珍有《行历抄》。此处转引自日·冢本善隆:《支那佛教史北魏篇》,弘文堂书房1942年版。
④ 《答河南李士巽题香山寺》,载《全唐诗》190卷,上海古籍出版社1986年版。
⑤ 《塔铭》今存登封县法王寺。
⑥ 明人郑安的《伊阙观澜亭记》,记述天顺辛巳(1461年)与太守虞廷玺游龙门,只言"浮小舟之八节滩,过东山,吊唐居士白乐天墓"而未言及香山寺。

(1707 年)三、四月间的事。今琵琶峰上《唐少傅白公墓》碑是修封旧冢而立,时在康熙四十八年三月十三日(1709 年)。

2. 宝应寺

唐代有许多寺院名为宝应寺。如王缙为亡妻舍道政里宅为宝应寺。唐代宗时,沙门法琛在潞州所建佛寺亦赐名"宝应寺"。此外,汝州和抚州等地也有"宝应寺"。

龙门山宝应寺不知创于何年。唐《高僧传·神会传》说:上元元年(公元 760 年),菏泽大师神会卒,迁塔于洛阳宝应寺。权德舆撰《唐故宝应寺上座、内道场临坛大律师多宝塔铭》即云:"大师讳园敬,姓陈氏,陆浑人。代宗朝征入内道场,寻授宝应寺上座,赐律院以居。"①即应是龙门之宝应寺。

白居易明确地指示了宝应寺的位置。他在《唐东都奉国寺禅德大师照公塔铭并序》中说,照公"以开成三年冬十二月(公元 839 年),示灭于奉国寺禅院。以是月迁葬于龙门山。明年,……于宝应寺菏泽祖师塔东若干步窆而塔焉,示不忘其本也(即是禅宗南宗惠能下的法裔)。……伊之北西,洛之南东,法祖法孙,归全于中"。龙门宝应寺是在"伊之北西",即伊阙之西北。其地点应在今西山粮食仓库一带。

特别应当指出的是:开元以来,禅宗的南宗(以惠能的弟子神会为代表)和北宗(以神秀的弟子普寂和义福为代表)斗争异常剧烈,"相敌如楚汉"。所以,义福死后葬于伊阙之南(奉先寺之北。时在开元二十年。唐人刘长卿《龙门八咏》中即有题咏《福公塔》),神会死后乃葬于伊阙之北,南北相峙,遥遥相对。

唐武宗毁佛事件后,唐宣宗初复佛法,统左禁军杨汉公访求沙门知玄入宝应寺。知玄(公元 811～883 年)很得唐文宗、唐宣宗宠信。②

北宋末期,宝应寺有清觉和尚(？～1121 年),人称"白云和尚",创立了佛教异端"白云宗",很得下层民众信仰,朝廷屡加禁止。③ 金代的宝应寺香火大盛。兴定六年(1220 年)镌刻的李纯甫撰《重修面壁庵记》(在少林寺初祖庵)就是宝应寺住持木庵性英所书,前宝应寺住持定迁禅师施银助缘。著名诗人元好

---

① 北宋·李昉:《文苑英华》卷七八五,中华书局 1966 年版。
② 宋·赞宁:《宋高僧传》卷六,中华书局 1987 年版。
③ 觉岸编:《释氏稽古略》卷四,《大正藏》No.2037,卷四九。

问(1190～1257年)和性英是结交四十年的"诗友",并为《木庵诗集》作序。① 元初宝应寺得到少林寺藏云慧山的"护持"。少林住持还原福迁(1245～1313年)也曾做过宝应寺住持。元末以来,宝应寺即不复再见。

3. 奉先寺②

龙门奉先寺创建于唐高宗调露元年(公元679年)时。次年正月十五日唐高宗书寺额以赐。建寺之年,恰是唐太宗去世三十周年。《河洛上都龙门山之阳大卢舍那像龛记》云:"调露元年己卯八月十五日(公元679年),奉敕于大像南置大奉先寺。简召高僧行解兼备者廿七人,阙即续填,创基住持。范法、英律而为上首。至二年正月十五日□□大帝书额,前后别度僧一十六人。并戒行精勤,住持为务……"

考古调查判明,大奉先寺的位置在今伊阙南口西岸的魏湾村北阜。开元二十四年(公元736年),大诗人杜甫写了《游龙门奉先寺》一诗,诗云:"已从招提游,更宿招提境。阴壑生虚籁,月林散清影。"过去有人误将大卢舍那像龛为奉先寺,显然是错误的。龙门大卢舍那像龛是附属于大奉先寺供养的,所以碑刻中也常把大卢舍那像龛称作奉先寺。

在奉先寺埋葬的高僧中最著名的是义福(公元658～763年)和金刚智(公元669～741年)。义福葬在奉先寺北岗,金刚智葬于西岗。南天竺僧金刚智,是传密宗金刚界的大法师,号称"开元三大士"之一,金刚智卒于开元廿九年,"至天宝二年二月廿七日(公元743年),于奉先寺西岗起塔"③。自此以后,密宗金刚界的法子法孙常祔葬于这座祖师塔附近。如唐东部临坛开法大师如信,宝历元年(公元825年)"迁葬于奉先寺,祔其先师塔庙。"④东都十律大德智如,亦于公元836年"迁祔于奉先寺祖师塔西而建幢焉"⑤。

开元十年,"伊水泛涨,毁城南龙门天竺、奉先寺。坏罗郭东南角,平地水深

① 温玉成:《少林寺与孔门禅》,《世界宗教研究》1981年第1期。
② 温玉成:《略谈龙门奉先寺的几个问题》,《中原文物》1984年第3期、《龙门奉先寺遗址调查记》,《考古与文物》1986年第2期、《龙门十寺考辨》,《中州今古》1983年第2、3期。
③ 唐·圆照:《贞元释教录》卷一四,《大藏经》No.2157,卷五五。
④ 唐·白居易:《白氏文集》卷六八,北京图书馆2003年版。
⑤ 唐·白居易:《白氏文集》卷六九,北京图书馆2003年版。

六尺以上……屋舍树木荡尽"①。同年十二月,与龙华寺合并仍称大奉先寺,有龙华寺合并于奉先寺之牒文刊于卢舍那佛座下。

宋元两朝奉先寺仍很兴旺。北宋时文彦博(1006～1097年)有诗《寄题'龙门临伊堂'兼呈奉先寺兴公》、《题龙门奉先寺兴禅师房》等。司马光亦曾游奉先寺,登华严阁。宋时后宫下层宫女亦葬于奉先寺附近。② 元代奉先寺首座园敏禅师,既是复庵园照的法弟,则必是万松行秀(1166～1246年)的弟子。可知元代的奉先寺也是传曹洞宗禅法的寺院了。

4. 乾元寺

有关乾元寺最早的资料是《义琬禅师墓志》,志中说:义琬,字思靖,河南阳翟人,"绍嵩岳会善寺大安禅师智印"。即是禅宗北宗禅师,为弘忍的法孙。开元十九年七月十九日卒(公元731年)。乾元二年(公元759年),郭子仪牓其寺为"乾元寺"。龙门东山有刻铭说:"大唐开元十六年三月廿六日,香山寺上座、比丘慧澄,检校此龛庄严功德记。同检校比丘张和尚,法号义琬……"

乾元寺的地址就在今香山寺。白居易有《春日题乾元寺上方最高峰亭》诗,诗中说:"危亭绝顶四无邻,见尽三千世界春。……迥看官路三条线,却望都城一片尘。"这座"危亭"就在今山巅无梁庙附近。由此四望,可以看到通往缑氏、汝州和栾州的三条官路;向北望去,东都洛阳在一片烟尘之中。

宋人文彦博在一首诗中写有"临伊堂"的坐落:"窗向东望乾元刹,门外南趋积庆庄"。这"临伊堂"应是在今日龙门保管所一带,由保管所隔窗可见香山寺。可知诗人写得贴切、真实。

金代木庵性英也做过乾元寺的禅师。元好问在《龙门杂诗二首》中云:"乾元先有期,清伊亦知津。"③据关百益引孙应奎《乾元寺记》谓:"旧在伊阙东巅。魏时八寺,唯此为早。"至明嘉靖三十九年(1560年),僧道连等迁乾元寺至东山南麓草店村附近,有沈应时的《迁寺记》可证。

5. 天竺寺

龙门山天竺寺是唐代景云辛亥年(公元711年)天竺僧宝思惟所立;苏颋

---

① 后晋·刘昫:《旧唐书·五行志》,中华书局1975年版。
② 据宋人张耒的《奉先寺诗》,诗云:"荒凉城南奉先寺,后宫美人官葬此。角楼相望高起坟,草间栢下多石人。秩卑焚骨不作冢,青石浮图当丘坟。家家坟上作飨亭,守门相向无人声!"
③ 金·元好问:《遗山先生文集》卷三七,商务印书馆1937年版。

《唐龙门天竺寺碑》云："(宝思惟)法师乃乱流东济,止彼香山。又于山北见龙泉二所,……法师乐之。爰创方丈,邻于咫尺。……更于其侧造浮图、精舍焉。……景云岁辛亥,月建巳,日辛卯制:以法师所造寺赐名曰:'天竺'。……殿中侍御史赵国李畬,字玉田,育粹含英,妙机强学,佑其垂成,宪以从事。法师即于山之东偏建丈六石龛,匪渤而攻,载追而琢。①

依此碑所指示的方位,天竺寺应在东山北段山麓,与二龙泉相邻,其东有丈六石龛。其地约在今香山寺下部附近。

宝思惟以开元九年终于寺,次年(公元 722 年)"伊水泛涨,毁城南龙门天竺、奉先寺。坏罗郭东南角,平地水深六尺以上……屋舍树木荡尽"②。

唐代宗时又立西天竺寺。据《龙门山天竺寺修殿记》云:"西京龙门山天竺寺。……唐代宗即位之元年(公元 762 年),梵僧五百,自天竺来。以扶化而开人之天,驻锡于洛之龙山,构梵刹以容其众人。……后乃迭兴迭废,尤盛于德宗贞元间,历五代之兵而烬于火,"至宋庆历中(1042～1048 年)再加修葺。(该碑原在寺沟,今存龙门文物保管所,刊于元丰七年三月十五日,即公元 1084 年)西天竺寺位置在今龙门西北的寺沟村。该村遗存的唐代石幢云:僧真坚于兴元元年五月(公元 784 年)十五日葬于西天竺寺南。③

《太平广记》卷三八八说大和元年(公元 827 年)李玫习业于龙门天竺寺。《宋高僧传》卷二〇说沙门鉴于大和元年诣洛阳于龙门天竺寺,均指西天竺寺而言。白居易诗中有《天竺寺七叶堂避暑》、《题天竺南院赠闲、元、旻、清四上人》等,也说的是西天竺寺。此西天竺寺在唐武宗毁佛时,也遭毁弃。比丘义川撰《唐东都圣善寺志行僧怀财于龙门废天竺寺东北原刜先修茔一昕,敬造尊胜幢塔并记》,时在大中四年五月十一日建(公元 850 年)。④ 龙门天竺寺延至元初,仍有憨禅师(即法王寺住持复庵园照的法孙)住于龙门山天竺寺。⑤ 则元时天竺寺也传曹洞宗禅法。

---

① 北宋·李昉:《文苑英华》卷八五六,中华书局 1966 年版。
② 后晋·刘昫:《旧唐书·五行志》,中华书局 1975 年版。
③ 《大唐东都弘圣寺故临坛大德真坚幢铭并序》,该幢现移存龙门文物保管所。
④ 记文指出这里(寺沟)的地形是:"南临禹阙,伊水灌其前;北望鼎郊,凤苑镇其后。岗连古寺,目饱烟霞,"(今存龙门文物保管所)事实证明:无论如何,奉先寺绝不是天竺寺。
⑤ 《复庵和尚塔铭》碑阴有《复庵宗派表》。

6. 菩提寺与敬善寺

白居易在《菩提寺上方晚望香山寺寄舒员外诗》中写道:"晚登西宝刹,晴望东精舍。""反照转楼台,辉辉似图画。冰浮水明灭,雪压松偃亚。石阁僧上来,云汀雁飞下。……"诗中点明菩提寺在龙门西山,故称"晚登西宝刹"。在菩提寺上方可以望见香山寺映入伊水中的倒影,辉辉美如图画,则菩提寺必在伊阙南口附近。白居易在另一首诗歌《菩提上方晚眺》中,又称颂道:"楼阁高低树浅深。山光水色暝沉沉。嵩烟半卷青绡幕,伊浪平铺绿绮衾。"举目可望嵩山景色,当然诗人是立于龙门西山的南部。由此推测其寺址,当在今龙门地震台附近。

宋西京天宫寺义庄传载,义庄卒于太平兴国戊寅年(公元978年)八月,次年二月迁塔于龙门菩提寺西。菩提寺又见于宋人李建中《题菩提寺》诗和欧阳修《自菩提步月归广化寺》诗等。据少林寺明代《无方从公碑》可知少林寺住持无方可从禅师(1420~1483年)曾应檀越冯老人之请住持菩提,"立法明宗,指事传心"。明代以后,龙门菩提寺不再见于文献。

龙门石窟西山北部有《敬善寺石像铭》,内称纪王李慎之母为"纪国太妃韦氏",可知洞窟开凿于唐高宗时期的前期。日本人水野清一等人认为此石窟就是敬善寺,这是概念上的混乱。"敬善寺石像"只是敬善寺附属之设而已,正好像天竺寺有"丈六石龛",香山寺有"石像七龛"一样。《全唐诗》载李德裕的一首诗序言中云:"比闻龙门敬善寺有红桂树独秀伊川",石窟中怎么会种桂树?刘沧《登龙门敬善寺阁》云:"独步危梯入杳冥,……花落院深清禁闭",石窟中又怎么会有高阁、深院?

《太平广记》卷三八八引《纂异记》说"大和元年,李玫习业在龙门天竺寺,镜空自香山敬善寺访之。"则敬善寺应在香山(龙门东山)。1981年四月,在龙门煤矿办公室东发现一座唐定远将军安菩(公元601~664年)和夫人何氏(公元622~704年)合葬墓。《墓志》云:"夫人何氏,其先何大将军之长女,封金山郡太夫人。以长安四年正月二十日寝疾,卒于(东都)惠和坊之私第,春秋八十有三。以其年二月一日殡于洛城南敬善寺东,去伊水二里山麓,礼也。"①可以证明敬养

---

① 赵振华、朱亮:《洛阳龙门唐安菩夫妇墓》,《中原文物》1982年第3期。

寺就在今龙门煤矿办公室一带。敬善寺不见于宋以后的文献,或废或改易寺名,尚不得知。旧《洛阳县志》说龙门有嘉善寺,不知是敬善寺之异名否?

7. 广化寺

龙门山广化寺在今龙门镇西北小山上,是就密宗大师善无畏的塔院而设立的寺院。《大唐东都大圣善寺故中天竺国善无畏三藏和尚碑铭并序》云:"开元二十三年十一月七日,(善无畏)右胁累足,涅槃于禅室,享令九十九,僧夏八十。法界凄凉,天心震悼,赠鸿胪卿。遣鸿胪丞李岘、威仪僧定宾律师监护,葬于龙门西山。……乾元元年,郭令公奏塔院为广化寺。"①但是,关于善无畏的死年与葬年另有一说,以为善无畏死于开元二十三年十月七日,开元二十八年十月三日葬于龙门西山广化寺之庭,②并说善无畏葬以金棺石室,"涕慕倾都,山川变色"。弟子宝思、明思等舍于墓旁,善无畏的遗体以"锦绣巾粑覆之,如偃息耳"③。

自善无畏安葬广化寺后,密宗胎藏界法师往往祔葬于广化寺。如应顺元年(公元934年)去世的可止,显德二年去世的道丕等。④

同光二年(公元924年)十二月后唐庄宗曾到广化寺祈雪,次年又到广化寺开佛塔请雨。⑤ 宋太祖、宋真宗也曾到广化寺,"瞻无畏三藏塔,制赞刻石,置之塔所"⑥。宋代皇帝还曾赐御封熏炉给寺院供养。⑦ 广化寺近旁古有大泉,即"潜溪"欧阳修、司马光、苏过对此都有描述。⑧

清康熙四十四年五月廿二日所立的《修广化寺碑》,高172厘米,宽85厘米。内称当时的广化寺犹有山门、钟楼、天王殿、伽蓝殿、地藏殿、三藏殿和大佛殿。广化寺遗址上残存的殿堂碑刻直到一九六五年冬,笔者实地踏察时,仍存在,此后则荡然无存了!

---

① 《大正藏》卷五〇,页291
② 宋·赞宁:《宋高僧传》卷二,中华书局1987年版。
③ 宋·赞宁:《宋高僧传》卷二,中华书局1987年版。
④ 《大正藏》卷五〇,748页,及818页。
⑤ 宋·王钦若:《册府元龟》卷一四五,中华书局1985年影印本。
⑥ 宋·释志磐:《佛祖统纪》,上海古籍出版社1995年版。
⑦ 宋代诗人宋庠有《谒龙门无畏师塔祈雨》。
⑧ 欧阳修《游龙门分题十五首》的《宿广化寺》诗云:"横槎渡深涧,披露采香薇"。司马光也曾"渡潜溪,入广化寺"。苏过曾言"自药寮渡广化潜溪,入宝应"。潜溪之称,始见于宋代。欧阳修在《牡丹花品》中说:"潜溪绯者,千叶绯花,出于潜溪寺,本唐李藩别墅。"

8. 石窟寺与胜善寺

龙门山的所谓"石窟寺",在魏唐间专指今古阳洞。证据有三:第一,古阳洞内《杨大眼造像记》称"震旅归阙,军次□行。路经石窟,览先皇之明纵,睹盛圣之丽迹"。杨大眼与正始三年讨伐肖衍的江州刺史王茂先凯旋,路经石窟寺。此时的龙门只有古阳洞基本完工,而宾阳中洞(完工于公元523年)和皇甫度的石窟寺(完工于公元527年)远未完成。在古阳洞南壁的小龛中有延昌三年八月二日张师伯等十四人造像记,说"因石窟寺崖造弥勒像一躯"。更明白地表明北魏人称古阳洞为石窟寺。

第二,杨衒之在《洛阳伽蓝记》中说:"京南关口有石窟寺,灵岩寺。"这只能指的是孝文帝的古阳洞和宣武帝的宾阳洞。因为宾阳洞是准代京(大同)灵岩寺之制而立的①。

第三,唐代诗人宋昱有《题石窟寺》一诗,诗中注云:"魏孝文所置"。诗中说:"梵宇开金地,香龛凿铁围。影中群像动,空里众灵飞。唐檐孱朱旭,房廊抱翠微。"②另外,喻凫在《宿石窟寺》诗中也指明其位置是"一刹古岗南,孤钟撼夕岚"③。由上述可知,水野等人指皇甫度龛为唐人所谓的石窟寺是错误的。

上述九寺,都见于唐人的诗文中,唯龙门胜善寺(按:不是东都城内的圣善寺)则见于宋人范祖禹(1041～1098年)的《龙门胜善寺药寮记》中。范祖禹从司马光在洛阳编修《资治通鉴》十五年,与富弼、文彦博的关系也很密切。《龙门胜善寺药寮记》云:"龙门距洛城十五里,其西山有浮图祠曰'胜善',兴于唐开元而坏于五代。迄本朝太平百余年,诸祠稍复葺,而胜善尤古,未能兴之。……药寮者,太尉、潞国文公之所建也。公悯下民之疾苦,而不得其疗者,思有以济之。相其地,得胜善祠之下方,当阙塞之扼、水陆之冲、南北之通途,而行旅之所便也。

"其山出泉,曰珍珠泉(按今禹王池),公出俸钱命工叠石以为址,即泉为药井,而建寮于其上,十有三楹。是岁熙宁六年也(公元1073年)。"

"公又以胜善为功德寺,择寺僧之所医者为寮主以掌之。……寮之上侧,泉之所出也,为堂曰'珠渊'。其南侧三龛(今宾阳三洞),为屋以覆大像。……于

---

① 北齐·魏收:《魏书·释老志》,中华书局1974年版。
② 清·曹寅、彭定求:《全唐诗》卷一二一,上海古籍出版社1986年版。
③ 清·曹寅、彭定求:《全唐诗》卷五三四,上海古籍出版社1986年版。

是,胜善之洞复新。人之至者有游息之所。故乐而忘其劳,而药寮之地益加胜矣。其东视伊水,晖光澄澈;望香山石楼,若屏帏图画,盖天下奇伟之观也。"①

宋时,西京龙门山胜善寺有清照禅师,见于《续传灯录》卷一三。

综上所论,在白居易生活的时代,龙门确有"十寺"。经唐末五代和元末两次破坏,使龙门诸寺遭到严重破坏;至明末及清末,更使龙门十寺荡然无存了。为了彻底弄清十寺的面貌,尚有待考古发掘的资料。

(三)隋唐时期的少林寺②

隋文帝开皇年中(581～600年),下诏将柏谷屯一百顷田地赐给少林寺。大业末年,群雄割据,天下大乱,少林寺塔院被烧毁。武德二年(公元619年),王世充在洛阳称帝,号"郑国",派他的侄子王仁则扼守柏谷屯,改为辕州。武德四年四月廿七日(公元621年5月23日),少林寺上座善护、寺主志操、都维那惠玚、寺僧昙宗、普惠、明嵩、灵宪、普胜、智守、道广、智兴、僧满、僧丰等十三位僧人,在城内辕州司马赵孝宰等配合下,里应外合,夺取了辕州城,擒拿了王仁则,归顺了秦王李世民。秦王派王君廓占领了这个军事要塞辕州城。三天后,李世民派李安远持秦王教书,往少林寺宣慰。这就是传说的"少林寺十三棍僧救唐王"故事的来源。后来,秦王下令将柏谷屯田地四十顷、水碾一具,赐给少林寺。

武德五年(公元622年),因少林寺原属"伪郑"之地,被下令废省。这是少林寺第二次被废。但是,少林寺僧因有"翻城之功",不伏减省,上表申诉。至武德七年七月(公元624年)才获敕"依旧置立"。八年二月(公元625年)土地登记时,又错误地注明为"口分田",直到贞观六年(公元632年),才改正为"赐田"。又依《均田令》,每位和尚还可以分得"口分田"30亩,赐田和口分田,是少林寺的财政来源。

经过"贞观之治",少林寺走向繁荣。这时的少林寺依地势高卑分为上方(西台)、下方,共有十二院。上方风景最佳,分布着翻经堂、舍利塔、跋陀灵塔、普光佛堂等建筑。

---

① 宋·范祖禹:《范太史集》,文渊阁四库全书本。
② 温玉成:《少林寺历史概述》,《少林文化研究论文集》,宗教文化出版社2001年版。温玉成:《少林访古》,百花文艺出版社1999年版。

　　唐初,少林寺以律学著称,有明遵、慈云、元素、智勤律师,虚求一义,洞真谛之源。明遵是相部宗法砺之弟子。

　　著名的三藏法师玄奘(公元 600~664 年),家乡在少林寺西北约 12 公里偃师县府店滑城村。他于贞观十九年二月六日(公元 645 年),显庆二年九月廿日(公元 657 年)两次上表,请求入少林寺译经、修禅观,并以此送终,均不获允准。

　　唐高宗、武则天对少林寺深表关注。咸亨三年十月三日(公元 672 年),唐高宗御书《般若碑》碑额,王知敬书写了碑文;武则天为其亡母杨氏(?~670年)作功德于少林寺,又为高宗升遐(公元 684 年)作功德于少林寺。

　　禅宗五祖弘忍的十一位大弟子中,就有慧安、法如(公元 638~689 年)驻锡过少林寺。法如奉侍弘忍十六年,弘忍去世后才离开黄梅。他于永淳二年(公元 683 年)来到少林寺,“守本全朴,弃世浮荣”,默默修禅。至垂拱二年(公元 686 年),他才在少林寺开演禅法,“光复正化”,“再振玄纲”。他主张“一行三昧”,以一印之法,密印于众意。《唐中岳沙门释法如禅师行状》立于 689 年,是关于禅宗史最早的碑刻史料。该碑提出了禅宗第一个传承表:“天竺相承,本无文字。入此门者,唯意相传。……南天竺三藏菩提达摩绍隆此宗……入魏传可,可传粲,粲传信,信传忍,忍传如。当传之不可言者,非曰其人,孰能传哉!”这应是最早的“六祖”说,即五祖弘忍传法于法如。此碑立于少林寺东,此时神秀、老安、惠能等大师都健在,未见其提出异议,可知这一传承表较符史实。

　　法如弟子中较著名者有李元珪(公元 644~716 年)及新罗僧惠超。裴漼撰《皇唐嵩岳少林寺碑》,撰于开元十六年七月十五日(公元 728 年),文云:“复有大师讳法如,为定门之首,传灯妙理。弟子惠超,妙思奇拔,远契玄纵,文翰焕然,宗途易晓。”惠超后西行求法,撰有《往五天竺国传》,今只存残本,发现于敦煌莫高窟藏经洞。

　　武周长安四年四月七日(公元 704 年),三藏法师义净(公元 635~713 年)在少林寺设立“戒坛”,依《根本说一切有部律》为“标相”而设。中国律仪,一向依昙无德部《四分律》为准。义净则移植了有部律仪。少林寺“三纲”即寺主义奖、上座智宝、都维那大举、法济等禅师及都城洛阳的大德高僧们都参加了结坛仪式。这可能是一个“琉璃戒坛”。

　　唐中宗景龙年间(公元 707~710 年),敕少林寺置十大德僧,从寺内僧中选任。

唐玄宗开元十一年十一月(公元 723 年),敕命一行禅师将"太宗教书"一本及玄宗御书七字交少林寺寺主慧觉领取。后刻于裴漼所撰碑上"太宗文皇帝御书"七字碑额系玄宗御书;"世民"二字,系太宗在武德四年所书。

玄宗以来,少林寺著名的禅僧有元珪的弟子灵运(？~729 年),普寂的弟子同光(公元 700~770 年),昙真(公元 703~763 年)、法玩(公元 715~790 年)以及同光的弟子真坚(公元 728~784 年)等人。

据载,同光"演大法义,开大法门,二十余年,震动中外"。真坚则"探讨毗尼,制造仪钞","远近流行,乃至新罗异域"。

贞元十三年(公元 797 年),长安大兴善寺僧性宽(公元 745~817 年)"感非人于少林寺"。"非人"即"人非人",指紧那罗,似人而有一角。自此,少林寺以"紧那罗"为护伽蓝神。

元和五年(公元 810 年),新罗国全州人慧昭(公元 774~850 年)受戒于少林寺琉璃坛并习禅多年,830 年返国,在康州智异山建玉泉寺,卒后谥为"真鉴国师"。

唐武宗会昌二年至五年(公元 842~845 年),毁佛之举逐渐升温,达到高潮。时少林寺情况不明,估计也一度被废。

唐宣宗大中四年八月十五日(公元 850 年),诏河南尹于熊耳山重建菩提达摩的"圆觉塔",请洛阳龙门山天竺寺审元上人主持。大中十三年(公元 859 年),彦晖(公元 840~911 年)于少林寺受大戒,承习毗尼,研味经论。可知在 9 世纪时少林寺仍是律禅双修,宗法于神秀的北宗禅。

唐僖宗广明元年(公元 880 年),法华行钧(公元 848~925 年)被请为少林寺住持。他是一位天台宗大师,早年依止于会善寺法素禅师,攻研《法华经》。他任主持的这年冬天,黄巢义军入汝州、占洛阳,取长安,称皇帝,国号"大齐"。但少林的寺院生活,晏然如故,行钧还主持了修葺大殿、塑造佛像的活动。

若干年后(时间不详),少林寺第四次遭到毁废。值再开佛法,行钧率弟子"复立殿堂,兼塑佛事"。他临坛度人,领众讽经,直至去世。

（四）隋唐时期的白马寺①

经历了北魏后期洛阳佛教寺院的繁盛，白马寺在东魏时期也与其他寺院一样走向了衰落。北魏末年的"永熙之乱"，使洛阳城遭到破坏，白马寺也不免遭到毁坏，但还是残存下来了。东魏天平元年（公元534年）迁都邺城，洛阳暂时退出了政治的中心舞台。天平元年洛州刺史韩贤亲不信佛，听说白马寺有汉明帝时的经函，经常发光，就"往寺所破之"②。侯景之乱后洛阳陷入荒凉残败的境地，寺院破坏惨重，"城郭崩毁，宫塞倾覆，寺观灰烬，庙塔丘墟"③。这个时候洛阳仅存寺院421所，白马寺也在其中。

隋代关于白马寺的记载很少，但是由于隋代奉行扶植佛教的政策，隋文帝、隋炀帝都鼓励各地建寺造佛，在这种大环境下白马寺应该有所复苏。张彦远在《历代名画记》卷五记戴逵（字安道，谯郡铚人）说："今亦有逵手铸铜佛并二菩萨，在故洛阳城白马寺，隋文帝自荆南兴皇寺取来。"

唐高宗永徽六年，著名北印度高僧佛陀多罗在白马寺译出《大方广圆觉了义经》④。武周垂拱元年（公元685年），武则天下令修缮白马寺，并指派薛怀义为白马寺住持。薛怀义剃度力士一千余人为僧，既而征调民夫匠师，大兴土木，广修殿亭高阁。白马寺被建设成为空前豪华壮观的大寺院，进入了历史上的黄金时代。传说唐代白马寺的规模异常宏大，其山门几乎直抵洛河北岸。因僧舍距山门遥远，致有"跑马关山门"之说。寺内僧人多达三千余人。寺门前有高大的石牌坊，寺周围有很宽的河水环绕，寺内殿阁辉煌，殿堂周围有回廊环护，偏院多处，栽满梅、兰、竹、菊、杨、柳、梧桐等。

薛怀义极受武氏宠爱，出入宫廷，烜赫一时。永昌元年（公元689年），武则天封薛怀义为新平道行军大总管，并授意怀义、法明等编造《大云经》，陈符命。天授元年（公元690年），薛怀义、法明等十人奉进《大云经》。经中说，武则天是弥勒佛降世，应代李唐做天下主。当年七月，武则天颁《大云经》于天下，令两京

---

① 徐金星：《洛阳白马寺》，文物出版社1985年版。
② 宋·释志磐：《佛祖统纪》卷三八，上海古籍出版社1995年版。
③ 东魏·杨衒之著，杨勇校笺：《洛阳伽蓝记校笺》，中华书局2006年版。
④ 宋·释志磐：《佛祖统纪》卷三九，上海古籍出版社1995年版。

(洛阳、长安)及诸州各置大云寺;天授二年(公元691年)谕令"释教宜在道法之上。缁服(指僧人)处黄冠(指道士)之前";延载元年(公元694年),封薛怀义为伐逆道行军大总管,领十八将军以击默啜;天册万岁元年(公元695年),加号"慈氏越古金轮圣神皇帝",慈氏,意即弥勒。久视元年(公元700年),欲在白司马坂(距白马寺不远处)造大象,"使天下僧尼日出一钱,以助其功"。后因宰相狄仁杰力谏而罢。

作为"祖庭""释源",白马寺在佛道之争中有着其他寺院所不能取代的地位。唐中宗神龙元年(公元705年)九月十四日下敕:废止伪经《老子化胡成佛经》,并刻石于白马寺,以示将来。① 目的在于崇佛抑道。

"安史之乱"对东都洛阳的破坏甚为严重,白马寺当然不能幸免。据《旧唐书》说:"回纥至东京,以贼平,恣行残忍,士女惧之,皆登圣善寺及白马寺二阁以避之。回纥纵火焚二阁,伤死者万计,累旬火焰不止"。"安史之乱"后的洛阳,"宫室焚烧,十不存一,百曹荒废,曾无尺椽。中间畿内,不满千户,千里萧条。"从这两段文字中可以想见唐代"安史之乱"前白马寺高阁的雄伟,以及"安史之乱"对白马寺破坏的惨重。"安史之乱"以后的白马寺,还保存着一些唐代或唐代以前的断碑(由张继诗"断碑残刹见遗踪"可知)。

唐代宗大历二年,安国寺僧乘如上书,请抽白马寺僧崇光、同德寺僧重进、香谷寺僧从恕、惠深等七人入会善寺持律。代宗从之。

唐代末年,洛阳长时期陷入兵火。史载"孙儒据东都月余,烧宫室官寺民居,大掠席卷而去,城中寂无鸡犬"。又载,当时"西至关内,东至青齐,南至江淮,北至卫滑,鱼烂鸟散,人烟断绝,荆棘蔽野"。整个中原如此,白马寺的惨状也就可想而知了。尽管唐武宗灭佛,严重地摧毁了佛教势力,但"释源"、"祖庭"白马寺仍然受到唐以后各代统治者的重视,不断修葺,香火续燃。据《重修祖庭释源大白马禅寺佛殿记》载,"至丙午岁次,规模废坏"。大约是在五代的后晋亡国之时(公元946年),白马寺又曾遭到破坏。

① 宋·赞宁:《宋高僧传》,卷一七《法朗传》,中华书局1987年版。

二、玄奘、义净、惠超的西行求法

(一) 玄奘

玄奘(约公元 600~664 年)俗名陈祎,出生于河南洛阳洛州缑氏县(今河南省偃师市南境),佛教法相宗创始人,著名的翻译家。贞观三年至十九年,玄奘法师作了艰苦卓绝的西行求法壮举,震古烁今,惊天动地。他是世所公认的中国佛教史上最伟大的人物。

1. 玄奘西行

玄奘的故乡究竟是哪里?①

玄奘的出生地,僧传称为缑氏县,《旧唐书》称为偃师县,今人多指为偃师县缑氏镇陈河村。明、清时期所修的《偃师县志》中,没有关于玄奘故里的记载。民国以来,有人指偃师县缑氏镇东北约 1.5 公里的陈河村为玄奘故里,此后,各家皆附会此说。也有学者认为玄奘故里不在陈河村,而在府店镇滑城河村东北一带②。通过实地考察并与文献记载相印证,我们认为滑城河村即为玄奘故里。

因为缑氏县故城在今府店镇滑城河村,而非今缑氏镇。缑氏县为西汉所设,据《水经注·洛水》记载,其县治在春秋时期的滑国费城。考古调查发现,在滑城河村的南面残存一小段城墙实体,考古钻探也发现,在其东南角、西北角均有城墙墙体遗迹,整个城址平面呈倒梯形。这就是滑国费城的遗址。

据新、旧唐书的地理志可知:缑氏县在贞观十八年被废,上元二年七月复置,并迁址到故县治西北涧水南(即马涧河),以便于管理"恭陵"(即武则天长子李弘之陵,他被追谥为"孝敬皇帝"),县治在今缑氏镇。由此可知,唐代的"缑氏故县"(自西汉置至 644 年)在今滑城河村(自西汉至 644 年为县治),而"缑氏县"在今缑氏镇。

所以玄奘故里在滑城河村,而非陈河村。

---

① 温玉成:《玄奘生平中几个问题考订》,《玄奘研究》陕西师范大学出版社 1999 年版。
② 1992 年,台湾《妙林》杂志刊出了冯双海的《玄奘法师诞生及发祥地考证考察》,1993 年 3 月 21 日的《中国文物报》刊出了肖冰的《玄奘故里订正》,二文皆这样认为。

　　道宣写《续高僧传·玄奘传》时,缑氏县已废,所以他说玄奘故里在"其少室山西北,缑氏故县东北,游仙乡控鹤里凤凰谷,是法师之生地也"。即在滑城河村东北。慧立、彦悰写《大唐大慈恩寺三藏法师传》时,新县治已立1.3年,因称玄奘故里为:"(少林寺)西北岭下,缑氏县之东南凤凰谷陈村,亦名陈堡谷。"即在缑氏镇之东南方向。今滑城河村恰位于滑国故城(缑氏县)的东北角,与道宣所记一致,由村向南半公里即是招提寺。滑城河村十之四五皆为陈姓,大约是明末清初时由滑城河村迁移过去的。

　　滑城河村东南角有招提寺遗址有《大唐二帝圣教序碑》,于显庆二年十二月十五日(公元658年1月24日)立于招提寺,时玄奘正在洛阳译经,当是朝廷光耀其家乡之举。清代以前的地方志均不载陈河村为玄奘故里,该地至今也未发现与玄奘有关的文物。

　　诸家在研究玄奘故里时,都忽略了一件极为重要的史实,即玄奘故里不是在偏僻的农村,而是在一座城市之中。《大唐大慈恩寺三藏法师传》云:玄奘少年时,"虽钟鼓嘈杂于通街,百戏叫歌于间巷,士女云萃,亦未尝出也。"滑城河村在隋代缑氏县城的东北角,所以才有"通衢"(大道)及"间巷"(小道)。而陈河村只是一个普通农村,绝不会有这一番热闹景象。

　　因此滑城河村可能就是玄奘故里陈村。历史上的玄奘虽名震一时,受到唐太宗、唐高宗、唐中宗的推崇,但事不过百年即乏祭奠,连埋葬玄奘舍利的大兴教寺,也是一派"塔无主,寺无僧,荒凉残萎,游者伤目"的景象,其故乡遗迹就更是荒废无存了。

　　玄奘幼年家贫,父母早亡,他随二兄在洛阳净土寺诵经,十三岁出家,之后云游四方,遍访佛教名师,感到佛教各派学说歧异颇多,决心到天竺学习佛教。于是玄奘在未获批准的情况下私自去往天竺。

　　关于玄奘自长安西行的时间,有贞观元年说、贞观二年说、贞观三年说。而贞观三年说中,又有四月十一日、八月十一日、冬季三说。对此,唐代道宣的《续高僧传·玄奘传》、慧立、彦悰的《大唐大慈恩寺三藏法师传》中均有记载。道宣是一代律学大师,曾参加过玄奘的译场,著述严谨。他写的《玄奘传》完成于玄奘去世后的第二年,较有权威性,然历经传抄,尚需考辨。慧立、彦悰之作完成于玄奘去世后44年,但叙述详尽,保存了不少信史。

玄奘申请西行,应是贞观二年八月(公元628年)。玄奘对唐太宗说:"玄奘当去之时,已再三表奏,但诚愿微浅,不蒙允许。"玄奘从八月起"再三表奏",但未获准西行,于是他一面学习"诸蕃书语",一面"思闻机候"。果然在这年冬季,因灾荒严重,朝廷下令可以"逐丰四出",玄奘乘机办理了西去凉州(姑臧,今甘肃武威)的通行证件——"过所",于贞观二年冬离开长安西行,时年29岁。

玄奘在贞观二年冬或三年正月到达凉州,并在凉州为道俗开讲《涅槃经》、《摄论》及《般若经》,停留一月有余。显然玄奘是持"过所"而来,所以能公开讲经说法。凉州都督李大亮接到举报,说"有僧从长安来,欲向西国,不知何意",李大亮便想逼玄奘还京(长安)。玄奘在凉州高僧慧威的帮助下偷偷西去,只好"昼伏夜行"了。

玄奘偷渡玉门关是在贞观三年四月(公元629年4月29日~5月27日)。他返国时曾上表曰:"遂以贞观三年四月,冒违宪章,私往天竺。"只有偷渡玉门关才是"冒违宪章"之举。

值得注意的是,当玄奘偷渡玉门关外第一烽时,被校尉、敦煌人王祥抓获,为了证实自己的真实身份,他向王祥"引示马上章疏及名字,彼乃信"。这里的"章疏",应是玄奘几次请求西行的表奏;这里的"名字",应是"过所"上所填写的姓名、年龄、身份、出行地点及目的等内容。

玄奘如果是四月中旬过关,道经伊吾(停十余日)、白力城而达高昌王城,则当在六月中旬矣。玄奘受高昌王鞠文泰款待十余日,又屈停一月,讲《仁王》、《般若》经,则玄奘离高昌的时间,正与《大唐西域记》所言在"贞观三年仲秋朔旦"(即公元629年8月24日)相吻合。

2. 译经与创宗

玄奘长途跋涉十余万里,历时17年,历经了艰难险阻,克服冲重重困难,于公元645年回到长安。他从印度带回大小乘三藏经典520夹,657部,及佛像、舍利等。半月后奉诏来洛阳宫拜见唐太宗李世民。此后玄奘多次请求住进少林寺,翻译由天竺带回的佛典,但未获得太宗、高宗的批准。

关于玄奘回归长安的时日,有贞观十九年正月初七日及二十四日两说。

玄奘以贞观十九年正月初六乙亥(公元645年2月7日)回到长安西郊的"漕上"(应为"沣上"),次日初七丙子,入长安"都亭驿"。初八日丁丑(2月9

日），举行了隆重的迎接玄奘及所携佛经、佛像入弘福寺的仪式。玄奘入长安后住了5日。于正月十三日启程东下的，于廿三日壬辰（2月24日）抵洛阳，宿鸿胪寺。二月初一日己亥（公元645年3月3日），谒见唐太宗于仪鸾殿，谈话从上午6时至下午6时，直到宫门关闭之前。玄奘再次谒见唐太宗是在二月六日甲辰（3月8日）。他申请去嵩山少林寺"为国就彼翻译"，帝不允所请，敕命就西京弘福寺译经。玄奘第三次谒见似在二月十一日己酉（3月13日），唐太宗命玄奘同往征辽，玄奘"固辞疾苦，兼陈翻译。（帝）不违其请。"二月十二日庚戌（3月14日），唐太宗率六军发洛阳，征高丽。玄奘于三月初一己巳（4月2日）还长安，居弘福寺，始筹备译经事宜，并得到西京留守、左仆射、梁国公房玄龄的大力支持。

显庆二年正月到显庆三年二月，唐高宗在洛阳居住，这一次玄奘亦陪从。此次在洛阳停留达一年又十日（公元657年3月3日至658年3月13日），玄奘终于有机会回故乡探望。玄奘的父母早逝，"坟陇颓毁，殆将湮灭"，"草棘荒蔓"，他"问访亲故"，又是"沦丧将尽"，亲人已"零落殆尽"。深自愧疚："不能陨亡，偷存今日。"感慨"岁月如流，六十之年，飒焉已至，念兹遗速，则生涯可知。加复少因求法……途路遐遥，身力疲竭。顷年以来，更增衰弱。顾阴视景，能复几何！"正是在这种复杂的心理状态下，玄奘于九月二十日（公元657年11月1日）向唐高宗上表，申请入少林寺修禅观并翻译佛经。这是他自贞观十九年二月六日向唐太宗申请入少林寺译经以来，再次冒昧奏陈。但是，"帝览表不许"，又遭婉拒。

玄奘一再申请入少林寺，有着更深层的原因。

首先，他想摆脱皇帝的严密控制。玄奘在皇帝身旁，不得不分心应对许多宫廷俗事。其次，玄奘仰慕北魏菩提流支等人在少林寺"翻经堂"翻译《十地经论》的故事，亦欲效仿。再次，玄奘想在少林寺修习禅观。众所周知，北朝以来的禅学几大流派皆源于少林寺。最后，从师承上追索，玄奘与少林寺关系密切。玄奘在相州（今河南安阳市）时，师承慧休（公元548～645年），慧休得自少林寺的传承是：跋陀—慧光（公元487～536年）—道凭（公元488～559年）—灵裕（公元525～605年）—慧休，则玄奘是少林寺开山祖师跋陀下五代法孙。玄奘在长安时，从师僧辩（公元568～642年），而僧辩得自少林寺的传承是：跋陀—慧光—

法上(公元 495~580 年)—融智甲靖篙(公元 539~614 年)—智凝(公元 562~
60 年)—僧辩。则玄奘是跋陀下七代法孙。

　　玄奘一方面想一心译经,一方面又不得不借助皇权的政治力量来弘扬佛教。
玄奘曾劝唐高宗、武则天舍子出家,采取了非常高明的政治手段,最大限度地争
取得到人间帝王的支持以弘扬佛法,使佛教在中国得到最大的发展。①

　　玄奘求法归国后对佛教的主要贡献是译经和创宗。

　　回国后的 19 年中他倾尽毕生心血从事译经。首先创译了《菩萨藏》等经,
又译了《瑜伽师地论》百卷的大部,太宗亲自为其写作《大唐三藏圣教序》,并赐
建大慈恩寺。玄奘共译经 75 部,计 1335 卷,包括因明、对法、戒律、中观、瑜伽、
唯识诸科,印度佛教全盛时期的精华宝典,玄奘几乎全都翻译成了汉文。对中外
佛教文化的传播做出了卓越的贡献。而且他的翻译非常准确,文义贯连,词句典
雅,被称为"新译",开中国翻译史之新纪元。在中国所有的译经者当中,玄奘是
翻译数量最多、质量最好的。此外玄奘还将《大乘起信论》回译成梵文,将《老
子》译成了梵文,加强了中印文化交流。

　　玄奘及其弟子窥基是中国佛教史上大乘部法相宗(唯识宗)的创始人。法
相宗非常重视逻辑、重视理性思考,主张通过层层缜密的推理和因明逻辑,来无
限接近并揭示佛教徒心中的真理,在阐释佛教哲学名理上贡献很大,丰富了中国
思想文化宝库。法相宗具有的理性主义色彩深得中国理性主义知识分子的推
崇。在唐代两代帝王的支持下,法相宗非常兴盛,并且传播到日本、朝鲜,成为那
里直至今日的主流宗派。而恰恰由于理性主义的气质和晦涩难懂,所以很难为
普通民众所接受。唐代后期,法相宗在中国这片土地上渐渐失去了它的生长发
展的环境。

　　3.《大唐西域记》

　　在与唐太宗关于西行经历的问对中,太宗发现他的经历超过了张骞通西域
的壮举,其见闻是自《史记》、《汉书》以来不曾详载的,因而指示撰为一书。他于
是将西游求法过程之见闻著述成《大唐西域记》。《大唐西域记》是由唐太宗钦
定,玄奘亲自编撰,弟子辩机整理而成的。

──────────

　　①　杜斗城、杨富学:《唐玄奘的理想》,《宗教学研究》1999 年第 4 期。

贞观二十年（公元 646 年）秋七月，玄奘在翻译出佛经的同时，终于完成了著名的《大唐西域记》，于十三日进表于太宗。言道："所闻所历一百二十八国，今所记述，有异前闻，皆存实录，非敢雕华，编裁而成，称为《大唐西域记》共十二卷。"

书中记述了 128 个国家和地区的都城、疆域、地理、历史、语言、文化、生产生活、物产风俗、宗教信仰，此外还有其他十余国家的情况。是继晋代法显之后的又一部取经游记巨著。书中除生动描述了阿富汗巴米扬大佛、印度雁塔传说、那烂陀学府以及诸如佛祖成道、佛陀涅槃等无数佛陀圣迹，还有很多佛教传说故事。先后被译为英、法、德、日等国文字广为传播，是研究中外文化交流、佛教历史及交通史、民族史的珍贵资料。

《大唐西域记》实际是一部玄奘西行的实录。在西行求法的征程中，经历了数年时光，所到国家上百，山河城关成千上万，观礼佛寺宝塔成千上万，亲历事故和接触的人物不计其数，而《大唐西域记》里连同他每走一地所处方位、距离多少里、国体民情、风俗习惯、气候物产、文化历史都写得清清楚楚，就连哪个寺院所奉某乘某宗，僧众多少，是何人讲什么经，多少卷等，都写得十分详尽，准确无误。这些记载又被后来的历史文献和文物考古所佐证。

印度并没有信史的传统，可靠的历史记载非常稀少。《大唐西域记》中关于印度的记载弥足珍贵，无可替代。玄奘的《大唐西域记》确实成了重建古代印度历史，进行考古发掘的"指导手册"。依据玄奘所撰《大唐西域记》记载提供的线索，对著名的印度那烂陀寺、圣地王舍城、鹿野苑古刹等遗址进行考古发掘，出土了大量的文物古迹，成为考古史上一大奇迹。这些都充分证明，玄奘当年在险恶艰难的求法途中，将所经历的大量信息和各类资料准确无误地记录在案。

玄奘不远万里，西行求法，求回真经，埋首翻译。无论是在古代中外文化交流史上，还是在中国和印度的佛教史上，甚至在印度的古代历史上，玄奘都具有顶尖的重要性。

玄奘的西行取经，在千年之后被人们赋予了更多的情感与意义，这是用信念、坚韧和智慧浇铸而成的壮举。实际上，玄奘一路走来，西行求法的一路，无时无刻不在学习。他西行求法之路就是一条学习之路，一条探索之路。玄奘充分展现了专精而不封闭，开放而有所守这样的一种学习态度，这当然也是有重要启示的。

玄奘死后葬于长安兴教寺（在今西安市南郊）。由于他令人钦佩的西天取经活动，使他在民间受到尊崇，逐渐变为神话中的人物，使唐僧在中国成为家喻户晓的明星。

（二）义净

在唐代佛教史上，只有义净三藏是可以与玄奘媲美的伟大人物。他们都是长期留学印度的大佛学家、历经数十国的大旅行家和主持译场的大翻译家。若有不同，那就是玄奘侧重于法相唯识学的研究，而义净侧重于律学的研究；玄奘是横渡流沙，循陆路而往返；义净则是乘风破浪，遵海路而去来。

1. 义净西行求法

义净，俗姓张，字文明，原籍范阳（河北涿县），高祖时迁居齐州（今山东省济南地区）。他生于贞观九年（公元 635 年），八岁时双亲把他送到泰山朗公谷的神通寺，托付给善遇和慧智两位和尚，学习道宣、法砺两家律部的文疏五年。神通寺是著名高僧竺僧朗卜居之地，南燕主慕容德钦尚其名，为之造寺。这里峰岫高险，水石壮阔。

善遇法师和慧智禅师对义净十分关怀，“若慈母之育赤子”，倾注心血。

当时，律学三大派，各说各的理，彼此矛盾。慧智则教义净独立思考，“枯木死灰之言，何足凿其心眼”，“不知过去因，不说未来果”，启发他西行求法，探寻究竟。他使义净明白了“莫纵心百氏而虚弃一生”的求真求实、不死读经论的道理。

义净仰慕东晋法显、唐朝玄奘西行求法的高风，决心到印度求法。

咸亨三年（公元 672 年），久已立志西行求法的义净终于有了西行的机会。岗州（广东省新会）有一冯姓官吏愿资助他西行求法。

当义净到了广州，准备登上波斯船出海时，当初结伴的十人中有九人打了退堂鼓。处一法师说老母多病，不便远行；弘伟律师说他要去江宁安养；玄达等人也各有理由。只有义净不改初衷，奋然书怀曰：“上将可凌师，匹士志难移！”

咸亨三年十一月某日，义净携唯一门人善行，毅然登舟，乘长风而驾洪波，忘身求法而行。

义净乘波斯船第一站到达"室利佛逝"（今印度尼西亚的苏门答腊岛）的巨港。他在此学习"声明"达半年之久。此国素与中国友好，王者对义净也很友善，馈赠物品之外，还把他送到"末罗瑜"（今古碑一带）。义净在此停留了六个月学习声明。而此时门人善行患病，搭商船回中国，只剩义净孤身一人。

义净经羯荼、裸人国等地，于673年末终于到达东印度的南界——"耽摩立底"（今他姆鲁克，在恒河支流胡格利河沿岸）。他在这里遇到了越南僧人大乘灯禅师，停留一年，跟他学习梵语。

年后，他们二人随同一个商队北上，拟往中印度的那烂陀寺学习。但是半路上义净患了病，日渐加重，每走五里，竟需"百息"，渐渐掉了队。天傍黑时，碰上了手持刀弓的强盗，先脱去他的上衣，又脱上他的下衣，连裤腰带也夺去，才放他走。他听说当地人常常将捉到的皮肤白的人杀掉祭天，就跳入泥坑中，遍涂形体，用树叶遮蔽下身，扶杖徐行，至夜间二更，才赶上同伴。

义净终于走到了那烂陀寺（今比哈尔邦巴拉贡附近），并留在这里学习，长达十年之久。

那烂陀寺历史悠久，5至12世纪间一直是印度佛教的学术中心，12世纪末遭入侵的穆斯林毁坏。义净在那里时，此寺分为八院，僧众3500人，寺院的经济来源，由201所寺庄供应。

义净很仔细地考察印度寺院生活，比较中印两国的差别，为后人留下了珍贵资料。

印度寺院，以年龄最大的僧人为"上座"，尊造寺之人为"寺主"，另有"护寺"一职，处理寺务。而在中国，这三纲是由官府任命的。

印度寺院，护寺在议事时，召集全体僧众，由护寺巡行，在每人面前征求意见。若有一人不同意，就不能决断。如果护寺等头目一个人称豪独断，则大家把他叫做"俱椤底"（家主、奴隶主），会遭到众人反对。中国寺院则往往由头目说了算，挟强压服僧众。

印度人要出家，只需向老师陈述愿望，如无杀人、伤害父母等罪恶，老师即可收为弟子。而在中国，这叫"私度"，是违法的；需报请官方批准才可，叫做"官度"。

此外，义净对印度的社会制度、医药、服饰、饮食乃至计时用的"水漏"等等，都认真观察、记录。他在《南海寄归内法传》、《大唐西域求法高僧传》等著作中，留下了第一手资料。

义净游历印度诸国，经历三十余国，往来各地参学，瞻礼各处圣迹，亲近过那烂陀寺宝师子等当时著名大德，研究过瑜伽、中观、因明和俱舍，并和道琳法师屡入坛场，最后求得梵本三藏近四百部，合五十余万颂，方才踏上归途。又带回金刚座佛像一铺，佛舍利三百粒。

他乘舟返航，在室利佛逝停留 4 年，在那里译经、著述多工作。他为了求得纸墨和写手，曾于永昌元年（公元 689 年）随商船回到广州，获贞固律师等的相助，仍于是年十一月返回室利佛逝，随授随译，并抄补梵本。

天授二年（公元 691 年），他遣大津回国，把自己在室利佛逝新译的经论及所撰《南海寄归传》等送回。约天授三年（公元 692 年）末偕贞固、道宏离开室利佛逝至广州。到了证圣元年（公元 695 年）夏，他才回到洛阳，受到欢迎。"金轮圣神皇帝"武则天在神都洛阳的上东门外举行盛大的仪式，欢迎游学印度二十四年的义净三藏归国。洛阳各大寺院都派僧人前来欢迎，浩浩荡荡把义净送到佛授记寺。

2. 义净与律学

义净出国前（公元 672 年以前），中国律学界正处于争论不休、莫衷一是的境地。南方重视《十诵律》，北方虽宏《四分律》，但也有研究《僧祇律》的。道宣的南山宗，法砺的相部宗，怀素的东塔宗，各阐其说，"神州持律，诸部互牵"。义净认识到了这些分歧，所以在印度游学时，他特别重视律部典籍的寻求和研究。例如他看到有的印度僧人投恒河自杀、上伽耶山跳崖，有的自饿至死，有的上树投身，他就请教最有权威的世尊，对此种种舍身行为发表见解。世尊认为这些行为都属于"外道"，"深乖律典"，是不可取的。

义净认为，正宗的律典是依据"根本说一切有部"而作的律藏，不应该将其他部的律法糅入其中。有部律藏虽然大体上相似于《十诵律》，但又不同于《十诵律》。有部律藏又可区分为法护、化地、迦摄卑三部分，只在乌苌国、龟兹国、于阗国有人实行。即使在印度本土，有部律也未能实行。

义净回国后，广译有部律藏，共十八部二百零六卷。在长安四年（公元 704年）以前，已译出《根本萨婆多部律摄》二十卷、《根本说一切有部毗奈耶》五十卷、《根本说一切有部羯磨》十卷等等。

为了实践有部律，义净于长安四年四月七日在少林寺重结戒坛。

这一天，义净来到少林寺，与少林寺寺主义奖、上座智宝、都维那大举、法济等人在少林寺重结戒坛，标相永定，命名为"小戒"。他们还延请国都洛阳各位大德高僧共举其事。出席的有护律师、珪禅师(元珪)、思禅师、向禅师、晖律师、恪律师、威律师等一百多人，法事活动持续了三十天。

可惜的是，这戒坛今已无迹可寻。

关于唐代戒坛的形制，倒是日本僧人圆仁在《入唐求法巡礼行记》中记述了公元840年的二处。一处是贝州(今河北省清河县)的开元寺戒坛。这是用青砖铺成的方形二层戒坛。底层25尺见方；上层15尺见方。每层高二尺五寸。"坛色青碧，取琉璃色云云"。另一处是山西省五台山竹林寺贞元戒律院的"万圣戒坛"。这是由玉石制作的八角形戒坛，高3尺，底下填以香泥，坛上铺以丝毯，是比较高级的戒坛。

不过，义净三藏所极力提倡的有部律以及在少林寺所设的小戒，并未产生很大的影响。因为《四分律》行之已久，根深蒂固；加之有部律仅在西域若干小国中流行，就连印度本土也不流行，可知它的某些律条已不适应时代发展之需要了。

3. 义净的译经

义净回国后，主要精力都用在译经事业上。他成为武周时期的主要大译经家之一。义净在中国佛经翻译史上是和鸠摩罗什、真谛、玄奘、不空等齐名的大译师，有独特的贡献。

义净住在佛授记寺。回到洛阳后，一度参加大遍空寺的"华严经译场"，先共于阗实叉难陀、大福先寺主复礼、西崇福寺主法藏等译《华严经》。久视元年(公元700年)以后，他才组织译场，自主译事。至长安三年(公元703年)止，先后译出经、律、论20部，115卷。是武则天时期译经数量最多的翻译家。神龙元年(公元705年)于洛阳内道场译经4部6卷。神龙二年至景云二年(公元711年)于长安大荐福寺译出经、律、论32部，108卷。译抄经典并撰述共六十一部，二百三十九卷(《贞元录》)。据《开元释教录》卷九载，先后12年间，曾译出《能断金刚论颂》、《尼戒经》、《百一羯磨》、《毗奈耶颂》、《金光明最胜王经》、《大孔雀咒王经》、《佛为胜光天子说王法经》、《药师琉璃光七佛本愿功德经》、《浴佛功德经》、《称赞如来功德神咒经》、《根本说一切有部毗奈耶》、《法学论》等,此外尚译有《说一切有说跋窣堵》和其他尚未流行的译作颇多。据同时代卢璨所撰《义净塔铭》所记,共有 107 部,428 卷,可见散佚几及半数。

在翻译方法上,义净也独具特色。他在译法上比较灵活,他组织的译场在分工上比玄奘还要细。在义净翻译的佛经包括他自己撰写的著作中,还有一个显著的特点是,在译文或正文下常常可以看到加写的注,注文订正译音、译义、考核名物制度,有时说明是典语(梵语)还是俗语,注文中保留下了一些有关佛教历史的非常重要甚至是绝无仅有的史料。[①] 宋人赞宁称颂道:“自汉至今皇宋,翻译之人多矣。晋魏之际,唯西竺人来,止称尼拘耳。此方参译之士,因西僧指杨柳,始体言意。其后东僧往彼,识尼拘是东夏之柳。两土方言,一时洞了焉。唯西唯东,二类之人未为尽善。东僧往西,学尽梵书,解尽佛意,始可称善传译者。宋齐已还,不无去彼回者,若入境观风必闻其政者,奘师、净师为得其实。此二师者,两全通达,其犹见玺文知是天子之书,可信也。《周礼》象胥氏通夷狄之言,净之才智,可谓释门之象胥也欤!”[②]

他对培养年轻人也颇为关注。他特意编写了《梵唐千字文》、《悉昙章》等入门读物,以方便年轻人学习梵文。《梵唐千字文》一书在中国久佚,现在日本“东洋文库”中尚保存有日本僧人的抄本。先天二年(公元 713 年)正月十八日,义净在长安荐福寺去世,终年七十九岁,法腊五十九。他的塔建在洛阳龙门山北侧。

4.《南海寄归内法传》和《大唐西域求法高僧传》

义净所撰《南海寄归内法传》和《大唐西域求法高僧传》,叙述了初唐时期赴印求法盛况、中印交通、印度佛教及社会生活面貌等,丰富了当时的史地知识。

《南海寄归内法传》是他根据说一切有部戒律和自己在印度南海诸国的考察,对当地僧人日常生活、受戒安居、学法修行等的做法和仪规作的分类介绍。对了解和研究当时印度、南亚、东南亚各国历史文化和宗教有重要参考价值,其

---

① 王邦维:《义净与〈南海寄归内法传〉》,《南海寄归内法传校注》代校注前言,中华书局 1995 年版。

② 宋·赞宁:《宋高僧传》,卷一《唐京兆大荐福寺义净传》,中华书局 1987 年版。

中关于义净的自述,是研究义净生平的重要资料。

《大唐西域求法高僧传》记述了唐代从贞观十五年(公元 641 年)到天授二年(公元 691 年)近五十年间西行求法的五十六位僧人的事迹,其中对于印度各地的历史文化也有不少介绍。此书是继玄奘《大唐西域记》之后又一部中外交通和文化史的著作。

义净西行求法之壮举,正如他在《大唐西域求法高僧传》序言中所说:

"观夫自古,神州之地,轻生殉法之宾,显法师则创辟荒途,奘法师乃中开正路。其间,或西越紫塞而孤征;或南渡沧溟以单逝……茫茫象碛,长川吐赫日之光;浩浩鲸波,巨壑起滔天之浪。独步铁门之外,亘万岭而投身;孤标铜柱之前,跨千江而遗命。或亡飧几日,辍饮数晨。可谓思虑销精神,忧劳排正色。致使去者数盈半百,留者仅有几人!"

(三) 惠超

有唐一代,西行的高僧中,除玄奘(公元 600～664 年)、义净(公元 635～713 年)外,赫赫有名的就是新罗僧惠超了。他所撰《往五天竺国传》残卷在敦煌发现,1905 年被伯希和(1878～1945 年)夺去,编号为伯 3532。我国学者张毅于 1994 年有笺释本刊行。

九十多年来,有不少学者在研究惠超,但无甚进展。张毅云:"《高僧传》中慧超无传,因此其生平事迹不详。仅知慧超为新罗人,其出生年月与地点、何时入唐,均无法确知。目前只能根据若干不完全的资料作一些近似的推测。他可能出生于唐武则天圣历三年(公元 700 年),也有人认为生于长安四年(公元 704 年)。

惠超西行,似乎是取海路前往,循陆路以归。他先经阁蔑国、裸形国而达东天竺,然后巡礼中天竺、南天竺、西天竺而至北天竺,再游历迦叶弥罗、大勃律、杨同、娑婆慈、吐蕃、小勃律、建驮罗、乌长、拘卫、览波、厨宾、谢飑、犯引、吐火罗,又西行波斯、大食、大拂临,转而东经安国、曹国、史国、石骡国、米国、康国、跋贺那国、骨咄国、突厥,横越葱岭,历疏勒而抵龟兹(今新疆库车县),时间是在开元十五年(公元 727 年)十一月上旬。

惠超每至一地,详记里程,语言,风俗,宗教,物产与国情,留下了非常珍贵的资料。他对大食（阿拉伯）与唐帝国的军事对峙，也作了忠实的报道。他写道，在胡蜜（今阿富汗东北边境的瓦汉），在吐火罗王的住地缚底延（今阿富汗北边的巴尔赫），已有大食兵驻扎。而葱岭镇则属汉，唐军在此镇守。但此后的天宝十载（公元751年），大食军在怛逻斯城大败唐军高仙芝，俘虏将士二万多人，唐帝国的军事力量退至葱岭以东。这是世界史上的一件大事。怛罗斯之役奠定了伊斯兰教进入中亚的基础。

这位西行的新罗僧人惠超是禅宗六祖、少林寺法如大师的弟子。

关于惠超，有一项重要资料——《皇唐嵩岳少林寺碑》，历来为人所忽视。该碑是由银青光禄大夫、守吏部尚书、平正县开国子裴漼撰文并书丹，立于开元十六年（公元728年）七月十五日。碑文早收入王昶《金石萃编》卷七七。碑文中说："皇唐贞观之后，有明遵、慈云、元素、智勤律师，虚求一义，洞真谛之源。复有大师讳法如，为定门之首，传灯妙理。弟子惠超，妙思奇拔，远契玄纵；文翰焕然，宗途易晓。景龙中，敕中岳少林寺置大德十人。数内有阙，寺中抽补；人不外假，座无虚授……"

法如（公元638～689年）住少林寺6年（公元683～689年），弟子惠超求法于法如只能在此6年之内。碑中对法如众多弟子中独独推崇惠超一人，称颂他"妙思奇拔，斤契玄纵"，即指惠超西行而言；又称颂他"文翰焕然，宗途易晓"，显然他有著作问世。裴作碑于开元十六年七月十五日，惠超于开元十五年十一月已回程抵龟兹，则裴作碑时慧超已回到洛阳矣。

新罗国位于朝鲜半岛东南邢，首都在今韩国庆州市。当三国并存的时代，它就与唐朝关系最为密切。新罗在百济、高句丽灭亡后，最终统一了朝鲜半岛，史称"统一新罗时代"（公元676～935年），与唐朝交往更加频繁。

唐高宗至玄宗时代，洛阳有许多新罗人。龙门石窟西山就有"新罗像龛"；玄奘的大弟子文雅（即圆测，613～696，玄奘的大弟子）乃"新罗国王之孙也"，从地婆诃罗入洛，迁化于洛阳佛授记寺，初葬于龙门香山寺北谷。北宋政和五年（1115年）才迁其遗骨于玄奘塔侧。新罗僧无染（公元799～888年）、慧沼（公元774～850年）等也相继到龙门和少林寺参学。少林寺，有真坚禅师名震海东……

新罗高僧从中国出发，赴印度巡礼求法者也大有人在，仅据义净所记，即有七人。其中,阿难耶跋摩及慧业,是贞观年间从长安西行的,后来皆亡于印度。玄太在永徽年间取道吐蕃(今西藏),经尼泊尔至印度,又返回唐朝。玄恪西行而亡于印度。义净还在吐火罗国见到过四十多岁的新罗僧慧轮。还有两位不知姓名的新罗僧人,泛海西行,但航行到室利佛逝(今印度尼西亚的苏门答腊岛)西边的婆鲁师国,双双染疾而亡……

往返印度的众多新罗僧人中,留下著述的,仅有惠超一人而已。但在韩国,找不到有关他的任何史料。义净的《大唐西域求法高僧传》中,也没有关于惠超的记述。可能惠超西行是在义净归国(公元695年)以后。《皇唐嵩岳少林寺碑》把惠超的事迹列在景龙(公元707~710年)之前,这又暗示他的出行在707年之前。据此推测,惠超西行出发的时间,在696年至706年这十年之内。他回归于727年,则惠超在国外的时间应在二十一年至三十一年之间。又假定他的老师法如去世(公元689年)时,他是二十至二十五岁,则回归时已是五十八至六十三岁的老人了。

惠超深染华风。他在西行中写了不少律诗,以表情怀。

他在"新头故罗国"悼念一位刚刚去世的汉族僧人,写道:"故里灯无主,他方宝树摧。神灵去何处? 玉貌已成灰。忆想哀情切,悲君愿不随。孰知乡国路,空见白云归。"

他在"胡蜜国",遇到大唐使臣将西去,写诗辞别:"君恨西蕃远,余嗟东路长。道荒宏雪岭,险涧贼途猖。鸟飞惊峭巇,人去偏棵口。平生不扪泪,今日洒千行。"

有些学者把密宗大师金刚智(公元669~741年)的门下弟子"慧超",视为西行的新罗僧"惠超"。张毅先生亦倡此说,并推断他去世于建中年间(公元780~783年)。理由是唐德宗建中元年(公元780年)慧超在五台山录出了《大乘瑜伽金刚性海曼殊室利千臂千钵大教王经》,此后便无消息。

但他们只能是两个人。因为至建中元年,"惠超"已是一百一十岁至一百一十五岁的老人了,不可能参加译经这类活动。参加译经的,只能是另一位"慧超"。

令考古学家感兴趣的是,惠超于开元十五年十一月上旬到达了唐朝"安西大都护府"的驻地、古龟兹国的国都——今新疆库车县县城。他在这里拜会了副大都护赵颐贞,参访了两座汉人寺院大云寺和龙兴寺,住了许多天。考古学家黄文弼(1893～1966年)在库车县北郊库木吐拉千佛洞的罗汉洞西壁上,发现了一处刻画题记,文曰:"惠超礼拜罗汉,回施功德,慈母离苦得解脱。"在另外一个石窟内,又发现有红笔书写的"惠超、法圣、伯辩到此间"的字句。上述题记,均无年月,但可推断为唐代。

那么,这二处题记中的惠超,是否就是西行的新罗僧惠超呢? 不能断定。

三、河洛佛教与中外文化交流

隋唐以前的中外佛教文化交流主要是与印度、中亚等国的交流,方式主要是引进和翻译佛教经典。东汉、曹魏、西晋、北魏都有不少印度僧人来洛阳、嵩山等地传播佛教。也有些中国僧人西行求法,如汉地最早的西行求法者朱士行和东晋的法显。

隋唐是中国古代的盛世,政治上的统一和安定,经济文化上的繁荣发达,使得隋唐王朝与世界各国的经济文化交流都空前繁盛。这一时期的佛教已经基本上完成了中国化的过程,形成了具有中国特色的佛教宗派。各宗派之间为了竞争,都积极完善自己的教义、教规和传教的形式。唐代盛行的宗派如天台宗、华严宗、净土宗、禅宗等都有自己系统的理论著作和传教方式。一方面隋唐时期仍然继续接受着从印度、西域等国输入的佛教文化。大量的印度佛经也在这一时期输入中国并译成汉文。当时来到河洛从事传教活动的印度僧人很多。最著名的如菩提流支、日照、实叉难陀、宝思惟、善无畏、金刚智、不空等。西行求法的中国僧人应首推玄奘与义净、惠超。另一方面,隋唐佛教已经脱离了对印度佛教的依附,逐步走上独立与创新。形成了以中国为中心向四邻传播佛教的新格局[①]。中国已经从一个佛教输入国成为佛教输出国,成为佛教东传的中心。当时对外文化交流方面主要有新罗、日本、越南,譬如东渡传法的鉴真。还有不少新罗、日本和越南的僧人来到唐朝学习佛法,再回国传布。

---

① 方立天:《中国佛教简史》,宗教文化出版社2001年版。

隋唐对佛教采取利用的政策,使其成为与朝鲜、日本等国文化交流的重要内容。这种佛教的交流活动,除了它本身的宗教意义外,还有着广泛的政治和文化意义。河洛地区是这一时期佛教文化的中心,因此在中外文化交流中也占有重要的地位。

(一)与印度的佛教交流

隋唐时期来到河洛地区从事传教活动的印度僧人很多。最著名的如菩提流支、日照、实叉难陀、宝思惟、善无畏、金刚智、不空等。隋代印度僧人阇那崛多、达摩笈多译出部分唯识和密教的经典。那连提耶舍译出了《大集日藏经》,唐代印度僧菩提流支译出《大宝积经》,于阗僧实叉难陀译《华严经》八十卷。唐代印度密教高僧善无畏、金刚智和不空来到中国,创立了密宗,译出了《大日经》、《金刚顶经》等密教经典。而西行求法的中国僧人应首推玄奘法师。玄奘归国时带回了一大批经书(经、律、论共六百五十七部)。回到长安后他组织了"证义""缀文""字学"等大德近二十人共同翻译佛经。前后二十年间翻译经论七十五部,一千三百三十五卷。卷数占唐译佛经总数一半以上,而且翻译的水平和质量也是当时最高的。从求法和译经方面看,他无疑是中国佛教史上的一位伟人。玄奘之后,有义净在唐高宗咸亨二年(公元671年)从广州从海路到印度求法,然后还经过了南亚、东南亚等国。695年义净回到了洛阳。前后二十五年的巡游求法,义净带回梵文经典近400部,译出68部289卷。玄奘和义净除了学习佛法和翻译佛经,他们撰写的《大唐西域记》和《大唐西域求法高僧传》均成为中外交通和文化史的名著。新罗僧慧超于公元723年赴唐求法,入唐后拜金刚智为师,并协助金刚智译经,后来又成为不空的弟子。他效仿玄奘、义净西游取经,游历五天竺,返回长安。著有《往五天竺国传》,详细记述当时印度、中亚和西亚的政治、经济、宗教、地理等状况。除这些名僧之外,还有人西行求法。如麟德二年(公元665年)洛阳沙门义辉就在印度听《俱舍》、《摄论》。

由于地理上的原因,古代越南一直是中印两国文化的交汇地区,是中印海上交通的中继站。许多从海路到印度求法的中国僧侣一般取道越南而去。

(二)与新罗、日本的佛教交流

1. 新罗

新罗和日本初次接触佛教时,中国的佛教已经相当成熟,宗派林立,典籍浩如烟海,典制完备,博大精深,僧侣教育业非常发达。所以新罗和日本派遣一批批学问僧来中国求法取经,进入著名的寺院师从高僧学习佛法,中国的佛教遂被新罗、日本社会所信奉。

隋代朝鲜半岛三国来华的留学僧很多。如新罗人智明、圆光(公元 532~630 年)、昙育、玄光、安弘、高句丽人波岩等。隋文帝仁寿元年(公元 601 年)诏令各州建舍利塔时,"三国使者将还,各请一舍利,于本国起塔供养,诏并许之"①。隋朝还专门为留学僧延聘名德学者为之讲授。

新罗王朝统一朝鲜半岛后,常派遣大批留学生来唐朝学习中国文化,派遣出的高僧达 64 人。新罗在政治文化上受到唐朝的影响很大,在佛教方面与唐朝也有着密切的关系,前后到唐朝求法的僧人很多,有的还在佛教史上有很大的影响力。

新罗真监禅师贞元二十年(公元 804 年)来唐,元和年间在嵩山少林寺受戒。新罗沙门无染禅师长庆二年(公元 822 年)来华,在洛阳香山寺学习佛法。龙门石窟还保存着造于景云元年(公元 710 年)的"吐火罗及新罗僧人造像龛",也是朝鲜僧人来洛阳学法的见证。

来华僧人中以圆测、义湘、惠超等成就最大。

圆测(公元 613~696 年),出身新罗王族,自幼出家。贞观元年(公元 627 年)十五岁时入长安,从唐太宗受度牒。玄奘西行回国后,圆测就跟随玄奘学习《瑜伽师地论》、《成唯识论》等,在法相唯识学方面取得了卓越的成绩,形成自己独具特色的唯识学。他精通六国语言、三次参加大规模的译经活动,著作很多。圆测终身留在中国,他得弟子道证等回新罗发挥传播他的佛学著作和他独特的唯识学思想,对新罗的佛教产生了巨大的影响,为新罗法相宗的创立奠定了理论基础。

----

① 唐·释道宣:《广弘明集》卷一九,上海古籍出版社 1991 年版。

义湘(公元 625~702 年)662 年入唐,到长安终南山至相寺随智俨学习《华严经》,与后来创立华严宗的法藏是同学。公元 671 年,义湘回到新罗,得到新罗王庭的重视和支持。他在太伯山建立石浮寺开始讲习《华严经》,使华严教义在新罗迅速得到传播,并形成一大学派。他对华严宗教义造诣颇深,成为一代名僧,被封为海东华严宗的初祖。他所创的华严宗又名浮石宗。据说有弟子三千,贤哲十人。胜诠、审详入唐后跟随法藏学习华严教义。胜诠回国时(公元 692 年),法藏曾托他将书信和自己所著《华严经探玄记》等带给义湘。审详则后来去日本宣传华严教义。

著名的慧超随金刚智、不空学习密教,终老于唐,为中国佛教密学的发展做出了重大贡献,他的著述也对新罗佛教密宗的发展产生了深远的影响。明朗于贞观六年(公元 632 年)入唐,学杂部密法,回国后创建金光寺,是为韩国神印宗的开祖。惠通、明晓、玄超等人入唐后也学习密法,后来归国行化。

新罗僧神昉、胜庄、道证、大贤、顺憬等人先后入唐,从玄奘一系受学唯识教义。神昉贞观十九年(公元 645 年)奉召入弘福寺参与玄奘译场,长期随侍玄奘,译经受学,是玄奘重要弟子之一。玄奘在大慈恩寺译《大毗婆沙论》、《本事经》时,他担任笔受;后又在《大般若经》翻译中担任缀文。

在新罗佛教的传播和宗派的建立过程中,来华的佛教僧侣起了直接的宣传和组织作用。不少僧人在华期间曾参与玄奘、金刚智等人的译经事业,甚至直接参加过中国佛教宗派的组织活动,回国时携去大批佛教典籍、文物。回国后,有的继续从事佛教经论的研究,有的开山授徒,展开建立宗派的活动。

入唐求法的高僧不仅对新罗佛教的发展起了重要作用,对其他文化的发展建设也有突出的贡献。算学、历学、医学、律学、文学、建筑、美术等都随着两国的交流和中国文化的输入而开花结果,特别是通过佛教的建筑,使新罗的建筑、雕刻、绘画等有了一些伟大的成就。

2. 日本

日本圣德太子(公元 574~622 年)摄政期间大力提倡佛教。圣德太子曾经拜高丽僧慧慈为师,十分崇尚汉文化。隋大业三年(公元 607 年),圣德太子派遣国使小野妹子来华恢复两国正式邦交。后来再派小野妹子为使赴隋,同时率带有学生和学问僧多人来华学习,这是日本向海外派遣留学僧的开始。隋炀帝将这些来华留学僧安置于鸿胪寺的"四方馆",令国内名僧给予指授。此后日本派遣来华的僧俗留学生便络绎不绝,到唐朝就更加频繁。中国的传统文化由此而对日本产生重大影响,汉文也得以在日本普遍流行。

日本自舒明天皇二年(公元630年)到宇多天皇宽平六年(公元894年),共计有十九次两国间的重大文化交流活动,其中三次没能成行,实际上有十六次。在众多的遣唐使中大多数是来中国学习佛教文化的留学僧。此外民间私人的来往,也络绎不绝。

日本学问僧的重要贡献是把唐代盛行的主要佛教宗派移植到日本。在日本逐渐建立起与中国相应的佛教派系。所谓"古京六宗"(三论、成实、法相、俱舍、华严、律),它们都是在中国佛教的基础上移植而成。唐代佛教对日本佛教影响最大的,当是唯识宗、华严宗、律宗、天台宗、密宗。

著名的道昭、智通二人都曾拜玄奘为师学法相宗,回国后创立日本法相宗。还有"入唐八大僧":最澄、空海、圆行、常晓、圆仁、圆珍、惠运、宗睿,他们还带回经书1700余部、3600多卷,还有大量的佛像、佛画、佛具、佛舍利,这对平安时代佛教的发展及日本的文化教育发挥了重要作用。

除日本僧人来华求取佛法外,也有中国僧人东去传教的。开元二十四年(公元736年)日本副使中臣名代返国,洛阳大福先寺沙门道璇等应邀同行至日本。道璇于大安寺西禅院设馆,讲授唐代南山律宗创始人道宣的《律藏行事抄》,成为日本弘通律宗的先驱。

被日本尊称为"唐大和尚"的鉴真和尚东渡日本,传播中国佛教文化,把严格的佛教授戒制度和以钻研戒律为主要内容的律宗教义传给日本,保证了国家对佛教的控制,这也是东亚国家佛教的共同特点。鉴真在日本除传授戒律外,还积极传播盛唐文化,介绍中国先进的医药、建筑、艺术等方面的知识。他带去的精美佛像和经典,至今尚存,被视为日本的国宝。

在整个平安朝(公元794～1192年),天台、真言两宗非常发达,是当时佛教界占有明显优势的宗派。空海于(公元774～835年)公元804年赴唐,在长安青龙寺从惠果和尚学习密教,回国后开创日本密教——真言教,成为日本佛教真言宗的创始人。最澄、圆仁、圆珍则是属于天台宗的三家。最澄(公元767～822年)贞元二十年(公元804年)入唐,回国后开创日本天台宗。圆仁开成三年(公元838年)入唐,回国后为台密之祖。

日本在大量接受和吸收隋唐文化的基础上,使之与日本固有文化融合而形成;其中起重要作用的是佛教思想文化。不仅是语言文字,而且如佛教仪礼、经像、文物、历法、医药、建筑、工艺等,日本都深受隋唐文化的影响。隋唐佛教在中日文化交流史上有着特殊重要的地位。

新罗和日本通过往长安派遣留学生、学问僧,积极汲取唐文化,使东亚地区形成一个以唐为中心,包括朝鲜半岛和日本在内的,以汉字、儒学、律令、中国式佛教为共同点的唐文化圈。[①]

(三)龙门石窟与中外文化交流[②]

洛阳是一座很繁华的国际性都市。它的这种"国际性"也必然会反映到龙门上来。唐代龙门有著名的"十寺",其中三座寺院就是为外国僧人所立,即为中天竺国三藏法师地婆诃罗重兴香山寺;为北印度迦湿密罗国人宝思惟立天竺寺;为中天竺国善无畏三藏和尚立广化寺。此外,葬于龙门的外国高僧还有南印度摩赖耶国金刚智(葬龙门西山南奉先寺)、南天竺国菩提流志(葬龙门西北原上)、北天竺迦毕试国般剌若(葬龙门之西冈)等等。[③] 据元丰七年三月十五日刊的《龙门山天竺寺修殿记》可知,唐代龙门寺院内有大量的外国僧人在此活动。龙门的造像记中也有一大批涉及中外文化交流的珍贵史料。如:

1. 僧玄照造像记与王玄策造像记

在龙门万佛洞门外南侧金刚力士的北侧,有玄照造像记,文云:

"大唐调露二年岁次庚辰七月十五日,玄照敬造观世音菩萨一躯。愿救法界、苍生无始罪障,今生疾厄,皆提消灭。"

玄照事迹见于义净《大唐西域求法高僧传》卷上。玄照,太州仙掌人,二次赴天竺,客死于奄摩罗跋国。玄照第一次自天竺返回洛阳的时间是麟罗二年正月(公元665年)。玄照第二次赴羯湿弥罗国,取长年婆罗门卢迦溢多的时间,义净未言之。但义净在玄照传中,将其第一次回国与第二次出使一并言之。颇

① 张蕾:《唐代长安教育与东亚唐文化圈的形成》,《学问》2009年第5期。
② 温玉成:《龙门所见中外交通史料初探》,《西北史地》1983年第1期。
③ 南朝梁·释慧皎:《高僧传》卷三,中华书局1992年版。

使人误以为第一次回国后随即又奉新命。传云："于是巡涉西蕃,而至东夏。以九月而辞苫部,正月便到洛阳。五月之间途经万里。于时麟德年中,驾幸东洛,奉谒阙庭。还蒙敕旨,令往羯湿弥罗国,取长年婆罗门卢迦溢多。既与洛阳诸德相见,略论佛法纲纪。敬爱寺导律师、观法师等请译《萨婆多部律摄》。既而敕令促去,不遂本怀,所将梵本,悉留京下。"

事实上,玄照至调露二年七月(公元 680 年)仍在洛阳,此时回国已十五年。第二次奉命取长年婆罗门,可能是唐高宗效法唐太宗以天竺方士,那罗迩娑婆寐造延年药故事,所以"敕令促走"。其时间很可能在唐高宗因"服饵"而令太子监国的开耀元年七月(公元 681 年)前后。

义净(公元 635～713 年)于 674 年至那烂陀寺,"住那烂陀,十载求经。方始旋踵言归,还耽摩立底"。则至 685 年,义净仍在那烂陀罗寺。所以玄照第二次赴天竺在那烂陀寺与义净相见时间是吻合的。(义净于 692 年回到长安)

《玄照传》还说:"(玄照)既尽宏纲,遂往殑伽河(今恒河)北,受国王苫部供养。住信者等寺,复历三年。后因唐使王玄策归乡,表奏言其德,遂蒙降敕,重诣西天追玄照入京。"

王玄策是洛阳人,其侄智弘律师也曾远赴天竺求法。[①] 王玄策第三次使天竺归国是显庆六年(公元 661 年),其第四次出使时间是 664～665 年,可能是与玄照同时回到洛阳的。(按:关于王玄策前三次出使天竺,诸家多有论述。伯希和、烈维、冯承钧、岑仲勉、陈翰笙、足立喜六、黄盛璋等均论之。对于王玄策第四次出使之事,仅伯希和与烈维言及之。)

王玄策在龙门宾阳南洞西壁北侧下部有造像一龛,像已残毁。造像记云:
"王玄策□□□□
□□下及法界
众生敬造弥勒
一铺麟德二年
月十五日。"
由上述所言,王玄策第四次返洛阳是麟德二年正月,在龙门造像于九月,时

---

① 唐·义净:《大唐西域求法高僧传》卷上《智弘传》,中华书局 1988 年版。

间亦完全符合。在龙门敬善寺区有洛阳人王玄祚造像记,有可能是王玄策的兄弟。造像记文云:

"龙朔二年五月廿五日洛阳河南县前朗州龙记县主簿王玄祚为亡考、姚敬造阿弥陀像一铺。"

总而言之,王玄策与僧玄照两品造像记的发现是关于这两位旅行家重要的文物史料,因而是很珍贵的。近年在西藏吉隆县甲拉山口发现了摩崖刻铭"大唐天竺使出铭。显庆三年"。这是王玄策出使天竺的重要资料。

2. 新罗像龛

龙门西山中段水文站亭子(明代"观澜亭"遗址)南旁,有一洞,进深 170 厘米,宽 170 厘米,高 190 厘米,洞内造像全部盗空。该洞门楣上有"新罗像龛"四字题额。依洞窟形制推断,属武则天后期开凿。新罗以 2 世纪立国朝鲜半岛,935 年灭于高丽(公元 918~1392 年)。新罗与唐交往极密切,有许多新罗僧来唐。此龛应系留学生及留学僧所作。

3. 殷朋先造像记

在赵客师洞南壁西侧下部,有一小龛,宽 20 厘米,高 18 厘米,内造一小阿弥陀佛。

时间推断为显庆龙朔间。造像记云:

"殷朋先为唐胡七人遂恶捺佛愿造像一。"

"康胡七人"即康居国胡人七人。"遂恶捺佛"即放弃了恶的信仰而改信佛教。"遂恶"即放弃了火祆教信仰之义。殷朋先当是与康胡七人关系密切的居士。故为他们"捺佛"而造像一躯。

4. 吐火罗僧宝隆造像记(原编号 3—168)

在龙门东山有宝隆造像记,文云:

"盖闻百空者,诸佛……

旋资粮。所以慧观穷于二边,……

破□四德。今有北天竺三藏弟子

空隆,上奉诸佛,中报四恩,下□□□,敬造释迦牟尼一铺……

为赞曰:

大悲大愿,是救是依。灭□生善,

不枉不欺。

景云元年玖月一日吐火罗僧宝隆造。"

吐火罗即巴克特里亚或大夏,西域古国。其地相当于今兴都库什山与阿姆河上游的地区。"龙朔元年,以陇州南由令王名远为吐火罗道置州县使。自于阗以西,波斯以东,凡十六国,以其王都为都督府,以其属部为州县。"①

玄奘云睹货逻国(即吐火罗)人"其俗则志性恇怯,容貌鄙陋,粗知信义,不甚欺诈"②。造像记云宝隆"灭□生善,不枉不欺",颇相呼应。唐时在华吐火罗高僧有释弥陀山,华言寂友。天授年中与康法藏等译《无垢净光陀罗尼经》一卷,后归国。③

此外还有很多类似的造像记,这里不一一列举。可见唐代的洛阳是一个国际性的都市,许多外国的僧侣、商人、使臣、留学生久居洛阳,在龙门石窟留下了他们活动的遗迹。宗教徒的往来是历史上国际间交流的一个重要侧面。龙门石窟的零散资料也说明了这一点。

---

①　宋·欧阳修、宋祁:《新唐书·地理志下》,中华书局1986年版。

②　唐·玄奘:《大唐西域记》卷一,上海社会科学院出版社2003年版。

③　南朝梁·释慧皎:《高僧传》卷二,中华书局1992年版。

第六章　源于河洛的佛教宗派

一、禅宗、天台宗、华严宗与河洛

(一) 禅宗与河洛

1. 禅宗的嫡传六祖——法如

今人论禅宗者,言"六祖"必称"南能北秀"。神秀亦只是作为惠能的陪衬而存在。事实上,弘忍(公元601~674年)时代尚无"定祖"之风,更无南北分裂之势;各序师承,亦很正常。而且惠能在弘忍门下三年,只是一位"行者"(在寺院中干活的人),还没有剃度出家;神秀在弘忍门下"服勤六年",早早就离开了弘忍。始终服侍弘忍十六年,至弘忍去世才离开的,大弟子中只有法如,故云传法于法如,本极平常。法如(公元638~689年)去世时,称"忍传如",神秀(？~706)、惠能(公元638~713年)、玄赜、智洗(公元609~702年)及其弟子辈普寂(公元650~739年)、义福(公元657~736年)、净藏(公元675~746年)、神会(公元684~758年)等等均在世,而无一人对此提出异议,足证这在当时乃是一不争之事实也。

然而这位当年赫赫有名的"定门之首"法如禅师很有些不幸。撰写《续高僧传》的道宣(公元596~667年),早于法如二十二年而亡,故法如事迹不可能收入《续高僧传》;禅宗南北势若水火后,早把法如置于一旁,而宋代赞宁(公元919~1001年)撰《宋高僧传》时,不知有意无意,竟漏掉了这位大师。所以许多研究佛教史的人,甚至不知道有法如这么个人物。

在登封市少林寺东1公里处今存法如塔,塔内有《唐中岳沙门释法如禅师行状》石碑,立于唐永昌元年(公元689年)七月二十七日,这是有关禅宗五祖传法的最早史料。

从十八盘过来,向西行若干步,远远就可以望见法如塔。这是一座叠涩顶方形砖塔。塔基就山岩而为之。塔身部分每面宽210厘米,高约450厘米。在九层叠涩顶之上,作三层递收式平台。平台之上,是石刻的山花蕉叶、三重相轮和摩尼宝珠。塔的总高度约700厘米。塔身在南面开门,门框用青石雕成。门高71厘米,宽60厘米。门楣上刻铭文及二飞天。全塔比例谐调,造型庄重优美,有很高的匠意。

塔内立青石碑一通,高165厘米,宽70厘米,厚20厘米。碑首半圆形,中间雕优填王倚坐像,左右为二金刚力士。左力士踏牛,右力士踏羊,刻工精细。

碑文是《唐中岳沙门释法如行状》,八分书,共二十三行,每行三十七字,共八百二十一字,保存状况基本完好。陆耀通撰《金石续编》卷六收录了全文。

据碑文可知:法如俗姓王氏,祖籍山西上党(今山西省长治市),幼年随舅父到了澧阳(今湖南省北部的澧县),19岁(656)出家投惠明为师。

这惠明也姓王,杭州人,少年出家,游道无定所。后入越州(今浙江省绍兴市),投敏法师法席,住了二十五年。在一千多僧侣中,他被称为"解玄第一",对经义颇有研究。他每每披一块青布,作为袈裟,时人号之曰"青布明"。后来他到了蒋山(江苏省南京市郊),向岩禅师咨请禅法十年。又西上荆州四望山(今湖北省江陵市),头陀坐禅,念诵《思益经》,依经作业。法如从惠明出家两年后(公元658年),惠明对法如说:"蕲州忍禅师行一行三昧,你应该到他那里去求教。"随即北上长安南山游历。

"三昧"是梵文的译音,也可译作"三摩提"或"三摩地",意思是禅定摄心。佛教说人的心生来就弯弯曲曲,不端正,只有通过惮定摄心,心才端直。譬如说,人心就像那弯弯曲曲的蛇,如果让蛇爬进大竹筒中,它的身体自然也就端直了。这"三昧"就像治理人心不直的大竹筒。"一行"是一种行相,指"法界"一相;"法界"指物质的和精神的存在,就是说让"心"定于"法界",系念"法界"万万千千的事物,知道它们在本质上是并无差别的。就连佛与我们普通人也是平等无二的。而佛又何止百个、千个。佛有多少个是数不清的,就如恒河的沙粒。总之,天下万事万物,浑然一体,并无差别。能想明白这番大道理,便是体认了"一行"。而使心定于一行修习三昧，就是"一行三昧"了。这"一行三昧"又叫"一相三昧"或"真如三昧"。弘忍就是坚守这"一行三昧"的。

法如遵从惠明的指教，来到蕲州黄梅县东边的双峰山东山，投弘忍为师，专心学习"一行三昧"。法如在黄梅东山寺，奉侍弘忍达十六年之久，直到他去世。弘忍去世时（公元 674 年），他最有名的五大弟子——神秀（？～706 年）、道安（公元 584～709 年）、智诜（公元 539～618 年）、惠能（公元 638～713 年）和法如（公元 638～689 年），只有法如还在他的身边。如果说，弘忍有什么"临终遗嘱"的话，那也只有法如可堪嘱告，密受东山法门的真谛了。

弘忍去世后，法如游淮南九年（公元 674～682 年），后于 683 年北上嵩洛，隐居于少林寺，默行禅道。"至咸亨五年，祖师灭度，始终奉侍，经十六载。既淮南化掩，北游中岳。后居少林寺，处众三年，人不知其量。

法如的作风，与神秀、惠能等师兄弟不同。神秀大行禅法，声彩发挥，成为"两京法主，三帝国师"。神秀上殿时，武则天亲加跪拜，好不威风。而惠能南下岭南，值印宗法师讲《涅槃经》，借机发难，先声夺人。法如在少林寺，三年之间（公元 683～686 年），少林寺僧竟皆不知其来历。这正是他守本全朴、弃世浮荣的品格，确有外藏名器、内洽玄功之贤士高遁的雅风。

直到垂拱二年（公元 686 年），僧众们才发现法如乃一代大禅师弘忍的嫡传，惊讶不已。于是，四海标领僧众、洛阳高僧大德齐集少林寺，请法如开讲禅要。他们请求说：自北魏至唐，经的五个朝代，近二百年之久。而命世大德，时时间出，皆以无上大宝（佛法），教导后人。今请再振玄纲，使闻法者光复正化。法如推辞说：言语不讲，则真意不会消亡；用智慧求解脱，则思虑无穷。我怎么敢从命，发扬什么先师的禅道呢！如此推辞再三，众僧再四祈请，才开讲禅要。

法如说：我看佛的意思，广矣，大矣，深矣，远矣！今唯有一法（东山法门）能使圣人、凡人同人波定，勇猛的人接受真谛。就像人从火灾中逃出，不能有丝毫犹豫、中断！听众一下子豁然开朗，便得本心。

法如说：佛法如空中之月，它只能出现在观看者之心。你们勤恳地努力吧，道就在你的努力中寻觅！

法如这番"道契于心"的宏论，真是闻所未闻。原来每个人心中都有佛，又何必苦苦向外去觅求呢？就如同一轮明月当空，天下万万千千条溪、河不都可以映出月亮吗？这就叫做"一印之法，密印于众意"。

自垂拱二年至永昌元年的三年（公元 686～689 年）中，法如频诲学人，孜孜不倦。但他声称，他并没有接法的弟子。"非曰其人，孰能传哉！"

在络绎不绝的求法者中，却有位李元珪（公元 644～716 年）自称是法如的嫡传弟子。元珪号称"庞坞和尚"，上元二年（公元 675 年）得度，出家于嵩山闲居寺。永淳二年（公元 683 年），他在洛阳敬爱寺遇见法如，但法如并未向他传法。他在垂拱二年听法如开讲禅要后，感叹地说："尝闻千载一遇，今谓万劫难逢！"

法如死后，元珪南下荆州玉泉寺，向神秀学习了一段不长的时间，然后重返嵩岳。

元珪虽然自称是得了法如的禅法，但《宋高僧传》中却并未提及此事，反倒用大量篇幅记述他与嵩山神讨论佛法并为嵩山神受戒的神奇故事。

这元珪有一位弟子叫灵运（？～729 年）。少林寺西北不远的地方，有一座精美的单层六角形石塔，塔门上刻着"肖光师塔"四字。这就是灵运的遗身塔。灵运俗姓萧，是南朝梁武帝萧衍的后代。他游历嵩山后，便决定留在少林寺修行。他向庞坞和尚元珪求法，得到元珪的指教，也得了"一行三昧"：照十方于自空，脱三界于彼着。慧眼既净，全身亦如。始知心外无法，所得者皆梦幻耳！他面对苍然的空山，年年默坐，观大地、土木，与佛刹无别；观云霞、溪水，悟无心无性。一切自然的与人间的造化都与梦境般，空幻不实。

"肖光师塔"是灵运的弟子坚顺所建。这坚顺不知其生平，只知他是法如系统可查到的最后一位弟子。

汤用彤先生在 20 世纪 30 年代初写的《隋唐佛教史稿》第四章第六节介绍禅宗时，列出了唐碑中几个不同的传法世系表，其中包括《唐中岳沙门释法如行状》，但未深考，仅表示说："盖各派竞以传统自任。"胡适于 1961 年 1 月 15 日夜写下一封很长的回信，与日本柳田圣山先生讨论禅宗史的若干问题。其中说到柳田圣山在其大作中采用了《唐中岳沙门释法如行状》，而自己当年未见此碑，并表示："将来我修改《楞伽宗考》，一定要给法如一个重要地位。"

需要特别指出的是，《唐中岳沙门释法如行状》提出了中国禅宗史上第一个传承系列表："南天竺三藏法师菩提达摩绍隆此宗，武步东邻之国，传曰神化幽迹。入魏传可,可传粲,集传信,信传忍,忍传如。当传之不可言者,非曰其人,孰能传哉!"即禅宗在印度的传承为:如来—阿难—末田地—舍那婆斯……在中国的传承是:菩提达摩—惠可—僧粲—道信—弘忍—法如……法如谨慎而明确地宣布,他死之后,无弟子可传。

当年这一传承表刊刻之时,弘忍的大弟子中,神秀、惠能、道安等人均在世;禅宗也还没有分裂成水火不容的南、北二派,所以可信度是较高的。后来研究禅宗史的人,被中、晚唐以后的资料所迷惑,不太愿意面对这张传承表,一误再误,以至于有人干脆抹杀法如系存在的史实。

法如塔赫然立于少林寺,如果它提出的传承表不实,后来做厂"两京法主、三帝国师"的神秀完全可以公开予以批驳;而惠能的弟子神会在辩论南、北宗时也会公开提出批判。但是,神秀及其弟子们,惠能及其弟子们都对此保持沉默,不是也从反面证明法如之说是可信的吗?

另外,元珪先后从师于法如和神秀,却自称法如的弟子,不称是神秀的弟子;义福也是想向法如求法而恰遇法如去世,怅然悲愤,才去投神秀为师的。这不能不说从一个侧面,传达出当时法如在学禅者心目中的地位。

有关法如事迹,唐代碑刻中多有明证:

一是大敬爱寺沙门智严撰《大唐中岳东闲居寺故大德硅和尚纪德幢》①(开元十三年六月十五日立)云:元珪遇法如于洛阳敬爱寺,三年后元珪"与都城大德同造少林,请开禅要。……遂蒙启发,豁然会意。……因而叹曰:'尝闻千载一遇,今谓万劫难逢!'……此一行三昧,天竺以意相传,本无文教。如来在昔,密授阿难。自达摩入魏,首传惠可,可传粲,架传信,信传忍,忍传如,至和尚(按指元珪),凡历七代,皆为法主,异世一时"。

二是《皇唐送岳少林寺碑》云:"复有大师讳法如,为定门之首,传灯妙理。弟子惠超,妙思奇拔,远契玄纵;文翰焕然,宗途易晓。"

三是严挺之撰《大唐故大智禅师碑铭并序》②(开元二十四年九月十八日立),称大智禅师义福(公元 657～736 年)欲投法如为师,"时嵩岳大师法如,演

---

①　清·王昶:《金石萃编》卷七三,中国书店 1985 年版。
②　清·王昶:《金石萃编》卷八一,中国书店 1985 年版。

不思议要用,特生信重。……既至,而如公迁谢。怅然悲愤,追践经行者久之",后投神秀为师。

四是敦煌遗书中出土的《导凡趋圣心诀》卷子(伯希和第 3559 号及 3664 号),内云:"初,菩提达摩以此传慧可,慧可传僧璨,僧璨传道信,道信传大师弘忍,弘忍传法如,法如传弟子道秀等。"敦煌卷子杜胐撰《传法宝记》所列传法次序,是菩提达摩—可—璨—信—忍—法如—神秀。但"道秀"是否即"神秀",神秀是否从法如学习,皆无证也。

2. 禅宗北派的开创者神秀

中国佛教的禅宗产生于唐代中叶,弘忍的时代。黄梅东山成了《楞伽》禅法的中心,人称"东山法门"。但这个法门仍是"口说玄理"、"不出文记"的。后来所传的道信《信心铭》、弘忍《最上乘论》等,应是 8 世纪或以后的作品。8 世纪以前的资料表明,那时候还没有袈裟传灯的说法;也没有神秀及惠能作偈明心,弘忍半夜传衣给惠能的说法。

禅宗五祖弘忍死后,禅宗的主干部分以神秀为代表自公元 691 年开始依附于刚刚诞生的武周政权。在武则天、唐中宗的支持下,弘忍的大弟子神秀开始登上了历史的重要舞台。

神秀,俗姓李,尉氏人。年轻时在洛阳天宫寺受具足戒,半百时参谒禅宗五祖弘忍。弘忍圆寂后,神秀在江陵当阳山大开禅法,从者云集,后曾大得武则天之崇奉,在黄河流域、长江流域都有广泛影响。

弘忍去世二十多年后,东山法门引起了武则天的重视。久视元年(公元 700 年),武则天遣使迎请时年 90 岁的湖北当阳玉泉寺禅僧神秀来洛阳,将其安排在内道场,享受着丰厚的供施。闻风来拜者日至数万。宋之问《为洛下诸僧请法事迎秀禅师表》中说,武则天早已"梦寐斯人"。

武则天对神秀,给予了超乎寻常的礼遇:他可以坐着肩舆上殿,可以结跏而坐见皇帝。不仅如此,武则天还亲自跪迎,拜为帝师,时时问道,

神秀由荆州玉泉寺北上,共计六年时间,被誉为"两京(长安与洛阳)法主"、"三帝(武则天、中宗、睿宗)国师"。神秀主要著有《大乘五方便》(又名《北宗五方便门》)、《观心论》等。神龙二年(公元 706 年),神秀在洛阳天宫寺逝世。唐中宗册谥他为大通禅师,遵其遗愿,归葬当阳。

张说在《大通禅师碑铭》中概述神秀的禅法时说：

"其开法大略，则慧念以息想，极力以摄心。其人也，品均凡圣；其到也，行无前后。趣定之前，万缘皆闭；发慧之后，一切皆如。奉持《楞伽》，递为心要。过此以往，未之或知。"这段文字表明，达摩禅旨的大意在这里还都保持着，仍是奉行《楞伽经》的渐修的禅法。

神秀在北方有二大弟子普寂和义福，传其禅法。这时，也还没有"南宗"、"北宗"之争。

不过，张说在《大通禅师碑》中，却提出了一张禅宗传承表："自菩提达摩，天竺东来，以法传惠可，可传僧粲，粲传道信，信传弘忍……东山之法，尽在秀矣。"①这碑大约立于712年前后。也就是说，张说主张立神秀为禅宗的"六祖"。

普寂、义福阐扬宗风，以致"两京之间皆宗神秀"。普寂并以神秀为禅宗正统六祖，自立为七祖，其弟子有道璇者还将其禅宗传到了东方日本。南方禅宗自神会后以神秀为渐门而贬抑之，对慧能为代表的见性成佛顿悟法门则标榜推崇，于是后世禅宗有所谓"南顿北渐"之分。北宗在以嵩洛为中心的北方有很大的势力和影响。《宋高僧传·神会传》说：唐玄宗开元八年（公元720年）以后，慧能的弟子神会"于洛阳大行禅法"，"南北二宗时始判焉"；而"先是，两京之间皆宗神秀"。同书《神秀传》又说：与此同时，神秀"门人普寂、义福，并为朝野所重"。普寂和神会各立神秀和慧能为六祖，争端渐多。神会居住洛阳菏泽寺，其徒众遂成菏泽宗。

3. "禅宗七祖"神会

禅宗南北之争，实起自惠能的弟子神会（公元684～758年）。

神会在开元廿二年（公元734年）的滑台大法会上，先声夺人，树立惠能的南宗，贬斥神秀的北宗。天宝四载（公元745年），他应兵部侍郎宋鼎等人之邀至东都洛阳，大讲"曹溪了义"，宣扬"菏泽顿门"。"安史之乱"以后，又有唐宗室、嗣虢王李巨支持南宗顿门之说。李巨是李邕的次子，可能做过东都留守之类的大官。神会死后，也是李巨派人把遗体迎回洛阳下葬的。

神会入洛传布"顿门"时，北宗神秀的二大弟子普寂（公元651～739年）、义

---

① 清·陆增祥：《八琼室金石补正》卷五〇，文物出版社1985年版。

福(公元658~736年)已先后去世,几乎无人出来抗辩。但北宗弟子仍然坚守其"渐门"禅法,绵延至唐末而渐衰。

神会是禅宗史上赫赫有名的高僧。但他的生卒年月,去世地点,传法弟子为何人等等问题,一直争论不休。仅以生卒年月为例,即有三说:《圆觉经略疏抄》记为684~758;《宋高僧传》作668~760;《景德传灯录》作686~760。1930年,胡适写了一本名著——《神会和尚遗集》,附有一篇《菏泽大师神会传》,二万六千余字,对神会生平做了详尽的考证,但是还是有许多问题没有解决。

1983年12月,在洛阳龙门西山唐代宝应寺遗址,找到了这位著名的禅宗七祖菏泽大师神会的墓,出土了《大唐东都菏泽寺殁故第七祖国师大德于龙门宝应寺龙岗腹建身塔铭并序》石刻。这是关于神会的最早、最可信的第一手资料,其发现是禅宗研究史上的一件大事。《神会塔铭》共十七行,每行二十到二十二字不等,正书。是利用一个旧的墓志铭磨平之后雕刻的,而且雕制粗拙,暗示着神会入塔时礼仪的疏陋。这或许与洛阳一带的战乱、民生凋敝有关。

根据塔铭解决了诸多疑难问题,也据此可指出胡适的三失。

该塔铭说明了神会的生卒年月。文云:神会"于干元元年五月十三日荆府开元寺奄然坐化","享年七十有五,僧腊五十四夏"。即神会生卒为684~758,卒于荆州开元寺而不是洛阳菏泽寺。胡适考证神会生卒为680年至772年,把生年提前了四年,卒年推后了十四年,把神会一生加长了十八岁,此一失也;胡适考证神会卒于洛阳菏泽寺,实际上神会是卒于荆州开元寺,此二失也。

塔铭指出兵部侍郎宋鼎最先延请神会入洛,广开法眼,树碑立影,道俗归心。这与《宋高僧传》卷八"惠能传"所载是一致的。"安史之乱"之前神会行迈"江表"。《宋高僧传》卷八"神会传"所说"初,洛都先陷,会越在草莽"与此吻合。

神会去世后,由"嗣虢王"李巨,"迎尊颜于龙门"迎遗身于龙门宝应寺而下葬入塔时在永泰元年十一月十五日(公元765年),距神会去世已7年矣。此塔宋代的时候尚在,北宋诗人描述过它。估计元末被毁。宝应寺是著名的龙门十寺之一。

胡适考证神会的传法弟子,没有列出慧空(公元696~773年)、法磷等主要人物,此三失也。神会的弟子("门人")有慧空(公元696~773年),法磷等人。《神会塔铭》就是由门人慧空撰、法磷所书。慧空就是《宋高僧传》卷九所载的

"京师广福寺慧空",然传中却说他是普寂的弟子而未言从师于神会。但是普寂卒时,慧空四十四岁,后来可能投身于神会门下,所以取得唐代宗的信任。慧空可能是承袭菏泽法门的主要门人比丘。

塔铭十分凝炼地概括神会的禅法是:"说般若之真乘,直指见性;谈如来之法印,唯了佛心"。在当时,禅师们均指神会禅法为"了教"。"了"就是"唯了佛心"。

最后,该塔铭提出了一个禅宗传承表,文云:"粤自佛法东流,传乎达摩。达摩传可,可传璨,璨传道信,信传弘忍,忍传惠能,能传神会,相承七叶,永播千秋。说般若之真乘,直指见性;谈如来之法印,唯了佛心。"此表比法如碑晚76年,时事已大变矣。神会早在开元二十年(公元732年)滑台大云寺辩论时,即大张惠能旗帜,时法如去世已43年矣,法统之争愈演愈烈。

(二)天台宗与河洛

天台宗传入北方,应是"五祖"灌顶(公元561~632年)受晋王杨广延请入京(公元602年)以后之事。盛唐以来,汝州风穴寺就成了天台宗的一大阵地。

风穴寺在汝州市北九公里的千峰山麓,山青泉秀,十分幽美。从这里向西北约六十公里,就是少林寺。风穴寺或云创自北魏,名为"香积寺",隋改称"千峰寺",至唐始称"风穴寺"。为河南省重点文物保护单位。

风穴寺"中佛殿"内有五代后汉乾祐三年(公元950年)八月十五日所镌古碑一通。龟趺圆首,双龙蟠回,为寺中现存最古之碑刻,对于研究中国佛教史颇有价值。碑题为《风穴七祖千峰白云禅院记》,登仕郎、试大理司直、前守临汝县令兼殿中侍御史虞希范撰,持妙法莲花经僧智谦书。

1. 四祖风穴匡沼

《风穴七祖千峰白云禅院记》云:"禅师法号匡沼,俗姓刘氏,浙东处州松阳县人也。于护国寺出家,得佛心印,为人天师。……自清泰初(公元934年),禅师以身观身,上德不德,掣携瓶锡,来住林泉。谓幽楼为匡界之基;谓宴坐作修行之地。参禅者便息四方之志,问法者不远千里而来。不十年间,僧徒辐辏矣。于是,改易经堂,创修佛殿,川原革故,庭宇鼎新……"

《碑记》所述之风穴匡沼禅师,实即佛教史上赫赫有名的临济宗四祖风穴延沼禅师。

匡沼禅师(公元896~973年)是浙江处州松阳县人,本习天台宗,于后唐长兴二年(公元931年)参访汝州,遇临济宗"三祖"慧颙(?~952年),在其劝导之下,改宗临济,后成为临济宗的"四祖"。立此碑时,匡沼五十五岁,正在风穴寺中。宋代至现今的禅宗史上,都把临济宗四祖写作"风穴延沼",实际上那是宋朝人为避宋太祖赵匡胤的讳而改写的。明清以来,以讹传讹,不知更改,直至今日。

早在清康熙癸丑年(1673年),任枫(字木庵)撰《风穴志略》时已指出延沼乃匡沼之讹,惜300多年来未曾引起重视。

更堪注目的是五代时临济宗传法维艰。匡沼早年"依本州岛(处州)开元寺智恭披剃受具,习天台止观"①,"玩《法华玄义》,修止观定慧"②,显然是位天台宗和尚。

匡沼的弟子五祖省念亦是密诵《法华》,行头陀行的天台宗禅师。省念晚岁依匡沼,充知客,"穴(指匡沼)乃垂泣告之曰:'不幸!临济之道,至吾将堕地矣!'师(指省念)曰:'观此一众岂无人也?'穴曰:'聪明者多,见性者少。'师曰:'如某者何如?'穴曰:'吾虽望子者久之,恐汝耽着此经(指《法华经》),不能放下。'师曰:'此亦可事。愿闻其要。'穴遂升堂……"③可见匡沼(公元896~973年)和省念(公元925~992年)都是由天台宗转移到临济宗中的僧人,这一段公案过去很少为人所知。

匡沼在汝州的弟子是首山省念和广慧真禅师等。④ 汝州首山省念在汝州的弟子有首山怀志、叶县广教院归省、汝州广慧院元莲等。⑤ 可知临济法裔在汝州活跃了约七八十年。

五代时,风穴寺仍以台、禅并宏。风穴寺的《碑记》,提出了贞禅师为天台宗七祖的异说,澄清了临济宗四世匡沼禅师的讹误,丰富了关于天台宗与禅宗禅师相转化的认识,对于研究汝州地方史,也增添了可靠的史料。

---

① 元·觉岸编:《释氏稽古略》卷三,《大正藏》2037,卷四九,第0129页。
② 元·念常:《佛祖历代通载》卷一八,中国书店2009年版。
③ 清·任枫编:《风穴志略》卷下,1900年。
④ 宋·释道原:《景德传灯录》卷一三,古籍出版社2000年版。
⑤ 明·居顶:《续传灯录》卷一,《大正藏》,第五册,No.2077。

2. 七祖可贞

风穴寺中最有名的建筑,是一座九层密檐式方形塔,古老相传叫"七祖塔"。总高约 25 米。塔基垒砖而成,每面宽 4.4 米,高 1.5 米。塔身底层宽 3.01 米。塔科有相轮十重,宝盖及火焰纹构成。这是一座典型的唐塔。近几十年来,人们一直以为那是禅宗"七祖"的塔。然而通过考察,证实塔中所葬者是可贞禅师(公元 642～725 年)。

可贞事迹不见于僧传,但是由缑氏县尉沈兴宗所撰的《大唐开元寺故禅师贞和尚塔铭》,却在《金石萃编》卷八三中查到。

由《塔铭》可知,贞禅师(公元 612～725 年)是京兆人、俗姓张氏。"师泛浪知清,依林择茂。将挥圣姓,载顾华宗。年弱冠,秀才登科,知名太学。已(以)为儒家非正谛,文字增妄想。故去彼取此,而为上乘。因亦既从绷,遂受衡阳止观门,居于洛阳白马寺。口不绝诵习,心不离三昧。孚妙有之慧萌,荆赖耶之浊种,庶灭裂有为,干盘无生焉。后隶此郡开元寺,又以为喧者起之本,静者定之缘,利缘舍起,故复居此。窟茨房药,蔬之妙受,奚谷箕口瓢,捌之胜尘,可略言矣。"

《塔铭》还说,丞相崔日用、尚书李嵩等人"皆顶奉山宇",尊可贞为师。崔日用,《旧唐书》卷九九有传,约于开元七年至十年任汝州刺史。李嵩《旧唐书》卷一一二有传,开元初授汝州刺史。开元三十一年正月,因金城公主在蕃中(今西藏),使持节充入吐蕃使。故《碑记》又称之为"李使君"。

贞禅师既"载顾华宗",又"受衡阳止观门",显然是位天台宗大师。承袭南岳慧思(公元 515～577 年)之"衡阳三昧"。惜《塔铭》与《碑记》中均未交代其师承关系。

《风穴七祖千峰白云禅院记》碑追述"风穴七祖"来历云:"开元年,有贞禅师袭衡阳三昧,行化于此,溘然寂灭,示以阇维。有崔相国、李使君名履,与门人等,收舍利数千粒,建塔九层,玄宗谥为'七祖塔',见今存焉。""(唐)玄宗谥为七祖塔",证明是唐玄宗敕封可贞为天台宗七祖的。

上述二资料确证可贞是袭"衡阳止观门"的天台宗大师,大约是经崔日用、李嵩之请求,由唐玄宗为天台宗"七祖",大塔(今存)便是"七祖塔"了。至五代时,风穴寺仍是天台宗寺院,所以习天台止观的匡沼、省念乃会聚于此。但此时天台中衰,他们又改为禅宗临济派了。遗憾的是《塔铭》中没交待可贞在白马寺从何人受天台宗;可贞的弟子宗本又恰遇"安史之乱",故这一段天台宗史为后人所遗忘也!

依佛教史家传统所言,天台宗的传承是:天竺龙树—北齐慧文—衡阳慈思—天台智凯—章安灌顶—绪云智威—东阳慧威—左溪玄朗—荆溪湛然……①然而,此一天台宗传承表,在唐时即为人们所怀疑。湛然的俗弟子梁肃(公元753～793年)在《台州隋故智者大师修禅道场碑铭并序》中说:"自绍云至左溪,以玄珠相对,向晦,宴息而已。"②唐玄宗以来,禅宗正统之争,十分激烈。约于此时天台宗也有定祖之说。

《风穴七祖千峰白云禅院记》刊于公元950年,所言唐玄宗赐谥,应较可信。其赐谥时间当在开元二十六年至天宝十五年间也。

据《续高僧传》卷一九灌顶传可知,仁寿二年(公元602年),晋王杨广延请灌顶入京,于是"顶持衣负锡,高步入宫,三夏阐宏,副君欣戴"。大业七年(公元611年),炀帝治兵逐野,又"下救迎顶远至行所,引见天房,叙以同学之欢"。由此可见,风穴寺贞禅师之师承,或出于京下灌顶(公元651～632年)之弟子。灌顶为天台五祖,则贞禅师(按:道光二十年赵林成、白明义纂《直隶汝州全志》称贞禅师为可贞)恰应为七祖。

根据佛教史料,天台宗自智□至左澳玄朗即四祖至八祖间的传承关系略如下表。

3. 天台宗传入少林寺——行钧

可贞禅师的一支法脉曾传到了会善寺。会善寺西塔院的法素禅师,也是天台宗和尚。他的弟子行钧,又把天台宗传入了少林寺!这是一段人所罕知的历史。

今少林寺的东北隅,有一座单层方形砖塔,高约5公尺,塔的背面嵌一石板,刻有《唐嵩山少林寺故寺主法华钧大德塔铭并序》,立于后唐同光四年(公元926年)三月十六日。

---

① 宋·士衡编:《天台九祖传》,《大正藏》51册,No.2069。

② 清·王昶:《金石萃编》卷一〇六,中国书店1985年版。

依《塔铭》可知,行钧俗姓阎氏,郑州阳武(今河南省原阳县)人,十四岁(公元861年)入嵩山会善寺,投西塔院法素禅师为依止师,诵《法华经》,日日焚修为业,三年时间,便诵完了一部《法华经》。二十岁(公元867年)时,登本寺琉璃坛受具足戒,成为比丘。这位行钧禅师念诵的不是《楞伽经》,也不是《金刚经》,而是天台宗用作本经的《法华经》。

此后,他游历讲肆,攻研律部,曾卜居石城山,讽诵《莲花经》六十部,受到人们的尊重。天台宗因智者大师智顗(公元538～597年)住天台山而得名。该宗主张"定慧双修",由禅生意,而得大乘圆顿境界。天台山在浙江省台州天台县以北,濒临东海。天台山的南门叫赤城山,西门叫石城山,北门在剡县的金庭观,东门叫王爱山。行钧所登的石城山,正是天台山的西门。这一点,揭示了他是天台宗和尚的真相。

广明元年(公元880年),少林寺迎请行钧为住持(寺主)。

此时正值动乱年代。这年六月,黄巢陷睦、婺、宣等州,七月渡江,九月渡淮,十月陷申州,十月陷申州,至颍、宋、徐、兖之地,十一月入汝州,称"天补大将军",不久入东都洛阳。十二月入潼关,克长安,称"皇帝",国号"齐",改年号"金统"。所幸黄巢过处,并不扰民,城市宴然。

行钧预料"末法"时期就要降临。他提出"末法住持,无先像设"的主张,用三年的时间修葺佛殿,装修佛像。不久,又遇到朝廷澄汰沙门,少林寺一度被废。待"佛法再开"时,他更加专心致志,以"复立殿堂,兼塑佛事"为己任,加紧修缮事宜。

行钧主持少林寺四十五年,经历了唐朝灭亡,后梁兴亡及后唐执政,政局迭变,人心惶惶。行钧一方面率众劳作,一方面坐禅诵经,维持山门不坠,至为艰辛。后唐同光三年(公元925年)七月二十日,行钧怡然示寂,春秋七十八岁,僧腊五十九年。众弟子依天竺法毗荼(火葬)之,薪尽火灭,收骨灰而建塔。

行钧有弟子一百多人,都属于"宏"字辈。后接任寺主之职的是宏泰禅师。"宏"字辈下,是"钦"字辈,是行钧的法孙一代。在少林寺出现了按辈分排列僧徒的制度,反映了寺院财产承袭制度的重大变化。行钧不仅担任少林寺主,还为少林寺建立了新的系统的传承制度,这对于少林寺的持续发展和天台宗法统的延续都具有重要意义,因而亦为后世所沿用。

(三)华严宗与河洛

华严宗又称贤首宗、法界宗、圆明具德宗。为中国十三宗之一,日本八宗之一。早在北朝时,洛阳净土寺有海玉法师,构华严众,志兴此典,请于宣讲。隋朝慧远作有《华严疏》七卷,在洛阳弘扬佛法。

隋唐五代的佛教宗派,多数由地地道道的中国僧人创立,在少数由旅华外籍僧人或外国血统的中国籍僧人创立的宗派中,只有华严宗是由地处丝绸之路上的昭武九姓康国人的后裔、中国籍僧人法藏创立的。

法藏以唐太宗贞观十七年(公元643年)十一月二日在长安出生,16岁时在岐州法门寺舍利塔前炼一指,作法供养。他读了大量的佛教典籍,成为一位受菩萨戒的居士。唐高宗咸亨元年(公元670年),皇后武则天为刚刚去世的母亲荣国夫人杨氏广树福田、追崇冥福,在长安舍宅为寺,名曰太原寺,命度僧住持,28岁的法藏被推荐受沙弥戒,隶属该寺。武则天称帝后,命法藏在洛阳佛授记寺讲解新译《华严经》。法藏在神都洛阳从事政治和宗教活动,并在武则天的直接支持下创立了华严宗。武则天给他赐号贤首。从此法藏又被称为贤首大师,华严宗也被称为贤首宗。按照传承系统,他被华严宗人尊为华严宗三祖。唐玄宗先天元年(公元712年)十一月十四日,他以70岁高龄在京师长安大荐福寺圆寂。

康法藏(公元643~712年)的身世,虽有阎朝隐、崔致远及赞宁等人的碑铭、传记,然犹有不明之处。洛阳龙门石窟发现有关康法藏造像记四处:

(1)在魏字洞有小完,造像记云:"法藏为父母、兄弟姊妹,又为胜蛮,敬造阿弥陀像一完。乾封二年四月十五日"。时法藏25岁,尚未出家,胜蛮可能是其妻子。法藏28岁(公元670年)才出家。

(2)在老龙窝上方有一唐高宗时代小洞,内题造像者名字有韩曳云、司徒端、刘彦举、康法藏……共38人。

(3)在宾阳洞上方,有二排造优填王像小洞,均为唐高宗早期所造,共12个。其中有2个题名曰:"法藏供养"。

(4)龙门东山有一圆形尊胜幢塔残石,上有康法藏祖坟题记。文云:

"次西边坟,

祖婆康氏,

右麟德二年八月亡。

祖父俱子,

右上元二年五月亡。其年八月葬在洛州河南县龙门乡孙村西一里。父德启合葬记。孙男:法藏。阿杵、无泰、惠琳。孙男崇基、万岁。

父德启,

右去垂拱三年七月七日。

毋尹氏,

右去长安元年十一月廿九日亡。"

综观上述资料,可知法藏的祖父叫康俱子(? ~675 年)、祖母康氏(? ~665 年),皆康居国人。父康德启(? ~687 年),母尹氏(? ~701 年),当为汉族。法藏、万岁、崇基,兄弟共三人;阿杵、无泰、惠琳,姐妹共三人。

法藏已是第三代移民,母亲又是汉族,所以他"本资西胤,雅善梵言,生寓东华,精详汉字。故初承日照(即地婆何罗,死后葬于龙门东山之香山寺),则高山擅价;后从喜学(即实叉难陀),则至海腾功"①。

神龙元年(公元 705 年),中宗以法藏平张易之乱有功,赠鸿胪卿,"赏以三品,固辞固授,遂请回于弟,俾谐荣养。至二年,降敕曰:'……宝藏可游击将军行威卫隆平府、左果毅都尉,兼令侍母,不须差使。'"②这里的"遂请回于弟"乃是"遂请回于子"的曲笔。因法藏兄弟三人中无"宝藏"其人;且 705 年尹氏已去世 4 年,"兼令侍母"的母,只能是法藏的妻子胜蛮。此时法藏 62 岁,胜蛮当小于 62 岁,正需儿子宝藏侍养也。③

唐朝武则天重华严学,令名僧译出 80 卷的新《华严经》。《华严经》新译开局后,法藏"本资西胤,雅善梵言,生寓东华,精详汉字",因而担任笔受工作。武则天多次到译场视察,施供食馔,还写了序言《大周新译大方广佛华严经序》。四年后,新译《华严经》在佛授记寺完成,勒为 80 卷,称为《八十华严》或《新华严》。新本比晋本虽有增加,但仍不是足本,法藏补进前此在长安与中天竺僧地

---

① 新罗·崔致远:《唐大荐福寺故寺主、翻经大德法藏和尚传》,载石峻、楼宇烈:《中国佛教思想资料选编》第二卷第二册,中华书局 1983 年版。
② 新罗·崔致远:《唐大荐福寺故寺主、翻经大德法藏和尚传》第七科,载石峻、楼宇烈:《中国佛教思想资料选编》第二卷第二册,中华书局 1983 年版。
③ 温玉成:《华严宗三祖法藏身世的新资料》,《法音》1984 年第 2 期。

婆诃罗共译出的部分内容,整理成一个较为完善的新译本。

　　武则天在位时河南地区华严宗十分兴盛。武则天曾于永昌元年(公元689年)正月七日夜,命令僧人于玄武门建立华严高座八会道场,举行法会阐扬方广妙典。正月八日数千僧尼共设斋会,观看神异。武后亲自作《听华严诗》并序。圣历二年(公元699年),武则天在宫中听法藏宣讲经义,对于《华严经》深奥复杂的义理茫然不解,法藏就以殿前的金属狮子为教具,撰写《金师子章》来加以开导。《金师子章》不足一千一百字,却囊括了华严宗的基本理论和判教说法,真可谓有咫尺万里之势。所以能这样,除了法藏具备高度的概括能力以外,还由于他以实物为例,舍弃了很多论证过程。法藏先后讲华严经三十余遍,以前二师教学为基础,集一宗之大成,观门教相至此圆备。澄观注解新译大经,卷帙数百,世称华严疏主。其下之宗密,曾习禅学,开所谓华严禅,此为教禅一致之始。

　　法藏在洛阳的活动有政治和宗教两个方面①,二者并非可以截然分开,因为政治活动带有宗教色彩,宗教活动具有政治倾向。他的政治活动有两件事:神功元年(公元697年),以左道,作十一面观音道场,帮助国家军队打败反叛的契丹军队;神龙元年(公元705年)参与张柬之政变,逼迫年迈病重的武则天还政于唐中宗。他在政治活动中显得主动、灵活,绝不从一而终。

　　法藏在洛阳的宗教活动,是他的本色,主要表现为翻译并研究佛经,以及进行佛教的宣传教育活动。法藏迁至长安大崇福寺担任寺主。他所在的崇福寺位于休祥坊东北隅,即当年武则天舍宅而立的太原寺,载初元年(公元689年)改称为崇福寺,由武则天亲笔题写飞白体寺额。因此,该寺可以看做是在长安的武周皇家寺院,法藏被选中当寺主,无疑体现出他从武则天那里所受到的信任和垂青。

　　长安四年(公元704年)腊月,法藏供奉于洛阳内道场,建置华严法会。随着李唐政权的恢复,长安再度成为政治中心,法藏也就永远地离开了洛阳,在长安从事宗教和政治活动,继续受着几位皇帝的高度尊崇。但他已不在大崇福寺,而是在大荐福寺。

　　法藏的著述主要有《华严探玄记》、《五教章》、《十二门论宗致义记》、《起信

---

　　①　郭绍林:《华严宗大师法藏洛阳事迹》,《丝绸之路》1993年第4期。

论疏》等。华严宗的理论经法藏在洛阳译经、著述、宣讲而发扬光大。它的法界缘起、理法界、事法界、理事无碍法界、一切即一、一即一切等理论,对后来统治中国长达八百年的程朱理学的产生和发展,起着直接的启发和推动作用。这里需要强调的是,程颢程颐兄弟是北宋时期的洛阳人,他们完成的理学又称为洛学,从其学说产生地来推究学术思想渊源,完全可以证实,法藏之于洛阳,其影响和作用并非及身而已,而是绵延于后世,支配着后世。

二、密宗与河洛

(一)密宗的早期传播

洛阳也是密宗的圣地。

向来的佛教史,都以在中国弘传纯粹密教("纯密")并正式形成宗派的"开元三大士"(善无畏、金刚智、不空)作为密宗入华之始。天竺僧善无畏、金刚智、不空,开元年间来华,号称开元三大士。长安大兴善寺是其祖庭。他们都来过洛阳,前二人都葬在龙门。

实际上,早在隋开皇年间(公元 581～600 年),在广州就有"男女合杂,妄承密行"的记载。[①]《宋高僧传·智通传》更明确指出,唐永徽年间(公元 650～655年)智通即云"行瑜伽密教,大有感通"。同书还记述在永徽年间,由中印度僧阿地瞿多(无极高)主持,在长安慧日寺建立了"陀罗尼普集会坛",发起者有沙门大乘琼、李世勖、尉迟敬德等 12 人。阿地瞿多还从《金刚大道场经》中撮要译出了《陀罗尼集经》12 卷,内有"三重院方形坛",配合 95 尊像;又有"五重院方形坛",配合 209 尊像及 139 尊像等仪轨。

武则天神功元年(公元 697 年),为拒契丹,命康法藏以"左道"诸法建十一面观音道场,置观音像行道。景云再春(公元 711 年),唐睿宗命法藏祈雪,依《大隋求经》结坛,写《大自在陀罗尼总持》,投于龙漱。

以大日如来为本尊的造像在龙门石窟的发现,也证明瑜伽密教早在"开元

---

① 唐·释道宣:《续高僧传·达摩笈多传》,上海古籍出版社 1996 年版。

三大士"之前已传入中国,并相当发展。龙门东山发现的刘天洞,造于天授三年(公元 692 年)以前,就是以大日如来为主尊的洞窟。擂鼓台南洞亦是与刘天洞同期的密教洞窟。

(二)开元三大士

印度密宗高僧善无畏(公元 637~735 年),又称"净师子",本是中天竺乌荼国(奥利萨)国王,后让位给他的兄长,自己到那烂陀寺学习总持瑜伽密教。开元四年(公元 716 年)善无畏从中印度携梵本来到长安。深受玄宗礼遇,被奉为国师,专门为他设置内道场,尊为灌顶阿阇梨。善无畏的传教主要成就就是从开元五年起,先后于长安、洛阳两处开展译经事业,译出多部密教经典。开元十二年(公元 724 年),善无畏随玄宗来洛阳,在福先寺由其弟子一行协助译出的《大日经》7 卷,是密宗的主要经典,奠定了中国密教的理论基础,后成为密宗的"宗经"。一行亲承讲传,又撰《大日经疏》20 卷、《摄调伏藏》等。标志着中国密教正式传授的开始。善无畏传授的以胎藏界密法为主,他的著名弟子除一行外,尚有温古、智俨、义林和新罗的元超等。善无畏开元二十三年(公元 735 年)卒,葬于龙门西山。

金刚智(公元 669~741 年)为南天竺摩赖耶国人。十岁出家,广学显教经论。二十岁受具足戒,通晓多部大小乘佛教的经典。三十一岁时从印度密教大师龙智修学《金刚顶瑜伽经》等诸部密藏,自此专修密法。唐玄宗开元七年(公元 719 年),金刚智携弟子不空到达广州,开元八年(公元 720 年)到达洛阳,大弘密法。后入长安。所到之处,必建密教道场。金刚智也被玄宗奉为国师,并随玄宗往返东西二京,建置密宗道场,弘扬密教。金刚智所传的以金刚界密法为主。善无畏、金刚智都曾在洛阳奉诏以咒语祈雨。《宋高僧传·善无畏传》还记载:善无畏见邙山巨蛇,叹道:"欲决潴洛阳城耶?"遂以天竺语念咒数百声,数日蛇死,"乃安禄山陷洛阳之兆也"。这些事使玄宗重道抑佛的主张出现动摇,对佛教转而一度归仰。金刚智于开元十一年至十八年,先后在长安资圣寺、大荐福寺译出《金刚顶瑜伽中略出念诵法》、《七俱胝佛母准提大明陀罗尼经》等经轨 4 部,7 卷。受法弟子有不空、一行、义福等。

善无畏葬于洛阳龙门西山北阜的广化寺;金刚智葬于龙门西山南阜的奉先

寺。二寺遗址已由考古调查判明。据此,日本国真言宗总大本山会已于 1988 年 11 月在二寺遗址竖碑纪念。

不空(公元 705～774 年),师子国(今斯里兰卡)人,十五岁出家,以金刚智为师。后来随同金刚智来中国,二十岁时在洛阳广福寺受具足戒。他学习梵文和汉文的经典,并在金刚智译场充当译语,尽得真传。金刚智去世后,不空曾奉遗命往师子国(今斯里兰卡)学习密法,回师子国和天竺搜罗密教经典,得到经籍仪轨等一千二百卷后于天宝五年(公元 746 年)返回长安从事译经和传法,对中国密教的发展贡献殊大。他回中国后曾入宫建立曼陀罗给皇帝灌顶。不空先后在长安、洛阳、武威等地译出《金刚顶经》、《金刚顶五秘密修行念诵仪轨》等 11 部 143 卷。《金刚顶经》后亦为密宗所依的主要经典。他们的传授以金刚界密法为主。不空弟子众多,著名弟子有金阁寺含光、新罗慧超、青龙寺惠果、崇福寺慧朗、保寿寺元皎、觉超,世称"六哲"。而以惠果承其法系,最具影响。惠果曾任代宗、德宗、顺宗三代"国师"。其弟子有爪哇僧辩弘、日僧空海等。空海回到日本后创立了日本的真言宗。

一行(公元 683～727 年)俗名张遂,魏州昌乐人,是中国文化史上最伟大的天文学家和数学家之一。他早年博览经史,尤精天文历算及术数之学,对《太玄经》造诣颇深,尝着《大衍玄图》及《义诀》,声名为之远播。出家后,兼习历算及毗尼律学,一行是也是密宗教理的组织者。他和同光、法玩等人都是大照禅师普寂(公元 651～737 年)的高足弟子。一行后来又拜密教大师善无畏及金刚智为师,研习秘密法门,咨询密法,请译金刚顶瑜伽中《念诵法》、《佛说七具胝佛母准提大明陀罗尼经》,并受灌顶。他后来在会善寺建立了"五佛正思惟戒坛"。又协助善无畏翻译密宗宝典《大日经》,并作组织密宗教理的代表作《大日经疏》14 卷,此外还著有多种佛教作品。为中国佛教史上传承胎藏、金刚两部密法的大阿黎。圆寂后被谥"大慧禅师"。

(三)龙门石窟最早的密教雕刻①

位于龙门东山的刘天洞是以大日如来为本尊的瑜伽密教早期造像之一,完

---

① 温玉成:《中国石窟与文化艺术》,上海人民美术出版社 1993 年版。

工年代在武则天天授三年(公元 692 年)以前。换言之,该洞在善无畏入唐之前至少 24 年完成。

刘天洞结构独特,以横梁隔为上、下两层,洞宽 150 厘米、深 165 厘米、上层高 120 厘米、隔梁高 29 厘米、下层高 110 厘米。上层环三壁造一坐佛(已毁)、二侍立菩萨(右壁者已毁)、二天王,窟门外为二力士。下层正壁本尊造大日如来,左右胁侍已毁。大日如来坐高 82 厘米,头戴宝冠(已残),颈下系桃形项圈,其上缀以宝珠。身着袒右肩袈裟,右臂佩臂钏,饰以花纹,手施禅定印,结跏趺坐于束腰圆莲座上。两侧壁上各刻十身结跏趺坐菩萨装佛像,似表密教浅、深十地。

龙门东山的擂鼓台北洞内,造三尊坐佛像,中央主尊是头戴宝冠、颈系项圈、右臂佩臂钏的大日如来像。窟门内侧刻八臂菩萨(头已毁)及四臂十一面观音菩萨。其余壁面刻结跏趺坐菩萨装佛像。窟门外刻二阿阇梨(仅存右侧者上半身),窟门上方有一个开元六年(公元 718 年)的小龛"打破了"窟门上部的门楣,证明该洞完工年代必早于开元六年。洞内的"三佛",可能是表示佛的"三身":法身毗卢遮那佛(大日如来)、报身卢舍那佛和应身释迦牟尼佛。

造像所佩的"臂钏",也是密教徒所常常佩带的。1983 年在西安市西郊一座中唐时期古墓中,出土了一件鎏金铜质臂钏,在臂钏上所附的小铜盒内,盛着一幅折叠的绢画(展开面积约 26.5 厘米见方),这是一幅曼陀罗。画的中央绘三眼八臂"大随求菩萨"坐像,左侧四手分持轮索、三叉戟、宝幢、梵箧;右侧四手分持五钴杵、斧、拂子和宝剑。坐像四周用悉昙体梵文书写经咒,夹以汉字"焦铁头"(供养人名字)、"一切佛心咒"、"灌汤"、"吉界"等。再外为十六个方格,每格内绘一种宝物。敦煌石室发现的卷子中,也有二件雕版印刷的《大随求陀罗尼》,时间是北宋太平兴国五年(公元 980 年),上图下文。文曰:"若有受持此神咒者,所在得胜;若能书写戴在头者,若在臂者,是人能成一切善事,最胜清净,常为诸天龙王之所拥护,又为诸佛菩萨之所忆念。此神咒能与众生最胜安乐,不为夜叉罗刹诸鬼神等为诸恼害,亦不为寒热等病之所侵损,厌蛊咒诅不能为害,先业之罪受持消灭。持此咒者,常得安乐,无诸疾病,色相炽盛,圆满吉祥,福德增长,一切咒法皆悉成就。"此外,在敦煌石室还有其他几种真言,如《圣观自在菩萨千啭灭罪陀罗尼》、《圣观自在菩萨莲花部心真言》、《无量寿佛密句》、《一切如来尊胜佛顶陀罗尼加句灵验本》等等,也都说明"若带持者,罪灭福生,当得作佛"，或云"佩之者身同诸佛，普劝四众持带结缘，并愿同登真常妙果"。

1985 年，在洛阳东郊史家湾砖厂出土了雕版印制的《大随求陀罗尼》，长 0.38 米、宽 0.30 米。中心画一面八臂大随求菩萨，左侧四手分持三钴杵、轮、戟、索；右侧四手分持宝幢、剑、宝珠和麓篋。环绕大随求菩萨之外是八圈梵文。再外是方形七周梵文。在圆形与方形梵文的四角，绘出四身供养天人。在方形梵文的四个方位，中心画一坐佛，左右各有两个种子字，以金刚杵间隔之。四角画四天王。在此陀罗尼右侧印有文字曰："经云，佛告大梵天王，此随求陀罗尼，过去九十九亿诸佛同共宣说，若人依法书写佩戴，所有恶业重罪并得消除。当知是人，一切如来加持，一切菩萨护念，一切天龙守护。离一切灾横，除一切忧惧，灭一切恶趣，不被水火雷电毒恶之所伤害。如经广说。岁在丙戌朱明之月初有八日。报国寺僧知益发愿印施。布衣石弘广雕字。"其下墨书云："天成二年正月八日徐般弟子依佛记。"[按：天成二年是五代后唐明宗年号，公元 927 年（丁亥）]。印制的"丙戌年"即天成元年。据僧史记载，五代时洛阳密教再度复兴。后唐至后晋时，有西域僧人嚩日罗三藏在洛阳行瑜伽教法。凤翔府法门寺僧志通游洛下时礼事之。凤翔府道贤（？ ～936 年）是五代时影响最大的密教阿阇梨，持讽《孔雀王经》《瑜伽灌顶法》。清泰元年（公元 934 年），道贤从末帝李从珂入洛，大宏密教，后卒于洛阳，葬于龙门。北宋佛教史家赞宁评论说："今两京传大教（即密教）者，皆法孙之曾玄矣。"

龙门东山万佛沟内，有两处千手千眼观音浮雕。大的一处，观音高 219 厘米，头戴天冠（冠正中有化佛），面相丰满，有三眼，八臂，绕体外刻千手，每掌心刻一眼。时间在武则天至中宗顷，是国内最早一身"千手千眼观音"。应是根据智通译《千眼千臂观世音菩萨陀罗尼神咒经》所造。龙门西山的观音洞，位于惠简洞上方。正壁造等身观世音菩萨，左壁亦造观音像，右壁造十一面三十三臂（左侧 18 臂、右侧 15 臂）观音，约作于武则天晚期。

观音崇拜在我国有悠久的历史。密教传入我国也以圣观音等的崇拜为契机。密教崇拜的"六观音"是：圣观音、千手千眼观音、马头观音、十一面观音、准胝观音和如意轮观音。

1964 年，在江苏邗江县瓜州镇八里许庄一座倒塌的唐塔底下，出土了一批石刻圆雕像，其中有六臂十一面观音一身、六臂十二面观音一身。"十二面观音"不见于经典,一种传说这是南朝梁代高僧宝志(公元 418～514 年)所"化现";另一种传说是唐代高僧僧伽(公元 628～710 年)所"化现"。

在龙门石窟西山莲花洞,有如意元年(公元 692 年)史延福所刻《佛顶尊胜陀罗尼》。这部陀罗尼是北印度僧人佛陀波利于公元 683 年译出的,龙门刻本是国内最早的刻本。

如上所述,龙门保存了一批我国最早的密教雕刻,这绝非偶然之事。隋代以来,许多译过密典的高僧活动于洛阳,甚至长眠于龙门。智通、尊法、不空曾宏密法于洛阳;地婆诃罗、宝思惟、菩提流志、义净、善无畏、金刚智和智慧等等皆埋葬于龙门。洛阳是我国最早的密教传布中心之一。

三、律宗与河洛

(一)律宗的创立

曹魏废帝嘉平二年(公元 250 年),中天竺律学沙门昙柯迦罗译出《僧祇戒心》,又邀请当地的梵僧举行受戒的羯磨来传戒。这是中土有戒律受戒之始,后世即以迦罗为律宗的始祖。安息国沙门昙谛于公元 255 年来到洛阳,在白马寺译出《昙无德(法藏)羯磨》一卷,此后一直在中国流行。北魏法聪是中国最早研习律学的人。孝文帝时,法聪在平城讲《四分律》,并口授弟子道覆作《四分律疏》。北齐慧光撰《四分律疏》,奠定律宗的基础。

律宗的实际创始人为唐代道宣。因依据五部律中的《四分律》建宗,也称为四分律宗。又因为道宣住在终南山,所以又被称为南山律宗或南山宗之称。道宣有《四分律比丘含注戒本》、《四分律删补随机羯磨》、《四分律删繁补阙行事钞》、《四分律拾毗尼义钞》、《四分比丘尼钞》,后被称为律宗五大部。他在终南山创设戒坛,制订佛教受戒仪式,从而正式形成宗派。

唐代沙门义净,在洛阳翻译一切有部律八十余卷,是著名的律藏翻译家。

同时弘扬《四分律》的有相州(今河北临漳境内)日光寺法砺,撰有《四分疏》十卷,他和慧休合撰《四分律疏》、《羯磨疏》等,因他居住相州日光寺,其徒众遂称相部宗。

怀素,俗姓范,南阳人,曾入玄奘门下,受具足戒后专治律部,作成《四分律开宗记》20卷,并亲讲50余遍,因其曾奉高宗诏住持西太原寺内东塔,故其学称东塔宗。

南山宗、相部宗和东塔宗后被称为律宗三家。其间互有争论,尤以相部宗和东塔宗争论最烈。嗣后相部、东塔两系逐渐衰微,只南山一系传承独盛,绵延不绝。

鉴真是我国唐代赴日本传戒并首创日本律宗的高僧。他在日本被尊称为"唐大和尚",死后谥"过海大师"。唐垂拱四年(公元688年),鉴真出生于扬州江阳县(今江苏扬州),俗姓淳于,十四岁从智满禅师出家为沙弥。神龙元年(公元705年)跟随光州道岸律师受菩萨戒,景龙元年(公元707年)到洛阳游学,后来又到了长安。第二年于长安从恒景律师受具足戒。道岸和弘景两位律师都是当时著名的律宗学者。这些师承关系和律学修养,是鉴真后来在传持律学上能有重大成就的重要原因。从天宝二年(公元743年)至天宝十二年(公元753年)的十年间,鉴真前后六次东渡,五次失败,终于到达日本。将中国的律宗正式传到日本,被日本律宗奉为祖师。

(二)洛阳大福先寺

在鉴真之前,已经有洛阳大福先寺的道璇应邀到日本,开始传授唐代南山律宗创始人道宣的《行事抄》等律学著作。唐代洛阳的大福先寺,是一座规模宏大的著名寺院,也是律宗的重要寺院。中外高僧菩提流志(觉爱,? ~727)、阿你真那(宝思惟,? ~721)地婆诃罗(日照,公元613~687年)、善无畏(公元637~735年)、义净(公元635~713年)、志辩(公元755~827年)、道丕(公元889~955年)等人皆在此寺译经或弘扬密教,阐发律学,传播三阶教。

1. 大福先寺创立的时间及地址

大福先寺原名"太原寺",是武则天于其生母太原王妃杨氏(? ~671年)旧宅所立,时间是上元二年(公元675年)。[①] 杨氏旧宅位于东都教义坊。教义坊在皇城正南,隔洛河与之相对,距洛河约0.5公里。教义坊西北不远,隔洛河就

---

① 宋·王溥:《唐会要》卷四八,上海古籍出版社2006年版。

是"上阳宫"。教义坊的方位,比勘隋唐洛阳城考古发掘图可知,在今安乐乡新村西北角,现在已是一片沙滩。

太原寺改名大福先寺在天授二年(公元 691 年)。天授元年九月九日(公元 690 年 10 月 16 日),武则天称圣神皇帝,追封其父为"无上孝明高皇帝",其母为"无上孝明高皇后"①。"太原王"升为"皇帝","太原王妃"升为"皇后",则"太原寺"也升格为"大福先寺"了。

2. 大福先寺的佛教活动

依现有资料可知,第一位住进大福先寺念经的是南天竺国高僧菩提流志。永淳二年(公元 683 年),唐高宗遣使迎接,"天后复加郑重,令住东洛福先寺,译《佛境界》、《宝雨》、《华严》等经凡十一部。中宗神龙二年(公元 706 年),又住京兆崇福寺,译《大宝积经》……"②则知菩提流志住福先寺二十多年。

中印度高僧地婆诃罗,洞明八藏,博晓五明,戒行高奇,学业勤悴,而咒术尤工。以天皇时来游此国。"仪凤四年五月(公元 679 年)表请翻度所赍经夹,仍准玄奘例,于一大寺别院安置,并大德三五人同译。至天后垂拱末(公元 688 年),于两京东西太原寺(赞宁原注:西太原寺后改西崇福寺;东太原寺后改大福先寺。)及西京广福寺译《大乘显识经》、《大乘五蕴论》等凡一十八部。……"又曾和佛陀波利(觉获)同翻《佛顶尊胜陀罗尼》。③

著名高僧义净自咸亨二年(671)发足南海,周游五印,"以天后证圣元年乙未仲夏(公元 695 年)还至河洛,得梵本经律论近四百部,合五十万颂,金刚座真容一铺,舍利三百粒,天后亲迎于上东门外,诸寺缁伍具幡盖歌乐前道。敕于佛授记寺安置焉。初与于阗三藏实叉难陀翻《华严经》。久视之后,乃自专译。起庚子岁(公元 700 年)年至长安癸卯(公元 703 年)于福先寺及雍京西明寺译《金光明最胜王》、《能断金刚般若》、《弥勒成佛》、《一字咒王》、《庄严王陀罗尼》、《长爪梵志》等经;《根本一切有部毗奈耶》、《尼陀那目得迦》、《百一羯磨摄》等;《掌中取因假设》、《六门教授》等论及《龙树劝戒颂》凡二十部。""神龙元年乙巳(公元 705 年),于东洛内道场译《孔雀王经》,又于大福先寺出《胜光天子》、《香

① 宋·王溥:《唐会要》卷四八,上海古籍出版社 2006 年版。
② 宋·赞宁:《宋高僧传》卷三,中华书局 1987 年版。
③ 宋·赞宁:《宋高僧传》卷二,中华书局 1987 年版。

王菩萨咒》、《一切庄严王经》四部……"①

北印度迦湿密罗国高僧阿你真那(宝思惟),专精律品,慧解超群,干文咒术,尤攻其妙。"长寿二年(公元693年)届于洛都,敕于天宫寺安置,即以其年创译。至中宗神龙景午(公元706年)于佛授记、天宫、福先等寺,出《不空绢索陀罗尼经》等七部。……那自神龙之后,不务翻译,唯精勤礼颂,修诸福业……"②

在大福先寺译经,影响最大的是中印度高僧善无畏。他于开元四年(公元716年)抵长安,"十二年(公元724年)随驾入洛,复奉诏于福先寺译《大毗卢遮那经》,其经具足梵文有十万颂。畏所出者撮其要耳,曰《大毗卢遮那成佛神变加持经》七卷。……又出《苏婆呼童子经》三卷、《苏悉地揭罗经》三卷,二经具足咒毗奈耶也,即秘密禁戒焉。……所出《虚空藏菩萨能满诸愿最胜心陀罗尼求闻持法》一卷,即金刚顶梵本经成就一切义图,略译少分耳……"③

以上几位译经大师,死后皆葬于洛都之南龙门山上。

福先寺有"三阶院",当亦传三阶教。田休光撰《大唐净域寺故大德法藏禅师塔铭并叙》云,法藏俗姓诸葛氏,苏州吴县人。"禅师自少出家,即与众生作大善知识,道行第一,人天殊胜。开普门之幽钥,酌慈源之蜜波……"如意元年(公元692年)"大圣天后闻禅师解行精最,奉制于东都大福先寺检校无尽藏。长安年(公元701年),又奉制请检校化度寺无尽藏……"④可知法藏(公元637~714年)是一位三阶教禅师。张彦远的《历代名画记》约作于大中初至咸通三年前(公元847~862年),内中记述福先寺的"三阶院"有吴道子画《地狱变》,"有病龙最妙。寺三门两头,亦似吴画"⑤。

福先寺的仁俭禅师是禅宗五祖弘忍的法孙、嵩岳惠安国师的弟子。"长寿元年四月(公元692年),诏仁俭禅师入见。师视太后,良久云:'会么?'后云:'不会'。师云:'老僧持不语戒',言讫而去。翌日进短歌十九首,后览而嘉之,厚加锡赉。今唯《了元歌》一首存《传灯玉英集》。师即腾腾和尚也,嗣嵩岳惠安

① 宋·赞宁:《宋高僧传》卷一,中华书局1987年版。
② 宋·赞宁:《宋高僧传》卷三,中华书局1987年版。
③ 宋·赞宁:《宋高僧传》卷二,中华书局1987年版。
④ 清·王昶:《金石萃编》卷七一,中国书店1985年版。
⑤ 唐·张彦远:《历代名画记》卷三,江苏美术出版社2007年版。

国师。"①

佛道争讼,福先寺亦有其人。"证圣元年(公元 695 年),福先寺沙门惠澄乞依前朝毁《老子化胡经》,敕秋官侍郎刘如睿八学士议之,皆言汉隋诸书所载,不当除削"②。

3. 福先寺遗址考察

唐宋大福先寺在"上东门"内南侧。上东门遗址在考古钻探中未能找到,可能早被洛水冲毁。按照唐代洛阳罗郭城东墙的走向,可以判定上东门的位置应距东北城角 1310 米左右,当在今塔湾村一带。"塔湾"在明、清时叫"塔儿湾",此一地名之得,当与福先寺大塔有关。明末以来,有一支回民移居于此,今存的顺治五年三月八日(公元 1648 年)《清真寺地基文约》、康熙四十五年十二月吉日(公元 1706 年)的《清真寺地基复业碑记》均记载这里的地名是"塔儿湾"。

实地考察可知:洛河在塔湾附近曾一度作南北向流动,今存一道月形大堤就是证明。这道月形大堤距塔湾村 200～400 米。今洛河高程约为 124.9 米;河滩地高程为 127.3 米,塔湾村的高程约为 131.5 米。可以推断,大福先寺遗址就在塔湾西部台地上。据本村一位 80 岁的农民讲,1944 年以前曾在西南部台地上出土过残的石刻佛像。1982 年洛阳市文物普查队曾在塔湾村发现石虎一件(高 147 厘米)。这些文物的出土,更暗示这里是一个寺院遗址。

综上所述可知,大福先寺原名太原寺,是武则天为亡母杨氏作功德建于上元二年(公元 675 年),原在教义坊,后迁移至上东门内积德坊。天授二年(公元 691 年)改为福先寺。明天启年间被洛水冲毁,其遗址在今塔湾村西部。福先寺在中国佛教史和中日文化交流史上都占有重要地位。

① 宋·释道原:《景德传灯录》卷三〇,古籍出版社 2000 年版。
② 宋·释志磐:《佛祖统纪》卷四〇,上海古籍出版社 1995 年版。

第七章　宋金元时期的河洛佛教

一、宋金元时期的白马寺

(一)宋代的白马寺

宋代采取适当保护佛教的政策,宋太宗赵光义曾亲自撰写《新译三藏圣教序》。在宋代,还出现了佛经的木刻版本。但是洛阳却从此衰落了。[①]

欧阳修曾说:自大宋以汴梁为京师,建庙社,洛阳空而不都。达官贵人及富商大贾纷纷离去。寺院岁毁月坏,与游台、钓池并皆荒芜者,十有八九。居住在洛阳的大理学家邵雍(1011～1077年)在《洛阳怀古赋》中写道:"宫殿森列,鞠而为茂草;园圃棋布,荒而为平野。"洛阳虽号称"西京",却因地广人稀,成了发展花卉、名园的好地方。李格非著《洛阳名园记》,称颂这里"天匠地孕,为花卉之奇",尤以牡丹名闻天下。

宋代淳化三年(公元992年),宋太宗下令修葺白马寺,并命翰林学士苏易简撰《重修西京白马寺记》以记之,文曰:

长源渺渺,元龟负书之川;平隰依依,白马驮经之地。考其由,为中国招提之始,语其要,居两京繁会之间。……不有兴葺,宁绍德音?……瞻彼维洛,灵踪尚存,未旌胜缘,良为阙典……乃命鼎新伟构,寅奉庄严。采文石于他山,下瑰材于邃谷。离娄聘督绳之妙,冯夷掌置臬之司。辟莲室而洞开,列绀殿而对峙。图八十种之尊相,安二大师之法筵。灵骨宛如,可验来仪于竺国;金姿穆若,犹疑梦现

---

①　徐金星:《洛阳白马寺》,文物出版社1985年版。

于汉廷。天风高而宝铎锵洋,晴霞散而雕棋辉赫。周之以缭垣浮柱,饰之以法鼓胜幡。远含甸服之风光,无殊日域;旁映洛阳之城阙,更类天宫……遂使权舆圣教之津,将壅而复决;经始福田之所,已废而更兴。

从中我们可以看到,重修后的白马寺莲室绀殿,辉煌壮丽,造像八十尊,神圣庄严,宝铎和风,幡幔悬垂,无异日域、亚赛天宫般的胜景。当时寺内僧人还有千人以上。白马寺现在还保存有宋天禧元年经幢。宋仁宗赵祯也是一位崇佛的皇帝,他曾写过一首七言诗《赞舍利偈》,以颂美佛教。此诗刻于齐云塔旁明代嘉靖三年的石碑上。诗云:

> 金骨灵牙体可夸,毫光万道透云霞。
>
> 历代君王曾供养,累朝天子献香花。
>
> 铁搥认打徒劳力,百火焚烧色转加。
>
> 年年只闻开舍利,何曾顶戴老君牙。

宋真宗咸平三年(1000 年)"遣内殿崇班夏守思往保州奉顺祖惠明皇后,简穆皇后神枢于西京白马寺"。景德二年(1005 年)"诏康陵,定陵宜令蓝继宗罢修,其匜到神枢,遂以一品礼葬于河南府河南县"①。

宋徽宗赵佶曾一度令佛、道二教合流。宋徽宗建中靖国三年(即崇宁三年,1104 年)徽宗赵佶下牒文,"圣旨"追赐"白马寺摩腾三芷启道圆通法师;竺法兰开教总持法师;只只林傅大士等空纪觉大士;方山李者显教妙严长者"②,并勑"西京白马寺"等,"今后每遇圣节,各许进奉功德",大搞佛事活动。所有这些都表示了宋王朝对佛教的重视。

五代宋元之后,白马寺奉行禅宗,主要是禅宗之下的临济宗。但是曹洞宗大师道楷(1043~1118 年)及弟子宝禅寺均曾住持过白马寺,时间均在 1082~1103 年间,云门宗修顒禅师及弟子江禅师也住持过白马寺。

(二)龙川和尚与元代白马寺

白马寺号称东亚的"释源",但有关白马寺的历史,却有许多缺漏、断层,令

①　清·徐松:《宋会要辑稿·礼三九》,中华书局 1957 年版。

②　宋·释志磬:《佛祖统纪》卷四六,上海古籍出版社 1995 年版。

人迷惘。遍检佛教史籍可知,元代的白马寺史几乎就是空白。

《元史》卷一三七阿礼海牙传曾记载当时的荆王(脱火赤)在白马寺的活动:

"阿礼海牙,畏吾氏,集贤大学士脱烈之子也。天历元年秋(1328 年),文宗入承大统。阿礼海牙即易服南迁,至于汴郊见焉。帝命复镇汴省。……先是,文宗即位之诏已播告天下,而陕西官府结连靖安王①等起兵,东击潼关。……西人犹掳掠兰住,讯以其实,而朝廷亦遣都护月鲁帖木儿从十余人奉诏放散西军之在虎牢者。西人杀其从者之半,械都护以送诸荆王所。荆王时在河南之白马寺,以是西人虽未解散,各已骇悟。……"

元初有龙川大和尚,曾受世祖忽必烈重视,用为西安兴教寺及洛阳白马寺住持,元灭南宋以后,诏令为江淮诸路释教都总摄。然有关龙川的史实,《元史·释老志》失载,仅于《佛祖历代通载》中有八个字提及而已。

1978 年在白马寺西北约一公里的农田中出土了《龙门和尚塔志》,为研究龙川事迹提供了珍贵的资料。塔志题称《宣授扶宗宏教大师、释源宗主、江淮诸路都总摄、鸿胪卿、赠司空、护法大师龙川和尚舍利塔志》,高 45 厘米,宽 51 厘米,系"嗣法孙系法洪撰并书"(以下简称《龙川塔志》)。

龙川是女真人,姓纳合氏,法名就是行育。他曾任过西安兴教寺住持,江淮释教都总摄、白马寺宗主。帝师八思巴(1239 ~ 1280 年)以释源白马寺荒废岁久,奏于元世祖,请龙川兴葺,仍假怀、孟等六县官田之租以供支度。龙川约卒于至元三十一年(1294 年),卒后赠鸿胪卿、司空、护法大师。

此外,在白马寺内还留存有两件关于龙川和尚的石刻文物,其一,即"嗣法孙,讲经律沙门园觉述"的《故释源开山宗主赠司空、护法大师龙川大和尚遗嘱记》。刻石高 56 厘米、宽 57 厘米,周围绕以线刻卷草纹,是大德十一年四月(1307 年)的追忆(以下简称《遗嘱记》)。其二是左山商挺赠龙川和尚诗五首刻石。题目是《扶宗宏教大师奉召修白马寺纪实而诗聊为赠别》,刻石高 55 厘米,宽 60 厘米。这是"释源住持、嗣法小师讲经律论沙门净□立石"的,时在至元三十年九月(1293 年)(以下简称为《商挺诗》)。

《龙川塔志》的撰、书者法洪(1272 ~ 1344)是元中期一个著名的和尚。其事

---

① 阔不花(泰定四年封)。

迹见于《至正集》，有许有壬所撰之碑铭。此外，王昶的《金石萃编未刊稿》载有《宏圣寺洪公塔记》，称之为《大元特授光禄大夫、大司徒、释源宗主、大都寿安山大昭孝宏圣寺领兴教住持海觉澄照文慧大师云麓洪公之塔》，是嗣法门人、兴教寺住持隐峰慧能于至正八年(1348 年)建立的。未刊稿还收有《兴教释源道派之图》，内称西安兴教寺元朝第一代住持是龙川，第二代住持是文才，号松堂(1241～1302,《佛祖历代通载》卷二二有传)，第三代住持是僧爽，第四代住持是月嵓(应即二度主持少林寺之月嵓，讳永达，卒于公元 1306 年，月嵓塔在少林寺"塔林")，第五代住持即是法洪……此图刊于至正六年(公元 1346 年)。

至治元年(1321 年)，元英宗下诏书，令各路皆立"帝师殿"，命光禄大夫、大司徒、大永福寺①住持、释源宗主法洪奉敕撰写碑文，赵孟頫书丹，元明善篆额。②

《龙川塔志》说："师讳行育，女真人，姓纳合氏。得度于宝应秀，受业于永安柔③。量宇宏远，识鉴高明。因辩誉缁黄，世祖皇帝赐赤僧伽黎，加'扶宗宏教大师'之号。"

所谓"辩誉缁黄"就是蒙古宪宗八年戊午(1258 年)在都城哈拉和林万安阁举行的一次佛道大辩论。这次大辩论是奉蒙哥汗谕旨，由忽必烈出席、八思巴主持的。据《佛祖历代通载》卷二一所载的《圣旨焚毁诸路伪道藏圣碑》等资料，可知参加这次大辩论的十七个和尚中确有"龙门县抗讲主行育"。行育即龙川早年的法讳，龙门县在今河北省宣化西北的龙关镇一带，唐末始设龙门县，元时改为望云县，明时废县置龙门卫。换言之，戊午以前，行育在龙门县某寺为"讲主"。这是佛教史中唯一记述龙川和尚的一条资料。

龙川行育在这次佛道辩论中初露锋芒，受到忽必烈和八思巴的极度重视，赐以袈裟，加之封号。《商挺诗》赞颂此事云："龙川大士僧中雄，名响凤夕闻天聪。诏命殿上坐持论，慈音涌出琉璃筒。泉流截断具真见，有帝不敢当机锋。"关中是忽必烈的封地，可能在戊午大辩论之后，龙川受忽必烈之请往西安，始住兴教寺。《商挺诗》有云："沙门迩来亦官府，不肯涂抹欺愚蒙。三年演法向陇右，疆梗相化为温恭。不假砭剂开盲聋，如散金宝资贫穷。黄梅早识是法器，石巩还见

---

① 按大永福寺在大都、敕建于延祐六年，即公元 1319 年，又称"青塔寺"。
② 元·念常:《佛祖历代通载》卷二二，中国书店 2009 年版。
③ 永安柔可能是奉圣州法云寺善柔，生卒为公元 1198～1269 年，事见《补续僧传》卷四。

羞张弓。"由此观之,龙川还曾在"陇右"传布佛法三年之久。

商挺,字孟卿,曹州济阴人,(1209～1288 年),《元史》有传。至元九年(1272 年)元世祖封其子忙哥剌为"安西王",赐京兆为分地,以商挺为王相,至元十七年(1280 年)商挺受拘。因商挺与龙川同在关中(今西安),互有交谊,所以《商挺诗》记述说:"平生交友慎许可,外物莫夺能相同。"商挺与龙川是"外物莫夺"的挚友,情感沛沛,惜别难逢,其时必在至元十七年以前。

《龙川塔志》又说:"江南皈命,诏令总摄江淮诸路僧事,帝师拔思八甚器重之。一时贤贵如太保刘文珍公之辈,皆引为友辅。"所谓"江南皈命"就是元灭南宋,时在至元十三年(1276 年)。《佛祖历代通载》卷二二记载说:"帝平宋已,彼境教不流通。天下拣选教僧三十员,往彼说法利生,由是直南教道大兴。"即在此时,龙川得诏令而为"江淮诸路释教都总摄"。至元二十四年,龙川曾为少林寺主持雪庭福裕(1203～1275 年)的灵塔立额,署曰"宣授江淮都总摄、扶宗宏教大师、释源白马寺宗主龙川管钱立额"。此时龙川的法讳改行育为管钱。雪庭福裕是戊午佛道大辩论的发动者之一,也是少林寺和白马寺的兴复者。约于公元 1258 年海云(1202～1257 年)迁化之后,俾总领释教,授都僧省之符。[①] 忽必烈称帝之前就重用海云、刘秉忠、福裕、龙川等一大批高僧,屡承顾问,成为辅佐。

帝师拔思八(1235～1280 年),《元史》作八思巴。戊午年佛道之辩,二十四岁的吐蕃青年拔思八是主持者。大概在此时龙川始与之相识。拔思八是吐蕃人,龙川是女真人,在蒙元时代均属"色目人",高于汉人一等,自然更易结合。拔思八于至元十三年(1276 年)由皇太子真金陪同返回吐蕃,以其弟亦怜真嗣帝师之位。太保刘文贞公即刘秉忠(1216～1279 年),《元史》卷一五七有传。龙川与刘秉忠的关系,《塔志》所言极略,不可详考。

龙川辞去江淮总摄职,应在至元二十四年秋冬之季。"至元二十五年正月十九日,江淮释教都总统杨辇真迦集江南禅、教,朝觐登对"[②],说明至元二十五年正月已是杨辇真迦负责江淮教务了。

《龙川塔志》说:"帝师以释源荒废岁久,遂奏请命师兴葺。仍假怀、孟六县

---

① 温玉成:《少林寺与"孔门禅"》,《世界宗教研究》1981 年第 2 期。
② 元·念常:《佛祖历代通载》卷二二,中国书店 2009 年版。

官田之租以供支度。"《商挺诗》记此事云:"皇家三宝方褒崇,白马金碧余蒿蓬。谁堪承此大缘事?独有宏教(即龙川)当宸衷。玉音款密自天下,裓袈更染征尘红。爱君透脱法眼正,敬君自在他心通。"龙川为白马寺主,至迟在至元二十四年,因此之故,此诗之作,亦应在此时前后。

但是,白马寺兴葺伊始,商挺即已病重。他在《诗奉别龙川大士》中慰勉道:"浩歌白雪乐蹉跎,忽尔春末气自和。已愧陈蕃愚坐榻,敢忘康节作行窝?善缘既启当终始,归计休教有障魔。后夜西堂对明月,忘言惭愧病维摩。"商挺自至元二十一年,"遂筑室于都城南左山,自号左山老人,二十五年卒。年八十。"①诗中谆谆嘱嘱告"善缘既启当终始",指的就是兴葺白马寺这一"善缘"。

可惜,白马寺殿堂刚刚落成,还没有来得及塑像和装修,龙川和尚就去世了。《龙川塔志》说道:"大刹落成,师遽顺化。荼毗舍利五色,诏谥鸿胪、赠司空、护法大师。门弟子分舍利,建塔以閟之。燕云(今北京)、奉圣(今河北省涿县)、蔚杨(今河北省蔚县附近)、安西(今西安)诸处皆有塔焉。其殊勋盛德,具载翰林敕撰之碑也(按:今碑已佚失)。"

龙川受帝师之荐而修释源。此言之"帝师",或是苔儿麻八刺乞列(至元十六年至二十三年)或是亦摄思连真(至元二十三年至三十一年)。②

法洪所撰之《龙川塔志》未言龙川之生卒年月。然据《五台山大万圣佑国寺真觉国师传》可知龙川卒于至元之末(1294年?)。该传云:"佛教之兴,始于洛阳白马寺,故称'释源'。其宗主殁,诏以师继之。世祖尝以五台绝境,欲为佛寺而未果也。成宗以继志之孝,作而成之,赐名'大万圣佑国寺。'非海内之望,不能尸之。诏求其人于帝师迦罗斯巴③会师自洛阳来见、帝师喜曰:'佑国寺得其人矣'。诏师以释源宗主兼居佑国……"④

园觉所述之《遗嘱记》亦可证明龙川逝于至元之末年。《遗嘱记》云:"先师维(蔚)扬之行也,予知世缘之将尽,乃召门弟子海珍等(按:其弟子还有海祐、海贵、海信、海政)大书遗嘱。悉以平昔衣盂之分黄金一百两、白银一十五锭,俾充

---

① 清·柯劭忞:《新元史》卷一五八,中国书店 1988 年版。
② 清·柯劭忞:《新元史》卷二四三,中国书店 1988 年版。
③ 即《新元史》所载之乞剌斯巴斡节。
④ 元·念常:《佛祖历代通载》卷二二,中国书店 2009 年版。

释源造像之资;并以近寺西北陆田二百亩岁收所属,充本寺长供。自余圣像、经籍、法衣、器用付之常住,传流护持。"

又令供文殊万圣于清凉山,馔佛僧于燕台悯忠(今北京法源寺)、万安(即大圣寿万安寺,今北京白塔寺)、宝集、崇孝、崇国(今北京护国寺)等五大刹。暨余中外咸处分讫,乃曰:"清凉祖师云:大明不能破长夜之昏,慈母不能保身后之子。今吾斯往,再会难期;人各勉旃,同荷祖刹。"珍等涕泣稽颡,敬奉严训。

元贞二年(1296年),沈胆巴上士奏圣旨,遣成大使驰届寺,塑佛、菩萨于大殿者五(即一佛二弟子二菩萨)及三门四天王,计费中统钞二百锭。

大德三年(1299年),召本府马君祥①寺妆绘,又费三百五十锭。其精巧臻极,咸曰稀有。每岁三月十三日师之示灭,四月初五师之铭忌,严办上供,以馔佛僧,永为例程。其余所委,一一遵行。仍命园觉敬述梗概,刊诸贞石,示不忘也。……(大德十一年四月门弟子海珍、海祐、海贵、海信、海政等立石)。

这则《遗嘱记》概述了白马寺修葺、塑像和妆绘的过程,也交代了经费支出的情形。

通过《龙川塔志》、《遗嘱记》和《商挺诗》等文物的研究,使我们对高僧龙川大和尚的历史有了较明确的认识,填补了《元史·释老志》及元代佛教史上的一个空白;同时,对龙川史实的考略也为研究西安兴教寺和洛阳白马寺的历史提供了前所未知的新资料。

龙川之后,元代华严名僧仲华文才被元世祖忽必烈任命为白马寺住持,号"释源宗主"。由仲华文才所宗来看,在这一阶段里,白马寺大约以奉行华严宗为主。文才和尚曾经撰写了《洛京白马寺祖庭记》一文,记述佛教源流和白马寺的始末,在仲华文才去世后,元代至顺四年(1333年)立碑于白马寺。此碑传为赵孟頫(1254~1322年)所书,至今犹存,是一件珍贵的文物。据元代至元二十八年(1291年)统计,全国有寺庙二万四千三百余所,僧尼二十一万余人。

元朝时曾有日本僧德见(1284~1358年),号竜山。嗣法镰仓寿福寺的寂庵上昭。入元(1303~1349年)后,在天童山参东岩慧安。后因被误为勾结倭寇,

---

① 马君祥是当时很著名的艺术家。赫赫有名的"永乐宫"壁画就是马君祥的长子马七待诏等十一位艺术家的杰作。马君祥是河南府洛京喉山人,参见人民美术出版社出版的《永乐宫》,第10页。

安置于洛阳白马寺。被赦后历参诸禅老,被请住于隆兴府的兜率寺。回国后历住建仁寺、南禅寺、天竜寺。被谥为真源大照禅师,属临济宗。[①]

二、宋金元时期的少林寺

(一)宋代少林寺

少林寺自后唐的天台宗行钧、宏泰住持后,一直冷落无闻。936 年至 1056 年的一百二十年间,尚未发现任何文献及文物资料,留下了一段历史空白。就连在西京做过僧官、人称"律虎"的赞宁(911～1011 年),在他编写的《宋高僧传》(完成于 988 年)中,也没有收入少林寺的僧人。

宋仁宗庆历三年(1043 年),启用范仲淹、富弼主持"新政"。庆历新政不足一年而失败。留心空宗者始于汴京(今开封市)设立禅院。富弼则请云门宗修颙禅师于少林寺及偃师府店之招提寺开演禅宗(约 1060 年以前)。

将曹洞宗风带入嵩洛的是义青的两大弟子道楷(1043～1118 年)和报恩(1058～1111 年)。道楷的弟子中,有清江做过少林寺住持。报恩禅师大约在 1093 年前在少林寺弘扬曹洞宗风,终使少林寺"革律为禅"。

清江的名字见于楼异《卅六峰赋》石碑,署曰:"住持少林禅寺传法沙门清江"(1101 年),又见于西京永安县公据碑,署曰:"十方少林禅寺住持清江"(1105 年)。据此可知,至迟在 1101 年,"少林寺"已改称为"少林禅寺",则知此时少林确已"革律为禅"了。

元符三年(1100 年),登封令楼异请因余力修建菩提达摩的"面壁兰若",这就是今少林寺西北一公里的"初祖庵",大约完工于 1122 年。蔡京还书写了"面壁之塔"四字。初祖庵归少林寺管理,这也是后代称菩提达摩为"少林高僧"的原因。初祖庵附近有"达摩洞",传为达摩头陀坐禅之所。

北宋灭亡以后,嵩洛一带战事未息,所谓"四方冗穰,在处联兵;戎马生郊,

---

① 日·佐佐木章格《求法僧と来朝僧》,别册跳龙《禅の源流》,昭和五十年六月,大本山总持寺出版部。

戈铤满地"。约天眷三年(1140 年),"无迹庵主、善应道人"法和(1079～1157)为少林寺住持,他是道楷的大弟子、焦山长老普证法成(1071～1128 年)的弟子,是一位"曹洞之机立契,芙蓉之旨顿彰"的大师。他的弟子祖端(1115～1167年)也做过十五年的少林寺住持(1145～1160 年)。今存石刻《妙色那罗延执金刚神像》,就是祖端上石制作的。以激励寺僧念咒练气。

自金大定元年(1161 年),先后有临济宗的法海(1132～1178 年)、悟鉴、普照、兴崇(1166～1208 年)、教亨(1150～1219 年)及宏相(1161～1224 年)为少林寺住持。

郑州普照寺有位临济宗大师"宝公",法海、悟鉴、教亨都是他的弟子。宏相又是教亨的弟子。这位"宝公"又常常被人混同为曹洞宗的希弁弟子法宝(1114～1173 年)。

教亨是一代高僧,历主大刹。曾受丞相夹谷清臣之请任中都(今北京市)潭柘寺、庆寿寺住持。晚年至少林寺,主张三教合一。

从法海到宏相,临济宗在少林寺传法五十余年。此时禅法,似已南传福建。

蒙古太宗四年(1232 年)塔察尔部占领洛阳,金国行将灭亡。在此前不久,住持过嵩山会善寺、法王寺和少林寺的临济宗禅师虚明教亨(1150～1219 年)、住持过龙门山宝应寺、乾元寺和嵩山少林寺的曹洞宗禅师木庵性英(?～1231年)和隐居嵩少的屏山居士李纯甫(1185～1231 年)等相继去世。大师们的谢世和政局的突变,使嵩洛佛教一时冷落起来。

重振少林寺的雪庭福裕(1203～1275 年),是万松行秀(1166～1246 年)的大弟子。传曹洞宗禅法,深得蒙古定宗、宪宗和元世祖的信任。

(二)金代少林寺

女真人建立的金国是信奉佛教的。传说金太宗完颜晟就常于内廷供奉佛像,又迎旃檀像,安置于燕京悯忠寺(今北京法源寺)。

金兵南下,北宋灭亡(1127 年)后,南宋与金在西京洛阳及巩县宋陵一带展开了长期的争夺战。

关于金朝少林寺的资料不多,我们遍研少林现存的断碑残塔,结合僧史有关资料,约略可以排出金至元初少林寺主要住持的序列。

这个序列是：

①西堂老师法和（许州李氏，道号无迹庵主、善应道人。1079～1157年）（《少林禅寺西堂老师和尚塔铭并舒》）。

②祖端禅师（颖顺军蒋氏，住持少林寺达十五年之久。1115～1167年）（《前主持嵩山少林寺禅师塔铭并叙》）。

③法海（宁州王氏，1132～1178年）（《海公禅师之塔》）。

④悟鉴（同上）（不详）。

⑤照禅师（不详）（见《大金嵩山少林寺故崇公禅师塔铭并序》）。

⑥兴崇（见《大金嵩山少林寺故崇公禅师塔铭并序》。以上各塔均在少林寺西塔林中）。

（汾阳侯氏，1166～1208年）

教亨—东林志隆—广铸—木庵性英—乳峰德仁—雪庭福裕。

以上所排的序列，因资料不全，故只是一个大概，缺环尚多。

1. 法和

金代少林寺首任住持法和（1079～1157年），是许州郾城（今河南省郾城县）人，俗姓李氏，少年即出家于善才寺（河南省禹县），礼大悲院主海潮为师。二十岁（1098年）具戒，二十八岁（1107年）南投汝州香山寺（今河南省宝丰县东南十五公里），向枯木法成（1071～1128年）学习曹洞宗禅法。

法成俗姓潘氏，秀州嘉兴（今浙江省嘉兴市）人，是芙蓉道楷的大弟子。法和从学约五年，通参禅理，性珠莹彻；曹洞之机立契，芙蓉枯木之心顿彰，此后乃杖策诸方，密符所得。

金人占领京师前，法成离开净因禅院南下焦山（江苏省镇江市东北），法和也遁入崆峒山（汝州南），结茅为庵，韬光宴息，远离尘寰。这时正是"四方冗穰，在处联兵，戎马生郊，戈鋋满地"的战乱年代。

金兵占领洛阳后，稍稍安定。洛京留守关元帅得知法和是高明的禅师，恳慕宗风，三番五次派专使请法和下山。法和便辞别林泉，受关元帅之请来到少林寺，大建禅宗。

法和在少林寺做了两年住持。据说他在少林寺，"提纲法要，举唱宗乘。示狮子频呻，显轮王三昧。规仪建立，祖令当行。毳客盈席，衲僧竞至。遍施法乳之恩,广布慈悲之慧。机关酬对,句裹无私。不露锋芒,正眼顿现。住持二载,天下知闻"。此后,朝廷派人再三敦请,乃住持京府普照寺九载。一时贵胄亲依,巨豪仰侍。

法和道号"无迹庵主"、"善应道人"。时人评论说:师为人天眼目,大播真风。评论先代是非,批判未了公案。兵戈动地,转法轮于乱中;邪恶奔驰,施慈悲于扰攘。故知大道无方,法流同味。提携诸子,离火宅之中;拯救困穷,赠如意之宝。方圆千里,抉择示人;潜通密契之徒,悟道者如麻似粟。撒手长行,特出圣凡歧路。

但法和深厌烦杂,于是退居天清寺,宴处空谷。此后潇然拂袖,返归岩溪,再上少林寺,猿栖鹤宿,"性同孤月流天,意若白云自在"。他于七十九岁时去世,时为金正隆二年丁丑三月二日。法和的弟子们依西天法火葬,起塔于少林寺西南的塔林中。

法和度师四十余人,嗣法者五人。弟子有祖端、智政、广寿、法云、惠深、惠淳、德超、宗颙、法贤、善忠、自觉等等。

法和的弟子祖端(1115～1167年),做过少林禅寺十五年的住持长老。

2. 祖端

祖端是阳翟县(今河南省禹县)人,俗姓蒋氏,童年即入嵩山法王禅寺,礼俊公山主为师,后遇皇恩普度,受具足戒(1134年)。此后,遁入山林旷野,木食单衣,唯以生死大事为怀。一日,他忽然想到,我闻三乘教海、圆顿上乘、破无明,显一真,出三界,登长乐,不可限于隅,少有收获就满足。于是,他出山林,遍访各方圣会,讲说《华严经》《圆觉经》。又参扣善知识,往少林寺拜访善应道人法和。法和劝他"末在更道",他也回答"偏界不留藏",深得法和之旨,于是请祖端住持少林寺,达十五年之久(约1145～1160年)。

今少林寺方丈院南墙上有线刻画一幅,叫做《妙色那罗延执金刚神像》,"住少林祖端重上石"。神像上方有文字云:

"经云,此神即观音示现。若人尽心供养,持此印咒,则增长身力,无愿不获。灵验颇多,罔能具说……"

汴京留守又请祖端住持开封法云寺数年。据《东京梦华录》,知法云寺在州桥东街巷,保康门外以南,系宋英宗三女冀国大长公主(1051～1123年)创建。

云门宗圆通法秀(1027～1090年)曾在此住持传法。法秀是义怀的法嗣。

祖端晚年回少林寺终老,于大定七年七月二十五日归寂,世寿五十三,僧腊二十五。祖端度门人弟子二十余人。墓塔在今塔林中。

3. 性英

从公元1224年起,少林住持为性英。性英,字粹中,号木庵,生卒不详,是"孔门禅"的思想领袖。他弱冠做举子,后受到博州(今山东省聊城)高仲常的影响,出家为僧,从万松老人淘汰法门。贞祐初(1213年)他南渡黄河,居洛西子盖山。时人把他看做是一位"诗僧"。

北方文坛一代宗师元好问,是性英四十多年的好友。元好问有诗云:"不见木庵师,胸中满尘泥。西窗一握手,大笑倾冠巾。"感情之真挚,可以想见。

性英出世后,在龙门西山宝应寺做住持多年。从1224年至金亡(1234年)前后,性英为少林寺住持十年左右。

金哀宗时,赵秉文奉命祠太室山(中岳主峰),过少林寺而会见性英。时性英倦于送往迎来,思欲退席,闲闲公作书挽留,书中称赞他"书如东晋名流,诗有晚唐风骨"。

性英后北上大都(今北京),做仰山栖隐寺住持五六年。据记载,1259年时他还健在。

自金宣宗贞祐(1213年)以来,蒙古铁骑屡屡南下,江淮河汉纵横万里悉为战区。金宣宗匆匆迁都汴京(1214年),中都沦陷(1215年)。金国又升洛阳为"中京府"(1217年),派移剌黏合在少室山修筑工事,囤积兵戈粮草以备战。在这兵戈极乱、动荡不安的时期,位于开封、洛阳之南的嵩岳山区尚可称作安然的一隅,中都文人学士纷纷南渡,不少人侨居嵩洛。仅见于《金史·隐逸传》的就有杜时升、薛继光、张潜、王汝梅、辛愿等等。嵩山脚下的少林寺,面对少室叠翠,背倚五乳青峰,就成为北方僧人,居士所常常参禅之地。一时香火,盛于北宋。

4. 东林隆公

金末蒙初有曹洞宗大师万松行秀(1166～1264年),不但主张"冶五宗为一炉",而且"儒释兼备"。他对政治,曲识机缘。他任中都西郊仰山栖隐寺住持时,曾献诗于金章宗;在蒙古占领中都后,他又率僧道北上,朝见窝阔台大汗于行宫。他的僧俗弟子众多。俗弟子中著名的有闲闲公赵秉文、屏山居士李纯甫、湛然居士耶律楚材等。法弟子中著名的有和公、皓公、洪倪、东林志隆、福裕、德仁、复庵、至温等人。弟子东林志隆、木庵性英等相继做了少林寺住持。

兴定末年住持少林寺的是东林隆公,即东林志隆。东林隆公的事迹既不见于僧传,亦未见于少林碑塔。但在耶律楚材和元好问等人的诗文中尚可散见若干情况。东林隆可能是德兴府人(河北涿鹿),幼年出家于德兴府峡峪云岩寺。[①]后参万松为师,比别的弟子"高出十百辈"[②]。因东林志隆与耶律楚材同参万松为师(时间约为1216~1218年),所以互有诗歌相唱和。

志隆在少林寺,建了一所便民免费的"药局",取世所必用、疗疾之功博者百余方以为药,使病者自择焉。他还派懂中医的二僧主持药局事务。时在1220年,慈善事业,自此为始。

志隆还重修了达摩"面壁庵"和"雪庭西舍"。他请万松行秀的俗弟子、屏山居士李纯甫(1185~1231年)写了《重修面壁庵记》及《新修雪庭西舍记》这两篇绝妙的文章。《重修面壁庵记》写于兴定四年,称志隆为"少林主人隆公",则知东林志隆住持少林不晚于兴定四年(1220年)。碑末署曰"都劝缘、少林禅寺住持传法嗣祖沙门志隆",知东林隆法名志隆、东林其号也。

至公元1224年,耶律楚材说:万松老师"平时法语偈颂皆隆公所收,今不复得其稿"。不知是因为耶律楚材远在阿里马城而"不复得其稿",还是因为隆公此时人亡稿失? 疑不能明。

志隆之后有广铸禅师(1170~1224年)曾于元兴二年冬(1223年)受少林寺之请,予为住持。方其行也,偶示疾,未及赴任,次年二月而亡。[③]

自贞祐至金亡的二十年中,少林寺的住持都是青州希辩一系的曹洞宗禅师。以东林志隆为起点,万松行秀的弟子开始住持少林寺,这是个重要的转折。此后,除木庵师承不明而外,历代住持均为万松门人所把持。元初以来,万松弟子雪庭得到帝室支持,势力隆盛,法子法孙盘踞少林寺历元明而至清初,长达五百余年之久。且其法裔远播至江西、福建、广东等南方地区。[④]

---

① 元·耶律楚材:《湛然居士集》,《德兴府峡峪云岩寺请东林老人住持疏》,中国书店2009年版。

② 金·元好问:《遗山先生文集》卷三七,《皓和尚语录引》,皓和尚也是万松弟子,商务印书馆1937年版。

③ 性英等建:《铸公禅师之塔》,1224年建,现存少林寺塔林。

④ 陈垣:《清初僧诤记》,上海书店1990年版。

我们不妨借用一段铭文来概括曹洞宗的这段传承:"青原四世,而有洞山。耽章继出,盛荆湖间。曹洞门庭,家风绵密。玉线金针,唯师(指雪庭法孙古岩)委悉。芙蓉一枝,应谶朔方。青州南来,孕蕊腾芳。传至万松,声喧天下。雪庭承之,日增高价。"①

(三)孔门禅②

燕都报恩寺万松行秀是金末元初很有影响的一位禅宗大师。圣安澄公说他是"儒释兼备,宗说精通,辩才无碍"的人物。③ 至温禅师(1217～1267年)称赞万松是:才气过人,博记多闻,论辩无碍。"百家诸子之言,多所涉猎。又善草书,有颠素之法。"④

明昌四年(1193年),万松为金章宗说法于内庭。泰和中,诏万松住西山仰山栖隐禅寺。恰在此时,万松的老师太原王山寺雪岩满(?～1206年)去世。万松老人千里奔丧,此孝举引起世人感叹说:"士人闻受业之师物故也,虽相去信宿之地,未闻躬与其祭者,岂有千里奔丧者也!"

可见万松是有德行、有气节、行为高洁的人。处处合于儒家的道德标准;孝行以待师父;爱人以德;尊帝以礼。

万松用精细的禅学治人之心,使人"忘死生、外身世",因缘时会以治国家,自比其说如《大学》之篇。恰证明万松禅学沟通了儒释,适可称为"禅门孔学"⑤。

高士与高僧在乱世的交游是因为他们"同病同忧"。"同病"——地主士大夫的共同性,"同忧"——政局腐败、国家将亡,正直的人忧心忡忡。这就是万松系列和闲闲、屏山系列地主阶级文人相结合的政治、思想基础。

金都南迁后,金朝的文坛大都是闲闲与屏山系列的人。王庭筠荐引了赵秉文、冯璧、李纯甫,"皆一时名士,世以知人许之。"

闲闲推荐了麻九畴、元好问、李献能;屏山"雅喜推借后进",如周嗣明(周昂

---

① 拙纳思慧:《少林寺第十代妙严宏法大禅师古岩就公和尚道行碑铭并序》。
② 温玉成:《少林寺与"孔门禅"》,《世界宗教研究》1981 年第 2 期。
③ 元·耶律楚材:《湛然居士集》卷八,中国书店 2009 年版。
④ 元·念常:《佛祖历代通载》卷二二,中国书店 2009 年版。
⑤ 以上引万松语见《湛然居士文集》序。

从子)、李经、王权、雷渊、宋九嘉等人,皆名噪一时。其中见于《金史·文艺传》的就是有麻九畴、元好问、李献能、周嗣明、李经、宋九嘉等人。

这一大批地主阶级文人在政治上愤世疾邪,在人格上清高自尊,在文风上言之有物,文笔高雅。

万松的俗弟子屏山居士李纯甫就是这批文人的一个典型代表。雷渊(字希颜,1186~1231年,《金史》卷一一〇有传。)甚至主张立屏山为"亚圣"。屏山居士李纯甫(1185~1231年),《金史》卷一二六有传。"屏山年二十有九阅《复性书》,知李习之亦二十有九参药山而退着书。大发感叹,日抵万松,深攻亟击,退而着书三十余万言。内稿心学谆谆太半。"可知屏山从万松学禅始于公元1213年。

元好问《李屏山挽章二首》云:

"谈塵风流二十年(屏山自二十九学禅于万松,四十七而去世),空门名理孔门禅。诸儒久已同坚白,博士真堪礼太元。孙况小疵良未害,庄周阴助恐当然。遗编自有名山在,第一诸孤莫浪传。"形象生动地概况了屏山的学说,拈出一个"孔门禅"以醒眉目。

此后,以少林寺住持性英为中心的僧俗,李纯甫、赵秉文等士大夫们进一步把万松的"显诀"发展为"孔门禅"。这是少林寺有史以来最重要的一次思想变革。

"孔门"者,儒家孔夫子之门槛,何以会生出"禅"来呢?

这"孔门禅"亦不外时代思维之产物。全真道的王重阳主张会通儒释道;云门宗的澄徽,也在注解《道德经》;曹洞宗的万松,更是一位"冶五宗为一炉"、"儒释兼备"的人物。

而当此国破家亡,人心动荡之时代,传统的儒家道德思想和理论亦受到了挑战。士大夫们,如李纯甫、性英、福裕、元好问等等,遂从"外佛内儒",转而为外儒而内佛的形态。

"孔门禅"即脱胎于这一思想文化背景。

本来,在中国思想史上,主张儒、释、道"三教合一"的思想由来已久。屏山主张"卷波澜于圣学之域,撒藩篱于大方之家","会三圣人理性蕴奥之妙要,终指归佛祖而已"。湛然虽也认为"三教根源本自同,愚人迷执强西东",但其主张只是"以儒治国,以佛治心"。认为"穷理尽性莫尚佛乘,济世安民无如孔教。用我则行宣尼之常道,舍我则乐释氏之真如"。万松曾批评他是"近乎破二作三,屈佛道以徇儒情。"湛然辩护说:我这样讲只是一种"行权","以是语饵东教之庸儒,为信道之渐焉"。他指出,他这种提法("以儒治国,以佛治心")已遭庸儒"切齿",骂他"叛道"、"忘本"。① 屏山则大胆地跨进一步,公然提出指归佛祖的三教合一说。因他不像湛然有高官为累,恐遭非难。他是"宁为时所弃、不为时所囚"的人物。

李纯甫主张:"卷波澜于圣学之域,撤藩篱于大方之家",会儒佛道三圣人理性蕴奥之妙要,而指归于佛祖。他提出,"使圣人之道,不坠于寂灭,不死于虚无,不缚于形器,相为表里。"他大声疾呼:"世法拘人虮处挥,忽惊龙跳九天门",必须"扫荡"种种谬说,而求"大解脱"!

李纯甫是一位有着"一条生铁脊,两片点钢唇","啸歌祖祢,出礼法之外","宁为时所弃,不为时所囚"的叛逆型人物。腐朽的时风令他深恶痛绝。

屏山之书有《楞严外解》。牵引《易经》、《论语》、《孟子》、《老子》、《庄子》之书与《楞严经》相合者辑成一编,为之"外解"。又有《金刚经别解》,乃取儒道两家之书,会运、奘二师之论,牵引杂说,错综诸经而着成。《鸣道集解》是屏山"末后把交之作也"。要义是"会三圣人理性之学要,终指归佛祖而已"。

概括言之,万松自禅门掘进,通向孔门,屏山则自孔门掘进,深入禅门。"孔门禅"就是从理论上将孔、老之说纳入禅学之内。就其彼时的现实而言,乃是不得志的地主阶级文人隐遁于禅学中,攻击占统治地位的腐儒庸论。因此之故,虽此说并未越出三教囹圄,但湛然已遭"切齿",视为"叛道",而屏山终"为名教所贬"也。②

屏山用儒学攻击儒学,正表明地主阶级文人的局限性。反对他的人却讽刺他"毕竟诸儒板不去,可怜饶舌费精神!"儒家学说是中国封建社会正统的统治思想,屏山以儒攻儒,这就是悲剧的根源。"孔门禅"昙花一现。

在战乱的颠沛流离中,这批士大夫们感慨"世事都销酒半醺,已将度外置纷

---

① 元·耶律楚材:《湛然居士集》卷一三,中国书店 2009 年版。
② 元·脱脱:《金史》卷一二六,中华书局 1975 年版。

纭。乍贤乍佞谁为我？同病同忧只有君!"这也是金代将亡的一首挽歌。

(四) 元代少林寺

金元之际,战火纷纷。少林寺已属"煨尽之余","殿宇崩毁十七八"。

蒙元初年,万松行秀的三位大弟子先后做了少林寺住持。他们是乳峰德仁(1197～1266年)、雪庭福裕(1203～1275年)和复庵圆照(1206～1283年);从而奠定了少林寺"中兴"的基础。

1. 乳峰德仁

元初第一个住持少林寺的是乳峰德仁。

德仁字仲山,道号乳峰老人,潞州上党之贾村张氏。洞晓《金刚》、《园觉》、《唯识》大义,机辩冠众,未三十称大法师。四方学侣如鸟宗凤者十年,自以为雄飞高举矣。

及闻万松之洪慈博施,遂撤席散众,服膺于万松门下。丙申年(1236年)开法于镇阳之皓城。万松、圣安(即湛然的另一老师圣安澄公)、海云(1202～1257,临济宗大师)皆开大口谈禅,焚宝香视寿。

出世初,住南宫之洪济、东源之灵泉等寺。又迁嵩山之少林寺。罹兵革,殿宇崩毁十七八。乳峰悯金祖师道场,竭诚干蛊,俾堕者起之,故者新之。数年间,几还旧观。故退院有颂云:"达摩面壁,山僧住院,彼此九年,东移面转。"乳峰住少林约为公元1239～1247年间。尔后闲居南宫。不久又奉诏领燕京之万寿寺。赐以"正宗兴教大禅师"之号,他以年迈固辞,不许。乳峰面目严冷,不矜名誉,不贪渎货赂,不趋炎附势,不以艰苦所得佛祖正法眼藏而妄为传授。[①]　为乳峰撰塔铭的是龙兴寺福。

2. 雪庭福裕

继主少林的是雪庭福裕。

福裕,字好问,号雪庭,太原府文水县(今山西省文水县)人,俗姓张氏。福裕自幼聪明伶俐,九岁(1211年)入学。1223年,二十一岁的福裕成为比丘。他

---

①　见龙兴福汴撰:《少林乳峰仁公塔志铭》。至元五年即公元1268年立。这是少林寺最早的元代塔铭。

和双溪广公一起侍奉休林老人七年,学有所成,乃赴燕京,投万松学禅法,计十年之久(1231~1241年)。

福裕是一位"曲识机缘"的高僧。

福裕出世,首住奉福寺。① 乙巳岁(1245年),他受忽必烈大王令旨,在少林寺做"资戒大会",大约度僧徒约三百人,又命他在故里文水县建报恩寺,并赐以田地及财物。戊申岁(1248年),定宗贵由下诏,令福裕为哈刺和林的太平兴国寺住持。次年(1249年),福裕受万松老人之托,住持少林寺,时约六年之久。

福裕至少林寺后,大力经营,兴扑起废,训徒说法,将少林寺恢复到金代的规模。他还重整少林寺的下院永庆寺,恢复白马寺,因缘会合,倾动一时。

1253年,被宪宗蒙哥召诣帐殿,奏对称旨,授"都僧省"之符,作了"诸路释教都总统"。乙卯岁(1255年),任燕京十方延庆禅寺住持。戊午岁(1258年),他发动并参加了佛道大辩论,佛教徒击败了全真道。庚申岁(1260年),世祖忽必烈赐给他"光宗正法禅师"之号,主持燕京大万寿寺,取得都南"闲田"二百余顷,开办了药室、浴宇、贾区,壮大了寺院经济。晚年归栖少林而逝。

1275年,微疾而终,俗寿七十三,僧腊五十二。得嗣法小师三十人,度门弟子千余指,从他受戒者不计其数。据说,1271年京师的一次全国性释子集会上,福裕的弟子几乎占了1/3,门庭的繁荣,由此可见。

福裕在少林寺确立了宗法制度,他制定了七十字的传法序列:"福慧智子觉,了本圆可悟。周洪普广宗,道庆同玄祖。清净真如海,湛寂淳真素。德行永延恒,妙体常坚固。心朗照幽深,性明鉴崇祚。衷正善禧祥,谨悫原济度。雪庭为导师,引汝归铉路。"

雪庭福裕有许多弟子作了少林寺的住持或执事并得到朝廷的敕赐。

福裕在少林寺的弟子有五峰慧庆(?~1324年)、中林智泰(?~1290年)、藏云慧山(1243~1308年)、普惠慧道(1237~1299年)、慧炬(1221~1288年)、足庵慧肃(?~1292年)、在庵慧正(1227~1289年)、通辩慧定(1214~1287年)、灵隐文泰(?~1289年)等等。

中林泰公(?~1290年)自公元1282~1290年间住持少林寺八年。"振万

---

① 该寺在北京西直门外,明宣德十年即1435年改为广恩寺。

松一代之玄纲,续少室千年之慧命"①。

慧山(1243～1308年)曾自福裕至中林始终任少林执事五十年。对少林寺贡献最大。他为少林寺筹建"水陆大会"两次;远赴杭州,求大藏经一部;创建转轮阁;两次诣阙下(1294、1308年),获准"护持"下院二十三所。这23所下院的名字亦见于1336年所铸的大铁钟上,可证这种格局大概维持到元末。

元代少林寺僧众达二千人之多,在历史上是空前的。众多的少林弟子出任各地的僧官。如"襄阳府路都僧录"、"大名府路都僧录"慧庆、"河南西路十州提领"慧肃、"陕府僧判"智资等等。

古岩普就(1247～1323年)是慧肃的弟子,1313～1317年为少林寺住持。他在少林寺奉行《百丈清规》(即宋版《禅苑清规》),规范丛林制度。

息庵义让(1284～1340年)任少林寺住持的时期(1336～1340年),日本国僧人古源邵元(1295～1364年)担任了少林寺的"书记"及"首座",并久居二祖庵。

邵元,号古源,又号如幻道人,物外子,日本福井县人。1327年入元,自泉州登岸,北上福清雪岩山、浙江天台山、天目山,过赵州石桥,登山西五台山,南下嵩山,北上大都,再南下荆州,1347年归日本,住京都及兵库县寺院。邵元为息庵义让和菊庵法照(1257～1323年)撰写了碑文。日僧嫩桂佑荣亦入元参诸山禅老,驻锡过少林寺。回国后在越前建少林寺。

淳拙文才(1273～1352年)曾两度担任少林寺住持(1324～1329年及1345～1352年),扩充田产二十顷。他还曾为白马寺撰写了《洛京白马寺祖庭记》(1333年立)。还撰写了《初祖菩提达摩大师来往实迹之记》(1347年立)。该文多据传说,不少臆断。

1351年爆发了颍州(今阜阳市)红巾军起义。至正末年,少林寺监寺松源觉训(1310～1373年)曾"避难于秦",少林寺受兵火之灾当在至正十二年八月以后,因此文才死于1352年,而他的灵塔却建于1392年,竟拖了四十年之久。到至正庚子年(1360年),少林寺僧只剩下了二十多人,寺宇残毁,仅存其半。佛像也被刮金破背,掏取宝藏,惨不忍睹。

———————————

① 空然普秀撰《少林住持泰公禅师之碑》。

元代末年的少林寺住持是嵩溪子定（1314～1386年）。他在元末（1360～1362年）和明初（1368～1369年）两次担任少林寺住持。子定在此危难之际"率众农作，以身先之。日则耕耘，夜则参道。于是，缁素归依者伙"。支撑了三年（1360～1363年）。

自万松以下，虽弟子众多，然于禅学，无何进展。自雪庭住持少林，紧密依靠元朝帝室的支持，子孙繁衍，形成门户，牢牢地控制着少林寺。以少林为据点，势力又向河北、河南其他地区的寺庙伸延。

明初，洪武壬申（1392年），蒲庵来复在所撰《嵩山祖庭少林住持淳拙禅师才公塔铭并序》中评论说：

"元有天下，几二百年。崇重象教，超越前古。往往中原大僧得柄法于京刹者，封爵之贵，埒于王公。或位之以三司，偕之以一品。茜帽金襕，……出入内庭，何啻千百。若我少林淳拙禅师，其中原大僧之见道者乎！"（淳拙才公，1273～1352年，是雪庭下三代法裔、少林寺住持）

这段文字，显然是对雪庭等人勾结帝室的微词。"封爵之贵，埒于王公"，雪庭适封"晋国公"；"或位之以三司，偕之以一品"，雪庭恰被元朝"制赠大司空，开府仪同三司"；"茜帽金襕"、"出入内庭"，雪庭一受定宗之召，又承宪宗之旨，三奉世祖之赐。因此，撰者称颂淳拙"见道"，正是批判雪庭热衷名利而没有"见道"！雪庭背离了万松老师，撕下清高的假面具，在民族统治、阶级压迫中由帮闲而至于帮忙，赤裸裸暴露了佛教对统治阶级的依赖性和对人民的欺骗性。这是禅门孔学或"孔门禅"必然导致的一个后果。

雪庭福裕直接参与掠夺农民土地。他主持大都大万寿寺时"得都南柳林闲田二百顷余"；从全真道派手中夺回寺院二百三十七所。中林住持少林寺时，"启建罗汉水陆大会三昼夜，然而赴会修供者不可胜数。什物灿然一新，库中委积丰盛。费之而愈广，用之而不穷矣。"足庵的弟子古岩普就（1247～1323年）住持少林寺时，"创建东廊仓库等五十余间，置西庄田地二百余亩"。凡此种种掠夺与剥削足以说明雪庭、中林这些人就是僧侣地主这一事实。

如果说雪庭等人较之以往的僧侣地主有什么不同，那么，不同之点就在于这批汉人僧侣又必须遵从于西方僧侣。《大明高僧传》卷二《了性传》云："时元世因尊宠西僧，其徒众甚盛。出入骑从，拟若王公。或顶赤毡峨冠，岸然自倨。天下名德诸师,莫不为之致礼。抠衣接足,丐其按颅摩顶,谓之'摄受'。"这是民族压迫在宗教界的反映。雪庭等人在下层僧侣面前可以"瞑目宴坐"、"风神闲敞",而在西僧面前只好"抠衣接足"了。

虽然乳峰德仁和雪庭福裕同于元初住持并兴复少林寺,并且同为万松的门人,但雪庭显赫而乳峰隐没,考其缘由无它、雪庭勾结朝廷且子孙众多;而乳峰"不趋炎附势",且不妄为传授。乳峰保持了万松清高的传统,而雪庭却抛弃了这一传统。然而,正是雪庭中兴了少林寺,使曹洞宗禅法得以正传。"复嵩山如祖师再出世、倡道垂教于天壤间,如鼓雷霆而揭日月",不能不承认雪庭在曹洞中的承上启下作用是巨大的。

第八章　明清时期的河洛佛教

一、明清的白马寺与少林寺

　　元代以后,全国的政治中心转移到北京,南方经济的富庶,使中原地区失去了原有的政治、经济地位,中原佛教消融于汉地佛教的大氛围中,没有什么更多的特色了。明清随着整个封建社会走向衰败,汉地佛教在形式上也趋于衰落。明清的帝王不乏崇佛者,但对汉地佛教多采取限制措施,清代则提倡藏传佛教。明代尚依稀可见初建佛寺的记载,至清代则为数不多。清末豫境约有佛寺900所,僧尼多的大寺也不上百人。这与社会环境和整个汉地佛教景况是一致的。

　　明清以来,白马寺经多次修葺,大体上奠定了今天的格局;大相国寺清代经多次修葺,传至今日;少林寺山门、千佛殿、立雪亭为明清时代建筑;淅川县香严寺于清代经南阳太守"捐俸首倡"得到恢复,乾隆年间施工达6年之久,风穴寺中佛殿、钟楼、毗卢殿、观音阁等均经过修缮。

　　嵩山少林寺、汝州风穴寺、南召丹霞寺、宜阳灵山寺、确山南泉寺、汝阳县舰山寺、襄城县干明寺、宝丰香山寺、新蔡金粟禅寺等10多处塔林的近500座墓塔,大多数是明清时的作品。少林寺千佛殿《五百罗汉朝毗卢》、白衣殿《少林拳谱》、《十三棍僧救唐王》,淅川县香严寺的《诸天礼佛图》、《文殊、普贤菩萨图》、《山水人物图》,镇平县菩提寺藏经楼的《山水人物图》,汝州风穴寺的《山水草虫图》,以及汝阳县观音寺、温县等慈寺、伊川县大觉寺、安阳高客寺等处的佛教绘画,笔墨传神,流畅飘逸,多出自明清无名画工之手。其中少林寺《五百罗汉朝毗卢》高7.5米,长42.9米,面积为300多平方米。整个画面构图严谨,笔法泼辣,色彩协调,人物刻画惟妙惟肖,体现了作者高超的技法,是极有价值的艺术珍品。出现于元,在明清时遍及各地的文峰塔意在借佛性保佑科举或功名,是佛教文化和民族文化的结合体。许昌市文峰塔,宝丰县文笔峰塔,林州市文峰塔,唐河县文笔峰塔均属此类。

(一)明清白马寺①

对于白马寺来说,明代的重修至关重要。洪武二十三年(1390年)太祖朱元璋勅修白马寺;景泰年间,明政府曾规定各地寺观产业限制为六十亩,估计白马寺也大致如此。由明代嘉靖二十年(1541年)刻立的钦差后军都督府会昌侯孙泉、尚膳监太监黄锦等撰文的碑石可知,明代正德丁丑(1517年),僧人定太和化主德允等,重修白马寺佛殿。"富者输其财,贫者效其力",一时间,"殿陛焕然而日新,圣像彩色而鲜明"。嘉靖三十二年(1553年),黄锦等为"祖庭"、"释源"白马寺敬造香炉、花瓶;蜡台等共二十件,合计重量三千六百斤。嘉靖三十四年(1555年),身为朝廷司礼监掌印太监、兼总督东厂之职的黄锦,是洛阳龙虎滩人,又一次大规模整修白马寺。由黄锦撰文的《重修古刹白马禅寺记》碑石,保存了关于此次重修的详细资料。此次重修,大体上奠定了今日白马寺的规模和布局,在白马寺沿革史上意义重大今白马寺坐北朝南,为一长方形的院落。据新中国成立后地面实测,白马寺的总面积约为40000平方米,这与明代重修时占地六十二亩的记载基本相合。在黄锦重修五年之后,金都御史、诗人王琤,奉使河东,嘉靖辛酉,即嘉靖四十年(1561年)夏五月,路过白马寺,赋"七律"一首。诗中有"宝刹高标倚太清","卓锡云深鹤翅轻"句。他的诗记载了当时白马寺的一些风貌。明代末年,洛阳又遭战乱破坏。"绀宫红楼,悉为灰烬",白马寺"虽岿然独存,而金粉零星,土木凋残"。至清代康熙年间,在洛阳邑侯高镐支持和如琇和尚主持下,售寺内"古柏数株",得金若干,加以"耕三余一,耕九余三之力","费几年工夫,重修白马寺,使毗卢一阁,流丹生辉","大殿、山门、配殿等,俱灿然陆离"。"十年来辛苦备尝,上而台阁殿宇及诸寮舍等焕然一新者,皆师(指如琇)经营之力。"清代同治元年(1862年)立佛殿(接引殿)被焚烧;光绪九年

---

① 徐金星:《洛阳白马寺》,文物出版社1985年版。

(1883年)又重建。"转倾复以为壮丽,除尘封而焕然一新。"接引殿是寺内现存规模最小、重建最晚的一重大殿。清代宣统二年(1910年),曾重修清凉台之毗卢阁。

清初白马寺方丈和尚如琇,能文能诗,书画亦佳,是一位多才多艺的僧人。至今白马寺内还留下不少他所做的诗、文和画的刻石。这位如琇和尚于"禅诵之余","偶拈古迹六事,缀以韵言",题为"白马寺六景",从此以后便有了著名的"白马寺六景"之称。这六景指的是:(1)清凉台,(2)焚经台,(3)齐云塔,(4)夜半钟,(5)腾兰墓,(6)断文碑。

(二)明代少林寺

元末各地农民起义也纷纷燃起战火。在这战乱年代,嵩溪子定(1314~1386年)担任了少林寺住持。他率领留下的二十多位老僧、病僧,日则耕耘,夜则参禅,维系山门。僧众渐渐回寺,已达五百多人。他后来退居空相寺及永宁白马寺,日讲《莲经》不辍,顿悟"法华三昧"。

1. 洪武年间的少林寺

接替子定任少林住持的是松庭子严(1321~1391年)。他主持少林寺十三年(1369~1382年)。

松庭子严,偃师县缑氏镇人,九岁(1329年)时被父母送入少林寺,拜霄云长老为师。年十八(1338年)受具足戒为比丘,号松庭,又以"少室山人"、"蕴贞子"为别号。至正初年(1341年),子严北游燕京,到白塔寺求法①。

此后,子严南归嵩山,依龙潭寺松庵迪公,然机语不契,遂转入少林寺参扣淳拙才公,多承印可,付以衣法。大约在1345年以后,子严受请到淅川县香岩禅寺做了二年住持,后又转嵩山法王寺、洛阳天庆寺为住持。

洪武二年己酉(1369年),众执事力劝,请为少林寺住持。这时,他收了弟子宗砺觉金。又在施主、洛阳柴园进夫妇大力支持下,修整了大殿供养的"三世佛像"。洪武十五年(1382年),子严做了河南府僧纲司的都纲。这年冬天,又被周

---

① "白塔寺"是个俗称,正名叫作"大圣寿万安寺",是一座皇家大寺,元世祖至元八年始建,十六年竣工。寺中的大白塔,是由尼泊尔工艺家阿尼哥主持修造的梵式大塔,高近51米。

王朱橚请到开封,为国母、孝慈皇后马氏资悼冥福。此后事迹,所存文献皆语焉不详。子严死后,立塔于少林寺塔林。少林寺藏主性彻专程赴燕京,请前杭州府灵隐景德禅寺住持传法嗣祖沙门蒲庵来复为他撰写塔铭。

这以后住持少林寺的是凝然了改禅师(1335~1421年)。他是登封县金店乡人,十四岁(1348年)入少林寺,礼松源觉训提点为师,二十一岁(1355年)受具足戒,往参月印潭长老于嵩岳寺,一年后,他北上山西五台山参礼。

明初,了改听说松庭严公大和尚住持少林寺,便返回少林寺,向松庭参学,乃得证道。随后做了五年书记。洪武二十年(1387年),应燕京仰山栖隐禅寺善公长老之请,出任首座,历时三年。洪武二十三年(1390年),因少林寺祖席高虚,丛社荒凉,四众敬仰了改的硕德,具疏请为少林寺住持。他到任后,翻新殿楼庑库,扩充常住畦粮。他在少林寺“踞狻猊之座,竖龟毛之义”,弘扬宗门,缁素云集,声震华夷。三年后,因年迈退席。永乐十九年(1421年),了改去世,寿八十有七。

洪武二十六年(1393年),仁山毅公(1340~1405年)任少林寺住持。仁山,俗姓高氏,少年时出家于邓州香岩长寿禅寺,出世后在山西平阳兜率禅寺、太原奉圣寺、介休兴国寺历主大刹。这以后,他在交城某寺做过方丈,又至交城县西北的石壁山永宁寺(今称玄中寺),研究律学和净土宗。洪武十六年(1383年),奉晋王朱㭎令旨,住持太原崇善寺十年之久。洪武二十六年(1393年),奉周王朱橚令旨,住持少林寺十三年(1393~1405年)。永乐三年五月(1405年)入京(今北京)奉扬法会,仁山被举为参加全国佛教法会的高僧。大法会后,他回到香岩长寿禅寺,同年九月二十二日圆寂,世寿六十六岁,僧腊六十年。仁山禅师既不是雪庭福裕的法脉,甚至也不属曹洞一派,完全是因为周王的令旨,才做了少林寺住持,这在少林寺历史上还是少有的一例。他在少林寺十二年间,尤重戒律,设水陆无遮大会,礼请十师建立资圣戒坛,创建法堂,修营祖殿、方丈室,贡献颇大。

周王、晋王都因为有“异谋”而引起朱元璋的警惕,而仁山先后受到晋王、周王顶礼而平安无事,可见他没有参与政事。

此后,少林寺住持传承情况不明。从塔林的墓塔中查出有竹庵子忍、桧庵斑公、道安圆勤1422~1434年左右为少林寺住持,生平事迹皆无从查考。

1449～1452年俱空契斌（1382～1452年）住持少林寺,他是明初百年以来较有学问的一位高僧。他内穷《肇论》,外究《论语》、《孟子》、《周易》。景泰春（1450年）,少林寺建"大毗卢佛水陆堂",请甘州（今甘肃张掖）喇嘛道源塑毗卢佛一堂,此为与藏传佛教交流之始。

2. 成化、正德年间的少林寺

明宪宗的五十多年间,有无方可从（1420～1483年）、拙庵性成（1440～1501年）、归源可倾（1444～1499年）、古梅祖庭（1461～1510年）、月舟文载（1454～1522年）等先后住持少林寺。

古梅祖庭曾两次住持少林寺（1497、1501～1505年）,很受徽王朱见沛的敬仰。他在退职时,颂了一首有名的偈语,以警世人:"休休休处更休休,万事从今一笔勾。誓与青山为故识,愿同绿水作良俦。人间好事如春露,世上浮名若水沤。一任海枯松石烂,此心终不混常流!"

月舟文载1466年入北京万安寺,拜白庵空公为师,1473年受具足戒于杭州。文载是明初大天界寺住持、总领全国释教的觉源慧昙禅师（1304～1371年）的法裔。文载从杭州回到北京后,周历讲肆。但他讨厌名相之繁芜,慕禅宗之直指顿悟,便来到少林寺,三年伏腊,始蒙印可。此后回京,栖身于白塔寺,近二十年之久,声名也播于四方。正德五年（1510年）,少林寺执事恳请出山,再三再四,才到礼部领取"劄子",就任少林寺住持。

他到寺以后,推行《禅苑清规》,整顿丛林懿范,接纳方来,孜孜不倦,寺风为之一变。此间,他曾为密县法海寺住持宝藏重修废寺落成,写了庆贺文章,时为正德十二年。此文刻石,今存于密县文化馆内。月舟逝于嘉靖元年初,终年六十九岁。

正德年间有一位大千可观和尚（1443～1521年）,一直担任少林寺初祖庵庵主。他在初祖庵刀耕火种,以充衣食;晨香夕灯,梵呗喧轰,苦读《金刚经》,课颂不辍。晚年双目失明,还常常对弟子们讲解《金刚经》大义,很受人尊重。

正德初年,有西藏（或河西）喇嘛,在少林寺右侧（西侧）的"甘露台"上,兴建了"藏经殿",用以贮存朝廷颁赐的《大藏经》①。在藏经殿的左右,又修建了

---

① 大概是"明北本"《大藏经》,1440年刊布。

阅经室和修禅室。四周松筠环翠,老桧参天,环境十分幽静。大约在正德十四年
(1519 年),权势显赫的司礼监太监张永向少林寺施送金铜菩提达摩坐像一尊,
也被安放在甘露台上。后在嘉靖十年(1531 年),寺僧周连等人在住持可贤的支
持下,又为这尊达摩像配置了"祖龛"。这尊金铜达摩坐像今存于寺内立雪亭
中。

3. 嘉靖年间的少林寺

嘉靖朝四十五年,少林寺住持有静庵悟榻(1504～1552 年)、宗琳玉堂(约
1481～1538 年)、竺东悟万及小山宗书(1500～1567 年)。

嘉靖乙卯(1555 年),徽王府朱载埨(?～1556 年)建筑了少林寺门外的石
牌坊。此人以奉道取媚于帝,后因罪自缢身亡。

小山宗书任少林寺住持(1558～1565 年),得到了太监张遄、贾廷贵、杨伟的
资助,得到了河南太守吴山的支持。小山既承曹洞,兼开示净土法门。小山弟子
众多,且传法于广东、福建、云南。

嘉靖末年,少林寺出了一位颇具传奇色彩的匼囤和尚(?～1563 年)。匼囤
法名悟空,年逾二十,投少林寺梵僧哈麻为师。哈麻即哈立麻(Karma),乃明封
"大宝法王"得银协巴(1383～1415 年)之号。来少林寺者,依年代推测,应是噶
玛噶举派黑帽系八世活佛弥觉多吉(1507～1554 年)。悟空曾结茅于四川峨眉
山顶,宣扬《大阿弥陀经》。匼囤还曾入云南鸡足山修持并传紧那罗神咒。匼囤
灵塔在塔林中,上刻"干没哪塔匼囤和堂灵塔"(1565 年立)。"干没哪塔"即
Karma-natha,是藏传佛教高僧的荣誉称号。

少林寺中有石刻《混元三教九流图》(1565 年立),乃是"酒仙狂客"、"三教
九流中人"所作。此人就是郑恭王世子朱载堉(1536～1611 年)。他因父亲无罪
下狱不满,独居王宫外土屋中十九年,钻研数学、乐律、书法。著有《乐律全书》
47 卷、《律吕精义》内外篇各 10 卷,首创十二平均律。父亲死后,不承王位,乃一
代高士。他与小山宗书友善,并为之写碑文。朱载堉主张"三教一体,九流一
源。百家一理,万法一门。"这是对理学和正统儒学的挑战。

4. 万历、崇祯年间的少林寺

自万历至崇祯七十年间,少林寺住持中以幻休常润(?～1585 年)、无言正
道(1547～1609 年)、寒灰慧喜(1564～1639 年)和彼岸海宽(1596～1682 年)最

著名。

幻休常润先后往伏牛山、浙西径山、安徽九华山、京师、五台山等处参访,学习天台宗、法相宗及华严宗,研究《中论》、《百论》、《十二门论》和《起信论》。最后参叩小山和尚。他得到陆树声的推崇,成为少林寺住持(1574~1579)。

无言正道嗟叹社会黑暗,灰心冠冕。偈云:"云缵绝顶,月锁幽岩。石人抚掌,木女舒颜。"缙绅之士如刘东星、顾养谦、邹德涵等多与正道交友,听其清论。正道游学京师、五台、普陀等地。他在五台山(1582 年),恰遇憨山大师德清(1546~1623 年)、妙峰大师福登(1540~1612 年)为神宗生母李太后造大塔(今五台山塔院寺大白塔),正道便刺血书《普贤行品》纳入塔顶。无言正道虽住持少林寺达十七年之久(1592~1609 年),但他原属临济宗,故在少林寺南院,另立"圆通行超明"五字辈,自"玄"字辈起,才并入福裕七十字派。这就是少林寺"明传曹洞,暗传临济"的来历。

自崇祯十至十三年(1637~1640 年),登封县蝗旱相继,百姓死亡大半。县民李际迁揭竿起义,据少室山"御寨",响应者达四五万人。十四年腊月(1641 年)李自成义军攻克登封城,二军相会,声势大振。在明政权风雨飘摇之时,少林寺更是灯昏法暗了。

5. 明代少林武僧

明代的少林寺武僧,声震四方。少林僧众早在隋末就有抗击入侵山贼的历史。武德四年,又翻辕州城立下战功。唐玄宗时,"以北方禀气刚毅,列刹多习骑射。诏沙门辩才为临坛教授,用加训导"。可见习武之风并非少林寺所独有。僧人参军,历代多有。武德七年(公元 624 年)即有僧法雅率长安骁悍僧千人充为军伍。北宋末年,有僧赵宗印,率"尊胜队"、"净胜队"两支僧兵在潼关抗金。五台山僧正真宝率众抗金而壮烈牺牲。

少林寺有僧兵,最早见于正德年间。

明武宗正德皇帝喜好喇嘛教,常服其服而颂其经,演法于内厂。又设"豹房",引入蕃僧,教他修"密法"。他还自称"大庆法王、西天觉道圆明自在大定慧佛",派宦官刘允去西藏寻找"能知三生"的"活佛"。朝政则一片混乱。自正德三年(1508 年)起,山东、两广、江西、湖南、四川、陕西等省民变纷起。受朝廷的征调,少林寺一批武僧参军,成为镇压农民起义的一支力量。

　　时有三奇周友(？~1547年)被朝廷征调,镇守山、陕、统征云南,三次立下"奇功",敕名"天下对手,教会武僧。"他有僧俗习武弟子千余人。洪仲、洪良、洪转、洪佑、普清、广记、广顺等人,皆从而习武。其中洪转,"棍法神异,寺众推崇",著有《梦绿堂枪法》。俗人程冲斗于万历间入寺习武,先后从师洪纪、洪转、宗想、宗岱,并嗣法广按,得宗猷法名,著有《少林棍法阐宗》三卷,万历四十四年(1616年)出版。

　　少林寺《登封县帖》(1581年立)云:上司调遣寺僧随征刘贼、王堂、师尚诏、倭寇等,阵亡数僧,屡有征调死功。"刘贼"当指刘宠、刘宸等在霸州的起义(1510~1512年);王堂乃青州矿丁起事(1522年);师尚诏乃柘城起义之盐徒(公元1553年)。征讨师尚诏的是竺方周参(1517~1574年)。他"自幼习武,精究六韬","习学演武,名播四海"。他亲率僧兵五十名,征讨师尚诏。

　　小山宗书做住持时,抗倭名将俞大猷(1503~1580年)至少林(1561年),观武僧献艺后评论说:"此寺以剑技名天下,乃传久而讹,真诀皆失矣!"于是,小山派宗擎、普从随他南下习武。宗擎于三年后返回少林寺,教百余僧人习武。传授了"真诀"。但清代以来,伪托滥造拳法、棍术者多矣!

　　《明史·兵志》云:"僧兵有少林、伏牛、五台。倭乱,少林僧应募者四十余人,战亦多胜。"少林僧兵的英勇抗倭,取得了崇高的声誉。所谓少林僧兵"朱发靛面,倭人望而败走",可能是少林僧兵手持长棍,头戴面具以模仿"紧那罗神"的缘故。自唐贞元中,少林寺即奉"紧那罗"为伽蓝神。

　　万历、天启年间去世的武僧有大才普便(1542~1624年)、守余宗卿(？~1624年)、本乐宗武(1578~1618年)、万庵同顺(1535~1618)等等。

　　少林武僧故事,被明万历以来写入各种文艺作品中,吸引了广大读者。但僧人开"杀"戒,毕竟是特殊历史条件下的产物,不足弘扬。而僧人习武健身,严守戒律,广传佛法,亦是善举。清代禁汉人习武(1727年)。道光八年(1828年)三月,满官麟庆(1791~1846年)入少林欲观武僧校艺,主僧初则讳莫如深,经劝告方选健僧校于殿前。

(三)清代少林寺

　　明末以来,"三灾并起",少林遭到空前破坏。初祖庵在明末只剩三两僧人供奉香火,白衣大士殿"频经劫火,已倾剐于荆棘灌莽者久矣"。清初的少林寺,一派荒凉。直到康熙前期,少林寺仍是一派衰败景象。顾炎武亦叹道:今者何寂寥,阒哉成芜秽。坏壁出游蜂,空庭雏荒雉。山僧缺餐粥,住守无一二。康熙二十三年(1684年),河南官员张思明在少林寺看到的状况是:"久经劫火,法堂草长,宗徒雨散矣。偶步千佛殿西,见榛莽荒秽中,散瓦数椽,风雨不蔽。"

1. 彼岸海宽与清初少林寺

明末清初之际,幸使少林寺不为绿林哨众之巢穴者,有住持彼岸海宽坚守维系。当此危难之际,只有彼岸海宽"存法轮于劫火"、"系一线以中天"。

彼岸海宽于崇祯十二年七月(1639年)领礼部札子,为少林寺住持,肩持祖道,患难备尝。清顺至三年三月(1646年),礼部虽给札令其住持,但他以"足疾"为由,回寺静观时变,埋头整理、编撰《五家宗派世谱定祖图》。

海宽回寺后,联络了一批地方官,如分守许公、分巡张公,捐资修葺了单传堂、法喜堂、禅悦堂、武圣祖师殿(紧那罗王殿?)、钟楼、藏经阁及方丈室,费时一年零三个月(顺治九年孟夏至十年仲秋)。

海宽还于顺治九年至十一年间连续三年举办了"天地冥阳水陆赈孤荐祖大法会",用以追荐在连年战乱中死去的亡灵。巩县、偃师、登封三县人士参加了这项活动。

顺治十三年丙申(1656年)夏,海宽北上京师,住锡善果禅院,一面刊梓《五家宗派世谱定祖图》,一面开堂说法。顺治十四年二月(1657年)才接受任命,为少林寺清代首任住持。次年四月八日升堂,叹云:"一堂风冷淡千古!"时年已经六十三岁。他大约在康熙初年退职。

彼岸海宽积极参加了清初的僧诤,他在《释氏源流五家宗派世谱定祖图序》中,对当时"党护门风,不通议论者"、"不遵皇藏,颠倒伦常者"作了尖锐的批判。他认为费隐通容在《五灯严统》(1653年刊)中,"将我少林洞上一十八代真参实悟之祖师尽行削去,一笔抹杀,意欲吞并五宗,独霸独王……此乃欺君灭祖,不忠不孝……是可忍也,孰不可忍也!"

海宽平生好学,又善文墨,且戒行冰霜,危难中坚守山门,受到人们的赞誉。时人称颂他"鞠躬尽瘁能荷担,自有芳名达九天!"又赞他"巩法雨之金汤,存佛轮于劫火。此道未丧,系一线于中天也!"

经过苦心经营,到了顺治末年,少林寺僧众已恢复到六百多人。彼岸海宽自认是少林寺中兴一派之祖,因此定下了一百二十字派,即"觉海永洪,宣授传宗……"不过,这在清代少林寺并未完全实行。

2. 纯白永玉及康熙年间的少林寺

海宽传大法于弟子纯白永玉。但在少林寺的文字及考古资料中,查不到永玉其人。

北京市房山县云居寺发现了由北海居士周龙舒(字松庵)撰《重修石经山香树庵碑记》,立于康熙十一年岁次壬子(1672 年)桂月望日。据碑文,可以确认这位纯白永玉即是海宽的弟子。他自己署名为"祖庭大少林寺传曹洞正宗第二十九代兼传贤首宗第二十八代香树庵住持纯白玉"。海宽为少林寺二十八代住持,其支脉为"觉海永洪、宣授传宗……"则纯白永玉属"永"字辈。此外,他既自称为"贤首宗二十八代",则可推测他曾在通州宝通寺从不夜照灯学华严宗,因照灯有"贤首宗二十七代传人"之称。

碑文说,永玉俗姓李氏,河南省唐县(今唐河县)人,披剃于少林寺海宽和尚。大约在 1661 年至 1664 年间为少林寺住持。康熙三年(1664 年)秋,他离开少林寺,参学天下,远涉燕山。再栖涿州南关药王禅院,讲经说法。

此时他受胡良乡(在涿州西北)延寿寺的含公上人邀请来到白带山云居寺北邻的香树庵。此庵虽已残破,但风景极佳,永玉说:"吾得此庵,其志足矣!"永玉至庵修持后,含公募资修造了五间北禅房。康熙四年乙巳(1665 年)五月二十九日,含公邀请缁素百余人,备礼仪,请永玉入院升堂。这年冬,永玉开讲《楞严经》百天。次年(1666 年)春,含公又修葺佛殿、僧房、山门、墙垣,辟荒地二十余亩,种果树千余株,自此气象大变。永玉在香树庵,兼传曹洞宗与贤首宗(华严宗),至立碑时(1672 年)仍健在,其后不知所终。

这位"少室嫡传、柱石洞宗"的永玉,为什么北上无名小庵,南离禅宗祖庭,至今仍是一个谜团。考察少林寺史料可知,海宽一系并未在少林寺扎根传嗣,只有福裕及正道两系在弘传。康熙五年,海宽去世,少林寺便进入了群僧无首的状态。

康熙巡视过蓟县的北少林寺,却未曾到过嵩山少林寺。但在康熙四十三年(1704 年),他为少林寺写了两方匾额。一方是"少林寺",原悬挂于天王殿门外,后移于山门之上;另一方是"宝树芳莲",原高悬于大雄宝殿,清末毁于兵火。

康熙十二年(1673年),少林寺有整修初祖庵之举。康熙十三年时,祖善做了初祖庵的住持。赵光祖等人于十二年冬天送来"脱纱造"(即夹纻像)菩提达摩圣像一尊,绣幡四首,并捐资整修了初祖庵。

康熙二十三年(1684年),河南官员张思明陪侍户部右侍郎鄂尔多祭中岳庙,顺道入少林寺,见寺"久经劫火,法堂草长,宗徒雨散",便发动一批官员捐俸,于次年修整了白衣大士殿。同时,福缘祖善还监修了孔雀明王殿。

值得重视的是,从顺至八年至十一年(1615～1654年),由寺僧祖文、清连、净稳主办了"天地冥阳水陆赈孤荐祖大法会"。登封县、偃师县和巩县三县各保人氏都参加了这为期三年的大法会。在战乱、民族矛盾和天灾之后,孤苦无望的民众通过法会得以"荐祖",获得"赈济",应是深得民心之善举,影响深远。

3. 清末少林寺

自康熙四十三年(1704年)皇帝颁赐御书"少林寺"二方匾额后,少林寺渐渐得以恢复。其中最重要的是雍正十三年(1735年)开始的一次大修缮、大改建,耗银达九千两之多。

这次工程是由河东总督兼河南巡抚王士性(?～1756年)主办,由雍正皇帝批准的。从雍正皇帝的批示中可知,他对少林寺很不放心,要加强"稽查管束"。连令何人住持,也要他亲自"从京中派人前往"。推测其原因,恐怕与僧人习武及"反清复明"情绪,不无关系。

此次大修,增设了山门,修葺了天王殿、大雄宝殿、法堂及寮房,形成了今天少林寺的格局。王士性急于求成,下令就地取材,遂将南山上由无言正道率弟子们辛勤种下的数千株柏树"斩伐一空"。

乾隆十五年,乾隆皇帝奉太后、率皇后等祭祀中岳前,于九月卅日(1710年10月29日)驻跸少林寺;寺僧善修净府(1728～1817年)等得以参见。乾隆皇帝御制诗四章并书匾额。他在《题面壁石》中,对达摩故事不以为然。指出"大地那非碧眼僧,九年面壁却何曾","片石无端留色相,千秋不必考明征"。这与唐高宗、武则天对少林寺的虔诚,形成强烈对比。

乾隆十九年(1754年),朝廷下令,取消官给"度牒",虽减少了朝廷对出家的控制,但也不可避免地增加了伪滥之事。

道光以来,社会危机加剧,外患频繁。少林寺也是纲纪大坏。道光廿二年三月(1842 年)的一则《告示》指出,房头僧人往往交结豪绅,留容土匪。或邀约酗酒,或聚众赌博,甚至朋比窝娼,构串结讼。当然,多数僧众还是恪守戒律的。咸丰五年六月(1588 年)的《合寺僧俗公议规矩碑》指出:"近经兵荒,匪人蜂起。混迹道门,借游滋事……更有结队成群,谋为抢掠者,合寺均受其累。"

清代少林寺有个自古未见的现象,即屡屡为地方长官歌功颂德、树碑立传。例如为邑令王又旦立《长生牌位》(1686 年)、为分守道张思明立《张公祠堂碑》及《张公德政歌碑》(1696 年),为邑令黎公立《众僧世代感恩碑》(1815 年)、为邑令李公立《李老爷感戴碑》(1833 年)、为邑令何公立《感德碑》等等。这反映了少林寺对地方官吏的依赖及自主权的减弱,亦是少林衰败之征候。

迨至清末民初,少林寺仅有僧人二百余人,土地 2870 余亩。

二、明清伏牛山诸寺

伏牛山位于中国河南省西部,是秦岭山脉东段延伸的山脉之一。山脉长 250 里,宽 40～70 公里,山脉主脊高度约 1500 米上下,呈西北东南走向,是黄河、淮河、长江水系的分水岭。最高峰鸡角尖 2212 米。

伏牛山是历史名山,也是佛教文化圣地,有"伏牛山七十二曼,八十四庵"之说。云岩寺位于嵩县白河乡下寺村北,全称为伏牛山云岩禅寺,是伏牛山区的一处佛教圣地。云岩禅寺始建于唐代,兴盛于明代,衰败于清代。有上云岩寺和下云岩寺,历代高僧云集,声名远播。与少林寺、白马寺、相国寺并称四大名寺。明洪武十三年(1380 年)复修,明成化(1465 年)至万历(1573 年)又历经百年大修建,明代是云岩禅寺的鼎盛时期,僧众达数千人。僧兵仅次于少林,与少林寺、五台山的僧兵曾经并肩南下抗倭,名震遐迩。

明崇祯十二年(1639 年)李自成起义军入驻,该寺毁于战事。据史料记载,云岩寺鼎盛时期,管辖总面积千余平方公里。所辖寺院数十座,僧众数千人,是豫西南嵩县、栾川、鲁山、内乡、西峡、镇平、方城一带进香的重要场所。此处现遗存有下云岩寺佛殿、佛塔、上云岩寺遗址及塔林遗址、藏经阁遗址等百余处。

笔者①于 2001 年两次考察云岩寺,看到了砖雕三世佛像以及砖雕"开山祖唐自在禅师"塔铭,均为明代文物,从而确认云岩寺就是唐代自在禅师在伏牛山创立的寺院遗址。

(一)伏牛山云岩寺的相关资料

1. 李文阁提供的七件碑刻抄件

(1)《伏牛山云岩寺比丘僧智通题》,永乐二年(1404 年)。

(2)《伏牛山云岩寺记》碑阳面及阴面碑文,约弘治顷(1488~1505 年)。

(3)《淮山嫡嗣宛城月天圆极野人自述塔铭有序》,正德五年(1510 年)。

(4)《临济宗下廿五代伏牛山云岩寺住持丹空塔志》,正德十四年(1519 年)。

(5)《重修红椿寺记》,万历十七年(1589 年)。

(6)《重修伏牛山红椿寺记》,万历十七年(1589 年)。

(7)《重修伏牛山演法坪佛殿碑记》,康熙五十九年(1720 年?)。

2. 本人抄录的碑刻

(1)《高巷法师塔铭》,阳面及阴面,万历十九年(1591 年)。

(2)《修建关圣大帝金像创立寺前月台并创下庙圣殿月台碑记》,嘉庆廿五年(1820 年)。

(3)《修龙池大曼碑》,(半在土中)。

(4)《筹办慧光寺善后事宜碑》,光绪十四年(1888 年)。

3. 查阅相关文献

卢志逊《嵩县志》康熙十三年(1693 年);北宋赞宁《宋高僧传》;南宋普济《五灯会元》;《明史》兵志、后妃传、伊王、唐王、福王传及李自成传;《洛阳市志·文物志》;吴建设《云岩寺》(1997 年);温玉成《少林访古》(1999 年);《憨山老人梦游集》以及白马寺、风穴寺、丹霞寺等相关资料。地理方面有《山海经》、《水经注》等相关资料。

---

① 即温玉成先生

4. 有待调查的资料:

(1)嵩县及栾川县伏牛山区散存之碑刻、塔铭、墓志等。

(2)邻近的南召、汝阳县寺院碑刻、塔铭、墓志等。

(3)收藏于民间的寺院文物调查及民间口头传说累集。

(4)测绘伏牛山中心区域大比例尺地形图,标志出寺、庵所在地点。

(5)查阅更多的文献,如《豫变纪略》等等。

(二)关于淯水、汝水、伏牛山及曼氏方国

1. 伏牛山

嵩县南部,大体上以栗树街至木扎岭一线以南,属伏牛山中心区。这一地区可概括为"两山(伏牛山、外方山)交界处,三江(黄河支流伊河、淮河支流汝水、长江支流白河)分水岭",是八百里伏牛山最佳胜境所在。

伏牛山以北为暖温带落叶、阔叶林区;以南为亚热带混交林区。据《周南太史王公守诚遗集》明代万历年间王守城的记述:"嵩在万山之中,平原之土仅占十分之三。嘉靖以前,嵩城十里之外,皆茂木青青。城南伊水,阔不过百步。白水、伏牛山等地,三百余里林木荆棘,杳无人烟。"伏牛山之得名,在隋末至唐玄宗开元年间(约610~741年),与传说的自在禅师驯服野牛无关。自在禅师是在元和年间(806~820年)才来到此地的。

2. 白河(即淯水)

《山海经·中山经·中次一十一山经》云:"(瑶碧之山又东四十里)曰支离之山,淯水出焉,南流注于汉。有鸟焉,其名曰婴勺,其状如鹊,赤目、赤喙,白身,有尾若勺,其鸣自呼。多□□牛,多□□羊。"《水经注·淯水》云:"淯水出弘农卢氏县攻离山,又南过邓县东南,入于沔。"许慎《说文解字》云:"淯水出弘农卢氏山,东南入沔。或曰郦山西,郦、离声同也。"查今白河之源,在白河乡玉皇顶东麓之南坪、聂家庄之间,至三道岗出境入南召县。其在嵩县境内全长约50公里,左右约有11条小溪流水注入之。北岸山头有伏牛山、白羊山、摘星楼、红椿山、燕泉山、大盂山。南岸山头有鸡角山、摩天岭、丽青山、鸦路山等。

白河下游,出南召,入南阳,至新野,汇合湍水、泌水,又南下,至襄阳入汉江,是为长江的支流。

3. 汝水

郦道元(466年或472～527年)任鲁太守时,曾亲自调查过汝水之源。他说:"今汝水西出鲁阳县之大盂山黄柏谷,岩鄣深高,山岫邃密,石径崎岖,人迹裁交,西即卢氏界也。其水东北流,经太和城西,又东届尧山西岭下,水流两分……"

古今变迁,"太和城"已不知所在,"大盂山"是否指今白河北岸靠近南召县界之大盂山,有待详考。汝水沿着嵩县东侧,由东南向西北流,至黄庄乡东北,流入汝阳县界。嵩县境内全长约150公里,汝水下游(今称北汝河)注入沙河,至安徽阜阳入颍河,下至淮河。

4. 曼氏方国

伏牛山及外方山区自古分布着曼氏。殷墟卜辞中已有"曼"地。据《路史》记载,商朝武丁时代(大约公元前1250～公元前1192年间),武丁的季父蔓侯之后代为曼氏。春秋时代,曼氏已登上历史舞台。《左传》昭公十六年(公元前526年),"楚子使然丹诱戎蛮子嘉,杀之,遂取蛮氏(在新城郡南部),既而复立其子"。《左传》鲁哀公四年夏(公元491年),楚人谋北代,围蛮氏,蛮氏溃。蛮子赤奔晋阴地。曼氏是山地居民,居住分散,经济文化落后,往往成为楚人北上争霸的牺牲品。曼氏分布的中心区,在嵩县南部,汝阳至汝州之间,嵩南应是曼氏方国的西域,至今保留着许多称为"曼"的地名,如龙池曼、红椿曼、宝天曼、银虎曼、金山曼、黄龙曼、胡叶曼、香炉曼、扫帚曼、北栗子曼、鸡角曼、小曼、曼上、曼顶等等。春秋时的"曼氏城",在今汝阳县城东。"曼子"是自称,"蛮子"是周人、楚人对他们的污辱性称呼。

战国时,楚国修筑了长城——"方城"。"方城"是北边城墙就把曼氏挡在了城外。在嵩县,曼氏的北邻,是陆浑之戎。再北,是周天子的统治区。总之,历史证明,嵩县南部一直是经济、文化比较落后的区域。大约到了唐代中叶,即元和年间藩镇割据的时期,才有了初步的发展。自在禅师到伏牛山,并不是偶然现象。马祖道一倡导"农禅合一",自在禅师到伏牛山实践"农禅合一"的理念,前提是必须有"闲田"可供开垦、耕种。

(三)自在禅师创设伏牛山云岩寺

1. 关于自在禅师

自在禅师(公元741～821年),俗姓李氏,吴兴郡人(今浙江省北部、太湖南岸的湖州市)。他出家于家乡附近的天目山径山寺(天目山主峰之东北)。初依牛头宗法钦禅师①廿岁受具足戒(公元760年),成为"比丘"(即破除烦恼者之义)。后来外出参学,到江西省靖安县石门山,拜著名的洪洲宗师马祖道一②为师,悬解真宗,逸踪流辈,道誉孔昭,已经名扬禅林了。

禅宗五祖弘忍(公元601～674年)的道场在湖北省黄梅县五祖山(东山),他的三个主要的弟子是神秀(?～706年)、法如(公元638～689年)、惠能(公元638～713年)。神秀开创了"北宗",惠能开创了"南宗"。惠能的弟子中,重要的有"七祖"神会(公元684～758年)、怀让(公元677～744年)及行思(?～740年)。怀让的道场在南岳衡山,马祖道一就是他的大弟子。有一次,怀让拿一块砖在磨平。道一见状,不禁问道:"老师磨砖做什么?"答曰:"磨砖做个镜子!"道一大惑不解,又问:"磨砖岂能成镜?"老师答道:"磨砖既然不能成镜,坐禅岂能成佛?"道一顿大悟,放弃了单纯坐禅的旧法。道一的弟子自在,当然也承袭了老师的新思路。自在著有《三伤歌》,惊醒迷途世人,当时广为流传。

元和年间(公元802～820年),自在禅师北上东都洛阳,住进了风光秀美的伊阙(龙门)香山寺。这里有他的师兄弟如满禅师和莫逆之交的天然禅师。这如满禅师就是后来白居易(公元772～846年)的师父。

据专家的考证,唐代的香山寺在龙门东山南麓,今轴承厂疗养院附近。今龙门称香山寺的地方,是唐代乾元寺遗址,清代改称香山寺。

2. 自在禅师在伏牛山创立寺院

自在禅师在何年来到伏牛山,尚不可考。他的"莫逆之交"天然禅师是元和十五年春(公元820年)因思念林泉南下南召县丹霞山创立寺院的。

自在禅师在伏牛山寺开堂说法,有一段精彩禅话。自在禅师上堂曰:"即心

---

① 润州王氏,得赐号为"国一禅师",第714～792页。

② 汉州什邡县马氏,得赐号"大寂禅师",第709～788页。

即佛,是无病求药句。非心非佛,是药病对治句。"僧人们问道:"如何是洒脱的句?"师曰:"伏牛山下古今传!"

自在禅师在伏牛山住了不久,便派遣弟子去江南寻找山水胜地,作终老之地。弟子回来报告说,选中了江州都昌县(今江西省鄱阳湖南岸)。自在便南下,行至叶县,为道俗所留。再往郁州(湖北省郁县),示寂于开元寺,终年81岁。

唐武宗下令毁灭佛法,伏牛山寺大约也于此时毁掉。这样算来,伏牛山寺只存在了25～30年。

(四)唐末、五代、宋、金、元时代的伏牛山

唐末至元末约500年的漫长岁月,没有任何关于伏牛山云岩寺的文字及文物资料可寻。今据少林寺碑刻可知,有凤林子珪禅师(1284～1345年),山西临汾人,大约在1310至1314年期间,曾一度隐于伏牛山中,"刀耕火种,木食草衣",头陀人外。头陀禅者是不住寺院的。因此,这条资料不能证明伏牛山已有寺院存在,嵩县北部已有寺院多所,但不属于伏牛山区。

相反,南召的丹霞山却香火连绵,名僧辈出。有义安、子淳(1064～1117年)、佛智端裕(1085～1150年)、广铸(1170～1224年)、道隐今释(1614～1680年)等等。大约在元末或明初,有位"云阳碎支"和尚来到伏牛山修行,可能还带来了佛舍利。云阳县在四川省万县东北,元设云阳州,明改云阳县。

(五)明代伏牛山诸寺的复兴

1. 云岩寺

就现有残存资料,只能对明代云岩寺的历史作一个概略说明。大约洪武廿四年(1391年)前后,已有独空、亮公及广公三位高僧居此。正德三年(1508年)酷暑,有渴死者。伊王朱㳡锘(?～1508年)或朱訏渊(?～1526年),遣官到云岩寺净瓶轩祈雨,"不日霖树大作,禾苗勃苏,灵感迅若此"。伊王府在洛阳,明太祖第二十五子朱彝,洪武廿五年(1392年)受封,永乐六年(1408年)就藩洛阳。资助云岩寺的还有唐王府,唐王府在南阳,明太祖第二十三子在洪武廿四年(1391年)受封,永乐六年就藩南阳。

下边,我们罗列一下在云岩寺活动的僧人:

云阳碎支(元末或明初)。

独空(~1391~)。

亮公(~1391后~)。

广公(~1391后~)。

靖方(~1404前~)。

逸山(~1404前~)。

智通(~1404前~)。

古潭本深(?~1403)。

无相真公——雪川明泉(?~1472)。

古监——古梅祖庭(1461~1510)。

宣化(~1465~)。

悟景历公(~1510~)。

月天圆极(~1510~)。

圆某秀公(~1513~)。

月空(?~1519)。

西庆(?~1519)。

可朗。

坦然平公(?~1579)——幻休常润(?~1582)。

归空(万历间)。

法光(万历间)。

洪因——高庵法隆(?~1591年,受到唐敬王朱宇温的供养)——能秀——仁捏。

印福(~1866~)。

大约在嘉靖时代,云岩石寺发展达到顶峰,尤以戒律严明名闻天下,据北京高僧笑岩月心杜宝禅师(1512~1581年)记述,他曾"冒寒暑于十余年间,涉南北于数千里之外",所见当代"国内名山"除河南伏牛山外,"天下无正范丛苑"!他感叹道:"异容缁服,似粟如麻,尽称佛之儿孙,所营是何正业?"

作为云岩寺存在的实物证据,是寺院遗址出土了两件文物。一件是砖雕

"三世佛像"：释迦牟尼佛作降魔印居中,药师居其左,阿弥陀佛居其右,可判定为明代中期式样(高 35.1 厘米,宽 64 厘米,厚 12.1 厘米)。另一件砖雕塔铭"开山祖唐自在禅师",亦为明代中期式样。这两件文物应是当年塔园中"千佛塔"上的构件。据老乡回忆说,该塔高约 10 米,塔基周围有 10 米,毁于"文化大革命"(1966 年冬)。

2. 慈光寺

明末高僧憨山德清(1546～1623 年)撰写了《伏牛山慈光寺十方常住碑记》,但此文未署年代。文中称万历皇帝的生母李太后(?～1614 年)为"圣母慈圣宣文明肃皇太后"。查《明史·后妃传》可知:"孝宗李太后,神宗生母也,漷县人,侍穆宗于裕邸。隆庆元年(公元 1567 年)三月封贵妃,生神宗。即位,上尊号曰慈圣皇太后。……六年(1578)……三月加尊号曰宣文。十年(1582)加明肃……二十九年(1601)加贞寿端献。三十四年(1606)加恭熹。四十二年二月崩(1614)……合葬昭陵……好佛,京师内外多置梵刹,动费巨万,帝亦助施无算。"据此可知,文中所称的太后只能在万历十年至二十八年之间。但作者德清在二十三年被捕下狱,因此,该文只能作于万历十年至二十二年间(1582～1594年)。

该文云:"圣母慈圣宣文明肃皇太后,承悲愿力,现国太身。兴隆三宝,大建法幢……乃捐膳馐之资,命近侍太监姜某,于伏牛山建造慈光寺,为十方海会丛林,置太河川、黑峪保庄田二所,为永远供奉香火。命僧智朋住持寺事。……冀道场与二室争光,丛林比牛山并峙也。"

嵩南今无慈光寺而有慧光寺,在车村西顶宝石村,分为上寺(今称灵瑞寺,在顶宝石村南三四里)、下寺(慧光寺),该寺清初重修。同治五、六年间(1866～1867 年),"寺僧猖獗,烟赌流荡,将香火大地,典当已尽"。当地信众赵经帮、谭书兴、郭景荣、董元明等人集资兴复,请回了旧僧真普、空禅师徒住持之。

这慧光寺是否就是明万历年间李太后创建的慈光寺,尚待考评。

3. 红椿寺

红椿寺位于车村东南部,始建年代不详。嘉靖初年,有临济正宗二十五世"荆璧老人"德山号翠峰者居此。德山是宁夏卫人,临终有"一拳打破虚空,吓得诸神退位"的偈语。他的弟子是延寿印空。万历中,印空的弟子明海,号慈舟,是一个太监,"幼入掖庭","一日谢时俗,祝鬓闭关,抢玄茹和,为缁衣第一流"。他与师兄弟明本,重修了红椿寺,有千佛殿、藏经殿、三大士殿、天王殿、祖师殿、伽师殿及禅堂。他们的举动"声彻慈宫,颁经锡镪,且奉懿旨,建千盘盛会,讲演秘典"。碑文刻于万历十七年(1589 年),则"慈宫"李太后颁赐大藏经等事必在此之前。

傅野肖撰写的《重修伏牛山红椿寺记》,是"御马监"九名太监出资建立的。可知慈舟明海原是御马监的太监。有趣的是,这九名太监中的三人还参与了北京寺院的建设。陈儒于万历廿二年曾在北京督建功德寺。李官在万历廿六年出资助建北京大护国千佛寺(这是皇家的香火院,由遍融大和尚住持)。王爵在北京赞助寿明寺之重建。御马监是明朝的宦官执掌的十二监之一。当年太监极权势。洛阳白马寺于嘉靖三十四年(1555 年)的大修,就是由司礼监掌印太监兼总督东厂的黄锦主持的。黄锦是偃师县龙虎滩人。少林寺的金铜达摩祖师像,是司礼监太监张永于大德十四年(1519 年)施造的。

李太后支持的慈光寺及红椿寺,自然也受到福王朱常洵(1586～1641 年)的支持。朱常洵是万历皇帝的第三子,廿九年封王,四十二年就藩。

4. 演法坪

演法坪在车村西南黄柏村,地势开阔而险要,始建年代不详。今存靳贤撰《重修伏牛山演法坪佛殿碑记》(1720 年),可知此地是云岩寺一处下院。明末"流寇纷扰,佛像蒙尘,僧众奔散"。清康熙年间由邑之绅士屈必昌、张应登、张星焕、李根大、孙敏、吴之奎、唐必显、屈少升等集资重兴,请汝州风穴寺首座大晓禅师住持。此后有普恒、实慧、强能等维持山门。

据汝州风穴寺记载,憨休乾如(? ～1710 年)的弟子默鉴性辉曾于伏牛山演法坪居静(1710 年以前),退隐于嵩县马回寺。性辉的弟子有颖石如锈(1658～1732 年)。

5. 伏牛山其他寺院及伏牛山僧兵问题

圣水寺

在车村乡小豆沟村,始建于嘉靖四十一年(1562 年)。明万历四年(1576 年),清雍正三年(1725 年)均有修缮。该寺三月十八日庙会最盛。

五顷寺

在车村西南 20 公里之后湖。创建年代不详,原有塔四座,二座是五级单檐六角形塔,二座是砖砌宝瓶式塔。"文化大革命"时被毁各一,今仅存两塔,为明代建筑。

五马寺

在白河村西 25 公里,仅存七级密檐式六角形塔一座,镶嵌的石雕塔铭云:"十方海会普通之塔","嘉靖壬寅年"(1512 年)。该塔塔志云:"先祖法讳明泉,号雪川,乃怀庆府温县之巨族。龆岁出尘,礼云岩无相真公为范。后参大乘山千峰清蓝万法洞明本心。复之西蜀参洁空和尚印可,针芥相投,师资契合。复返伏牛迤西鸡角曼白云庵。爱其山水奇秀,境静人空,诛茅为庐,燕居修道。宴栖年深,道播诸方,名传海上。剃度弟子五人,俱成大器,各建梵刹。子孙繁茂,其叶蓁蓁。乃于成化八年(1472 年)乙酉月壬申日入灭。"从志文可知,此地在明代是"白云庵"也。明泉的法孙有善宁、善钦。

伏牛山有僧兵,见于《明史·兵志》及郑若曾《江南经略》一书(1568 年,有序)卷八下。《明史·兵志·乡兵》云:"僧兵有少林、伏牛、五台。倭乱,少林僧应募者四十余人,战亦多胜。"僧兵出现于弘治、正德、嘉靖三朝,他们多效法"紧那罗王",朱发靛面,手持金棍。少林寺的周友和尚(? ~1547 年),三次立下"奇功",号称"天下对手,教会武僧",教过僧俗弟子 1000 多人,大概其中就有伏牛山的武僧。

(六)李自成在伏牛山

崇祯十三年夏(1640 年),李自成起义军在陕鄂交界地区遭到官军致命打击。九月,率数百骑遁入伏牛山区,"时河南大旱,斛谷万钱,饥民从自成者数万"。九至十二月的四个月内,李自成吸纳了河南杞县举人李信(后改为李岩)、绳伎红娘子、卢氏举人牛金星、卜者宋献策等的势力,声威大震。李岩又建议"请勿杀人,收天下心",造作口号"迎闯王,不纳粮",改变了斗争策略。李自成军在伏牛山虽也遭到一些抵抗,但大多数僧俗持欢迎态度。云岩寺下寺的"马路跪村",据说就是僧俗千余人跪迎闯王的地方。十二月份,起义军连克宜阳县、洛宁县、密县、偃师县,扫清了洛阳的外围。崇祯十四年正月二十日(1641

年)，一举攻克河南府城洛阳，活捉了福王朱常洵并于次日处死。朱常洵的独生子朱由崧逃奔怀庆。他后来在南京称帝(1644 年)，称安宗简皇帝，年号弘光，1646 年死于安徽芜湖。从南阳逃跑的唐王朱聿键，1645 年在福州称帝，年号隆武，次年死于福州。

如今，历史走进了 21 世纪。往事，都成过眼烟云，嵩南地区可称为"二山交界处，三江分水岭"，是八百里伏牛山最佳胜境，中原第一自然景观。历史上两件大事是"自在禅师得大自在，闯王自成闯最难关"。历史地理特点是"曼子方国西域，楚国方城北郊"。

三、巩县青龙山慈云寺

青龙山慈云寺风景区，位于巩义市东南 25 里的青龙山中，总面积 51 平方公里。青龙山峰峻谷幽，风景秀丽，自古便有"千岩竞秀，万壑争流"，"峰峦联亘，涧溪萦回"的记载。山中有大面积原始次生林和原生态植被，有著名的五十三峰奇异景观。

慈云寺在青龙山中。左有青龙河穿越而过，现已变为潜流，周侧群山环峙。遗址位处于满月形的台地上，古碑称曰"山色嵯峨，因见山水盘完，春秋可度，山形满月，玉兔悬河。左有狮子频吟，右有象王回互。东南钵盂峰秀，西北二老谈经，圣钟池大黑龙王之所，西天门乃祖师降妖之处，前代碑额常赞慈云和尚开此道场，大黑龙王时时护法"[①]。

慈云寺积累了丰厚的佛教文化沉淀。寺中留下大量的各朝代佛教遗迹和碑刻资料，碑刻中的许多记载填补了中国佛教发展的空白，特别是寺中的《释迦如来双迹灵相图》碑和《青龙山慈云寺五十三峰圣境之图》碑，更是具有极其珍贵的研究价值。而关于《释迦如来双足灵相图》为何人所带回有玄奘游学印度带回说和王玄策第二次出使印度带回说。玄奘法师游学印度带回此图说至今还为大多数学者沿用。而另一种观点认为是王玄策第二次使往印度时写图带回中

---

① 景泰元年(1450 年)《青龙山重修慈云寺碑》。

国,并由此而传开的。其主要依据除《法苑珠林》记载而外,还有日本国奈良市药师寺第一重殿内现存的佛足迹石的铭文。①

2000 年 9 月 30 日至 10 月 1 日,笔者②考察了巩义市青龙山慈云寺。这里山清水秀林茂草茵,实为中州胜境。民权村檀越崔光显等人,请高级工程师李传泽主持,重修寺宇,再塑金身,功德无量。又请巩义市文物保护管理所赵玉安、席彦昭调查遗迹,编写了《青龙山慈云寺》,提供了宝贵资料,令人尊敬。然而,著作为时匆匆,不无小谬,今略述拙见如下:③

(一)关于青龙山的原名

青龙山的原名应是"浮戏山",或称"方山"。《山海经·中次七经》云:"太室之山……又北三十里曰讲山……又北三十里曰婴梁之山……又东三十里曰浮戏之山……又东四十里曰少径之山……"

《水经注·河水·汜水》云,"水南出浮戏山,世谓之曰方山。北流,车关水出嵩渚之山也"。

《水经注·洧水》云,"洧水出河南密县西南马领山……洧水东流,绥水会焉,水出方山绥谷,即山海经所谓浮戏之山也"。

由此观之,青龙山者即古代之浮戏山也,又称方山,宋代称玉仙山。此山改称青龙山当在金元以后也。

(二)关于"释源白马寺"问题

"在汉明帝永平七年,有僧摄摩腾、竺法兰,始创白马寺于洛阳城东。既而云游此山,因其山川之秀,遂开慈云禅寺,故其山如满月之形,水曲银河之派。内藏玉兔,外列金龟,东有黑龙之潭。左名狮子之岭,南现钵盂峰,有祖师降蜘蛛之处,二老谈经之所。其他奇峰峻岵,叠峰层峦,壁立千仞者,不可胜记。"④明代景泰元年(1450 年)的《青龙山重修慈云寺碑铭》碑文记载慈云寺是"汉、唐、宋、元

① 孙修身、赵玉安、席延昭:《河南省巩义市慈云寺调查记述》,《敦煌研究》1999 年第 3 期。
② 即温玉成先生。
③ 温玉成:《关于青龙山慈云寺的几个问题》,《禅露》2001 年春季刊。
④ 明天顺四年《虞延玺撰重修青龙山慈云禅寺碑》。

救建重修"的一座古寺神刹。"古刹慈云号释源……竺法兰、摄摩腾三藏宣,后
显大唐并宋帝。……大明建立如来殿。"①碑文称:"窃闻古刹慈云寺,乃释源大
白马寺"。由此引起了种种猜测。有学者认为,在已作过清理的山门以内第一
重殿的地面上,其地面堆压在三层以上,而最下一层则为汉砖铺地砌成的地面,
时至于今日仍保存完好无损。加上嵩山南面的法王寺古碑也称"嵩阴之慈云",
为汉时建,为佛教入中国作寺之始。由此认为此寺启端东汉时期的摄摩腾、竺法
兰二僧之说是有其历史影子的。②但是实际上,应是元代后期白马寺在此设立
下院所致。

众所周知,元代白马寺传华严宗,住持号称"释源宗主",如"扶宗弘教大师"
龙川(? ~ 1293 年),仲华文才(1241 ~ 1302 年),"宗密圆融大师"慧觉
(? ~ 1313 年),"海觉澄照文慧大师"法洪(1272 ~ 1344 年)等等,都称过"释源
宗主"。而当时的禅宗寺院,如少林寺、风穴寺等均称作住持而不称宗主。据白
马寺的资料可知,法洪在白马寺不久即离去,而至正年以后的释源宗主名称缺
失。据《青龙山重修慈云寺碑铭》可知,元代至正年间,宗主"广慧清辨大师"重
兴了慈云寺,慈云寺成了白马寺的一个下院。这位广慧清辨大师就是"释源宗
主",这就解开了慈云寺又称释源白马寺之谜,补充了白马寺历史的空白。但
是,在明代尚未发现慈云寺与白马寺关系的资料。

总之,慈云寺的创立史至今不明。明代碑刻资料中提到的"慈云和尚"、"三
藏法师"是何许人,有待研究。"三藏法师"是指精通经、律、论三藏的大和尚,不
一定专指玄奘(600 ~ 664 年)。例如唐代的义净(635 ~ 713 年)也被称为"三藏
法师"。

从现存的文物及种种遗迹考察,至迟在唐宋时代慈云寺即已建立。在考察
时看到一段残幢,石刻四面佛像,可断定为初唐文物。另外,还有一座方形残塔,
每面宽约 1.6 米,高约 2 米,似是唐宋时代的高僧墓塔。

(三)关于南宗觉顺和尚

南宗觉顺曾经主持过慈云寺的一次重要的大修。他经过筹措,在朝廷和河

---

① 景泰元年《青龙山重修慈云寺碑》。
② 孙修身、赵玉安、席延昭:《河南省巩义市慈云寺调查记述》,《敦煌研究》1999 年第 3 期。

南府的鼎力支持下,对寺院进行了一次大修建。此次修建耗费资金甚多。涉及河南府治中的各个州、县、卫以及巩县的各个村落和全国的十个省府。自明代宗景泰六年(1455年)动工,至于明英宗天顺二年(1458年)完工,历时三年左右。自此而奠定慈云禅寺的基础和规模。觉顺主持慈云禅寺使临济宗在此地获得长足的发展,更加扬名于世界,漂洋过海而东传于日本。现在日本国有大慈云分寺。后又传到东南亚和台湾诸地。其在中国佛教发展史中地位很重要。

南宗觉顺(? ~1469年)中兴了慈云寺。但是,他的师承却是一个复杂问题。

他早年曾在湖南皈依了一位"曹洞宗六代信公无疑大师",但此时他还未出家,而这位信公则僧传失载。

他于宣德三年(1428年)同父亲赴金陵(南京),投大能仁寺,礼"弘善妙智国师"为授业师,法名班麻舍罗(意为莲花生)。众所周知,明代南京有四大寺,即天界寺、灵谷寺、能仁寺和鸡鸣寺。主管全国佛教的"僧录司"就设在大天界寺内。而位于城南的大能仁寺,则一度是吐蕃(西藏)僧人的驻地。明成祖时,主持大能仁寺的是藏传佛教格鲁派(黄教)僧人,著名的宗喀巴(1357~1419年)的弟子释迦也失,即绛钦却杰(1352~1435年),曾任大能仁寺寺主,朝廷封他为"大慈法王"。明成祖先后封了"西天佛子"二人,"灌顶大国师"九人,"国师"十八人,推测那位"弘善妙智国师"应是释迦也失的弟子。这样算来,班麻舍罗即觉顺应与三世达赖喇嘛锁南嘉措(1543~1588年)同辈。宣德四年(1429年),觉顺得剃度为僧,从师十年之久,到正统四年(1439年)才别师远游。应该说,觉顺正式出家拜师,学习的是藏传佛教格鲁派(黄教)。

就在这一年,觉顺在北京西郊翠微山,遇到了曹洞宗僧人太虚圆了,以师礼相待。太虚对觉顺"深锥痛札",表示印可。觉字辈也是承圆字辈而来。这翠微山又叫平坡山,有平坡寺。寺创于唐代,明仁宗敕重建(1425年),赐名"圆通寺"。乾隆十四年(1749年)改名"香界寺",就是今北京石景山区"八大处"的"六处"。我们大致可以肯定太虚圆了是圆通寺和尚。慈云寺的"曹洞宗派"即由此而来:"从正思惟,好圆觉性,祖道兴隆,永远福庆"。(此后又续曰:"端谨虚灵,菩提果证"。

此后,觉顺又南下山东兖州,正统九年(1444年)二月上旬行至巩县,恰遇施主李普信等修缮慈云寺,礼请十方云水僧,太虚与觉顺乃驻锡于此。景泰元年时,觉顺作了慈云寺住持,圆了作了首座。

景泰六年至天顺二年(1455～1458年),由潭怀施主秋月居士等施财,扩建慈云寺。天顺二年清明节时,觉顺又遇到了天竺大和尚湛秀,地点大概在博爱县月山寺。湛秀传赵州柏林寺临济宗,是二十四世,他嘱咐衣法给觉顺,觉顺从此改宗临济,称二十五世。

柏林寺隋唐时称“观音院”,著名的“赵州和尚”从谂(公元778～897年)即以此为道场。北宋时改称“永安院”,金元时称“柏林禅院”,明初改称“柏林寺”。

天顺四年(1460年)立碑时,已不见太虚圆了之名,不知他已去世还是因不满改宗而离开了慈云寺。次年,天竺大和尚水怀老人再次从月山寺嘱咐佛法。月山寺始建于金代正隆三年(1158年),名“大明禅院”,明永乐三年(1400年)改称“月山寺”。

觉顺去世在成化五年己丑二月丁卯五日庚寅(1469年),这是没有疑问的。初一是丙戌,初五是庚寅者,年在己丑,干支相合也。

觉顺在慈云寺共二十五年(1444～1469年),僧腊四十,俗寿不详。自号“卧云道人”。他去世后,由弟子、首座性钦接任住持之职。

(四)慈云寺与少林寺的关系

从现存的碑刻资料看,慈云寺与少林寺关系密切是在曹洞宗二十六世无言正道(1547～1609年)的时期。正道号“雪居和尚”,出家于江西省上兰寺,本属临济宗。后北上少林寺,投幻休常润为师,改宗曹洞,兼传临济。正道作少林寺住持在1592～1609年。他为慈云寺撰写《启建佛斋供三次完满碑记》,应在戊申(1608年)或丙午(1606年),不应是戊午(1618年),因此时雪居和尚早已去世。慈云寺所见的“雪居和尚入室法子烦庵”,应是一个法号而不是法名。而“少林嗣祖焚修沙门龙吟”,也只是兼承少林而已,因为少林寺七十字派中并无“隆”字辈。

第九章　河洛宗教艺术

一、"仙佛模式"的提出①

中国最早的佛教图像"老子浮屠铜镜"（公元93年）在洛阳市孟津县发现。上面的浮屠像乃是中国人以神仙为原型创作出的仙佛模式。它是与犍陀罗、秣菟罗并存的世界上最早的佛像之一。随着西域高僧的相继来华，携入粉本，"仙佛模式"也渐次演化。大约在3世纪末叶，犍陀罗模式为主的佛教图像才最终取代了仙佛模式。②

中国江南地区发现的与佛教相关的文物，集中在湖北、江苏、浙江及四川省。依有纪年可考者而论，尚无早于东吴赤乌十年（公元247年）者。③ 是年，康僧会始抵建业，"营立茅茨，设像行道"④。佛教史籍中记载第一位入川的高僧是西域人涉公（？ ~380年）。⑤ 但佛教图像可能在蜀汉时期已传入四川。

现存的早期佛教文物都证明，佛教图像传播的主渠道仍然是丝绸之路。

① 温玉成：《用"仙佛模式"论说钱树老君》，《新疆师范大学学报》2006年第1期；《孔望山摩崖造像研究总论》，《敦煌研究》2003年第5期；《公元1至3世纪中国的仙佛模式》，《敦煌研究》1999年第1期。
② 关于犍陀罗或秣菟罗式佛像诞生于何时，学术界迄无定论。北京大学考古系晁华山教授综合各派意见后认为："佛像首先出现于贵霜帝国的犍陀罗地区……当时是公元1世纪末，摩菟罗这时也是贵霜王朝的佛教中心，因而制作佛像的思想也逐渐传播到了摩菟罗。于是，公元2世纪初前后这里也开始了制作佛像。"见国家文物局教育处主编《佛教石窟考古概要》文物出版社，1993年11月出版，第204页。
③ 杨泓：《跋鄂州孙吴墓出土陶佛像》，《考古》1996年11期。
④ 南朝梁·释慧皎：《高僧传》卷一《康僧会传》，中华书局1992年版。
⑤ 南朝梁·释慧皎：《高僧传》卷一〇《涉公传》，中华书局1992年版。

(一)关于东汉有佛像的文献

最近的研究表明,汉明帝永平年间(公元58～75年)求佛法之说"其基本情节还是比较可信的"[①]。此时不但建立了中国第一座寺院洛阳白马寺,而且也有了佛像。

成书于三国初年的牟子《理惑论》中,指出永平求法后,"于洛阳城西雍门外起佛寺,于其壁画千乘万骑绕塔三匝。又于南宫清凉台及开阳门城上作佛像。明帝存时,豫修寿陵曰'显节',亦于其上作佛图像"。

有关佛的形象,《太平御览》卷六五三引《牟子》第一章的一段,为今本所无,文云:佛生天竺,假形王家。父曰白净,夫人字曰净妙……太子有三十二相……颊如师子,皮不受尘水,手足皆钩锁,毛悉向上。"这"毛悉向上"四字,正说明早年的佛是有毛羽的。

袁宏(公元328～371年)的《后汉纪》、范晔(?～445年)的《后汉书》,同样记述汉明帝求佛法后,"遂于中国而图其形象焉"。《后汉书·楚王英传》亦记楚王刘英(?～71)"更喜黄老,学为浮屠,斋戒祭祀","诵黄老之微言,尚浮屠之仁祠,斋戒三月,与神为誓"。

唐代张彦远著《历代名画记》云:"汉明雅好丹青,别开画室。又创立鸿都学,以集奇艺,天下之艺云集。"[②]又云:汉明帝命工人图佛像,"以形制古朴,未足瞻敬","而所作之阿育王像,至今亦有存者,可见矣"[③]。

牟子说于"开阳城门上作佛像",应是实录。按:开阳门是东汉都城洛阳城南城墙上东头第一门。自曹魏、西晋至北魏,此门名称未改。[④]门的地理方位属东南,依谶纬学说,朱雀在巳位,属东南方。洛阳烧沟第1023号东汉早期墓葬出土的五灵纹铜镜上,青龙在寅(东北)、朱雀在巳(东南)、麒麟在未(西南西)、白虎在申(西南)、玄武在亥(西北)。这与汉代祭祀五帝时的坛位相一致。[⑤]把佛像安排在巳位的做法,解开了一系列谜底:山东沂南画像石墓把佛像置于南方,

① 任继愈:《中国佛教史》第1卷,参见第2章第3节,中国社会科学出版社1981年版。
② 唐·张彦远:《历代名画记》卷一,《叙画之兴废》,江苏美术出版社2007年版。
③ 唐·张彦远:《历代名画记》卷五,《彦远跋语》,江苏美术出版社2007年版。
④ 东魏·杨衒之著,杨勇校笺:《洛阳伽蓝记校笺》序,中华书局2006年版。
⑤ 孙机:《几种汉代的图案纹饰》,《文物》1982年第3期。

青海省平安县画像砖佛教造像中出现了朱雀,汉至三国的铜镜上把佛像与朱雀(今人多指为夔凤纹)联造等等,皆本乎此。而于显节陵上作佛像,更开始了丧葬制度的新变化。

大约在桓、灵时期,洛阳甚至有了大月氏人建立的佛寺。在 20 世纪 30 年代,北京大学马衡先生曾在洛阳发现东汉佉卢文井栏石条数块,明确记述了大月氏人在洛阳建造佛寺的史实。① 《出三藏记集》载支谦的祖父支法度"以汉灵帝世,率国人数百归化,拜率善中郎将"。大批大月氏人涌入洛阳,也带来了贵霜文化。故《后汉书·五行志》云:"灵帝好胡服、胡帐、胡床、胡坐、胡饭、胡箜篌、胡笛、胡舞,京都贵戚皆竞为之。此服妖也。"

汉桓帝时期(公元 147～167 年在位),"宫中立黄老、浮屠之祠"②,"设华盖以祠浮屠、老子"③。

东汉末(公元 193～195 年间),笮融建造宏伟佛寺,"以铜为人,黄金涂身,衣以锦彩。垂铜盘九重,下为重楼阁道,可容三千余人,悉课读佛经"④。

东汉人理解的佛教,只是祠祀的一类,而佛也只是神仙的一种。

长沙马王堆 1 号西汉墓(公元前 2 世纪)出土的画幡上,在玉璧的下面彩羽之上,有人首鸟身之二人相对,这就是羽人、真人、仙人。《山海经》、《楚辞·远游》都提到这种羽人。⑤

朝鲜半岛北部古代乐浪出土的东汉永平十二年(公元 69 年)漆盘上,有彩绘的西王母及仙女像,二者皆身有毛羽,西王母戴胜有帔肩。仙女有流苏状围腰。⑥

《四十二章经》中说"阿罗汉者,能飞行变化,住动天地"。两汉时代的中国人,思想活跃,创作自由。两汉画像石及画像砖上,既画出历史人物"尧舜禅让"

---

① 林梅村:《洛阳所出佉卢文井栏题记——兼论东汉洛阳的僧团与佛教》,《中国历史博物馆馆刊》,1989 年第 13、14 期合刊。
② 南朝宋·范晔:《后汉书.襄楷传》,中华书局 1965 年版。
③ 南朝宋·范晔:《后汉书·桓帝纪》,中华书局 1965 年版。
④ 晋·陈寿:《三国志·吴志·刘繇传》,中华书局 2005 年版。
⑤ 孙作云:《长沙马王堆 1 号汉墓出土画幡考释》,《考古》1973 年第 1 期。
⑥ 日·田泽金晋:《乐浪——五官椽王盱の坟墓》,图版 58,刀江画院刊,1930 年出版。此漆盘径 50.4 厘米、高 2.7 厘米。该盘题记云:"永平十二年,蜀郡西工夹纻,三丸治千二百,卢氏作,牢。"此项资料系北京大学考古系李崇峰博士提供。

"周公辅成王""孔子见老子""二桃杀三士""荆轲刺秦王""鸿门宴"等等；也画出神话故事"伏羲女娲""东王公西王母""羿射九日""嫦娥奔月""羲和捧日""常羲捧月"等等，毫无禁忌。因此之故，老子可画，"老子入夷狄为浮屠"，浮屠固可画也。

（二）永元五年的老子浮屠铜镜

1984 年 3 月，河南省孟津县文化馆征集到一面铜镜，据说是从本县朝阳乡獐羊村（今改为张杨村）出土的。该村位于洛阳市北郊的邙岭上，东南距汉魏洛阳故城约 13 公里。村周围原是东汉、北魏皇陵区。村北正对着北大冢（底方形，东西宽 20.2 米，南北长 26 米，高约 14 米）；其西北有一小冢，俗称班冢，世代相传是班超（公元 32 ~ 102 年）之墓。

1985 年 10 月，该镜在河南省博物馆展出。1988 年收入洛阳博物馆主编的《洛阳出土铜镜》中，认为"主纹似为佛像"[①]。此后，贾峨先生著《说洛阳新获东汉永元五年佛像、神人、车马铜镜》，再次肯定镜上有佛像及神人，并考证其年款只能是东汉和帝之永元五年。[②] 然而他将老子误为佛，将佛说成神人。

这面铜镜直径 22 厘米，重 1321 克，圆形，斜缘，半球形纽，双弦连珠纹纽座，现存孟津县文化馆。

铜镜背面，采用槌鍱纹样的银片嵌入作成。其图样可分为外区、中区和内区。"外区"由交错三角纹带、锯齿纹带、放射纹带及铭文带合成。铭文以顺时针方向排列，首尾用五星点隔开，计 39 字，文云："永元五年四夷服，多贺国家人民息，胡虏殄灭天下复，风雨时节五谷熟，长保二亲得天力。吴胡伤里。"

---

① 洛阳博物馆：《洛阳出土铜镜》，文物出版社 1988 年版。
② 该论文收入洛阳市第二文物工作队主编的《河洛文明论文集》，中州古籍出版社 1993 年版。

　　中区的画面可分为 2 组:第一组是老子及其左侧的六马安车;第二组是浮屠及其左侧的四马安车。

　　老子头戴三角形小冠,大眼,大耳,张口,长髯,袖手,盘坐于椭圆形坐垫上。体外两侧有弯曲向上的条纹,而最上方的两条纹尖端各有一圆点。再外,左右各有四只展翅向上飞翔的鸟,呈上下排列。坐垫之下,是排列有序的七朵莲瓣纹。

　　《史记·老庄申韩列传》正义,叙述老子的形象是:"身高八尺八寸,黄色美眉,长耳大目,广额疏齿,方口厚唇。"审视镜上人物,正是长耳大目,张口疏齿的老者。他的三角形小冠(贾峨以为是"肉髻"),亦见于洛阳东赵村出土的西汉画像砖上。①

　　老子体外的条纹,有人说是项光。但它是弯曲的,不是项光,而是仙人特生的毛羽。王充《论衡·道虚篇》云:"为道学仙之人,能先生数寸之毛羽,从地自奋,升楼台之阶,乃可谓生天。"葛洪在《抱朴子·内篇》卷一一,例举了服用各种"仙药"后可"身生毛"、"足下生毛"等情形,甚至可以修炼得"奇毛通骨"(卷六)。老子头上两支有圆点的毛羽,或即此等"奇毛"了。

　　老子左右之飞鸟,正是他"存神养性,意在凌飞"的表示。此鸟似燕雀,或亦表示南方。道家常常认为"鹤能天飞"、"偕翔凤以凌虚",皆此类也。

　　老子左侧,是他所乘的六马安车(车轮下亦有毛羽不是"扬起的灰尘",示为仙车)。车上有四阿华盖式顶棚,车厢四合,车窗有棂格纹。车轮有辐 12 条。六匹马昂首奔驰向前。乘车者身份高贵,所谓"布衣之门,不能动六辔之驾"②。

　　安车向左方奔驰,表示老子向西而行。已故孙作云先生说:"应该指出的是,不管是画幡或者壁画,画墓中死者升天时皆面向左,即西方。屈原《离骚》讲升天时,也面向西方。"③《史记》说老子"莫知所终",后人乃有老子西出关、渡流沙之说。稍晚的《广弘明集·笑道篇》说,尹喜至罽宾国檀特山中访老子,见老子坐在莲花座中,诵经如故。

　　老子之左右,各有一位举双臂而胡跪的仙人,大耳,长发上竖,作欢呼之状。此等长发上竖而胡跪的仙人,亦见于河南省密县打虎亭 2 号汉墓之中室的东段

　　① 黄明兰:《洛阳汉画像砖》卷四,河南美术出版社 1986 年版。
　　② 晋·葛洪:《抱朴子·内篇》卷九,中华书局 2002 年版。
　　③ 孙作云:《长沙马王堆 1 号汉墓出土画幡考释》,《考古》1973 年第 1 期。

券顶西起第二幅藻井北侧的条幅壁画上,这应是一幅"供养舍利图"①。孔望山73 及 80 号像、河南省登封市启母阙(公元 123 年)上,亦有此类形象。

与老子对置的是浮屠像。他头戴莲瓣纹宝冠(不是"尖顶毡帽"),②面型长圆,直鼻大眼,长耳方口。身穿交领衣,亦袖手盘坐于方形垫上。体外有毛羽,弯曲向下,唯不见"奇毛"。方垫前方,是一枝有梗有叶的莲花。《四十二章经》第29 章云:"佛言,慎勿视女色,亦莫共言语。若与语者,正心思念,我为沙门,处于浊世,当如莲花,不为泥污。"由此推测,此图表示浮屠正在说法。

浮屠之左右,亦各有四只飞鸟,各有一长发直竖的胡跪仙人在欢呼,与老子身旁者相似。

浮屠之左,有四马安车正向左方(西方)奔去。但是,外侧一马作回首瞻望状。考此马应是佛传故事中那匹叫犍陟(Kantaka)的马。当太子逾城出家,至蓝摩城(Rams)郊大林中,命仆人车匿(Chandaka)还家时,车匿悲泣,犍陟吻太子足而别。这种浮屠乘的四马安车,在密县打虎亭 2 号汉墓之墓道石刻中,亦曾发现。

统观铜镜画面,精心设计,表达了老子入夷狄为浮屠的主题。老子用六马,有奇毛,有胡须,用圆垫(寓天);浮屠用四马,无奇毛,无胡须,用方垫(寓地),意在表现老子为师,浮屠为弟子的身份。但毛羽、飞鸟、仙人、仙车、莲花,又都表明他们都是升太清,翔紫霄的神仙。

《后汉书·襄楷传》云:"或言老子入夷狄为浮屠",此说早在汉明帝或稍晚时期即已造出,应是佛教徒借老子以自重。晚至 300 年左右,道士王浮造《老子化胡经》,已是佛、道相争之作了。敦煌遗书中亦有《老子西升化胡经》残卷。

这面铜镜直径合王莽尺九寸五以上。它不是生活用镜,而是仙道所用的日月镜或四规镜之类铜镜。《抱朴子·内篇》中,介绍了日月镜和四规镜预卜"将来吉凶,安危去就"之法。

总之,老子浮屠铜镜的考释,揭示了东汉人以神仙为原型,结合对佛教的理解,创作了仙佛模式。其时间(公元 93 年)上距永平求法也只有二三十年。汉

---

① 河南省文物研究所:《密县打虎亭汉墓》,文物出版社 1993 年版。

② 值得注意的是,在阿富汗的阿亨波什出土的一枚金币(直径约 2 厘米)上,一面刻有迦腻色伽大王(公元 2 世纪人),另一面刻有佛像。此佛像亦头戴莲瓣纹宝冠,穿交领长袍。

明帝和楚王英祭祀的老子和浮屠的形象,应该就是这面铜镜上的形象。这种长毛羽的仙佛没能流传下来,正如张彦远评说的"以形制古朴,未足瞻敬"也。

(三)青海省平安县的早期佛教造像

　　1982年,青海省平安县出土了汉代画像砖6块,大小一致(长20厘米、宽18厘米),原排列次序不详,今存青海省文物考古研究所。该所只肯定其中的一幅为"仙人画像"①。或说是月亮女神。

　　但实际上这是一组佛教图像。它们的排列次序应是(文中所说的左右,以文物本身而言):仙人在左上,双雀在左下,人物故事在右上,力士在右。持矛武士列于外侧左右。

　　二护法武士(或即供养主?)皆头戴圆顶幕篱帽,穿圆领鱼鳞甲,骑马(有马鞍),持长矛,相向而立。马作迈步前进状。

　　所谓仙人,乃一仙佛式菩萨。头戴冠,面相长方,大目,大鼻,大口,大耳,穿交领衫,下着裙,赤足呈外八字而立。左手上举半月;右肩外有日,右手下伸提净瓶,帔帛飘扬。这尊菩萨像,既保存了"项中佩日月"的仙佛特征,又明显受到了贵霜艺术之影响:有帔帛,提净瓶,外八字脚的立式。其下的双雀,嘴、胸、足相接,当是表"南方"之朱雀。其形象,汉代亦多有之。

　　所谓"人物故事",乃佛教故事。有二人在大堂内相对,坐于胡床上。二人之间,有一大花瓶,内插花,似莲瓣状。左侧坐者头戴半球形帽,面相方圆,着袒右肩衣,右手前伸,按于小几上,左手前伸按床上。右侧坐者头上也戴半球形帽,

―――――――――

　　① 青海省文物处:《青海文物》,文物出版社1994年版。

面相长圆,似着交领衫,右肩下一条,似帔帛,腰间有莲瓣状围腰。左手前伸,亦按于小几上,右手下伸按床。胡床下,有一广口细颈瓶,其左侧似有一人跪拜。

此图故事内容,似是维摩诘居士(左侧者)和文殊菩萨(右侧有帔帛、围腰者)对坐说法图。其下为地神,方面尖须,粗眉大眼,直鼻宽口,全身裸,只着裤,作用力托举之态。此类形象亦早见于马王堆1号墓帛画上。

平安画像,中心思想崇拜大乘佛法。依隋代费长房《历代三宝记》卷二,汉灵帝中平五年(公元188年)下云:"《高僧传》云,右《维摩诘》等六部经合10卷,并临准严佛调于洛阳出之。"证以此图,似不虚也。

此平安佛画之年代,不早于中平五年,似可定在汉献帝至曹魏之初(约200～230年间)。《后汉书·西羌传》"湟中月氏胡"条云:自霍去病破匈奴,取西河地,开湟中,小月氏来降,与汉人错居。被服、饮食、言语,略与羌同。自中平元年(公元184年)起兵反汉,十余年而止。因而此图只能出现平安之后。图中人物,具羌人风貌。此图出现于古丝绸之路上,殆非偶然也。

令人惊讶的是,图中的画面竟在数千里之外的徐州市十里铺的一块画像石上出现。[①] 该图分上、下格。上格表示后院之殿堂,下格表示前院及门阙。门阙二重檐,其上各立一鸟,门旁有二人持彗侍卫。二人之间的地上,有一戴冠的人头涌出,似为地神。

殿堂内、帐幕下,二人相对踞坐于胡床上。二人之间亦设花瓶,有花盛开。左侧者头戴进贤冠,右手前伸按于几上;右侧者面部残,左手前伸按于几上,穿交领衫。此图亦似是维摩诘与文殊说法图。费长房《历代三宝记》卷四云,迦叶摩腾来华前,游于天竺西北一小国,该国君臣讲习大乘经典,乃有地神王护持该国平安。因而,此图中的地神涌出,当本此传说。该图之作,当在献帝时或三国初。

---

①　徐毅英:《徐州汉画像石》,中国世界语出版社1995年版。

（四）沂南画像石墓中佛教图像之再考察

著名的山东省沂南画像石墓，发掘报告自 1956 年公布以来，学者们对该墓中室八角擎天石柱上南、北两面上的图像一直争论不休。原报告作者肯定这两幅图"并非佛像"①。1962 年，杨泓肯定它是佛像。② 1980 年，俞伟超先生亦完全肯定其为佛像。③ 1981 年，任继愈先生主编的《中国佛教史》第一卷，再次认为"这个神童像还不是佛像"④。1990 年，台湾陈清香女士称为"神仙般的佛像，或佛像般的神仙，是佛教影响下的图像，是不可否认的"⑤，予以调和。当然，也有日本学者认为一个是火神祝融，另一个是水官玄冥。⑥ 然而，各家较一致的看法是，擎天石柱东面上端是东王公；西面上端是西王母。

原报告对南面像描述如下：南面，顶端是一带项光的立像，头上有束带（成按：似莲瓣纹冠），腰部系下垂流苏带。衣裙下端作垂嶂状，着裤，双手似捧一鱼（成按：颈下有帔肩）。下面之物，作人面双首鸟身。按所在方位考虑，应为朱雀。下面是一带双翼的坐像……再下为一羽人。最下之兽，略似龙形。

北面，顶端之像与南面相同，唯双手似捧一鸟。下面一力士，赤身系短裙，左佩大刀，力拔一树。再下是一翼牛。最大是鸟首翼龙。

依仙佛模式的理念，此图即迎刃而解。首先，南面立像，可确定为一仙佛。头上戴莲瓣纹冠，已见于永元五年老子浮屠镜。帔肩，也多见于汉代神仙像上，如洛阳市偃师县辛村新莽时代壁画墓中的西王母像即有绿色的披肩腰部垂流苏带，也见之于乐浪永平十二年漆画之仙女，唯有项光及外八字脚（北面立像），是受贵霜艺术之影响。

那位带双翼的坐像，正是老子。头冠有改变，两手似作手印。其下的羽人，亦胡跪，欢呼状，是老子浮屠镜上仙人之演化。再下的龙形，乃寓意老子之初形。

---

① 曾昭燏等：《沂南古画像石墓发掘报告》，文化部文物管理局刊 1956 年版。
② 杨泓：《国内现存最古的几尊佛教造像宝物》，《现代佛学》1962 年第 4 期。
③ 俞伟超：《东汉佛教图像考》，《文物》1980 年第 5 期。
④ 任继愈：《中国佛教史》第 1 卷第 3 章 3 节，中国社会科学出版社 1981 年版。
⑤ 陈清香：《汉晋之际的佛教造像》，《史学汇刊》第 16 期，1990 年出版。
⑥ 日·林巳奈夫：《汉代鬼神の世界》，《东方学报》京都第 46 册，1974 年。转引自陈清香：《汉晋之际的佛教造像》。

孔子见老子后说"吾今日见老子,其犹龙耶"。老子上面的朱雀,正表示佛在己位。佛手捧鱼,乃表示由龙(老子)变化而来——鱼龙变化。

《后汉书·祭祀志》云:汉桓帝延熹九年(公元 166 年),帝亲祠老子于灌龙宫。可知当时人以为老子是由龙变来的。于是,由龙而化为老子,由老子而化为浮屠,顺理成章。

北面立像,可考是为未来佛——弥勒佛。此图也由下向上展开。最下端的鸟首翼龙,可能是西域最崇拜之神兽(格里芬?),其上的翼牛,则是婆罗门信仰之神兽,因为弥勒下生于婆罗门家,父亲妙梵是位婆罗门主。再上的力士,应是弥勒下世的鸡头国国王佉儴,他所佩的宝剑可以证明他的身份。另一种解释是,弥勒前世为国王,名昙摩流支。"力拔一树"的树,乃是龙华树,弥勒下世后,曾在龙华树下三次会众说法也。最上之佛,捧一鸟,正表示他已下世到鸡头国,鸟者,鸡也。

弥勒信仰,首见于支娄迦忏译的《道行般若经》卷五,公元 178～189 年间译出。将弥勒佛定位为北方,以此图为最早。

综上所述,两幅佛教图像造出的时间,当在汉献帝建安中至三国初期(约 200～230 年间)。《后汉书·五行志》云:"献帝建安中,男子之衣好为长躬而下甚短;女子好为长裙而上甚短。时益州从事莫嗣以为'服妖',是阳无下而阴无上也。"观此二立佛之衣,正是"好为长躬而下甚短"之状。

在此,我们还需要讨论内蒙古和林格尔小板申 1 号东汉墓。在其前室顶部绘云气,象征天空。在东面,绘青龙及东王公像;在西面,绘白虎及西王母像;在南面,绘朱雀、仙人骑白象和凤凰从九韶;在北面,绘玄武、猰㺄和雨师驾三虬。正如俞伟超先生所考证,其南北两面都表现佛教内容:仙人投胎,故乘白象;凤凰从九韶,鼓乐作时佛乃诞生也。[①] 此一情景在青铜镜的小小画面上,乃以一头戴三山冠、身有毛羽的仙人弹琴来表现。

壁画中的猰㺄,乃置于盘中,为放射光芒的四个球状物。密县打虎亭 2 号墓壁画中也有此物。舍利喻涅槃,示无明将破,故置于北方。墓葬中画此,乃企盼再生、转世之意。魂神不灭、人死当更复生,是佛教轮回转世之说,进一步的发

---

① 俞伟超:《东汉佛教图像考》,《文物》1980 年第 5 期。

展,便是直接造出未来佛。由此推测,小板申 1 号墓及打虎亭 2 号墓早于沂南画像石墓。

比沂南画像石墓稍晚的,应是四川省乐山市麻浩 1 区 1 号崖墓了。该墓在后室门额上浮雕出一坐佛,头上有肉髻、项光,着通肩式袈裟,右手施无畏印,左手握袈裟一角,表示继承释迦之衣钵,此是弥勒佛。此像已摈弃了仙佛模式,具键陀罗风格,如果不是特例,它应是蜀汉之末至西晋初(约 260～290 年)之物。向来的研究者皆依崖墓形制将其定为东汉末年①或蜀汉时期②,皆失之太早。

1942 年发现的四川省彭山县崖墓内所出的陶座下部有一坐佛二夹侍人物像。其坐佛有高肉髻,着通肩式袈裟,衣纹下垂遮住双腿,两手似作手印。夹侍者穿交领长袍,下着裤,作合十供养,或以为是菩萨③,不确,疑为仙人之类。三像之下,作二龙戏璧状,当是由西王母之龙虎座式演变而来。故推断其年代在蜀汉之中后期(约 240～260 年)。

总之,沂南画像石墓表现的四方四神观念对后世影响颇大。除固有的东方东王公、西方西王母外,又增加了南方浮屠(释迦)、北方弥勒。南方者往往伴随朱雀,或用仙人弹琴表示佛的诞生;北方者往往用鸡或龙华树,表示弥勒降世。这些仙佛,早期仍有毛羽,晚期则无。

(五)孔望山摩崖造像之再考察

孔望山是一处大的造像群体,它可能包含不同年代、不同信仰的雕刻品,故不可一概而论。

依《连云港孔望山摩崖造像实测图》观察④。它有佛、道、世俗造像并存的内容。其中,可以定为佛教造像的有一组 X2、三组 X61、六组 X68、八组 X71,X73,X76 等等。

X2 为一立佛。面相椭圆,顶似为肉髻,大耳,深目直鼻,右手似施无畏印,左手握物(袈裟?),衣纹已风化,双足呈外八字而立。其右侧之 X1 与 X2 并列而

---

① 俞伟超:《东汉佛教图像考》,《文物》1980 年第 5 期。
② 阮荣春:《早期佛教造像的南传系统》,台北《艺术学》1990 年第 4 期。
③ 俞伟超:《东汉佛教图像考》,《文物》1980 年第 5 期。俞先生认为是释迦佛和观世音、大势至二菩萨。陈清香认为二夹侍人物"好似天人像",当亦近之。
④ 连云港市博物馆:《连云港市孔望山摩崖造像调查报告》,《文物》1981 年第 7 期。

立,形体略大,头戴冠,面相长圆,美眉大目,袖双手,胸前置一丁字形物(俎案?),腿下部残,此人或即老子。如此,则亦黄老与浮屠并祀之例。

X61 为一立佛像。面相椭圆,面目已不清晰,有肉髻,着袈裟,右手屈于胸前,左手前伸似持物,下着裤,似赤足而立,外八字脚。

X76 为一坐佛,头顶似有肉髻,结跏趺坐,袖手。

上述佛教图像,是在仙佛的原型上吸收了贵霜艺术的某些因素(如肉髻、手印、外八字脚)后形成的。它的年代与沂南墓同期或略晚,即建安中至曹魏初年。值得重视的是台北鹿野苑艺术研究室主人吴文成先生收藏的一件造像石上(石高45厘米、宽25厘米、厚9厘米),有一尊古朴的坐佛。佛有高大的肉髻,上面刻涡旋纹,面相椭圆,呈平面状,上面阴刻眉、目、鼻、口,着交领衫,衣纹亦阴刻。袖手,前有丁字形俎案(沂南画像石墓东王公前也有俎案),手置案上,不露双腿。有莲瓣状身光,饰以麻花纹。此像制作的年代,约比孔望山稍晚,与彭山陶座同期。

孙吴时代的武昌城址,在今湖北省鄂州。1992 年,在鄂州市石山乡塘角头村南清理了 11 座墓葬,其中 M4 是一座有横前堂和矩形后室之孙吴墓。在前堂通往后室的甬道西侧,原放置一尊坐佛像及两个侍立的仙人像。据研究,M4 略早于 M2,而 M2 的年代是永安四年(公元 261 年)十月八日[①]。

坐佛及仙人皆陶制,施以酱褐色釉。坐佛高 20.6 厘米、底宽 13 厘米。面相椭圆,头上有肉髻(已残),眼、鼻、口清晰,着交领衫,衣纹作同心圆状,两手交叠于腹前,但被衣纹遮住,不露双腿。仙人长发直竖,其上有圆点似白毫相,大目、高鼻、张口,着交领衫,束腰,下穿裤,赤足而立。

这三尊像大致与彭山陶座同期,即约 240～260 年间之物,早于 261 年。尽管这三尊像是迄今孙吴至西晋墓中出土的不贴附于其他器物的独立的佛教造像,但它仍保留着长发上竖的仙人形,证明仙佛模式尚未完全消失。

在仙佛模式被取代以前,大概有一段仙佛和西佛并行的时期。宋代郭若虚《图画见闻志》卷一引蜀僧仁显《广画新集》云,"昔竺乾有康僧会者,初入吴,设像行道。时曹不兴于西国佛画,仪范写之。故天下盛传曹也。"康僧会入吴,在

---

①　湖北省文物考古研究所《湖北鄂州市塘角头六朝墓》,《考古》1996 年第 11 期。

赤乌十年(公元247年),卒于晋武帝太康元年(公元280年),曹不兴模写"西国佛画"必在此33年间,而"天下盛传"这种西方式佛像,亦必在此期及稍后。

在北方,世居敦煌的大月氏人竺法护(约239~316年),太始元年(公元265年)抵洛阳,嗣后,曾于城西建法云寺,"摹写真容,似丈六之见鹿苑;神光壮丽,若金刚之在双林",也大力推行西国佛画。

由此可推测,260~290年左右,正是仙佛与西国佛画并存的时期,而仙佛也在改变着自身的形象,逐渐接近西方模式,而到西晋晚期,终于取代了仙佛模式。

(六)用"仙佛模式"考察日本的佛兽镜

日本古坟出土的神兽镜中,有一部分上面有佛像,故又称之为佛兽镜。学者们对此作了大量的研究。但终因仙与佛难解难分,又令人困惑。专门研究佛兽镜的王仲殊先生解释说:"至于三角缘佛兽镜上的佛像常与神仙像相棍淆,那更是因为它们是由东渡的中国工匠在日本所作的关系。东渡日本以后,吴的工匠离开了佛教渐已兴盛的中国……在这种情况下,在制作镜的图纹时忘乎所以地将佛像与神仙像混淆起来,这也是可以理解的。他们不仅常将佛像与神仙像排列在同一镜面上,而且有时竟将神仙的冠戴误加在佛像的头上,或将佛的项光误加在神仙像的头上,等等。"[1]

事实上,仙与佛的这种"混淆",不是什么"忘乎所以"而致,恰恰是仙佛模式的表现。

在中国,三国吴时代铜镜上,就是佛像坐在西王母常用的龙虎座上。1975年,湖北省鄂城五里墩出土的一面吴镜(直径16.3厘米、边厚0.4厘米)上,在四个变异柿蒂纹内,有三尊坐佛和一尊太子思惟像。佛有肉髻、项光及身光,均坐于西王母常坐的龙虎座上。四像之间,均是表己位(南方)之对舞朱雀。[2]

日本熊本县菊水町江田的船山古坟,出土了一面画像镜,直径22.1厘米,正是永元五年老子浮屠镜的演化型。[3] 这里的老子改戴进贤冠,此种冠式亦见于山东省嘉祥纸坊石墓画像上。其左侧,改用六人骑马取代六马安车;于之对置的

---

① 王仲殊:《关于日本的三角缘佛兽镜——答西田守夫先生》,《考古》1982年第6期。
② 管维良:《汉魏六朝铜镜中神兽图像及有关铭文考释》,《江汉考古》1983年第3期,图6。
③ 东京国立博物馆:《特别展——日本の考古学》,昭和六十三年10月4日刊。

浮屠,头戴莲花冠,有帔肩,拱手立于云气上。左右有四仙人(汉装)侍立。其左,仍是四马安车向西而行。其上,又增加了二人乘二马驾车向右而行,似表佛法东来之意。该镜镜纽外也用连珠纹,铭文亦沿用"多贺国家人民息,胡虏殄灭天下复"的文句。

这面铜镜大约作于三国晚期。此时,随着佛教地位的提高,浮屠的地位也高于老子:老子骑马,有二仙人侍侧;浮屠乘车,有四仙人侍侧。

日本群马县高崎市芝崎蟹泽古坟出土的一面三角缘神兽镜,直径 22.6 厘米。铭文云:"正始元年,陈是作镜,自有经述,本自州师,杜地命出,寿如金石,保子宜孙。"该镜为同向式,上部略残。① 纽之左有东王公(有毛羽),其下为青龙,口中含巨②;纽之右有西王母(戴胜,有毛羽),其下为白虎,口含巨;纽之上已残,内容不详;纽之下有弥勒,交领,坐于云气上。其左侧有一仙人,作欢呼状。弥勒头部右上方,有一鸟,以示弥勒已下世至鸡头国。弥勒身下一卧狮,张口伸舌。

上述之船山古坟,出土另一面同向式神兽镜,直径 20.9 厘米,亦很受学者重视。③

该镜纽之左是西王母坐于龙虎座上,有毛羽,其下为肥硕的白虎;纽之右是东王公,头戴长而尖的三山冠,亦坐于龙虎座上,有毛羽,其上为青龙。纽之上部,又可分为上下二层。下层 γ 形内为一老子头像,左右各有一仙人侧面向老子踞坐。老子左侧是一挺立的朱雀。上层,是一仙人弹琴,或指其为伯牙弹琴者。

老子头像,头戴三角形高冠,左右出帽翅。圆目美眉,直鼻张口,长髯。鼻子两侧有两圆点,正是老子"鼻纯骨、双柱"④的特征。正如小山满先生所考证,此头像即是老子。⑤

---

① 东京国立博物馆:《特别展——日本の考古学》,昭和六十三年 10 月 4 日刊。
② 铜镜铭文中常常有"上有守神及龙虎,身有文章口衔巨"之文句。按"口衔巨"的"巨",指"长牙鉴齿",形象是一长柄多齿之物。《抱朴子内篇》卷二五:五原人蔡诞,自称从昆仑山回来,描述此山中"有青龙、白虎、蜥蛇,长百余里,其口中牙,皆如三百斛船……又有神兽,名师子、辟邪、天鹿、焦羊,铜头铁额,长牙鉴齿之属……"
③ 东京国立博物馆:《特别展——日本の考古学》,昭和六十三年 10 月 4 日刊。
④ 东晋·葛洪:《神仙传》卷一,文渊阁四库全书本。
⑤ 日·小山满:《东洋の图像学》,创价大学亚洲研究所丛刊第 2 辑,第 2 章第 4 节,1988 年 12 月。

　　纽上这组图像所表现的,正是老子化胡的意思。γ 表示变化,仙人弹琴表现庆祝佛诞生之意。该组图像置于巳位,用朱雀表南方,恰是仙佛模式所规定的。用 γ 线表示"化",很有趣味。

　　纽之下,一人侧面而坐,着交领衫,似有身光,左右各一仙人(有毛羽)踞坐侍之。右侧为一玄武,表示北方。三人像之下,有一鸟,亦表弥勒下世到鸡头国。故可推测,有身光者即是弥勒。沂南画像所表现的四方四神,在此镜上,再次表现出来。此镜当作于三国中、后期。

　　上述船山古坟出土的另一面对置式神兽镜,直径 20 厘米。① 除坐于龙虎座、有毛羽的东王公、西王母外,还有对置的人物各二人,皆有二翼兽坐于左右,头向外侧。第一组,二人并坐,右者系戴冠、有毛羽之仙人;左者亦为一仙人,无冠。内容似为老子(有冠)教化浮屠(无冠)。第二组,二人相对而坐,中间隔着盘曲作 8 字形的龙华树。右侧坐者举右手,似弥勒在说法;左侧者低首侧身恭听,捧一钵状物。此镜亦当作于三国后期。

　　美国西雅图美术馆收藏的一面重列式画像镜,直径 18.8 厘米。② 该镜上段表示宫廷,中间是一根立柱,以龟托之。柱上作华盖状。左侧一仙人端坐,有毛羽,着通肩衣,戴冠。其左侧一人踞坐,持麈尾,作供养状。其右侧二人坐高座上,面向仙人,皆持麈尾。柱之右,二仙人(皆有毛羽)躬身向左侧仙人施礼。前面而立者戴冠,似国王;身后而立者,身上有"王女"二字。二立者之右,一人戴冠,持麈尾,踞坐。从上段画面看,似是表现佛(左侧端坐之仙人,日本人说是天皇大帝)行化十六国时的一个故事。画面上有持麈尾者(日本人称为笠松形)四人,表示谈玄说法场景。画中的王女,似是佛的姨母大爱道,后来出家为比丘尼。

　　中段左为东王公(戴三山冠),右为西王母(戴胜),皆有毛羽,坐于龙虎座上,座下有云朵。

　　下段中间为盘曲成 g 状的龙华树(有人称为建木、连理木)。左侧有二仙人,皆有毛羽,端坐。一坐处较高的仙人,头戴莲瓣纹冠,似为未下世之弥勒;其右侧之仙人,坐处较低,头上似有肉髻,似为已下世之弥勒。树的右侧也有二仙

　　① 东京国立博物馆:《特别展——日本の考古学》,昭和六十三年 10 月 4 日刊。
　　② 日·小山满:《东洋の图像学》,创价大学亚洲研究所丛刊第 2 辑,第 66 页,1988 年 12 月。

人(有毛羽),对坐作交谈状。戴冠有须的老者居左,持麈尾。面前一豆状器,内盛物。二仙人之右,为一鸟,故知老者乃鸡头国之国王。

此镜约作于三国中、后期。麈尾作笠松形,或言中国镜中所未见,[①]实则洛阳市涧西技校出土西晋泰始八年(公元 272 年)画像镜上,仙人弹琴的二侍坐者,即持此物。[②]

日本奈良县大冢新山古坟出土的三角缘佛兽镜,直径 20.8 厘米,早已引起学者们的关注。王仲殊先生评论云:“其中一像,头上有肉髻,头后有项光,两肩外侧上方各置莲花,显然是佛像无异。另外两像,头戴三山冠,头后无项光,与佛像有异。”[③]

该镜上者,是顺时针排列之三世佛,有莲花者(是现在佛;右上角有一鸟者是未来佛弥勒;则剩下的就是过去佛了。此镜上仙佛与西佛并存,时间约在公元260～290 年左右。从而也可知道上述湖北鄂城五里墩铜镜上,是未成佛时的太子及三世佛像。

三世诸佛的观念,早见于《四十二章经》之第 11 章。过去佛或即迦叶佛。江苏省盱眙县吁城镇沙岗村曾出土一块上下排列三世佛的画像砖[④],其最下一佛头部左上方刻一鸟,示其为未来佛,则知其上端为过去佛,中间是现在佛。该砖年代是西晋太康九年(公元 228 年)五月。

总之,对于日本古坟出土的佛兽镜,仅就上述几面铜镜而言,足可表明仙佛模式的提出必将促进研究之深化。上述分析还表明,中日之间仙佛模式图像的演化是息息相关的。那种以为铜镜是吴地工匠渡海在日本所作的观点,颇可商榷。另外,佛兽镜多为大镜,似非日常所用者,可能是古代日本的巫觋之具。反之,朝鲜半岛则不见此物也。

①　王仲殊:《日本三角缘神兽镜综论》,《考古》1984 年第 5 期。
②　洛阳博物馆:《洛阳出土铜镜》,文物出版社 1988 年版。
③　王仲殊:《关于日本的三角缘佛兽镜——答西田守夫先生》,《考古》1982 年第 6 期,第 631 页。)
④　《佛教初传南方之路》,文物出版社 1993 年版。

（七）用"仙佛模式"论说钱树老君

1. 钱树上"佛像说"质疑

　　钱树文物出土，以1937年4月云南省昭通城东八里曹家老包砖室墓出土的一件覆斗形钱树石座为较早的一例。石座一面用隶书刻"建初九年三月戊子造"（公元84年）；另三面分别刻朱雀、玄武及瑞鹤图像①。40年代，在四川省彭山崖墓中再次发现类似文物，冯汉骥先生始定名曰"钱树"，俗称摇钱树。此后60多年来，陆续发现了一大批钱树，它的分布，除四川省及重庆市外，更广布于云南、贵州、陕西、甘肃、青海的部分地区②。出土钱树的墓葬年代，在东汉至蜀汉年间。已知有纪年者为昭通曹家老包墓（公元84年）、彭山M550（有人乘飞羊树座者），永元十四年三月二十六日（公元102年）③。重庆丰都县槽房沟M9砖室墓，延光四年五月十日（公元125年）④。

　　关于钱树的性质，众说不一。有主张由海上三神山演化而来的⑤；有主张是社树者⑥；有主张是昆仑山及神树者⑦；有主张是早期道教遗物者⑧；有主张是汉人神仙树者⑨；有主张反映民间巫教者⑩等等。

　　约自1991年起，始有学者主张四川省绵阳何家山M1出土钱树树干上的5身坐像是"佛像"，主要依据是该头像上有"肉髻"；右手施犍陀罗式无畏印。⑪此后，凡出土同一类型的坐像，几乎都众口一词称之为"佛像"。代表性的"佛

① 张希鲁：《跋汉建初画刻》，1937年5月石印本。转自孙太初：《云南梁堆墓之研究》，云南省博物馆编：《云南铁器时代文化论》，云南人民出版社1992年版。
② 赵殿增、袁曙光：《从"神树"到"钱树"》，《四川文物》2001年第3期。
③ 江玉祥：《关于考古出土的摇钱树研究中的几个问题》，《四川文物》2004年第4期。
④ 刘宏斌、辛怡华：《陕西宝鸡考古队完成三峡文物发掘任务》，《中国文物报》，2002年3月22日。又见何志国《丰都东汉纪年墓出土佛像的重要意义》，《中国文物报》，2002年5月3日。三见《重庆丰都槽房沟发现有明确纪年的东汉墓葬》，《中国文物报》，2002年7月5日头版通讯。
⑤ 于豪亮：《钱树、钱树座和鱼龙漫衍之戏》，《文物》1961年第11期。
⑥ 俞伟超：《东汉佛教图像考》，《文物》1980年第5期。
⑦ 钟坚：《试谈汉代摇钱树的赋形与内涵》，《四川文物》1989年第1期。
⑧ 鲜明：《论早期道教遗物摇钱树》，《四川文物》1995年第5期。
⑨ 张茂华：《摇钱树的定名、起源和类型问题探讨》，《四川文物》2002年第1期。
⑩ 周克林：《摇钱树为早期道教遗物说质疑》，《四川文物》1998年第4期。
⑪ 何治国：《四川绵阳何家山1号东汉墓清理简报》，《文物》1991年第3期。

像",除何家山 5 身外,还有陕西省城固县砖墓出土钱树树顶铸出的"坐像"①,四川安县文管所收藏的钱树树干、树顶铸出的"坐佛"②,忠县涂井蜀汉墓出土钱树树干"坐佛"③。贵州清镇 M11 钱树干上佛像二件④。此外,还有丰都槽房沟 M9 树干上的"坐佛"。《水经注·江水》记巴郡平都县(今丰都县)就有"天师治,兼建佛寺"⑤。

　　出土的钱树虽众多,但极少有完整者。完备的报告更属罕见。有的报道,缺乏规范的线图,给研究工作造成困难。关于这类"佛像",也曾有人推测是张道陵像,但证据不足⑥。

　　如上所述,在东汉及蜀汉时代,"佛像"已分布如此之广,延续时间又如此之长;但在中国古代文献中却没有只言片语的记述,岂非咄咄怪事。佛教史上记载的第一位入川沙门是西域人涉公(公元? ~380 年),那已是东晋之事了。

　　当我们仔细观察上述"佛像"时,发现诸多可疑之处,今分述于下。

图 1　摇钱树干佛像(摹本)　　　　　图 2　乐山西湖塘汉墓出土陶俑(摹本)
　(绵阳市何家山一号崖墓出土)　　　　　　　(1986 年出土)

　　第一点,所谓"肉髻",实际上是冠或髮髻。图 1 的人像(图 1:钱树"佛像图"),头上戴冠,似有髮髻。据雷玉华女士告知,四川省都江堰博物馆陈列的一件类似石刻"佛像",头冠两侧的系带犹清晰可见。此外,四川乐山西湖塘汉墓

　①　罗二虎:《陕西城固出土的钱树佛像及其与四川地区的关系》,《文物》1998 年第 12 期。
　②　袁曙光、赵殿增:《四川三国时期的画像及佛像》,《四川文物》2003 年第 4 期。
　③　贺云翱等主编:《佛教初传南方之路文物图录》,图 9~12,文物出版社 1993 年版。
　④　罗二虎:《略论贵州清镇汉墓出土的早期佛像》,《四川文物》2001 年第 2 期。
　⑤　史占扬:《四川古代摇钱树及其一般性文化内涵》,《四川文物》1999 年第 6 期;又见杨秋莎:《汉魏时代蜀汉、孙吴墓葬的佛教遗物》,《四川文物》2003 年第 5 期。
　⑥　鲜明:《论早期道教遗物摇钱树》,《四川文物》1995 年第 5 期。

出土的持无畏印立俑,也是头上戴冠(图 2:乐山西湖塘汉墓出土陶俑摹本)。查佛教早期造像中,没有带冠的佛像。佛像带冠,是密教兴起以后之事,在中国,则出现在 7 世纪以后。

第二点,上述"佛像"中,往往又肩外生毛羽。图 1 人像有毛羽。查佛像并无毛羽,无羽化升仙之举。但在中国"仙佛模式"中,公元 1 世纪时,一度出现过有毛羽的"仙佛"。

第三点,上述"佛像"中,有的伴以双鱼,有的皆伴以胡人、龙、玉璧。查西域佛像皆无此种组合。

第四点,上述"佛像",无一例外地强调他是一位老者。人像唇上有的左右有两撇小胡;有的作八字连髭,下有胡须;有的作山羊胡等等。另外,1953 年在昭通县西北洒鱼古墓中出土钱树树干上的坐像,也是头戴高冠,蓄长须,至胸前。① 查释迦牟尼 29 岁成道,犍陀罗早期佛像中,除个别的有髭外,大多没有髭,更无须。

第五点,部分"佛像",有"肥大的左耳"。唐光孝报道说,四川绵阳高新区双碑白虎嘴 M19、M49 共出钱树树干佛像 4 件。M49 的三件佛像,"有肥大的左耳"。他还指出,忠县涂井 M14 的佛像,也有类似的情形。② 查佛可双耳垂肩,但从无左耳肥大的记述。唯老子或名李聃,左侧有耳字。

第六点,"佛像"在于树干及树端。查佛于菩提双树下成道,但并无"坐于树上"的记述。

以上六点质疑,足以否定此类形象是佛像的观点。

2. 用"仙佛模式"阐释钱树上的太上老君像

公元 1~3 世我国存在一个"仙佛模式"。东汉人理解的佛教,只是祠祀的一类,而佛也只是神仙的一种。《后汉书·襄楷传》云:"或言老子入夷狄为浮屠",此说早在汉明帝或稍晚时期即已造出,应是佛教徒借老子以自重。中国最早的佛教图案"老子浮屠镜"早已在洛阳市孟津县发现。上面的浮屠像乃是中国人以神仙为原型创作出的仙佛模式。随着西域高僧的相继来华、携入粉本,

---

① 张增祺:《中国西南民族考古》,云南人民出版社 1990 年版。
② 唐光孝:《绵阳发现汉代铜摇钱树佛像》,《中国文物报》,1999 年 4 月 18 日。

"仙佛模式"也渐次演化。大约在3世纪末叶,犍陀罗模式为主的佛教图像才最终取代了仙佛模式。

反映"老子入夷狄为浮屠"的图像,典型的有3组:孟津的老子浮屠镜、沂南的画像石墓的中室八角擎天石柱上南面的5幅图像、连云港孔望山摩崖雕刻的1号坐像及2号立像。

其中,与钱树坐像关系密切的是沂南画像石墓的5幅画像。该图像自下向上排列,依次为:一是龙。古人称老子为"犹龙",此乃寓意龙是老子的初形。在《史记·老子列传》中,孔子会见老子后说:"吾今日见老子,其犹龙耶"!在《后汉书·祭祀志》中,汉桓帝亲祠老子与濯龙:"文罽为坛,饰淳金扣器,设华盖之座,用郊天乐也"。二是举双手欢呼的、有双羽的胡人,表示老子化胡。三是一位老者,头上戴冠,穿交领衫,有双羽,左手提衣角而右手施无畏印,踞坐。此人"正是老子"。四人面双首鸟身的神鸟,应是朱雀之类的南方神鸟。五是头有项光,外八字脚而立,双手捧鱼的童子立像,正是汉人心目中的"浮屠"。捧鱼表示与龙的变化关系。总之,这五幅连环图像,表达了老子入夷狄,教化胡人童子成佛的故事。

稍晚的研究还证实,孔望山1号坐像是老子,双手抱的不是"盾牌",也不是"俎案",而是一条鱼。

早期佛像有坐龙虎座者。湖北鄂城五里墩出土的东吴铜镜上,三身坐佛就坐在龙虎座上。佛坐在西王母常用的龙虎座上,是仙佛演化的一个环节。

如上所述,沂南画像石墓立柱南面3号图被确认为"正是老子"像,为破解钱树坐像奠定了基础。3号像与钱树坐像的一致性是十分明显的:踞坐而戴冠,老者,有双羽,施无畏印,伴以龙、鱼、胡人。而彼时浮屠像(佛像),只是一身童子形立像。老子与佛,是师与徒的关系,尊卑分明。尽管这不是历史事实,但却是一个时代的思潮。三国魏人鱼豢为《魏略·西戎传》作注时称:"浮屠所载,与中国《老子》相出入。盖以为老子西出关,过西域,之天竺,教胡浮屠,属老子弟子,别号二十有九。"

文献记载,四川在东汉时就有老子神像。黄休复《益州名画录》卷下引《益州学馆记》云:"(汉)献帝兴平元年(公元194年)陈留高眹为益州太守,更葺城都玉堂石室,东别创一石室,自为周公礼殿。其壁上画上古、盘古、李老等神及历代帝王之像。梁上又画仲尼七十二弟子、三皇以来名臣"。李老神,即是太上老君之俗称,东汉末以来,视同神仙也。

3. 关于老子身份的转换

学者们依据湖北荆门郭店 M1(约公元前 300 年)出土竹简中有《老子》写本 3 组,推测《老子》成书于春秋末至战国初年。战国中期,太史儋修订了《老子》,此人或即骑青牛过函谷关者。

最早把老子列为神仙的,是刘向(约公元前 77 ~ 公元前 6 年)所著的《列仙传》。刘向,沛人,楚元王刘交的四世孙,该书东汉有所增补。

汉武帝频频求仙,特别是入海求仙,终无有验,然羁縻不绝。到汉成帝"颇好鬼神",汉哀帝"广招方士,大搞淫祠",再到王莽"兴事神仙",彼等所追求者,一言以蔽之曰"打鬼"(解除)、"升仙"(飞升或蝉蜕)。于是,一个"仙界"的观念逐渐形成。它是"天界"之下,"人界"之上的又一永生快乐境界。人死可以不入"冥界",而升入仙界。"天界"的天帝,有无比的权威,人们畏天之威。"御龙升天"已成为不可企及的渺茫之事。汉成帝鸿嘉三年五月(公元前 18 年),就有广汉钳徒暴动,衣绣衣,自号"山君"(或曰仙君),党羽多达一万余人[1]。

又由于武帝入海求仙的"无验",追求西方昆仑山系统的西王母仙界,乃成时尚。西王母有长生不死之药(虾蟆丸),居昆仑山之巅,成为汉代大统一的代表神灵。

汉哀帝建平四年(公元前 3 年)、自正月至秋天,爆发了一场民间大规模的崇拜西王母运动。人们从"关东"(洛阳及以东地区)到"京师"(西安)行诏筹,经历 26 个郡国,聚会里巷阡陌,设祭,张博具,歌舞祠西王母。或持火上屋,击鼓号呼相惊恐。[2]

升仙"成功"的人出现了。陕西省固县有《仙人唐公房碑》,叙说王莽居摄二年(公元 7 年),有真人李八百授唐公房以神药及丹经。唐公房及妻子等吃了神

---

① 汉·班固:《汉书·五行志》,中华书局 1983 年版。北魏·郦道元:《水经注·渭水·冀县条》,中华书局 2007 年版。

② 汉·班固:《汉书·五行志》、《汉书·哀帝纪》及《汉书·天文志》,中华书局 1983 年版。

药,一家鸡犬升天①。

汉成帝时,齐人甘忠可造作《天官历》及《包玄太平经》12 卷,提出改天换地的理论:"汉家逢天地之大终,当更受命于天。天帝使真人赤松子下,教我此道。"②成都人扬雄(公元前 53～公元 18 年),论阴阳五行,谈天道玄理,辨正邪吉凶,言道德君子,著作《太玄》。扬雄的老师严君平,早年卜筮于成都市,晚年闭门教授《老子》,寿九十余而卒。

太平道及天师道创立时,都宣称是"太上老君"授给了他们真经。在太平道方面,刘宋三天弟子徐氏撰《三天内解经》卷上曰:(顺帝时)"天上于琅玡以《太平道经》付干吉,蜀都李微等,使助六天检正邪气"。蜀中的"李道家",应是这一流派。

汉顺帝或以前的时代,扬雄的《太玄》,被道士们改造,扩充为《太玄经》270卷。据《道教义枢》卷二《三洞义》云:"按《正一经》云,太上亲授天师《太玄经》二百七十卷。惟检是汉安元年七月(公元 142 年)得于此经,尔来传世,乃至今日也"。又云:"太玄者,重玄为宗,老君所说。"托名太上老君所说的《太玄经》,成为张道陵所奉的主要经典。③

综上所述,我们看到由"哲学家的老子"(战国、秦、西汉初),到"神仙家的老君"(西汉后期至东汉前期),再到道教教主(东汉后期)的"太上老君"三种身份的转换(表:《各家所述老子形象的演变》)。

汉顺帝时,张道陵入蜀,继承并改造了巴蜀氐羌之鬼道,使之成为天师道(俗称五斗米道)。他宣称太上老君授以"三天正法,命为天师",尊老子为教主,道士(祭酒)须受"老君百八十戒"。张道陵自作《老子想尔注》2 卷,全书久佚。敦煌藏经洞有残卷,又于 1905 年被英人窃去。残文之中,有三点颇堪注意。一是"散形为气,聚形为太上老君"。二是云"太上老君常治昆仑",把太上老君与西王母关系拉近。三是云"道主尊,微而隐,无状貌形象也。但可从其诚,不可

---

① 王昶:《金石萃编》卷一九,又见葛洪《神仙传·李八百传》。唐公房全家升仙时,因鼠有恶,不能升仙。东汉时,人们希望鼠也能升仙,故有犬鼠画像出现。西汉至东汉初,蜀地的神仙家有李意期、王方平、马明生、沈羲等。又有云:汉顺帝时,蜀郡修黄老者有三千余人。

② 见《汉书·李寻传》。李寻,辅哀帝之政,是甘忠可的弟子。甘忠可弟子还有黄门待诏贺良、司隶校尉解光、东郡郭昌等人。

③ 陈国符:《太玄经考证》,《道藏源流考》,中华书局 1963 年版。

见知也。今世间伪技,指形名道,令有服色名字,状貌长短,非也"。这就是说,正统天师道主张太上老君是"无状貌形象"的,但在民间,太上老君是有"状貌长短"的。故斥为"伪技"。

天师道中,除汉族外,四夷(夷、狄、羌、戎)皆可受箓,成为教徒。《正一法文太上外箓仪》中,还记载了四夷受箓时宣誓辞的范本。历史也证明天师道与四夷关系密切。四川庐山《樊府君碑》(公元 205 年立)即云樊敏(公元 119～203年)时代:"季世不详,米巫凶疟,续蠢青羌,奸狡并起。"(《道藏源流考》,第 316页。)

天师道中,甚至有佛教徒加人。《正一法文天师教诫科经》云:"西入胡,授以道法。其禁至重,无阴阳之施,不杀生饮食。"所谓无阴阳之施,即不行房中术,不淫;不杀生饮食,即不杀生之戒。"西入胡"不属于"四夷",他们来自西域,是老子化"胡"的"胡人"。①

4. 钱树各部位阐释

自古以来,巴蜀有自己的传统文化。巴蜀巫术文化,被称为"鬼道"。《逸周书·史记篇》云:"昔者玄都贤鬼道,废人事天,谋人不用,龟策是从。"其鬼道包括信仰三眼神及三官(天、地、水);长生不老的仙道;驱鬼治病的巫术等等。两汉以来,巴蜀文化渐渐融入汉文化之中,但仍保存许多特点。钱树或即巫术与仙道结合而创造的一种祈求长生、升仙的葬具。它的各部形态,也在不断演变之中。目前不可能将其作考古类型学的研究,分期断代,只能将各部位的形态、含义略加阐释。

树端的鸟、西王母、太上老君图像

钱树顶端多有立鸟,或表南方神鸟"朱雀";或表天帝使者"青鸟公",用接亡灵升仙者。因青鸟公有"天帝使者"的身份,所以才有青鸟不飞、不行而乘坐三轮车的文物在河南巩义的汉墓中出土。②

西王母,昆仑山系统神话中的神仙,戴双胜,坐龙虎座。有三足鸟、九尾狐、兔仙、神蛙等在周围陪伴。昆仑山是东汉升仙者追求的主要"仙境"。河南省堰

---

① 清·陆增祥:《八琼室金石补正》卷六,《汉故领校巴郡太守樊君府之碑》,文物出版社 1985 年版。
② 郝红星等:《河南巩义新华小区汉墓发掘简报》,M1;22,考证年代为公元 100～120 年,《华夏考古》,2001 年第 4 期。青鸟公为天帝使者,见北方汉代朱书买地券及五谷瓶文字。

师县出土的《河南梁东安乐肥君之碑》(公元169年)称:"土仙者,大伍公,见西王母昆仑之墟,受仙道。大伍公从弟子五人……皆食石脂仙而去。"①

太上老君。持无畏印的太上老君像,约出现于公元93年以后,公元125年之前的汉和帝末至汉安帝前期。今存佛教史籍中,在和帝、安帝时无沙门入华记录。但无畏印不见于中国古代传统造像之中,它的来源是西域佛教造像。推测是和帝、安帝时必有西域沙门入华,带有此式形象,而僧史失载。从山东、河南、四川的老君形象的一致性手印分析,似乎有佛教徒在道教中推动这一形象的传布,当然,这些推论还有待今后深入研究及新的发现加以研讨。丰都的"天师治兼建佛寺"的记录,有助于说明这一观点。

分节的树干及树干上的太上老君像钱树树干,多为铜制的,也有木制的(如勉县)。树干是分节的,6节者居多,也有4、5、7节者。有的树干外形,模仿竹节(如乐山沱沟嘴墓)。这种分节的树干,可能正是象征升仙的信物——"节"。

《史记·封禅书》云,汉武帝令人入海求"蓬莱神人"、"公孙卿持节常行,候名山"。洛阳西汉卜千秋壁画墓(时代稍晚于汉武帝)上,即有尖髪、有羽的"持节方士"。《后汉书·刘焉传》注引《魏略》云:"太平道师持九节杖为符祝,教病人叩头思过,因以符水饮之。"葛洪《抱朴子内篇》称:昆仑山上有36种神兽把守着,"自不带老君竹使符左右契者,不得入也"。葛洪《神仙传·沈羲传》云:沈羲学道于蜀中,黄民愍之,遣仙官三人来迎。仙官三人皆"羽衣持节"。

树顶及树干上有太上老君,是因为汉代道士常常居住树上以修道。前引《河南梁东安乐肥君之碑》称真人肥致,"常隐居养志,君常舍枣树上,三年不下,与道逍遥。行成名立,声布海内,群士钦仰,来集如云……生号曰真人"。

至于树干上有五位太上老君像,是因为道教典籍中称有"五老君":东方夷老君、南方越老君、中央黄老君、西方羌老君、北方氏老君。五老君之说。可能来自五方五帝之祀也。黄(皇)老君造像,已在陕西发现。汉桓帝在"宫中立黄老,浮屠之祠",即此黄老君也。

有的树干上铸蹲熊,此守护仙境者也。或以为鲧、禹皆化为熊,守仙境,待深考。

---

① 洛阳市第二文物工作队:《画像砖石刻墓志研究》,中州古籍出版社1994年版。

叶片——五铢钱

钱树上,分层布满五铢钱构成的叶片,其用意何在?《赤松子章历》卷一《如病死不绝银人代形章》记述说,"锡箔人,随家口多少,一人一形。银无,用锡人,或钱九十九。奏章后,投水中",从中可以窥知,道教认为"钱九十九"枚,可等于"一人一形",可代替"病死不绝"之人,并为家口众人解除灾祸。如果钱树上的五铢确有此用意,则其数目,应是99的整倍数。

五铢钱上铸出星斗者,如1990年9月成都凤凰山单室砖墓出土文物的钱形上,有星象符号。① 1993年秋,成都天迥山东汉墓出土钱树钱形上,有星斗图(五斗星图)等等。② 这可以从《赤松子章程历》卷四得到解答。文云:"金人一躯,上诣北斗,拔命除死厄……祈北斗,落死籍,南斗上生名,延寿无穷。"

五铢钱上铸出"五、五"、"五·利后"字样者,如1992年秋,在新津县宝子山下东汉墓中,出土的424枚铜钱中,有6枚两面各铸"五"字;有4枚铸有"五、利后"字样。战国时的天文学家石申提出:"五星分天之中,积于东方,中国大利"③ 1995年,中日联合考古队在尼雅(精绝国)遗址发掘出东汉五彩织锦,上绣"五星出东方利中国"的吉祥语。汉武帝拜奕大为"五利将军",皆出此义,"五利后"者,利于后代子孙也。

钱树座

钱树座,可分为三型:一型为覆斗状或圆台状;二型为神山状;三型为神兽状。

覆斗状2例,属纪年较早者(公元84年及格25年)

神山及神兽状,或交叉使用,似寓意神兽守护之"仙山"(昆仑山?)与"天门"。有学者认为,昆仑山在岷山,古代烛龙鬼族是从岷山移向川西平原的。④ 葛洪《抱朴子内篇》特别记载了"成都太守吴义"讲的故事:有好道着蔡诞,为老君子放牧骑兽——五色龙数头,但因贪玩失龙,"为此罪见责,送吾付昆仑山下"。蔡诞说:满怀信心昆仑山山高,"去天不过十数丈也"。山上有木禾、珠玉

① 张善熙等:《成都凤凰山出土"太玄经"摇钱树探讨》,《四川文物》1998年第4期。
② 鲜明:《论早期道教遗物摇钱树》,《四川文物》1995年第5期。
③ 西汉·司马迁:《史记·天官书》,中华书局1982年版。
④ 李远国:《论山海经中的鬼族——兼及蜀族的起源》,《山海经新探》,四川省科学院出版社1986年版。

树。昆仑山绕以弱水,四面有许多的城门(天门),有 36 种神兽把守。山上的神鸟、神马,"皆能人语而不死"。

有趣的是,四川省忠县涂井 M5:62 的钱树座,即为灰质盘龙形,龙张口,露牙,伸舌,口中含珠。① 树干上应是太上老君像。

钱树上的神兽多有双翼,这是西方文化影响的产物。西汉元帝渭陵陵园周围就出土有双翼狮子、玉人持灵芝骑天马(双翼马)、双翼玉辟邪及玉熊等文物。

太上老君与胡人

老子坐像伴以胡人欢呼者,首见于孟津老子浮屠铜镜(公元 93 年),笔者已论证其为老子人夷狄的场景。此后,沂南及四川等地的太上老君像,也采用同一"老子入夷狄"的场景。但是,有学者指出,这是反映了佛像在当时主要为西域胡人所奉侍。作为宗教的佛教,尚未出现于广大汉族间。

这一观点,颇可商榷。四川大学周克林用大量出土钱树的墓葬器物组合与同期中原墓葬比较后认为:"从以上所举的八个例子来看,这些出土摇钱树的墓葬随葬器物的种类和组合,虽然存在一定的差异,但在总体上还是相当一致的,砖室墓的形制,也具有一定的共性。这种情况说明,这些墓葬应是属于同一文化的遗存。它们与中原同期汉墓相比,也与之有相当大的共性,可见其文化归属应是汉代汉文化。"②而本文考证钱树上坐像不是佛像而是太上老君像,从而也证明了作为宗教的佛教东汉时尚未出现于广大汉族间的正确论断。

5. 济源的太上老君像及睢宁的神化老君像

在河南、四川、山东及苏北的汉代画像石上,有多幅"孔子见老子图"。那是表现两位圣人面对面而立,相互致敬的场景。四川新津汉代崖墓葬所刻的,则是老子坐着,孔子折腰行礼之状。老子与孔子的冠、服,采用汉代士大夫通用的服饰,并没有什么特别之处。

河南省文物考古研究所陈彦堂发掘的河南省济源县轵城汉墓,出土了一件釉陶踞坐俑,高 10~12 厘米。头带三梁冠,额头上有三条皱纹,表示是一位老者。穿交领衫,左手抚膝,右手举于胸前,做无畏印。这座墓葬因遭破坏,所以器

---

①　四川省文物管理委员会:《四川忠县涂井蜀汉崖墓》,《文物》1985 年第 7 期。

②　周克林:《摇钱树:西南地区汉人的引魂升天之梯》,《四川大学考古专业创建四十周年暨冯汉骥教授百年诞辰纪念文集》,四川大学出版社 2001 年版。

物组合情况不明,时代判断为东汉中晚期。这种踞坐像,应该也是太上老君像。

轵城位于洛阳市的北方,黄河北岸。这件太上老君像的出现,或许与天师道的"北邙治"有关。据对《玄都律》的研究,张道陵最早活动于青成山后山天谷。"泰玄都"是天师道的中央机关,而"阳平治"是 24 治中的中央教区。"阳平治"最初在彭县北,一迁至新都县金城山,二迁至成都北天迴山。张鲁时,三迁至汉中平阳关附近①。《水经注·丐水》也记述汉中西部有"张鲁城"、"张鲁治"及"张天师堂"。张道陵的"上品八治"中,有 5 治在蜀,3 治在汉中。"中品八治"中,有的在南方越雟郡(今四川西昌)。"北邙治"远在洛阳北邙山;或云张鲁降曹(公元 215 年)后移至此地;或云张道陵多次活动于洛阳,"北邙治"早已有之。

葛洪(公元 284~364 年)曾概述三国、西晋时代神话了的太上老君像:鼻纯骨,有双柱,耳有三漏门。我们在徐州市睢宁县九女墩汉墓石制墓门上,竟然找到了这种神奇的太上老君像。他头戴冠,右手持炉;足穿履,似在行进中,头上有朱雀。面上的鼻子有双柱,耳朵上有三漏门,身下有一头迈步行进的龙,身前有一个有角神蛙。身后有一弟子或侍者,右手前伸,作贡献食品之态。② 这似乎表现的是老子"西出关"的故事,老子身后的人,或许是关令尹喜。《列仙传》说他"后与老子俱游,流沙化胡,服苣胜食,莫知其所终"。

在东汉后期,祭祀黄老形成时代风气。《后汉书·陈敬王羡传》记载,熹平二年(公元 173 年),国相师迁追奏前相魏愔与愍王刘宠"共祭天神,希幸非冀,罪至不道"。审问时,魏愔辩护说:"与王共祭黄老君,求长生福而已,无它冀幸!"这条史料证明:在东汉,祭祀黄帝、老子是合法的,祭祀的目的只是"求长生福而已"。然而,祭祀"天神"是非法的,是另有图谋的,所谓"希幸非冀,罪至不道"其义在此。"天神"或曰"胡天神",是指琐罗亚斯德教(火祆教)的大神:阿胡拉·马兹达。西域诸国,奉之以久,但何时传入中国,众说不一。或曰北朝时(陈垣说),或曰东晋十六国时(唐长孺说)。这条史料,是东汉后期祆教入华最早证据之一,唯内中情形,尚待详考也。

钱树是东汉时巫术与仙道结合而创造的一种祈求长生、升仙的葬具。它的

---

①　姜伯勤:《玄都律年代及所见道官制度》,武汉大学《魏晋南北朝隋唐史资料》11 期,武汉大学出版社 1991 年版。

②　徐殿英:《徐州汉画像石》图 42,中国世界语出版社 1995 年版。

形态,渐次演变。天师道徒丧葬中也使用它,并对它进行了改造。

钱树树干及树顶叶片上铸造的主像,有朱雀或天帝使者青公鸟、西王母、太上老君。太上老君形象表达的是老子入夷狄教化胡人的场景。龙或鱼是他的象征物。他的手印,是接受了西域佛教文化的影响。

钱树树座上,主要是表现昆仑山的仙山、"天门"及神兽。太上老君在昆仑山上,是仙道或天师道徒们编造的故事。

仙山上有神兽守护,不是凡人所可进入者。寻仙"持节"是必须的信物。钱树树干分"节",寓意在此。

作为叶片的五铢钱,在于钱可以代替"病死不绝"之人,并保佑生者平安。叶片上的天象图星斗,具有"落死籍"、"上生名"之功效。

钱树上持手印的坐像,不是佛像。东汉至蜀汉时,作为宗教的佛教尚未出现于巴蜀汉族民众之间。但少数人信仰佛教在蜀汉时已出现(如乐山麻浩崖墓佛像等等)。

钱树的分布范围、持续时间,与巴蜀仙道及天师道分布范围、持续时间大体吻合,并非偶然之事。汉顺帝时,张道陵改造鬼道为天师道,历张衡、张鲁二代。张鲁领汉中30年,实行政教合一的统治。公元215年,曹操西征,张鲁降服。其大批信徒迁往关中、洛阳及邺城。西晋永嘉之乱后,天师道传入南方。①

依据目前的资料,还不能对钱树作进一步的考古类型学的研究。但是,钱树的早晚关系还是可以分析讨论的。例如:覆斗形树座似乎早于仙山、神兽座;木质树干似乎早于铜质树干;树端立鸟与西王母应较早,而太上老君子则相对较晚等等。总之,关于钱树的学术问题仍有许多尚待解决。

---

① 唐长儒:《钱塘杜治与三吴天师道的演变》,刊《魏晋南北朝隋唐史资料》12期,武汉大学出版社1993年版。

各家所述老子(约前 580~350 年)形象的演变表

作者	著作	老子形象
庄子(约前 369~286 年)	《庄子·天运》《庄子·养生主》	孔丘见老聃归,曰:吾今于是乎见龙,老聃死,秦佚吊之。
司马迁(约前 142~86 年)	《史记·老子韩非列传》	(孔子入周向礼于老子后)吾今日见老子,其犹龙也。莫知其所终。
刘向(约前 77~公元 26 年)、(或以为东汉增补)	《列仙传·老子传》、《列仙传·关令尹》、《事类赋》卷二六引文	(老子)乘青牛车入大秦与老子俱游,流沙化胡,服苣食胜。老子母扶李树而生老子。老自生而能言,指李树曰:以此为姓。
益州太守王阜(约 57~88 年间)	《老子圣母碑》(《御览》卷一引文)	老子者,道也……浮游太虚,出入幽冥。
河上公(东汉人依托)	《老子道德经章句》	老子当周时,李姓女妊之八十一岁,剖左腋而生。
于吉(东汉中后期)	《太平经》	老子者,得道之大圣,幽显所共师也。变化随方,隐沦常住,周流六虚,教化三界。
陈相边韶(165 年)	《老子庙碑铭》	观天作谶,升降斗量。随日九变,与时消息。规矩三光,四象在旁。道成身化,蝉蜕渡世……存神养性,意在凌云。
葛玄(三国)	《老子序诀》	周时复托神李母,剖左腋而生,生即皓然,号曰老子。
葛洪(公元 284~364 年)	《神仙传·老子传》	老子黄白色,美眉,光颡,长耳,大目,疏齿,方口,厚唇,额有三五达理,日月悬,鼻纯骨,双柱,耳有三漏门。
葛洪(公元 284~364 年)	《抱朴子内篇》	老君真形:身长九尺,黄色,鸟喙,隆鼻。绣眉五寸,耳长七寸,额有三理,足有八卦。神龟为床,五色云为衣,重累之冠,锋诞之剑。从黄童百二十人,左有十二青龙,右有二十六白虎,前有二十四朱雀,后有七十二玄武……

二、北魏佛教艺术的兴盛

（一）龙门石窟

2000 年冬，龙门石窟被联合国教科文组织列为"世界文化遗产"，这是迄今为止河南省唯一一处"世界文化遗产"。龙门石窟早已是闻名世界的我国三大艺术宝库之一，与敦煌石窟、云冈石窟齐名。

九朝古都洛阳地处黄河中游，山河拱戴，形势险要。北依邙岭，越邙岭则是天堑黄河；南对嵩山，有轩辕、大谷、伊阙（即龙门）三关可资据守；东控虎牢关，可通郑汴；西扼函谷关，接八百里秦川。龙门石窟位于洛阳市南 12.5 公里的伊河两岸山崖间，远眺如天关，伊水中流，风光秀丽。东山叫香山，西山叫龙门山，南北长达 1000 米。唐代大诗人白居易赞曰："洛都四郊山水之胜，龙门首焉；龙门十寺观游之胜，香山首焉。"龙门古称"阙塞"或"伊阙"，"阙塞"之称最早见于《左传》及《战国策》。《水经注·伊水》云："两山相对，望之若阙，伊水历其间北流，故谓之伊阙矣。"伊阙是拱卫洛阳的东汉八关之一，自古为军事要塞，"伊阙"之得名"龙门"，肇始于隋炀帝，事载韦述撰《两京新记》。

大约在西晋时，伊阙已建山寺。开始了宗教活动。《魏书·释老志》云："初，文帝（力微之子沙漠汗）入宾于晋，从者务勿尘，姿神奇伟，登仙于伊阙之山寺。识者咸云魏祚之将大。"按沙漠汗为质子于洛阳，时在曹魏景元二年至西晋咸宁元年间（公元 261～275 年），则知"山寺"之设，必在此期间或更早的时代。

至于开窟造像，则始于北魏孝文帝太和十七年（公元 493 年）。最重要的是古阳洞（当时称"石窟寺"，为孝文帝立）和宾阳洞（当时称"灵岩寺"，为孝文帝、文昭皇后及宣武帝立）。另外还有大中型石窟莲花洞（完工年代约公元 510～513 年）、火烧洞（约公元 516～517 年）、魏字洞（约公元 520～521 年）、普泰洞（约公元 524～525 年辍工）、皇甫度石窟寺（公元 527 年）、路洞（约公元 534 年前）等等，加之不可胜记的小龛造像，展现了北魏都洛四十年间开窟造像活动的繁盛。

经历东魏、北齐、北周、隋、唐诸朝，连续营造三百年之久。五代、北宋、明朝，亦有小龛之雕造,惜是强弩之末矣。

现存窟龛2100多个,大小造像数以10万计,佛塔40余座,在东西两山峭壁间绵延分布,南北长达1000米,是我国最大的石雕艺术宝库。

琳琅满目的碑刻题记2800余品(其中有纪年者720品,为研究龙门的年代学提供了翔实的第一手资料),亦居全国之冠。因此,中国石窟寺的年代学研究,龙门石窟的年代分期最为可信,深受国内外学者重视。名扬海内外的北碑法书"龙门廿品",自赵之谦、康有为等倡导以来,备受青睐。康有为推崇曰"龙门魏碑无不佳者",乃变一代书风。

龙门开凿最早的古阳洞(《洛阳伽蓝记》称"石窟寺"),或云即百官为孝文帝所作。然工程未就而孝文帝崩逝。宣武帝即位,又造石窟三所。据《魏书·释老志》载,从公元500年至523年工程中止,用工凡802366个,可知工程之宏大而艰难。宣武帝时造的三座大窟就是宾阳三洞。龙门北魏所造的大窟还有莲花洞、火烧洞、魏字洞、普泰洞、唐字洞、石窟寺和路洞等等。

龙门魏窟的经营特点是,颇重视外立面(即"券面")的经营,它不再局限于模仿木构寺院,而是另辟蹊径。希腊式立柱、辉耀的火焰纹、护法的双龙、怒目的金刚力士,被巧妙地组合成门楣。或于火焰纹内刻出火神阿耆尼头像、过去七佛像,或于火焰文旁刻出伎乐天、乘龙御风的仙人,在不变中求变。

龙门魏窟一反云冈"昙曜五窟"的做法,加大了窟门,取消了中心塔柱,使窟内采光充分。在长方形或椭圆形的平面中,列像"后退",前庭扩大,佛像也由"真容巨壮"变得"大小相宜",使瞻仰礼拜者感觉亲切,视野宽广,心理平衡。

魏窟中的造像,以释迦牟尼佛(手做禅定印或说法印)、三世佛和交脚弥勒菩萨为主体,亦有无量寿佛、定光佛、观世音菩萨的造像。佛本生故事、佛本行故事、文殊与维摩诘对座说法、释迦和多宝佛并座、护法的十神王、狮子、力士、夜叉、飞天等也有表现。主尊由二胁侍菩萨的"三尊式"演化成二弟子、二菩萨胁侍的"五尊式"。选择迦叶居左、阿难居右侍立佛的两旁已成定式,沿用至今。

约公元6世纪10～20年代,佛和菩萨"秀骨清相"的造像风格在龙门形成。此类造像都有修长的身材,窄削的肩膀,清瘦的面形、高直的鼻梁,含笑的眉眼。佛像着褒衣博带式袈裟,用直平阶梯式刀法刻出密集的衣纹。此等形象的佛和菩萨,包蕴着慈悲的神态,也颇具有南朝士大夫们潇洒、飘逸的风度。其审美情趣,应是拓跋贵族汉化已深的表现。"秀骨清相"的雕刻风范,很快便风靡北中国,天水麦积山石窟、边陲的敦煌石窟都受到它的影响。唐代人曰"河洛明月,更照三危"即是此意。

宾阳中洞窟顶的雕饰,是以莲花为中心的大宝盖。在穹隆顶中央,高浮雕出双层复式莲瓣,周围环绕着干达婆八身、紧那罗二身,皆而向正壁主尊释迦牟尼佛。干达婆分别有吹笙、吹笛、弹阮、击细腰鼓、击盘、吹排箫、弹筝和击钹者;紧那罗则以手托果盘做供养状。这些"飞天"都是头梳高髻,而相清秀,上体袒露,披帛飘荡,气韵生动,凌空回翔。各飞天之间及其下方,刻以香花、流云。宝盖的周边,做出古钱纹、垂鳞纹及三角纹的流苏。千姿百态的飞天还结合忍冬纹、联珠纹、葡萄纹、莲瓣纹、火焰纹等等,构成龛楣或背光,严谨而和谐,生动而有趣。

北魏时,洛阳的佛教臻于极盛,寺院鳞次栉比,北魏末年达 1367 所。译经元匠菩提流支、勒那摩提、创立少林寺的跋跎、在嵩山坐禅的菩提达摩等人,纷纷到洛阳传播佛教,可谓名僧毕集矣。他们赞颂洛阳就是"佛国"。

(二)巩县石窟寺

巩县位于洛阳和郑州之间,秦汉时即已设县。石窟寺位于汉魏洛阳城东北40 公里的寺湾村,北依大力山,隔山向北就是黄河。著名的东汉洛阳八关之一的"小平津"渡口,在寺西北仅 5 公里。隋唐时代的"洛口仓",在寺东南只有 2公里。由此可知:石窟寺所在地是汉唐以来通向黄河北岸的要津,自然也是拱卫洛阳的军事重镇。

北魏孝文帝迁洛以后,在这里建立了"希玄寺"。据唐龙朔年间的《后魏孝文帝故希玄寺之碑》称:"昔魏孝文帝发迹金山途遥玉塞。弯柘弧而望月,控骥马以追风。电转伊缠,云飞巩洛,爰止斯地,创建伽蓝。"该寺于北周建德六年(公元 577 年)至隋末残破,廊宇荒芜,法侣流离。至唐初,重兴神教,广树法门,乃重兴寺宇,改称净土寺。中唐时,又有禅德明演(公元 733～801 年)自洛阳敬爱寺振锡来此(约公元 791 年),得李闲泉及夫人张氏支持,维系寺务。此寺向为律寺,由三纲(寺主、上座、都维那)主持。五代、北宋皆因之。宋代高僧宝月大师惠深(1010～1084 年)善戒律(《四分律》、《菩萨戒经》)、探唯识、百法论,尤重孝道,嘉祐初(1056 年)自河北入洛,巩县僧俗礼请住持净土寺。先是,皇祐四年(1052年)时本寺已敕赐"十方净土寺"之额,有广和尚欲兴葺寺宇,然未久迁谢。惠深继志而修葺完成,建僧堂、法堂、厨房、罗汉堂等共270多间,并造旃檀瑞像、印制经、律、论等藏经,费金钱2850万。慈圣光献皇后崇礼惠深和尚,并赐铜钟大小二颗(大者6000斤,时公元1073年)。金代兴定三年(1219年),净土寺改律寺为禅寺,由禅宗的祖昭为住持,祖昭也做过嵩山法王寺住持,袭曹洞血脉。元代传承不详。至明成化甲辰(1484年),河洛大旱,山泉光竭,草木焦枯,竟至人相食。寺宇败坏,仅存石窟。后有巩县南普安寺僧美镜堂,再修寺宇。起于成化丙午,终于弘治甲寅(1486~1494年)。明季板荡,寺宇再毁。清雍正时,有山主苏厚禄、白心恪、王常贺等乃鸠工集材,修大殿、钟鼓楼、配殿、山门等,数年之间成此胜业,完工于雍正十三年(1735年)。此后,寺宇再毁,今已无存矣。

巩县石窟是开凿在一片东西长约75米长崖面上的,现有5个石窟、1个唐代千佛壁和328个北魏末至唐代的小龛。编号自西向东为1~5号窟,平面皆为方形。其中1~4号窟都是方形、平顶、中央设中心石柱窟,大小亦相近。5号窟不设中心柱,规模也略小。就立面布局而论,有二种典型,以1号、4号两窟为代表。1号窟外立面的中央由窟门、门上的方形明窗及门左右持杵金刚力士龛组成,形成了以窟门为中心的构图重心。在自然光照射下,两侧金刚龛光影明亮而明窗及窟门尽在阴影中,二者对比鲜明,更突出了门窗的深邃。在两外侧各有一尖拱大龛,内刻一立佛二菩萨,起着陪衬和平衡的作用。4号窟是另外一种外立面构图,中央的窟门,上面雕饰了双龙尖拱火焰纹,门旁为立柱,取消了明窗。窟门左右持杵金刚力士也取消了龛形,使整体立面表现得简明而紧凑。

巩县石窟的每一窟,在开凿前都经过周密的思考和设计,诸如窟形、规模、外观立面、中心柱、四壁壁面、窟顶及地面等等,都有明确的构图重心。而迎门即见的中心柱正面佛龛,更是全窟的重心之所在。各窟从窟外到窟内的雕刻,浑然形成一个巨大的创作整体,巩县石窟寺雕刻构图的另一重要特点,就是融合各种雕刻形式,充分利用自然光照所产生的明暗阴影来突出主题。各窟雕刻的总体构图,是由若干个大小形状、内容都各不相同的小面积构图所组成。这种总构图之能够获得良好的艺术效果,除一般习用的比例、对称、权衡等手段外,还利用各种形式雕刻的不同技巧所产生的立体感来加强突出主题。因此,这是长、宽、深三个方向的立体构图。

1号窟,长宽各6.5米,高6米。窟内中央设中心柱,长宽各2.8米;下方有方形基座,长宽各3.3米,高0.61米。顶端与平棊相接处,皆刻莲花化生佛,下有垂幔。中心柱四面各有一个方形垂帐纹佛龛。南、北、西三面,皆刻一坐佛并二弟子二菩萨侍立。佛的桃形身光左右,环绕飞天及莲花化生童子。佛有磨光而前倾的高肉髻,内着僧祇支,胸间束带,外着双领下垂式袈裟,衣褶垂覆于迭涩束腰方形台座前,衣纹均竖向。方形台座左右,各有正面立狮一身。唯有东面佛龛内主尊是一身弥勒菩萨,头戴宝冠,宝缯呈两个正反S形。身着项圈、璎珞与帔帛。作盘坐状,右脚向下伸出。其余与三佛相同。四面龛下基座上,各刻夜叉七身。窟内四壁,规划统一,皆分四层布置。上部边缘,为莲花化生童子与庐帐间隔布列,下边一列垂帐纹,共同组成上边一层装饰带。第二层占壁面高度约一半、遍刻排列整齐的千佛龛。其下的第三层,除南壁(门壁)外,各凿并列的四大龛(东西二壁尖拱,内刻七佛,或火焰纹,或卷草纹;北壁为盝顶龛),内刻一坐佛,或二坐佛(释迦、多宝),或文殊与维摩对坐说法图及侍从等等。最下一层刻护法之怪兽、伎乐、神王等。南壁的一、二、四层与其他三壁相同,唯第三层的位置上,分隔成三小层,用刻供养行列。平棊自中心柱外,雕出回字形方格三排。内周全部刻飞天;中间一周刻莲花化生童子、莲花图案,间隔布列;最外一周刻正、侧莲花多种。平棊表面原施红、黄、黑色彩,隐约可见。1979年10月,在中心柱北面主龛两侧壁面上,发现镌刻题记二则。左侧云:"上仪同、昌国县开国侯郑叡,赠开府、陈州刺史、息干智侍佛时";右侧云:"叡妻成郡君侍佛时"。据考证,此二条应是北周武帝(公元561～578年在位)时或稍后所刻。1号窟造像的年代,大约与龙门皇甫度石窟寺(公元527年)相近,应在正光、孝昌年间(公元520～528年)。郑叡的题名有两种可能,一种是该窟中心柱北面龛完工较晚;另一种可能是该龛完工时尚无题名,由出资的郑叡晚辈以其原有官职补刻之。但是,还有更大的一种可能,即北魏后期至东魏时,郑叡的官职已存在,只是史书没有记载罢了。无论如何,荥阳大姓郑氏与巩县石窟寺的关系,值得深入探讨。

2号窟位于1号窟东邻,宽6米、深5米、高3.6米。就遗迹观察,应是北魏晚期开凿,鉴于岩石裂隙较多,中心柱造出初形后即被废弃。窟的门壁已崩塌,窟内除东壁有东魏期的一个大龛外,其余10龛均系唐代所造。

3号窟,长、宽各5米,高4.25米。窟外崖面及窟门已崩塌,窟门左侧有东魏天平三年(公元536年)赵胜荣造像龛。中心柱长、宽均2.3米,其下基座长、宽约2.8米,高0.56米。中心柱四面各开一方形垂帐纹大龛,龛内造像布局与1号窟相同。基座上刻十神王及夜叉等。窟内四壁皆分上、中、下三层布置。上层作垂帐纹带状装饰。中层宽广,是主要部分。中心为一尖拱大龛,内刻一佛二弟子二菩萨,其余壁面,刻成排的千佛。下层刻怪兽(北壁)及伎乐人(其他三壁)。门壁在“中层”部位又区分为上、下二部分。上部刻三排千佛;下部刻三排供养行列。平棊亦作回字形方格,内外二重。内层刻飞天;外层为莲花化生童子及莲花,间隔刻之,但花纹皆略有简化。3号窟比1号窟时代略晚,似应在武泰、永安间(公元528～530年)。

4号窟位于3号窟东邻,二窟大小相似,洞内雕刻风格亦与3号窟相同,应是同时兴造的二窟。二窟主要的不同在中心柱造像上。4号窟中心柱宽1.8米,柱下基座宽2.2米,高0.56米。四面各方,皆作上、下二层龛。上层四龛皆为方形垂帐纹龛,三龛为坐佛,一龛(南面)为坐式菩萨。下层四龛皆为盝顶天幕龛,南北二面内刻坐佛,东面内刻坐式菩萨,西面内刻释迦、多宝二佛并坐。南面基座上刻二龙王(难陀、阿难陀)并一夜叉,其他刻十神王等。

5号窟在4号窟东邻,但向南突出2.8米,窟底平面高于4号窟顶平面约2米。立面为尖拱火焰形窟门,下部为二龙矫首,门两旁有石柱,柱础刻狮子形。窟门两侧各刻一身持杵金刚力士,均在方形大龛内。窟内平面作方形,长、宽皆3.2米,高3米,不设中心柱,采用三壁三大龛的形制。正壁为盝顶天幕大龛,内造一坐佛,二弟子二菩萨侍立。左、右壁皆为尖拱立柱式大龛,尖拱旁刻飞天、莲花化生童子和夜叉。左壁(东)内造一弥勒菩萨盘坐并二侍立菩萨;右壁(西)内造一坐佛并二弟子二菩萨侍立。两侧壁主尊下方左右各有持莲花供养人一身。门壁两侧刻菩萨侍女。窟顶藻井,中心是双层瘦莲瓣聚成的大莲花,周围环绕六身飞天。飞天皆头戴莲瓣冠,身材瘦长,手持莲蕾,双腿屈后,帔巾及裙裾飘扬,面向同一方向回旋追逐。飞天之间,刻以香花、流云。四角隅各刻一身莲花化生童子,帔帛向上方飘扬。由“造像风格看,5号窟与西沃1号窟相近,雕造时间亦当在孝昌年间(公元525～528年)。窟内地面,浮雕大莲花一朵,浮雕时,并刻以阴线,加强轮廓线条。

唐代千佛壁大龛在5号窟东侧,位于石窟群的最东边。龛额作圆拱形,高

1.5 米、宽 2.1 米,中间部位凹入石崖间,略呈门字形。壁面可分为两部分,上部 3/4 壁面用来造像,下部 1/4 刻出台基。正壁中心造善跏趺坐优填王一身,其下刻比丘僧思察乾封年(公元 666～668 年)造像记,引刻佛经一段。其余壁面(含左右侧壁)刻以成排的千佛共 999 身。大龛左边外侧刻圆雕金那罗神王,足踏夜叉,手持宝剑;右边外侧刻圆雕持剑护法神王,亦踏夜叉。

　　巩县石窟寺保存的礼佛图(大型供养行列)是北魏后期难得的优秀作品。现存 1 号窟 6 幅、3 号窟存 2 幅半(应为 6 幅),4 号窟存 5 幅半(应为 8 幅)。礼佛图均在门壁(南壁)两侧,男左(东)女右(西)。尤以 1 号窟 6 幅为最完美。东侧为男供养主像,分上、中、下三列。上列以比丘为前导,身后各像可分三组。一组九人,最高大的一身,头戴通天冠,加以冕旒,当为皇帝或王者像,右手持莲花扛于肩上,左手撒香末于长柄香炉中(一女侍持炉低首伺候),其余侍从环护左右,身高略小,持宝盖一人,持扇二人,拈衣襟一人,均作缓缓行进状。此八像作纵深布置,故后排各像尺度又略小于前排。可知是依据透视法雕刻的,但又有意提高了透视的灭点,使后排像不致被掩盖过多。后边的两组像布置法大体相同,二组七人,三组今存八人。二、三组的主要人物仅有一盖一扇。中列今存 20 身,下列今存 16 身。中列每一主人有三人随侍,下列则每一主人仅有二人随侍。等级界限颇为严格。西侧为女供养主像,亦有上、中、下三列。上列有比丘尼引导,后为皇后(或王妃),头戴莲花宝冠,左手提小包。持宝盖、扇、香盒之侍女随从左右,向东方行进,各种人物皆微微低首缓步而行。总体气氛庄重、肃穆。

　　3 号窟仅存西侧女供养主行列。每列前方皆刻一棵菩提树,然后是由比丘尼引导的礼佛行列。礼佛的女主人及侍从,多作平视或仰视之状,与 1 号窟低首者气氛不同。侍从人物之高度比主人略低,而 4 号窟礼佛图中,全部侍从人物的高度都是仅及主人肩部,构图亦较呆板。

　　北魏石窟雕刻技艺的演化、进步,可从云冈、龙门与巩县石窟的比较中去观察和研究。据莫宗江、陈明达二位先生的研究成果①,今略加概述如下。

　　北魏早期的石窟,以云冈昙曜 5 窟为代表,约作于公元 460～475 年间。此五窟造像尺度高大,而窟内空间局促,雕像似置于牢笼中,颇有压抑感,从雕刻艺

① 莫宗江、陈明达:《巩县石窟寺雕刻的风格及技巧》。

术的布局看,是一大缺欠。而雕像本身,比例亦不当:肩宽逾矩;身躯上长下短;体态僵硬,面目呆板,缺乏神韵;衣纹多作贴身之平行曲线,平雕凸起,另加线刻。凡此种种,大抵草创之初取法西域,并以传统手法表现之,致有生硬滞重之感。但作为一代大型雕刻之发端,颇具开创之功,意义重大。云冈石窟之历受赞叹者,以其"真容巨壮"、"雕饰奇伟"而冠于一世也。自昙曜5窟之后,以云冈5~13窟为代表,约作于公元470~500年间,开始了北魏雕刻艺术的革新期。凡此诸窟雕像,身躯比例适当,体态较自然,脸型略长,面呈微笑,亲切动人,富于活力。衣纹始用直平阶梯式刀法,着重线条的装饰趣味,有优美的韵律感。主像衣裙下垂,成两侧张开如鸟展翅状,势如迎风倾立,飘然欲动,奠定了北魏雕像的基调。至龙门、巩县虽稍有变革,如体态由略具动态而变为静态;面容由微笑渐趋稍具笑意的神秘情态,下垂衣纹张开的强劲之势渐弱等等,但终未离开云冈基调。龙门在人物造型上以秀骨清相为尚,衣饰以褒衣博带为美,最具时代风范。细致区别可知:云冈初创,时有新意,多粗犷刚劲,锋芒毕露;龙门则秉成法,吸收南朝文化营养,细致而老练。气氛敦厚温存;巩县沿袭龙门之制,更加沉静,渐有程序化之嫌。

从构图角度上看,云冈5~13窟的明显不足之处是缺乏整体构图的观念,还不善于利用各种雕刻形式的对比手法来突出主题。当人们进入窟内,虽感美不胜收,目不暇接,但难辨主次,有无所适从之难。因为满壁雕刻,大小丛集,边饰、龛楣、背光过于深雕细刻,与主像相干扰;殿堂建筑形象与造像相干扰。这样,就形成了喧宾夺主的效果。龙门宾阳中洞的雕造(公元500~523年),继云冈之后,有两项重大发展:第一,将全窟作为一个主次分明的有机整体,从外立面到窟内有周密的构图计划。立面取消窟廊,代之以尖拱火焰双柱式窟门,二金刚侍卫于左右,显得大方、整洁、紧凑。窟内取消了中心塔柱,扩大洞内空间。三佛分列三面,主次分明,和谐稳妥。人立于窟中,各类造像的视角均较合理。第二,用极薄的浅浮雕表现背光、礼佛图、供养菩萨等等,在"薄"中充分表现出雕刻的体积与层次,配合了主体造像的美而又不喧宾夺主。

巩县石窟寺1号窟,因材(石质较松软)设计,把中心柱与洞窟构造更好地结合了起来。它不再突出中心柱作为佛塔的功能,而是作为全窟构图造像的重心。删繁就简,以柱的四面镌刻佛像龛。四壁的处理,大面积采用千佛,使壁面光亮平整,充分发挥了背景作用,获得了窟内雕像的最佳艺术效果。装饰性雕刻背光、衣裾、飞天、莲花化生童子、伎乐、神王等处理得更加规范,布列得更加恰当。佛和菩萨的面貌,创制了标准式样:上方下圆,上额宽,下颏圆,下颌较长。眼目位于头部横轴中线上,五官布置较紧密,略如童子颜面。耳长至腮下,鼻梁窄、鼻翼略宽,唇薄,嘴角微呈笑意,总的面相有沉静之感。这种面容效果,主要出自双目下视的形态。眼睛的刻法,少数为写实刻法。更常用的刻法是:只雕出眼的大轮廓,成为一个长圆形、两头尖的突起的眼包,其中下部刻一条锐角线以区分上下眼睑,这是一种艺术的概括,给人以双目微启而下视的含蓄之美感。

(三)永宁寺

永宁寺为北魏孝明帝时期把握朝政的灵太后胡氏所建。"太后性聪悟,多才艺,姑既为尼,幼相依托,略得佛经大义"。她在熙平元年(公元516年)营造了洛阳的永宁寺塔,极其壮丽。根据《洛阳伽蓝记》的记载:

熙平元年,灵太后胡氏立永宁寺,有僧房千余间,九层木塔一座。

灵太后兴建永宁寺塔时,在挖掘地基时,挖出三十座金像,"太后以为信法之征,是以营建过度也"。金像似乎在冥冥之中提醒了胡太后,使她更为崇信佛教,因而大规模营建以表达自己的心意。

永宁寺建成后,胡氏还多次对永宁寺予以扩建。特别是永宁寺塔的兴建动用了大量的人力物力。灵太后在他父亲死后,"寻幸永宁寺,亲建刹于九级之基,僧尼士女赴者数万人"。为了建造永宁寺塔,动用了京师数万人,张熠、郭安兴都先后参与过这件事。"永宁寺塔大兴,经营务广,灵太后曾幸作所,凡有顾问,(张)熠敷陈指画,无所遗阙,太后善之。""洛中制永宁寺九层佛图,安兴为匠也。"对灵太后大规模营建永宁寺的奢侈现象,李崇曾经上书劝说"颇省永宁土木之功",他认为:"诚知佛理渊妙,含识所宗,然比之治要,容可小缓。"但并未被胡太后采纳。

永宁寺塔"架木为之,举高九十丈。有刹复高十丈,合去地一千尺",以至于"去京师百里,已遥见之"。这座九层木塔,高九十丈(《魏书·释老志》说40余丈),上有十丈高刹,"刹上有金宝瓶,容二十五石。宝瓶下有承露金盘三十重,周匝皆垂金铎,复有铁锁四道,引刹向浮图。四角锁上亦有金铎,铎大小如一石瓮子。浮图有九级,角角皆悬金铎,合上下有一百二十铎。浮图有四面,面有三户六窗,户皆朱漆。扉上有五行金钉,其十二门二十四扇,合有五千四百枚。复有金镮铺首,弹土木之功,穷造形之巧。佛事精妙,不可思议。绣柱金铺,骇人心目。至于高风永夜,宝铎和鸣,铿锵之声闻及十余里"。到孝昌二年,因为大风,"刹上宝瓶随风而落,入地丈余。复命工匠,更铸新瓶"。从九层高的佛塔上落入地下一丈多深,可见其重量之大,而再铸新瓶必然要有新的耗费。永宁寺北的佛殿,"中有丈八金像一躯、中长金像十躯、绣珠像三躯、金织成像五躯、玉像二躯,做工奇巧,冠于当世。僧房楼观一千余间,雕梁粉壁,青璅绮疏,难得而言。栝柏松椿,扶疏檐溜;藂竹香草,布护阶墀"。永宁寺有僧房一千余间,建筑极为豪华。其规模之宏大堪为京师洛阳寺院之首。

菩提达摩曾到过灵太后胡氏所立的永宁寺,"见金盘炫日,光照云表,宝铎含风,响出天外",歌咏赞叹"实是神功",自云"年一百五十岁,历涉诸国,靡不周遍;而此寺精丽,阎浮所无也。极佛境界,亦未有此"。口唱"南无",合掌连日。

1979年考古工作者清理遗址,测得该寺东西215米,南北305米,塔基高出地面5米,分为两层,下层基座东西101米,南北98米,中有128个方柱础。

永宁寺塔建成仅十六年,便于永熙三年(公元534年)二月,因雷电着火,"火初从第八级中,平旦大发。当时雷雨晦暝,杂下霰雪。百姓道俗,咸来观火,悲哀之声,振动京邑"。永宁寺作为京师洛阳最大的佛教寺院,永宁寺塔则是民众崇高的宗教崇拜。其被火焚毁引起了民众的悲哀。因为"永宁佛图,灵像所在",人们甚至认为"天意若曰:永宁见灾,魏不宁矣"。

三、隋唐佛教艺术的辉煌

(一)龙门石窟

隋唐时代,以洛阳为东都。武则天称制,改洛阳为神都。

隋代龙门,仅存小龛若干。唐代造像活动,以贞观四年至天宝十四载的125年(公元630～755年)间为最活跃的黄金期,此后只有个别龛像的雕造。龙门窟龛中,北魏约占3/10,唐代约占6/10。唐代石窟,主要为造像窟,也有少量的禅窟和瘗窟。重要的造像窟有宾阳南洞、宾阳北洞、药方洞、潜溪寺、敬善寺洞、双窑、惠简洞、奉先寺洞、赵客师洞、万佛洞、龙华寺洞、奉南洞、北市彩帛行净土堂、极南洞、八作司洞以及东山的擂鼓台三洞、高平郡王洞、看经寺洞、二莲花洞、四雁洞等等。其中尤以魏王李泰(唐太宗四子)所造宾阳南洞、纪国太妃韦氏造敬善寺洞、唐高宗造奉先寺洞、大监姚神表、内道场智运禅师造万佛洞、宰相姚崇造极南洞、北市彩帛行净土堂、高平郡王武重规造高平郡王洞以及东山擂鼓台三洞、看经寺等最具典型性。

唐代龙门十寺在中国佛教史上占有重要篇章,也是龙门研究的重要内容。

1. 龙门唐代造像及相关佛寺

唐代佛教石窟造像艺术空前繁荣,上自帝王将相、后妃公主,下至僧尼大众、庶民百姓,纷纷造像乞求功德。造像工匠,除政府控制的以外,还出现了商业性的自由工匠。

唐太宗第四子魏王李泰,为其亡母长孙皇后做功德开凿了阿弥陀佛造像一铺,这就是宾阳南洞的正壁造像,完成于公元641年。在窟门外侧有摩崖雕刻的著名的《伊阙佛龛记》,由岑文本撰文,褚遂良书丹。碑中赞颂李泰:"发挥才艺,兼包礼乐。朝读百篇,总九流于学海;口橄三赋,备万物于词林……长人称善,应乎千里之外;通神曰孝,横乎四海之滨。"李泰用佛教的功德以彰其孝,刊碑以显其才,实有深意。据史书记载,"时皇太子承乾病蹇,泰以计倾之","潜有夺嫡之意"。

唐高宗初年完工的"敬善寺石像",是唐太宗第十子纪王李慎的生母韦氏所造的一个中型石窟。学者们曾长期误以为此窟就是著名的"龙门十寺"之一的"敬善寺"。然而,李德裕在一首诗序中说"比闻龙门敬善寺有红桂树独秀伊川",石窟中怎能种树? 刘沧在"登龙门敬善寺阁"一诗中有"独步危梯入杳冥……花落院深清禁闭"句,石窟内又怎么有高阁、危梯、深院? 1981年4月在龙门东山北皋出土了"唐故陆胡州大首领安君墓志",终于证明了"敬善寺"位于东山的事实。而敬善寺石像是附属于敬善寺的佛龛。

香山寺为龙门十寺之首,创始于北魏熙平元年(公元516年)。禅宗二祖慧可即出家于此。唐永隆元年(公元680年)以后,因中天竺国三藏地婆诃罗葬于此而重兴。武氏革命称周,曾率百官乘春游幸该寺,命群臣赋诗,并留下了"赐夺锦袍"的诗坛佳话。白居易致仕后,常居香山寺,自号"香山居士",并与寺僧如满等人,结为"香山九老社"。长庆初,新罗国史臣金柱弼偕沙门无然来唐,曾上香山寺向如满求问佛法。然此赫赫有名的香山寺元末被毁。其遗址于1965年在龙门东山南岗发现。清康熙四十六年(1707年)由河南学政汤右曾在唐代"乾元寺"遗址上重建新的香山寺,位于东山北段山腰间。后乾隆皇帝所巡幸的,正是这座新香山寺。乾元寺则在明嘉靖间迁往龙门东山南草店村附近。

由唐高宗和皇后武则天主持营造的大卢舍那像龛,今称"奉先寺",完工于上元二年十二月卅日(公元676年1月20日)。主尊卢舍那佛(意为"光明普照",是三身佛中的"报身佛")高达17.14米,头部高4米,耳朵高1.9米,是龙门最宏伟的一尊佛像。该佛像方额广颐,面相丰满,在弯如新月的双眉下,衬着一对灵活而含蓄的大眼,凝视着前方,在笔直的鼻梁下,是小小的弧形的嘴巴,流露出喜悦和关怀之情。身穿通肩式袈装,简明的、一圈圈同心圆状的衣纹,把头像烘托得异常崇高而圣洁。雕刻家在熔铸传统技法的同时又作了新的探索,着重表现佛的精神世界——人升华了的精神世界。这是一个不可企及的典范。有的人说该像是所谓"武则天的模拟像",纯系臆断。两侧侍立的二弟子、二菩萨、二天土、二力上,有主从、文武、动静之对比,又浑然一体,相映成趣,给人以美的享受。此龛规模之宏大,气魄之非凡,技艺之高超,体现了大唐帝国盛世之国运和中华文化之博大,令人叹为观止。

值得注意的是:在大卢舍那像龛上述九身大像之外,在三面峭壁上另有穿插雕刻的立佛(每身高1.9米)计48身。原来,这正是"大唐内侍省功德之碑"(位于大像完北壁外侧)所述的高力士、杨思勖等内侍省官员"160人奉为大唐开元神武皇帝"(唐玄宗)所造的"西方无量寿佛一铺四十八事",时在开元六年(公元718年)。

几乎所有的专家长期以来把"大卢舍那像龛"当成了"奉先寺"。但是,唐代杜甫有《游龙门奉先寺》诗:"已从招提游,更宿招提境。阴壑生虚籁,月林散清影。"石窟中岂有"阴壑"及"月林"?近年的考古勘察表明:始建于公元679年的奉先寺遗址在龙门西山南约200米的魏湾村北侧。著名的禅宗北宗七祖义福(公元658~736年)、密宗祖师、南天竺僧金刚智(公元667~741年)等皆归葬于此。1981年该遗址曾出土巨型石墓门一扇,可能是义福墓址的遗物。大中十年(公元 856 年)日本国圆城寺僧、智证大师圆珍(公元 814～891)曾冒雪礼拜金刚智坟塔。在唐代,大卢舍那像龛是附属于奉先寺的,正如敬善寺石像是附属于敬善寺的一样。后人失考,遂致混乱。

另一位密宗祖师、中天竺僧善无畏即葬于广化寺。1988 年冬,日本真言宗总大本山会在善无畏、金刚智墓地遗址分别建立了纪念碑,并举行了隆重的法会。1983 年冬,在宝应寺遗址发现了禅宗南宗七祖神会墓,出土了《大唐东都菏泽寺歿故第七祖国师大德龙门宝应寺龙岗复建身塔铭并叙》刻石,禅学界为之震动。通过对该"塔铭"的研究,可以纠正胡适先生关于神会研究的某些错误。

随着唐代佛教新经典的译出和宗派的形成,龙门唐代造像题材为之扩大:除北朝已流行者外,又出现了优填王像(即释迦佛像)、业道像、地藏菩萨、宝胜如来、维卫佛、药师佛、卢舍那佛、大日如来、十一面三十三臂观音、千手千眼观音、西方净土变、传法廿五祖、廿九祖等形象,同时还有刊佛经、造经幢、镌佛塔、刻药方等做功德之举。

在净土崇拜中,尤以"西方净土"(阿弥陀净土)、"弥勒净土"最流行,"药师净土"(东方琉璃世界)次之。单体的观世音菩萨崇拜更是历久弥笃。唐太宗及唐高宗初年的"西方净土"崇拜,仅是造出阿弥陀佛一铺而已。至永隆元年(公元 680 年)完工的万佛洞,则力图表现一个欢乐的西方极乐世界。值得注意的是该窟是由"内道场"比丘尼智运和宫中高级女官——"大监"姚神表共同兴造的。"大监"长期被看做是"匠作监"的主官,实是误解。万佛洞除正壁前雕出阿弥陀佛及观世音、大势至菩萨等五尊像外,又在正壁壁面上浮雕出五十二菩萨和二身飞天。相传印度鸡头摩寺五通菩萨感到五十二菩萨之瑞像,称阿弥陀五十二菩萨曼陀罗。两侧壁面上,遍刻千佛,计 18000 多身,以示"恒河沙数"诸佛。千佛的下部,雕伎乐人,奏乐者八身,舞蹈者二身,使人联想起唐人"鼓催残拍腰身软,汗透罗衣雨点花"的诗句。

由一批中外绸缎商人营造的"北市采帛行净土堂",完工于延载元年(公元 694 年),其独特之处,一是在前室侧壁上刻出了"九品往生图",二是在后室正壁上刻出了"佛说菩萨诃色欲经",提出了"佛国混同,讵有东西之异"的命题,反映了商人们四方奔波及在信仰上的兼容性。东都洛阳的市场有"南市"、"北市"和"西市","北市"立于显庆二年,在洛河北之临德坊。北市之有采帛行、丝行、香行等行会,皆赖龙门造像记而得知。

唐代寺院中,盛行"俗讲",用说唱形式演绎佛经,颇受民众喜爱。把经文故事绘成图四,叫做"变相"。龙门东山万佛沟中,就有大型浮雕的"西方净土变",约作于武周时期。

与西方净土崇拜有密切关系的是观世音菩萨崇拜,人人倾倒,如醉如狂。观音形象,以宝盖中有化佛、手提军持(净瓶)为特征。为求变化,还有手托净瓶者,有倾瓶出水者,在瓶中插莲者,也有把净瓶系在腰上者,不一而足。观音婀娜多姿,身体呈S形,有的学者指出,观音与印度教的湿婆神,有造型上的关系,但对湿婆神形象突出的双乳、侧耸的臀部,都作了适度的修正。户部侍郎卢征造救苦观音菩萨石像(公元791年),高约2米,是龙门唐代最晚的一尊观音像。

龙门北朝的交脚弥勒像,都是身着菩萨装、在兜率天宫中的形象。唐代的弥勒,皆着佛装,已是从兜率天宫"下生"成佛的形象,表示"末法"已经过,一个新时代已经开始。千佛洞(唐高宗前期)、惠简洞(公元673年)、极南洞(著名宰相姚崇造于705年)、东山大万五千佛洞(武周时期)和摩崖三佛(约辍工于700年)等窟,都是以弥勒佛为主尊的大窟。

大万五千佛洞是一处典型的"弥勒净土"。此窟正壁前,雕倚坐的弥勒佛及胁侍之二弟子、二菩萨,四壁及门楣遍刻千佛,共约15000身。三壁下层,依《付法藏因缘传》(昙曜译)刻传法祖师二十五身。穹隆顶之中心,刻八瓣大莲花,周围绕以飞天、吉祥鸟、祥云、宝塔,以及"不鼓自鸣"的筝、细腰鼓、箜篌、琵琶、广首鼓等等,展现了一个雨泽随时、一种七获、万人成佛、快乐安稳的美好乐土。

最引人注目的是摩崖三佛:三佛并坐,弥勒佛居中(高5.5米),这种布局,全国仅此一见。但工程中辍,内中缘故,有待考证。或曰这与自马寺主薛怀义有关。公元689年,薛氏等造《大云经》,陈符命,言则天是弥勒下生,作阎浮提主,唐氏合微。公元690年正月,百官上武则天尊号曰"慈氏越古金轮圣神皇帝","慈氏"就是弥勒。二月,杀薛怀义,随即"罢慈氏越古"号。推测此工程是薛氏主持,开工于表上《大云经》前后,辍工于其被杀时,其间为五年半,同工程进度暗合。

龙门有二十多尊药师佛像。一般为立式,手托药钵或打禅杖。唐人相信,供奉药师佛可以洗荡八苦,振烛六幽。

龙门有四十多尊地藏菩萨像。多为 50 厘米以下的小像,左舒坐。佛经说:释迦灭度以后,弥勒成佛之前的"末法"时期,只有地藏能弘大道、济大苦、拔三涂、证六道,三阶教徒笃信之,朝廷屡禁不止,多流行于民间。

2. 龙门的禅窟与密教遗迹

作为僧人禅定、止息处的"毗诃罗"式禅窟,往往造于曲径通幽的地方,龙门已发现多处。唐诗云,"静室遥临伊水东,寂寥谁与此身同?""雪下石龛僧在定,雁归沙渚夕阳空"。这"静室"就是禅窟。僧人坐禅入定,尽化机心,得自然之性,这是一幅多么清新的"雪下禅定图"!

禅宗五祖弘忍的大弟子中,神秀、慧安、法如等皆以嵩洛为根本道场。龙门东山看经寺可能就是一处禅堂。该窟平面方形,规模宏大,但无主尊之设。唯在洞内三壁下层刻出高约 1.8 米的传法祖师廿九身,有舒肩朗目张口欲语者,有疾首蹙额苦心冥想者,有洗耳恭听虔诚作礼者,有扬眉动目开口雄辩者,有拄杖回首有所瞻仰者,有翘首仰天探视星空者,有以手抚胸沉思者……面相各异,神态有别,形神兼备,前后呼应,似一气呵成,足称妙品。看经寺的完工,不晚于开元廿年(公元 732 年)。据专家考证,"西天廿九祖说"最早见于李华《左溪大师碑》(公元 754 年),则看经寺早于它 20 多年,更早于《历代法宝记》(公元 774 年)40多年。

学术界通行的观点认为:瑜枷密教是在"开元三大士"善无畏、金刚智和不空入华后建立的,实则不然。道宣《续高僧传·达摩笈多传》、赞宁《宋高僧传·智通传》都记载了隋唐之际瑜枷密教传入的事实。我国最早的、较完整的密教遗迹于 1986 年前后发现于龙门石窟,最有代表性的是刘天洞(造大日如来佛)的鉴别,该龛早于武周天授三年(公元 692 年)。另外,擂鼓台南洞、北洞(早于开元六年)、万佛沟千手千眼观音龛、惠简洞上方的十一面三十三臂观音龛等,皆造于武周时期,也属于密教遗迹。

龙门石窟的造像题记中,蕴藏着丰富的史料。对于研究古代历史、宗教、风俗、乐舞、建筑、医药、美术乃至中外交通史都极为重要。

龙门石窟的雕刻艺术,在中华民族传统技艺的基础上,又大胆吸收了犍陀罗艺术、笈多艺术的成果,创造出灿烂的、不朽的杰作。要深刻理解它,需要懂得佛教义理及中国文化之底蕴。它与古希腊、罗马不属于一个雕刻体系。难怪至今仍有人面对这些佛和菩萨慈悲的面孔和哲人的微笑,投以诧异和迷惘的目光。因为发掘这种东方的美,就得发掘东方美学。

3. 龙门双窑①

龙门石窟的"双窑",或称"双洞",以二洞南北并列且有共同的前室而得名。有时单独称北洞为"八仙洞",称南洞为"千佛洞"。1962 年龙门文物保管所统一编号,北洞编3—003 号,南洞编3—004 号。

双窑北窑的造像题材是"三佛"(过去佛、当今佛和未来佛),这应是依据《法华经》所说的三世佛而雕出的。② 云冈石窟 18、19、20 三窟的主像都是三世佛,昙曜选择三世佛作为主要题材,除政治原因外,乃在于大力宣传佛教源远流长。③ 唐高祖、唐太宗朝,太史令傅奕反佛至为尽力。唐帝自谓为老子之后,故道士排佛气焰亦甚张,沙门法琳护法而卒,斗争很激烈。高宗初期的双窑造三世佛,大力宣传佛教源远流长,应当不是偶然的。

双窑南窑的造像题材是弥勒与千佛,亦本于《法华经》。鸠摩罗什译《妙法莲花经》卷七云:信奉《法华经》者,"是人命终,为千佛授手,令不恐怖,不坠恶趣,即往兜率天上弥勒菩萨所。弥勒菩萨有卅二相,大菩萨众所共围绕,有百千亿天女眷属而于中生。"唐代的弥勒,皆作佛装,供为主尊,渐次演化成为一种弥勒净土崇拜。佛教认为,弥勒应世以后,天下太平,毒气消除,甫润合适,五谷滋茂。因而人皆慈心,修行十善,所营农稼,一种七获。至武则天称周时,沙门怀义、法朗造《大云经疏》,陈符命,说则天是弥勒下生,作阎浮提主,则弥勒的性质具有政治色彩。

双窑既本于《法华经》所作,可能与天台宗有某种关系,天台宗七祖风穴可贞(公元642～725 年)就是在洛阳白马寺"受衡阳止观门"的。④ 天台宗在唐初兴于洛阳是佛教史学家很少注意的事实。但直到五代时期,佛教界仍以临汝风穴寺为天台宗的一个中心,至风穴匡沼以后才变为禅宗临济宗寺院。

双窑是一组中型洞窟,在龙门咸亨以前的唐窟中其规模仅次于潜溪寺。它

① 温玉成:《洛阳龙门双窑》,《考古学报》1988 年第 1 期。
② 刘慧达:《北魏石窟中的三佛》,《考古学报》1958 年第 4 期。
③ 宿白:《云冈石窟分期试论》,《考古学报》1978 年第 1 期。
④ 温玉成:《读"风穴七祖千峰白云禅院记"碑后》,《中原文物》1984 年 1 期。

比纪王李慎生母太妃韦氏所开的敬善寺石窟规模还大,比魏王李泰为亡母长孙皇后所开的宾阳南洞正壁一铺主像的工程量还大,这就说明双窟的功德主绝非是一般士庶。双窟大致开凿于龙朔、乾封年间(公元661~668年)。

双窟北窟造三世佛,南窟造弥勒与千佛,皆本于《法华经》,可能与天台宗有某种关系。双窟共有晚期小龛二四九个,可分为八类,别为五期:自唐高宗前期至唐玄宗开元年间。但不见仪凤至嗣圣(公元676~684年)年号龛,这是由于毗邻的更堂皇的万佛洞接近完工,人们将开龛目标转移到万佛洞中去了。在垂拱、天授以后的武则天时期,开凿了占全部双窟可排年小龛的70%。开元五年道教天尊造像,标志着双窟造像活动的停止。

双窟在龙门唐窟发展的链条中,是重要的一环。它把自贞观至龙朔以来的初唐风格作了总结,它是龙门初唐第一个十三身像布局形式的大窟。双窟的造像形式无疑地给更加宏大、更加辉煌的大卢舍那像龛(奉先寺)和万佛洞以艺术借鉴。可以说,双窟为武则天时代雕刻艺术的新风格奠定了基础。

(二)安阳宝山灵泉寺石窟

灵泉寺原名宝山寺,是高僧灵裕(公元518~605年)所创建,是在东魏武定四年(公元546年)完成的道凭石堂的基础上创建的。隋文帝开皇十一年(公元591年),改名灵泉寺。据《续高僧传·灵裕传》云:宝山一寺,裕之经始。叡(即北齐安东王娄叡,《北齐书》卷四八、《北史》卷五四皆有传)为施主,倾散金贝。灵裕去世后,殡于宝山灵泉寺侧,起塔崇焉。

灵裕之师道凭(公元488~559年),晚年卒于宝山寺。我们可以在宝山寺(即灵泉寺)遗址的西方找到道凭的墓塔。这是一座单层方形的石塔,用山岩刻造,上面刻着:"宝山寺大论师凭法师烧身塔,大齐河清二年三月十七日。"道凭曾从少林寺慧光学戒本十年,后弘化于赵魏间。附近还有一座石窟,叫"大留圣窟",是道凭于东魏武定四年为修禅观所造。宝山灵泉寺石窟就是在此基础上修建的。

石窟开凿于灵泉寺东西两侧的宝山和岚峰山上,东山有窟龛64个,西山有212个,历东魏、北齐、隋、唐、五代至宋末,皆有雕造。其中较大者有二、大住圣窟和大留圣窟。

大住圣窟的外立面作尖拱形,上方刻隶书"大住圣窟"四字。门之左侧,浮雕出持兵器踏牛的威武的神王,铭刻为"那罗延神王";门之右侧,相对浮雕出持武器踏羊的神王,铭刻为"迦毗罗神王"。关于"那罗延神王",佛经上有种种解释。他大概就是印度神话中的"毗纽神",原是婆罗门教三大主神之一,被视为"原人之子"(众生之祖)。佛教以为"天力士",因其端正猛健也。但那罗延天踏牛,不见经典。"迦毗罗神王"即鸠摩罗天,详解见云冈8号窟。令人感兴趣的是,护持窟门的二神王的形象,抛弃了那种三面、多臂、怪异的令人怖畏的造型,完全采用了齐隋间武将的基本原型。这为民间的"门神"提示端倪。在窟门外两侧还刻有佛经多种,如《大集经·月藏分·法灭尽品》、《胜鬘经》、《法华经·分别功德品》等。另外,还有一品造窟题记,文曰:"大住圣窟,大隋开皇九年己酉岁敬造。窟,用功一千六百廿四;像世尊用功九百;卢舍那世尊一龛、阿弥陀世尊一龛、弥勒世尊一龛、三十五佛世尊三十五龛、七佛世尊七龛、传法圣大法师廿四人。叹三宝偈言:如来定慧无边际,神通广大妙难思。相好光明超世纲,故令三界普归依。法宝清静如虚空,善寂甚深无穷尽。无生无灭无往来,寂灭离垢难思议。圣众应真功德海,断灭一切诸净流。戒定清净无暇……"据《续高僧传·灵裕传》,灵裕曾"于宝山造石龛一所,名为金刚性力住持那罗延窟",当即此大住圣窟。始造的年代,约在相州刺史樊叔略延请灵裕的开皇三年(公元583年)前后。题记的开皇九年必是完工的年代。此窟之设,深受当时弥漫的"末法"思潮之影响。

大住圣窟平面呈正方形,面阔3.43米、进深3.40米、高2.60米,窟顶作覆斗状,中心为莲花,环以六身飞天。正壁为卢舍那佛龛,正中为一坐佛、左弟子、右菩萨侍立。佛龛的左右侧,上下各开七个小佛龛,并镌名号。右侧自上而下可辨识者有释迦牟尼佛、金刚不□佛,左侧名号全泐。卢舍那佛座下的宝坛上,横向刊九小龛,中心是博山炉,左右各四神王,如树神王、火神王、风神王等等。左壁(东壁)为弥勒佛龛,形制与正壁略同。唯佛龛左右侧上下七个小佛龛所题名号不同。右侧自上而下为惩炎童王佛、善游步功德佛、□□佛、善游步佛、周□□□功德佛、宝莲□步佛、宝莲华善住婆罗门王佛。左侧自上而下为无忧德佛、那罗延佛、□□佛、□□佛、□□佛、耶迦德佛、□德念佛、善名评功德佛。右壁(西壁)为阿弥陀佛龛,其制亦略同正壁,唯阿弥陀坐佛两侧各有一菩萨侍立。

佛龛左右上下亦各七佛龛,各有题名。右侧自上而下:清净施佛、婆留那佛、□水天佛、坚德佛、梅檀功德佛、无量救光佛、光德佛。左侧自上而下为:宝月光佛、现无愚佛、□□月佛、无垢佛、离垢佛、勇□施佛、清净佛。洞窟前壁(即窟门内两侧),东侧为减地浮雕《世尊去世传法圣师》图。构图是四圣僧一排,分为二组,每组两僧相对而坐,中间刻以莲花宝珠。其下为铭刻。共计六排廿四人,题刻文曰:"第一摩诃迦叶,摩揭国婆罗门尼拘律陀子";"第二阿难,迦维罗卫国斛饭王子";"第三摩田堤,罽宾国人";"第四商那和修,王舍城人";"第五优波毱多,摩突罗国毱多之子";"第六提多迦,摩突罗国大长者子";"第七弥遮迦";"第八佛陀难提';"第九佛陀蜜多";"第十胁比丘,胁不着席,在胎六十年,生即□白";"第十一富那奢";"第十二马鸣菩萨";"第十三比罗化,在南天竺造《无我论)";"第十四龙树菩萨,南天梵志种,生在树下,因龙克道";"第十五迦那提婆菩萨,南天梵种,与(予)神眼,遂无一目";"第十六罗睺罗";"第十七僧伽难提";"第十八僧伽耶舍";"第十九鸠摩罗驮";"第廿阇夜多,持戒第一名,最后律师";"……解大乘□□多罗义"(此段文泐,依付法藏经应为:第廿一婆修架陀);"第廿二摩奴罗,善解三藏义";"第廿三鹤勒那夜舍";"第廿四师子比丘,于罽宾国大作佛事,为王所绝"。按:此廿四祖师像,应是依北魏吉迦夜于公元472年译《付法藏因缘传》六卷所作,但少了摩奴罗与鹤勒那夜奢之间的一位"夜奢比丘",而成为"廿四祖"。在龙门东山擂鼓台中洞四壁下层所刻即为"廿五祖",时间是唐代天授年间。总之,大住圣窟的传法世系图是我国最早的罗汉群像。在前壁西侧刻有七佛和三十五佛以及《大集经月藏分》中言、《摩诃摩耶经》中言。"七佛"即过去世七佛。七佛出世,教化之象。"三十五佛"是佛教名数,据《佛说决定毗尼经》云,犯五逆大罪者,宜于三十五佛之边至心忏悔。

　　大留圣窟在大住圣窟东约1公里,宽3.78米、深4.44米、高3.50米。窟内也是三壁三龛制,正壁(东面)为卢舍那佛、左壁(南面)为弥勒佛、右壁(北面)为阿弥陀佛,皆结跏趺坐,胸前刻"卍"字,象征佛法不灭,法轮常转。左右坐佛的佛座上,各刻四身神王,可辨识的有树、风、火、象、河、鸟各神王。"大留圣窟"题记今存于窟门北侧拱壁。据清嘉庆年所修《安阳县志》记载,原有正书"大留圣窟"四字,又有八分书"魏武定四年岁在丙寅四月八日凭法师造"。由此可知,此窟系道凭法师于东魏武定四年(公元546年)所作的"道凭石堂",而窟内三龛像可能是北齐时的补造。

宝山寺附近保存有大量北朝至明代的佛教文物,光是宝山摩崖上石凿的"高僧塔龛"就有 120 个之多。至于"大住圣窟"、"大留圣窟"、"善应石窟"等艺术雕刻,更是国宝级文物。这里还是中国"楞伽宗"的重镇。著名的敦煌写本《楞伽师资记》,有两种本子分别收藏于法国巴黎和英国伦敦,而这珍品,正是"东都沙门释净觉、居太行山灵泉寺集"[1]。

---

① 温玉成:《少林访古》,百花文艺出版社 1999 年版。

第十章　北朝的道教革新

　　在道教史上,魏晋南北朝是一段重要的转折时期。在这个时期,道教经历了一番重大的变革,从早期原始的五斗米道发展演变为完备成熟的宗教,从主要传播于民间的道团上升为官方承认的正统宗教。

一、革新预期的河洛道教

　　西晋时,道教史上著名的《老子西升经》于河洛出世,并发生了第一次道佛之争;洛阳道士王浮作《老子化胡经》来抵制佛徒帛远。同时,洛阳人郭象,好老庄,将向秀《应子注》述而广之,阐扬了老庄思想。

　　晋武帝太康九年(公元 288 年)司徒魏舒之女、天师道女祭酒魏夫人(名华存)从景林真人处取得秘藏稿本《黄庭经》后撰为定本而流传于世,成为道教五大典籍之一。《黄庭经》奠定了道教修炼的"练精化气,练气化神,练神还虚"的奥妙理论基础,被誉为"寿世长生之妙典"。东晋书圣王羲之书写《黄庭经》以换鹅的故事在道教史上传为佳话。

　　道教在西晋已发展到上层,并为统治者所利用。"八王之乱"的中心人物是赵王伦,其主谋者是孙秀,而孙秀是五斗米道徒。《晋书·赵王伦传》说:"伦,秀并惑巫鬼,听妖邪之说……拜道士胡沃为太平将军,以招福佑。又令亲近于嵩山著羽衣。诡称仙人王乔,作神仙书,述伦祚久长以惑众。"

　　西晋以后,道教进一步从理论上反对民间的原始道教,创立为门阀士族地主阶级服务的道教。晋惠帝时,道士王浮与沙门帛远争邪正,王浮作《老子化胡经》,捏造故事,声称老子西入流沙,收释迦为弟子,侮辱佛教。

北魏神瑞二年(公元415年),寇谦之说他先后得到神书《云中音诵新科之戒》二十卷,《录图真经》六十卷。后来,寇谦之将两书献给太武帝,太武帝甚为崇信,宰相崔浩极力赞助。太延六年(公元440年),寇谦之声称太上老君降临,授太武帝以太平真君年号,帝信,遂改元为太平真君。帝还亲赴道坛受符箓,封寇谦之为国师。寇依据《云中音诵新科之戒》中"清整道教,除去三张伪法、租米钱税及男女合气之术"等内容将原天师道作了彻底改革,"专以礼度而加以服气闭练"。并建立了政教合一的上层组织机构和一套完整的教规教仪。天师道经此清整,具有较强的宗教力量。而寇谦之为改革道教编纂的道教经典今存《道藏·洞神部·戒律类》"力"字帙中有七种,为河洛宗教文化增添了新内容。

道教经过南北分流发展之后,到隋唐复归于河洛。南北派道教名师荟萃洛阳,将道教发展推向高峰。

北魏接触道教,始自力微与魏晋通聘。《魏书·释老志》云:"初,文帝入于晋,从者务勿尘,姿神奇伟,登仙于伊阙之山寺。识者咸云魏祚之将大。"曹魏景元二年(公元261年),力微遣子沙漠汗(文帝)到洛阳做质子,西晋泰始三年(公元267年)返国,所以沙漠汗的侍从务勿尘在伊阙山寺"登仙",当在西晋初年。由此亦可知,伊阙(龙门)之有道寺,比有佛寺早二百多年。

太和十八年(公元494年),北魏孝文帝迁都洛阳。后曾在南郊设道坛,方二百步,给户五十,以供斋祀之用,名为"崇虚寺"。每年正月七日、七月七日、十月十五日,坛主、道士、哥人一百六人,以行拜祠之礼。此制至东魏武定六年(公元548年)罢之。①

自西汉至北魏,缤祀诸神,名目极多,如风伯、雨师、司中、司命、门神、户神、井神、竈神、中霤神、各种星斗神等不少于一千二百余处。② 佛教、道教之外的各种神祇崇拜,一直延续不断。

---

① 北齐·魏收:《魏书·释老志》,中华书局1974年版。
② 北齐·魏收:《魏书·礼志》,中华书局1974年版。

二、河洛道教革新

在改革道教的活动中,曾经在河洛地区传教的葛洪(公元 284～364 年)、寇谦之(公元 365～448 年)、陶弘景(公元 456～536 年)是革新运动的代表人物。其中尤以寇谦之影响最大。

(一)葛洪

著名道教学者、医药学家、炼丹家葛洪(公元 283～363 年),自幼爱好道术。西晋惠帝太安二年(公元 303 年),曾参加镇压扬州石冰起义。迁为伏波将军,后不慕功赏,"径直洛阳,搜求异书(道书),以广其学"①。葛洪在洛阳四年多,搜求了大量的道教典籍、仙经神符多至二百六十种,一千二百九十八卷,他在撰写《抱朴子内篇》时,全部列在《遐览》篇中。可见当时京都洛阳道书流布之多之广了。

(二)寇谦之

寇谦之(公元 365～448 年)字辅真,南乡州刺史讚之弟,自云寇恂之十三世孙。早好仙道,有绝俗之心,少修张鲁之术,服食饵药,历年无效。幽诚上达,有仙人成公兴,不知何许人,至谦之从母家佣赁,谦之尝覘其姨,见兴形貌甚强,力作不倦,请回兴代已使役。乃将还,令其开舍南辣田,谦之树下坐算,兴悬发致勤,时来看算。谦之曰:"汝但力作,何为看算?"二三日后,复来看之,如此不已。后谦之算七曜,有所不了,惆然自失,兴谓谦之曰:"先生为何不怿?"谦之曰:"我学算累年,而退算周髀不合,以此自愧,且非汝所知,何劳问也。"兴曰:"先生试随兴语布之。"俄然便决。谦之叹优,不测兴之深浅,请师事之。兴固辞不肯,但求为谦之弟子。未几,谓谦之曰:"先生有意学道,岂能与兴隐遁?"谦之欣然从之,兴乃令谦之洁斋三日,共入华山。令谦之居一石室,自出采药,还与谦之食

①　唐·房玄龄等:《晋书·葛洪传》,中华书局 1974 年版。

药,不复饥。乃将谦之入嵩山,有三重石室,令谦之往第二重。历年,兴谓谦之曰:"兴出后,当有人将药来,得但食之,莫为疑怪。"寻有人将药而至,皆是毒虫臭恶之物,谦之大惧出走。兴还问状,谦之具对,兴叹息曰:"先生未便得仙,政可为帝王师耳。"兴事谦之七年,而谓之曰:"兴不得久留,明日中应去。兴已后,先生幸为沐浴,自当有人见迎。"兴乃入弟三重石室而卒。谦之躬自沐浴。明日中有叩石室者,谦之出视,见两童子,一持法服,一持钵及锡杖,谦之引入,至兴尸所,兴欻然而起,著衣持钵,执杖而去。先是,有京兆灞城人王胡儿,其叔父已,颇有灵异。曾将胡儿至嵩高别岭,同行观望,见金室玉堂,有一馆尤珍丽,空而无人,题曰"成公兴之馆"。胡儿怪而问之,其叔父曰:此是仙人成兴馆,坐失火烧七间屋,被谪为寇谦之作弟子七年。"始知谦之精诚远通,兴乃仙者谪满而去。

谦之守志嵩岳,精专不懈,以神瑞二年十月已卯,忽遇大神,乘云驾龙,导从百灵,仙人玉女,左右侍卫,集止山顶,称太上老君。谓谦之曰:"往辛亥年,嵩岳镇灵集仙宫主,表天曹,称自天师张陵去世已来,地上旷诚,修善之人,无所师授,嵩岳道士上谷寇谦之,立身直理,行合自然,才任轨范,首处师位,吾故来观汝,授汝天师之位,赐汝《云中音诵新科之诚》二十卷,号曰"并进"。言:吾比经诚,自天地开辟以来,不传于世,今运数应出。汝宜吾新科,清整道教,除去三张(按:张陵、张衡、张鲁)伪法、租米钱税及男女合气之术。大道清虚,岂有斯事。专以礼度为首,而加之以服食闭练。"使王九疑人长客之等十二人,授谦之服气导引口诀之法,遂得辟谷,气盛体轻,颜色殊丽。弟子十余人,皆得其术。

泰常八年十月戊戌,有牧土上师李谱文来临嵩岳,云:老君之玄孙,昔居代郡桑干,以汉武之世得道,为牧土宫主,领法三十天土人鬼之政,地方十八万里有奇,盖历术一章之数也。其中为方万里者有三百六十方。遣弟子宣教,云嵩岳所统广汉平土方万里,以授谦之。作诰曰:"吾处天宫,敷演真法,处汝道年二十二岁,除十年为竟蒙,其余十二年,教化虽无大功,且有百授之劳。今赐汝迁入内宫,太真太宝九州真师、治鬼师、治民师,继天师四禄,修勤不懈,依劳复迁,赐汝《天中三真太文箓》,劾召百神,以授弟子。"文箓"有五等,一曰阴阳太官,二曰正府真官,三曰正房真官,四曰宿宫散官,五曰并进箓主,坛位、礼拜、衣冠仪式各有差品。凡六十余卷,号曰《箓图真经》,付汝奉持,辅佐北方太平真君,出天宫静轮之法。能兴造克就,则起真仙矣。又地上生民末劫垂及,其中行教甚难,但令男女立坛宇,朝夕礼拜。若家有严君,功及上世,其中能修身练药,学长生之术,即为真君种民。"药别授方,销炼金丹、云英、八石、玉浆之法,皆有决要。上师李君手笔有数篇,其余,皆正真书曹赵道覆所书。古文鸟迹,篆隶杂体,辞义约辨,婉而成章。大自与世体相准,择贤推德,信者为先,勤者次之。又言二仪之间有三十六天,中有三十六宫,宫有一主。最高者无极至尊,次曰大至真尊,次天覆地载阴阳真尊,次洪正真尊,姓赵名道隐,以殷时得道,牧土之师也。牧土以来,赤松、王乔之伦,及韩终、张安世、刘根、张陵,近世仙者,并为翼从。牧土命谦之为子,与群仙结为徒友,幽冥之事,世所不了,谦之具问,一一告焉。《经》云:佛者,昔于西胡得道,在三十二天,为延真宫主,勇猛苦教,故其弟子皆髡形染衣,断绝人道,诸天衣服悉然。

始光初,奉其书而献之。世祖乃令谦之止于张曜之所,供其食物。时朝野闻之,若存若亡,未全信也,崔浩独异其言,因师事之,受其法术。于是上疏,赞明其事曰:"臣闻圣王受命,则有大应。而《河图》《洛书》皆寄言于虫兽之文,未若今日人神接对,手笔粲然,辞旨深妙,自古无比。昔汉高虽复英圣,四皓犹感耻之,不为屈节,令清德隐仙,不召自至,斯诚陛下俸踪轩黄,应天之符也,岂可以世俗常谈,而忽上灵之命。臣窃惧之。世祖欣然,乃使谒者奉玉帛牲牢,祭嵩岳,迎致其余弟子在山中者。于是崇奉天师,显扬新法,宣布天下,道业大行。浩事天师,拜师甚谨,人或讥之。浩闻之曰:"昔张释之为王生结袜,吾虽才非贤哲,今奉天师,足以不愧于古人矣。"及嵩高道士四十余人至,遂起天师道场于京城之东南,重坛五层,尊新经之制。给道士百二十人衣食,斋肃祈请,六时礼拜,月设厨会数千人。

世祖将讨赫连昌,太尉长孙嵩难之,世祖乃问出征于谦之,谦之对曰:"必克。陛下神武应期,天经下治,当以兵定九州,后文先武,以成太平真君。"真君三年谦之奏曰:"今陛下以真君御世,建静轮天宫之法,开古以来,未之有也。应登受符书,以彰圣德。"世祖从之,于是亲至道坛,受符禄,备法驾,旗帜尽青,以从道家之色也。自后诸帝,每即位皆如之,恭宗见谦之奏造静轮宫,必令其高不闻鸡鸣吠之声,欲上与天神交接,功役万计,经年不成。乃言于世祖曰:"人天道殊,卑高定分。今谦之欲要以无成之期,说以不然之事,财力费损,百姓疲劳,无乃不可乎? 必如其言,未若因东山万仞之上,为工差易。"世祖深然恭宗之言,但以崔浩赞成,难违其意,沉吟者久之,乃曰:"吾亦知其无成,事既尔,何惜五三百工。"

九年,谦之卒,葬以道士之礼。先于未亡,谓诸弟子曰:"及谦之在,汝曹可求迁録,吾去之后,天宫真难就。"复遇设会之日,更布二席于上师坐前,弟子问其故,谦之曰:"仙官来。"是夜卒。前一日,忽言吾气息不接,腹中大痛,而行止如常,至明旦便终。须臾,口中气状若烟云,上出窗中,至天半乃消,尸体引长,弟子量之,八尺三寸。三日以后,稍缩,至敛量之,长六尺六寸。于是诸弟子以为尸解变化而去,不死也。①

东晋南北朝时期,是道教从民间走入殿堂,逐渐定型化、成熟化、官方化的时期。它除了要求改革者们在政治上满足统治者维护封建统治的需要,通过改变、充实教义、教规、教仪的内容,更好地适应这个时代儒、释、道融合的大趋势,以满足社会各阶层的精神需求。寇谦之作为北方道教的领袖和改革者,其目的很明确,就是要消除过去道教在统治阶级中的不良影响,使道教在北方少数民族统治的地区站住脚,克服道教民间化的弱势,使其官方化。为此,他提出了"辅佐北方泰平真君";"清整道教,除去三张伪法,租米钱税,及男女合气之术";"专以礼度为首,而加之以服食闭练"②作为其道教改革宗旨。在其道新经中,他公开谴责先前道教"攻错经道,惑乱愚民","诳诈万端";③认为北魏政权"载在河洛,悬象垂天"④。是上合天意、下应民心之正统;并在道教教义中加入儒家的"中庸"、"忠"、"孝"、"仁"、"义"、"信"等思想,以示自己的新道教确与旧道教不同。为了增加宗教的普适性,他还从佛教经典中吸取了"生死轮回"、"十善十恶"、"诵经斋戒"、"三毒三业"、"种民"等理论和戒条,来充实他的教义、教规。因此,他实际上已开了道教改革中融合三教之先河。

寇谦之革新道教,模仿佛教的仪式,求功德的方法也力求简便,男女信徒只要在家立坛,朝夕礼拜,即能获上等功德。

寇谦之的道教改革,在形式上有鲜明的个人特色。从历史上看,他入平城献

---

① 北齐·魏收:《魏书·释老志》,中华书局 1974 年版。
② 北齐·魏收:《魏书·释老志》,中华书局 1974 年版。
③ 《老君音诵戒经》,《道藏》12 册,上海书店 1988 年版。
④ 《正一法文天师教诫科经》,《道藏》56 册,上海书店 1988 年版。

经时,北方还处在民族大融合过程之中,民族矛盾还未基本消解;少数民族上层分子对汉族文化(包括道教)还知之不多。加之北方民众多次利用道教起义,使统治者对道教有所偏见。《魏书·释老志》称寇初至平城,"朝野闻之,若存若亡,未全信也"。但到魏太武帝接受道教,整个情况立即改观。太武帝下诏"崇奉天师,显扬新法"。

寇及弟子被待以王公之礼,身价大增;太武帝在京师设厨会,"立玄都坛,超静轮天宫"①。亲自遴选"大家弟子有德业者一百二十人为道士"②。又使寇在京城有了道教活动场所和上层信徒;他"敕天下造太平观共二百七十五所,度道士一千三百人"③。把寇的新道教轻而易举地推广到了全国;"敕道教宜在西教(佛教)之上"④。使寇的道教又获得国教地位。最后,太武帝改元"太平真君",令"中外百官凡上表,并云'太平真君皇帝陛下'",⑤并亲至道坛,接受道家符录,成了道教皇帝,完成了北魏的政教合一。

寇谦之的道教改革,上层统治者的联系十分紧密。寇谦之之所以能接近拓跋焘,与崔浩的支持分不开。崔浩出身于名门望族,是北魏政权中汉族士大夫的显赫人物。他博学多谋,深受魏明元帝拓跋嗣、太武帝拓跋焘的信任。其政治理想,按《魏书·卢玄传》说,是"分明姓族,整齐人伦"。寇的到来,使为其利用道教途径实现其政治理想打开方便之门。寇、崔以修道成仙,"侔纵轩黄"、"复(伏)羲、(神)农之治"、在中原"一齐政化,布淳德于天下"⑥为诱饵,劝诫太武帝放弃佛教信仰而皈依道教,并为太武帝策划具有了"后文先武,以成太平真君"的行动纲领。崔、寇与鲜卑权贵拓跋焘的联合,事实上使北魏政权中产生了一个皇权(拓跋焘)、神权(寇谦之),智谋(崔浩)相结合的领导核心。这个核心以道教为旗帜,以"后文先武,以成太平真君"为行动纲领,极大地影响着当时的政治形势。例如在北魏统一北方的战争(公元424~439年)中,每当崔浩同鲜卑贵族在是否进行某次战争或作战方向上发生激烈争论时,太武帝犹豫不决,"问幽

① 南宋·谢守灏:《混元圣记》卷七,《道藏》第553册,上海书店1988年版。
② 南宋·谢守灏:《混元圣记》卷七,《道藏》第553册,上海书店1988年版。
③ 唐·杜光庭:《历代崇道记》,《道藏》第32册,上海书店1988年版。
④ 北齐·魏收:《魏书·犹龙传》,中华书局1974年版。
⑤ 北齐·魏收:《魏书·犹龙传》,中华书局1974年版。
⑥ 北齐·魏收:《魏书·释老志》,中华书局1974年版。

徵于(寇)谦之",寇总是假托神意,支持崔浩的意见。① 又如,他曾公开要崔浩为其撰写以"复五等为本"的"王者治典"二十余篇,②以示对崔浩政治理想的理解和支持。

自太平真君五年(公元 444 年)起,崔浩利用太武帝,连下三道反佛诏,并利用长安佛寺私藏武器、赃物事推波助澜,终于在太平真君七年(公元 446 年)发动了震动全国的反佛事件。《释老志》又载,崔浩发动反佛,寇谦之并不赞成,曾苦与浩净,浩不肯,(谦之)谓浩曰:"卿今促年受戮,灭门户矣。"遗憾的是,崔浩不听劝告,一意孤行,终于导致杀身灭门之祸。太平真君九年(公元 448 年),84 岁的寇谦之,在静轮宫历时五年仍未建成的时候离开了人世。

京兆人文秀,陷于嵩高,可能是寇谦之的弟子。太武帝遣于尚书崔诣王屋山合丹,竟不能就。太和十八年(公元 494 年),北魏孝文帝迁都洛阳。后曾在南郊设道坛,方二百步,给户五十,以供斋祀之用,名为"崇虚寺"。每年正月七日、七月七日、十月十五日,坛主、道士、哥人一百六人,以行拜祠之礼。此制至东魏武定六年(公元 548 年)罢之。

(三)陶弘景

陶弘景(公元 456~536 年)中国南北朝道教茅山派代表人物之一。字通明,号华阳隐居、华阳真人。丹阳秣陵(今江苏南京)人。出身于江东名门。自幼聪明异常,十五岁著《寻山志》。二十岁被引为诸王侍读,后拜左卫殿中将军。陶弘景博通儒学经典,以文章词句著称。天文历算、地理方物、医药养生、金丹冶炼、服饵辟谷、卜筮占候等无所不通。另兼工草隶,擅绘画,善琴棋。刘宋末年,为诸王侍读。武帝永明十年(公元 492 年),辞官不就,隐居句曲山(今江苏茅山),从兴世馆主东阳道士孙游岳受符图经法诰诀。后游历各名山大川,博访四方人士。南齐永明年间(公元 481~493 年),于茅山建华阳馆,传上清大洞经箓,开创道教上清派茅山宗,自称华阳真人。陶弘景虽归隐山林,但"心存魏阙"。雍州刺史萧衍起兵伐齐,陶弘景因与萧衍宿有旧谊,遂派弟子戴猛假道奉

---

① 北齐·魏收:《魏书》之《释老志》《崔浩传》《长孙嵩传》,中华书局 1974 年版。
② 北齐·魏收:《魏书·崔浩传》,中华书局 1974 年版。

表,援引图谶,以"梁"字为国运之号,以示拥戴。建立政权后,萧衍封国号梁,自称梁武帝,自此宠信益盛,恩礼愈笃,书问不绝,时人谓为山中宰相,声望显赫一时。陶弘景道教思想宗于老子、庄子及葛洪的神仙方术学说,同时,主张儒、佛、道三教合流。曾受佛戒于宁波阿育王塔,在茅山道观中,建有佛、道二堂,轮番礼拜。著述甚多,传世之作有《真诰》、《登真隐诀》、《真灵位业图》、《养性延命录》、《古今刀剑录》、《太清诸丹集要》、《合丹药诸法节度》、《本草经集注》、《陶氏效验方》、《补阙肘后百一方》、《药总诀》、《集金丹黄白方》等。卒谥贞白先生。

第十一章　隋唐时期的河洛道教

一、隋唐时期的河洛道教综述

隋唐时代是道教发展的兴盛期。在经过南北朝与儒、释之间的大辩论之后，道教理论汲取了儒、释各家的思想精华得到进一步的充实；道教内部的南北派别相互交流、相互交融，接近统一的道统逐渐形成；由于上层统治者的大力倡导，使对道教的研究蔚然成风；道教学者辈出，道书刊行数量大增；修持方法的系统发展，是隋唐道教的一大显著特征。

（一）隋代道教

隋王朝的建立，结束了我国三百余年的南北分裂局面，重新获得了统一。从道教发展史看，隋代道教正处于一个转折点，为唐以后道教的兴盛与理论大发展作了准备。这种转折是道教自身发展的结果，也与隋代统治者对道教的扶持有关。

隋代虽以崇佛为主，但对道教也甚为重视，实行道佛并容政策。大业元年（公元605年）石造老君像，出土于洛阳东马沟村。[①] 茅山道士王远知（公元510～635年），大业七年，炀帝征高丽，曾被召至涿郡临朔宫，"炀帝亲执弟子之礼"，敕都城玉清玄坛以处之。[②] "及六军返旆，护驾洛都，奉敕于中岳修斋

---

① 河南博物院主办：《中原文物》，1984年第3期。
② 后晋刘昫：《旧唐书·王远知》，中华书局1975年版。

仪"①。大业八年(公元 612 年),嵩阳寺改为嵩阳观,道士潘延为隋炀帝炼长生
不老仙丹,费资巨万。潘延说炼丹要石胆、石髓,用工人数千,挖掘数十处,仍找
不到石胆、石髓。潘延又提出可以用童男童女胆、髓各三斛六斗来代替。潘延终
于炼不出仙丹,后来被杀。

隋炀帝于大业元年(公元 605 年)建都洛阳后,道佛均崇,诏令为道先佛后。
洛阳御苑是按道教传说中的三神山仙境修建的,炀帝多次诏请茅山道士王远知
到洛阳讲神仙之事。诏其于中岳修斋仪,并于洛阳宫置玉清玄坛以处之,又把擅
长辟谷术的著名道士宋玉泉、孔道茂等置于他的左右,称"四道场"。在洛阳建
道观二十四所,度道士一千一百人。为弘扬道教,隋朝道士又受命编纂了《隋朝
道书总目》(《通志略》诸子类道家著录、《隋书·经籍志》)有经戒三百一部,九
百八卷;服食四十六部、一百六十七卷;房中十三部、三十八卷;符箓十七部、百三
卷,共三百七十七部、一千二百一十六卷。这部道书目录,保存了隋以前流传在
河洛的道教典籍,为我国道教史上道经书目一个重要阶段。

隋文帝杨坚在夺取政权时,即利用道士为其大造舆论,即位后又对其加以重
用。《隋书·来和传》称:"道士张宾、焦子顺、雁门人童子华,此三人,当高祖龙
潜时,并私谓高祖曰:'公当为天子,善自爱。'及践阼,以宾为华州刺史,子顺为
开府,子华为上仪司。"《隋书·律历志》又称,"时高祖作辅,方行禅代之事,欲以
符命曜于天下。道士张宾,揣知上意,自云玄相,洞晓星历,因盛言有代谢之征,
又称上仪表非人臣相。由是大被知遇,恒在幕府。及受禅之初,擢宾为华州刺
史"。可见张宾等人正是因为向杨坚密告"符命",才"大被知遇"而受到提拔重
用的。焦子顺也是如此。《唐会要》卷五〇《尊崇道教》载:"隋开皇八年(公元
588 年),为焦子顺能役使鬼神,告隋文受命之符,及立,隋授开府柱国,辞不受。
常咨谋军国,帝恐往来疲困,每遣近宫置观,以五通为名,旌其神异也,号焦天
师。"可见焦子顺也是因曾向杨坚密告符命而受到重用,以至军国大事常要和他
商议。为避免其往来疲困,又特在皇宫附近建立五通观供其居住,并尊之为天
师,其恩遇之隆,可想而知。新中国成立之初,不但重用焦子顺、张宾等道士,还
把他的开国年号命名为"开皇",这个名称即采自道教经典中所谓开劫的年号之

---

① 元·刘大彬:《茅山志》卷二二,《道藏》第 42 册,上海书店 1988 年版。

一。杨坚又造道观、度道士,以扶持道教发展。开皇元年(公元581年),修复陕西周至县的老子庙。"迁都龙首原"时,"乃于都下畿内造观三十六所,名曰玄坛,度道士二千人";①又下令重修楼观宫宇,度道士一百二十人,并亲幸道场以表崇奉。特置玄都观,以"田谷十老"之一的楼观道士王延为观主,并于开皇六年亲自召见延于大兴殿,以提高其声望。开皇七年又为道士吕师立清虚观和为道士孙昂立清都观。八年征道士孟静素至京师,居至德观;又征魏郡道士仇岳至京都。杨坚晚年,更是"深信佛、道、鬼神",开皇二十年,专门下诏禁止毁坏佛、道等神像,违者"以不道论"或"以恶逆论",反映了他对佛道二教的关心和护持。综上可知,道教在杨坚所建立的新政权中占有重要地位,杨坚执政期间,道教宫观及道士的数量都有所发展。

　　炀帝杨广与其父一样,既笃信佛教,又利用和扶持道教,史称"大业中,道士以术进者甚众"。当其还在做晋王时,即对道士徐则甚为钦崇,请受道法,并想依靠徐则帮他夺取帝位。《隋书·徐则传》载其召徐则的手书中,有对徐则以"商山四皓"和"淮南八公"相期之语,便是这种意图的流露。同书又称:"时有建安宋玉泉、会稽孔道茂、丹阳王远知等,亦行辟谷,以松水自给,皆为炀帝所重。"王远知是茅山宗的宗师,杨广即位之后,于大业七年(公元611年)召见,并以帝王之尊,"亲执弟子之礼",敕令于都城起玉清玄坛以处之。杨广的崇道之笃,可想而知。此外,又将道士薛颐"引入内道场,亟令章醮"②。将道士马赜"引入玉清观,每加恩礼,召令章醮"③。据《历代崇道记》称:"炀帝迁都洛阳,复于城内及畿甸造观二十四所,度道士一千一百人。"建立崇玄署,设令丞,加强对道、佛二教的管理;又于内道场集道、佛经,别撰目录。史称炀帝"以天下承平日久,士马全盛,慨然慕秦皇、汉武之事"④,迷信金丹,幻想长生不死。为使道士潘诞为他合炼金丹,便"为之作嵩阳观,华屋数百间,以童男童女各一百二十人充给使,位视三品,常役数千人,所费巨万";"在两都及巡游,常以僧尼道士女官(冠)自随,谓之四道场"。并仿照"仙山琼阁"在宫内兴建西苑,"每日于苑中林亭间盛

①　参见《集古今佛道论衡》卷丙,《大正藏》卷四九。
②　卿希泰主编:《中国道教史》第一卷,四川人民出版社1998年版。
③　《唐护法沙门法琳别传》卷中,《大正藏》卷五〇。
④　南宋·谢守灏:《混元圣记》卷八《道藏》第553册,上海书店1988年版。

陈酒馔,敕燕王倓与钜、晶及高祖嫔御为一席,僧、尼、道士、女官(冠)为一席,帝与诸宠姬为一席,略相连接,朝罢即从之宴饮,更相劝侑,酒酣殽乱,靡所不至,以是为常。杨氏妇女之美者,往往进御,出入宫掖,不限门禁,至于妃嫔、公主皆有丑声,帝亦不之罪也"①。隋的统一也促进道教的南北融会,这种融会以茅山宗为主流。在陶弘景之后,茅山宗传往北方的上清经法,已经纳入灵宝、三皇及召神劾鬼之类的道经,并与北方的楼观道相结合。从茅山道士焦旷入居华山,楼观道士王延前往师之,得其传授三洞秘诀真经;楼观道士侯楷"行三奔术,诵《大洞经》及《三皇内文》劾召之法";以及王延"校雠三洞经法、科仪戒律飞符箓"、撰写《三洞珠囊》等事观之,不难发现当时南北融会的蛛丝马迹。王远知在北方的积极传道,加上受隋炀帝殊宠,对茅山宗在北方的传播和发展具有极重要的意义。《隋书·经籍志》在谈到隋代受道之法时称:"初受《五千文箓》,次受《三洞箓》,次受《洞玄箓》,次受《上清箓》。"表明上清经法在当时已被确认为上品道法。

由于隋统治者道佛并重,独轻儒生,隋末参加农民起义的儒生较多,道士较少。尽管如此,但在波澜壮阔的隋末农民大起义中,有些道士眼看隋王朝行将覆灭,便抛弃旧的统治者,或者暂时躲进山林,坐以待变;或者在逐鹿中原的群雄中物色新的政治靠山,如东都道士桓法嗣认为王世充"当代隋为天子",便投靠王世充;泰山道士徐洪客则寄希望于李密,向李密献进取天下之策;道士魏徵亦"进十策以干密",密"虽奇之而不能用"。及密败,魏徵乃随密归唐,成为唐太宗时的名臣。在隋末道士中,比较多的人认为李渊父子能取得天下,故纷纷投其麾下,为建立李家王朝效劳。其中尤以楼观道士歧晖和茅山宗领袖王远知为甚。歧晖在大业七年即称"天道将改,当有老君子孙治世,此后吾教大兴"。大业十三年,当李渊起兵反隋至蒲津关时,兴奋之情溢于言表曰:"此真君来也,必平定四方矣。"乃改名平定,发道士八十余人向关接应,尽以观中粮资唐军。

(二)唐代道教

唐代道教的发展曾出现过三个高潮:高武时期、玄宗时期和武宗时期。我们

---

① 北齐·魏收:《魏书·犹龙传》,中华书局 1974 年版。

所说的高、武时期,实际上指的是唐高宗和武则天共同执政的那段时期,也即从显庆五年(公元 660 年)十月唐高宗让武则天开始参与朝政,到弘道元年(公元 684 年)十二月高宗驾崩为止的 24 年。高、武时期是唐代道教发展的初盛期,其表现是:唐皇室竭力尊崇道教,抬高道教教主老子及其著作《道德经》的地位,尤宠道教上层人物,提高道士的社会和政治地位,大规模地修建道观并度人入道,编辑和整理道教经书,出现了唐代道教发展的第一个高潮,为唐代道教极盛期的到来奠定了基础。

李渊称帝后,认为歧晖资助兴唐有功,遂于武德二年(公元 619 年)五月,敕令楼观鼎新修营老君殿、天尊堂及尹尊人庙,凡观内屋宇务令宽博,称其瞻仰,并以隋尚书苏威庄田二百顷赐观,仍于观侧立监,置官检校修造,即以歧平定主观事。

三年春,又亲诣老君于祠庭,召见平定及法师吕道济、监斋赵道隆。乃降诏:"改楼观曰宗圣观,赐白米二百石,帛一千匹,以供观中修补。"①王远知本和隋炀帝杨广交往甚密,杨广曾"亲执弟子礼",但在炀帝晚年,他眼见天下兵起之势,便又自称"奉老君之旨",向李渊"预告受命之符"。故李渊登位后即拜受他为朝散大夫,并赐金缕冠、紫丝霞帔。王远知不仅向李渊密告符命,同时还恭维李世民是"圣人",预言他"方作太平天子",要他"自惜"。在李世民与其长兄李建成争夺皇位的斗争中,佛教徒以法琳为首拥护李建成,而道教徒以王远知为首拥护李世民,结果李世民取得胜利,故即位后十分器重王远知。《旧唐书·王远知传》载:"太宗登极,将加重位,固请还山。至贞观九年(公元 635 年),敕润州于茅山置太受观,并度道士二十七人。"又降玺书以褒奖之。王远知历经齐、隋、唐三朝更替而恩宠不衰,为茅山宗在唐代成为道教主流的格局奠定了基础。道士薛颐也是如此,武德初,当李世民作为秦王时,他即向其密告符命:"德星守秦分,正当有天下,愿王自爱。"李世民登基后便为他"置紫府观于九嵕山,拜颐中大夫,行紫府观主事"②。唐代统治者之所以尊崇道教,还有一个特别的原因,就是唐初门阀士族的传统势力还很强大,若非系出名门,就得不到社会的重视。李

---

① 民国末年纂辑:《楼观志》第 8 页,员半千:《大唐宗圣观主银青光禄大夫天水尹文操道行碑序》。
② 后晋·刘昫:《旧唐书·高宗纪》,中华书局 1975 年版。

唐统治者为了提高其门第,神化其统治,乃利用道教所奉的教主老子姓李,唐皇室也姓李的关系,即尊老子叙为始祖,宣称自己为"神仙苗裔"。这样,既可借神权提高皇朝地位,又可借此宣称李氏取代隋朝为"奉天承运"。因此,当歧晖、王远知等道士宣称奉老君之旨,向他们密告符命之时,便大肆渲染与赞赏。以后这类神话更是有增无已。据《旧唐书·高祖纪》《混元圣纪》《历代崇道记》等书记载:大业十三年(公元617年),李渊与隋牙郎将宋老生交战于霍邑,"会霖雨积旬,馈运不给",在即将退兵时,忽有"霍山神称奉太上老君命"告之曰:"汝当来,必得天下"。于是李渊遂在太上老君的帮助下,"引师趋霍邑,斩宋老生,遂平霍邑"。与此同时,据称老君又"降于终南山,语山人李淳风曰:'唐公当受天命'。淳风由是归唐"。《唐会要》卷五〇《尊崇道教》载称:"武德三年(公元620年)五月,晋州人吉善行于(浮山县)羊角山见一老叟,乘白马朱鬣,仪形甚伟,曰:'为吾语唐天子,吾汝祖也,今年贼平后,子孙享国千岁。'"李渊即在羊角山建老君庙,祠祀其祖老子。宣称自己和老君乃一脉相承。武德八年,李渊正式颁布《先老后释诏》:"老教孔教,此土先宗,释教后兴,宜崇客礼,令老先、孔次、末后释。"[1]明确规定道教在佛教之上,制定了有唐一代奉道教为皇家宗教的崇道政策。次年五月,他又"以京师寺观不甚清净"为由,下诏沙汰僧尼道士。诏书一一历数佛教徒的种种罪恶,对道教徒则轻描淡写笼统谓之"驰驱世务,尤乖宗旨";最后规定:"京城留寺三所,观二所;其余天下诸州,各留一所,余悉罢之。"[2]表面上是道释二教都要进行沙汰,实际却是打击佛教,扶持道教的。因为当时佛教徒和寺院数目远较道教徒和道观为多。按照诏书规定,就是要使道佛二教的教徒和庙宇大体相等,显然是执行抑佛崇道的政策。诏书宣布后不久,即发生李世民诛杀其长兄李建成的"玄武门之变",从此李世民掌握了政权,在宗教上按照其父李渊的既定政策,继续大力扶持道教。

唐虽承隋的道佛并容政策,但隋以崇佛为主,而唐则以崇道为主。道佛二教则互相排挤,彼此都想一教独尊,而唐初社会上仍有重佛轻道的积习。李世民为使"尊祖之风,贻诸万叶",遂于贞观十一年(公元637年)继李渊之后再次下诏,

---

① 清·董皓:《全唐文》卷一二《上老君玄元皇帝尊号诏》,上海古籍出版社2007年版。
② 宋·王溥:《唐会要》卷七五《明经》,中华书局1955年版。

规定道士、女冠在僧尼之上,宣称:"大道之行,肇于邃古,源出无名之始,事高有外之形,迈两仪而运行,包万物而亭育,故能经邦致治,返朴还淳。至如佛法之兴,基于西域,爰及东汉,方被中华。……洎乎近世,崇信滋深。……遂使殊俗之典,郁为众妙之先;诸华之教,翻居一乘之后。流连忘返,于兹累代。朕夙夜寅畏,缅惟至道,思革前弊,纳诸轨物。况朕之本系,起自柱下,鼎祚克昌,既凭上德之庆;天下大定,亦赖无为之功。宜有改张,阐兹玄化。自今以后,斋供行立,至于称谓,道士女冠可在僧尼之前。庶敦本之学,畅于九天;尊祖之风,贻诸万叶。"①这个诏书显然是崇道抑佛的命令。因此,诏下之后,佛教徒智实、法琳并约集法常、慧净等诣阙,上表力争,李世民令岑文本宣敕严诫,众僧饮气而还。唯智实固执不奉诏,乃遭杖责于朝堂,次年病卒。这是唐代道佛二教互争地位高低,道教在政治上得到李唐皇室支持,而取得第一次优势的地位。贞观十三年,道士秦世英又控告法琳毁谤皇宗老君,李世民派人严行勘问,将其流放益州而死于途中,再次给予佛教徒以沉重的打击。

唐初以洛阳为陪都,自高宗起又定洛阳为国都,与长安并重。高祖武德八年(公元 625 年)规定三教次序。

高宗李治,嗣位之初,政权执掌在长孙无忌、褚遂良等贞观老臣之手,遵守贞观遗规,继续奉行崇道抑佛的政策。永徽五年(公元 654 年),他从尼寺里召太宗时的才人武则天入宫为昭仪。次年废皇后王氏,立武则天为皇后,并参与朝政,后称天后。显庆五年(公元 660 年)以后,政权已全归武则天掌握,她欲以周代唐,便依靠佛教大造篡权夺位的舆论。因之,佛道轻重关系逐渐发生变化。但李治为维护唐王朝的统治,仍采取了以下一些崇道措施。

据《旧唐书·高宗本纪》载:乾封元年(公元 666 年)二月,他亲到亳州拜谒老君庙,追号老君为"太上玄元皇帝",立祠堂;其庙置令、丞各一员,并改阳谷县为真源县,县内宗姓特免除徭役一年。

上元元年(公元 674 年)十二月,天后上表,以为国家圣绪出自玄元皇帝,请令王公百僚皆习《老子》,每岁明经一准《孝经》《论语》例试于有司。仪凤三年

---

① 宋·欧阳修、宋祁:《新唐书·选举志上》,中华书局 1986 年版。

(公元 678 年)五月,高宗下诏:"自今以后,《道德经》并为上经,贡举人皆须兼通。"①

据《佛祖统纪》卷三九载:仪凤三年(公元 678 年),高宗李治令道士隶宗正寺,班在诸王之次。唐代的宗正寺是管理皇室宗族事务机构,将道士归它管理,即视男女道士为自己的本家。高宗对王远知的弟子潘师正甚为崇敬,不仅亲切召问"山中有何所需",还在他隐居的嵩山逍遥谷造崇唐观一所,岭上别起精思观以处之。又在谷口特为之开一门,号游仙门,于苑北置寻真门。时太常奏新造乐曲,高宗又令以《祈仙》《望仙》《翘仙》为名。前后赠诗凡数十首。其对道士的恩宠之隆,可见一斑。

高宗时,各地大建道观。如显庆元年(公元 656 年)立"昊天观"和"东明观";显庆二年(公元 657 年)立"宏道观";乾封元年(公元 666 年)于兖州界置紫云、仙鹤、万岁观,天下诸州皆置观一所。直到临死前,还于永淳二年(公元 683年)十二月四日下诏:"朕之绵系,兆自元元。常欲远叶先亲,光宣道化,变率土于寿域,济苍生于福林。……可大赦天下,改永淳二年为宏道元年,仍令天下诸州置道士观,上州三所,中州二所,下州一所,每观度道士七人,以彰清静之风,伫治无为之化。主者施行,是则奉先尊祖,复朴还淳之旨也。"据说他在宣诏时,已经"气逆不能上马",是夕,即"崩于真观殿"②。可见至死不忘尊奉老君,扶持道教,以维护李唐"绵系"。

调露元祀(公元 679 年)高宗命有司于师正所居造崇唐观。崇唐观原名隆唐观,在登封县东北 8 公里之逍遥谷中。今存老君像,高 2.8 米,座上铭曰:大周隆唐观敬造元始天尊像并左右二真人。长寿二年(公元 693 年)十月十五日毕功谨记"岭上别起精思观以处之。初置奉天宫,帝令所司于逍遥口特开一门,号曰仙游门,又于苑背面置寻真门,皆为师正立名焉。"③

但武则天为欲依靠佛教势力,取李唐而代之,并且掌握了实权,故高宗李治已不能像太宗李世民那样给道教以强有力的支持。显庆元年(公元 656 年)五月,以玄奘为首的佛教徒要求调整道先佛后的关系,李治于次年六月召集二教代

① 后晋·刘昫:《旧唐书·礼仪志》,中华书局 1975 年版。
② 宋·欧阳修、宋祁:《新唐书·百官志》,中华书局 1986 年版。
③ 后晋·刘昫:《旧唐书·潘师正》,中华书局 1975 年版。

表对此进行辩论,朝中大臣也有附和佛教者。到上元元年(公元674年)八月,李治只好下诏宣布:"公私斋会及参集之处,道士女冠在东,僧尼在西,不须更为先后。"道佛二教平起平坐。武则天上台后,一面对佛教徒厚加赏赐,大肆营造佛堂、佛像,尽力扶持佛教;一面又毅然改变高祖李渊以来的崇道政策,下令削去太上老君的"太上玄元皇帝"尊号,规定"释教在道法之上,僧尼处道士女冠之前"。接着又罢贡举人习《老子》的规定,自制《臣轨》两卷,令贡举人为业。神龙元年(公元705年)正月,宰相张柬之与崔玄暐、敬晖等以恢复李唐为号召,诛杀武则天的嬖臣张易之、张昌宗,迎立中宗李显复位。中宗复位后,立即于同年二月"复国号,依旧为唐。……老君依旧为玄元皇帝。……令贡举人停习《臣轨》,依旧习《老子》"。但中宗李显也是庸懦无能之辈,即位不久,皇后韦氏干预朝政。韦氏复仿效武则天,依靠佛教势力,并与武氏集团相勾结,阴谋篡夺政权。于景龙四年(公元710年)六月,毒死中宗李显,临朝称制。道士冯道力"善于占兆",向李隆基率布"诚款",李隆基率兵"斩关而进",尽诛韦、武党羽,拥立李旦为帝,是为睿宗。睿宗在位不久,即传位李隆基。

玄宗极崇道教,亲召道士司马承祯、吴筠、张果到宫中授法篆,令他们往来东西京,宣道讲经。特意为司马承祯在王屋山建阳台观。司马承祯曾拜师嵩山道士潘师正,潘师正将符篆、辟谷、导引、服饵之术传给他。司马承祯以八十九岁高龄仙逝于阳台观。一生著述颇丰,有《修真秘旨》、《坐忘论》、《修真秘旨事目历》、《修生养生诀》、《服气精义论》等十八种,给河洛文化增添了异彩,他为我国道教养生学作出了巨大的贡献。

叶法善(公元616~720年)是此间最为活跃的河洛道士之一。叶法善,括州括苍县人。自曾祖三代为道,皆有摄养占卜这术。法善少侍符箓,尤能厌劾鬼神。显庆中,高宗闻其名,征诣宗师,将加爵位,固辞不受。求为道士,因留在内道场,供待甚厚。时高宗令广征诸方道术之士,合炼黄白。法善上言:"金丹难就,徒费财物,有亏政理,核其真伪。"帝然其言,因令法善试之,由是乃出九十余人,因一切罢。法善又堂于东都凌空观设坛醮祭,城中士女竞往观之,俄顷数十人自投火中,观者大惊,救之而免。法善曰:"此皆魅病,为吾法所摄耳。"问之果然。法善悉为禁劾,其病乃愈,法善自高宗、则天、中宗历五十年,常往来名山,数召入禁中,尽礼问道。然排斥佛法,议者或讥其向背。

以其术高,终莫之测。睿宗即位,称法善有冥助之力。光天二年,拜鸿胪卿。封越国公,乃依旧为道士,止于京师之景龙观。又赠其父为歙州刺史,当时尊宠,莫与为比。

法善生于隋大业之丙子,死于开元之庚子(当为庚申),几一百七岁。八年卒,诏曰:"故道士鸿胪卿员外置越国公叶法善,天真精密,妙理玄畅,包括秘要,发挥灵符,固以冥默难源,希夷罕测。而情栖蓬阆,迹混朝伍,保黄冠而不杖,加紫绶而非荣,卓尔孤秀,冷然独往,胜气绝俗,贞风无尘,金骨外耸,珠光内应。斯乃体应中仙,名升上德。朕当听政之暇,屡询至道;公以理国之法,数奏昌言。谋参隐讽,事宣弘益。叹徽音之未泯,悲形解之俄苗,曾莫愁遗,奸良奄及。永惟平昔,感怆于怀,宜申礼命,式旌泉壤。可赠越州都督。"①

玄宗李隆基鉴于武氏、韦氏均依靠佛教势力篡夺李家王朝的事实,自即位之日起,便大力推进开国以来的崇道政策,以提高道教地位,促进道教的发展,从而形成了唐代道教的全盛时期,这在道教发展史上具有重大影响。

天宝二年(公元743年)追尊为"大圣祖玄元皇帝",天宝八载又尊为"圣祖大道玄元皇帝",天宝十三载再次尊为"大圣祖高上大道金阙玄元天皇大帝"。同时并为高祖、太宗、高宗、中宗、睿宗五帝加"大圣皇帝"之字,太穆、文德、则天、和思、昭成皇后加"顺圣皇后"之字。这样,使唐代开国以来的帝、后均和"大圣祖"老子更加紧密地联系在一起,借以维护李唐王朝的统治。其次,一再令天下诸州普遍建立玄元皇帝庙,并给其庙改名。开元十年(公元722年),下诏令两京及诸州各置玄元皇帝庙一所,每年依道法斋醮。开元十九年五月,令五岳各置老君庙,开元二十九年正月,又诏令两京及诸州各置玄元皇帝庙一所。在玄宗的一再诏令之下,全国各地都兴建了玄元庙,其建筑也极其富丽堂皇。又多次下令给玄元庙更改名称,加西京改太清宫,东京改太微宫,诸州改紫极宫,并为之选配道士,赐赠庄园和奴婢等。再次,大肆制作玄元皇帝神像,分布天下。据《唐鉴》卷九记载,开元二十九年正月,玄宗自称梦见玄元皇帝,并告之曰:"吾有像在京城西南百余里,汝遣人求之,吾当与汝兴庆宫相见。"玄宗遂遣使求得于周至楼观山间,闰四月,迎置兴庆宫。五月,令图写玄元真容,分送诸州开元观安

---

① 后晋·刘昫:《旧唐书》卷一九一,中华书局1975年版。

置,并诏令所在道士女冠等皆具威仪法事迎候,像到七日夜,设斋行道,仁各赐钱用,充斋庆之费;自今以后,常令讲习道经,以畅微旨;所置道学,须加倍敦劝,使有成益。诏书又令:"今者真容应见,古所未闻,福虽始于邦家,庆宜均于士庶,其亲王、公主、郡主、县主及内外文武官等,并量赐钱,至休假之辰,宜以酒食,用申庆乐,诸道节度使及将士等亦且准此。"他不仅图写"真容",而且还于天宝三载三月,令两京及天下诸州于开元观以金铜铸玄元等身天尊各一躯。太清宫成,又命于太白山采白玉为玄元圣容,又以白玉作玄宗圣容侍立于玄元之右。天宝八载又于太清、太微宫圣祖前,更立孔子及"四真人"像以列左右;并以高祖、太宗、高宗、中宗、睿宗五帝之像作为玄元的陪祀,从而树立了老君无与伦比的崇高地位。天宝元年正月,陈王府参军田同秀上言:"玄元皇帝降见于丹凤门之通衢,告赐灵符在尹喜之故宅。"①玄宗即派人就函谷关尹喜台西发得之,乃置玄元庙于大灵坊,并以函谷宝符潜应年号,改元"天宝",又改桃林县为"灵宝县",晋升田同秀为朝散大夫。公元时人皆疑宝符为同秀所作,而玄宗却大加赞赏。此后,人称亲见玄元皇帝者不绝。正如范祖禹《唐鉴》所称:"上之所好,下必有甚者矣。明皇崇老喜仙,故其大臣谀,小臣欺,盖度其可为而为之也。不惟信而惑之,又尝以劝之,则小人孰不欲为奸罔哉?"

据山东泰山的《岱岳观碑》的题记,可知唐代东都洛阳的道观和道士的情况如下:

大周天授二年二月十日(公元 691 年)"金台观主、中岳先生马元贞将弟子相景、郭希玄,内品官相君尚、欧阳智琮奉圣神皇帝敕,缘大周革命,令元贞往五岳四渎投龙作功德。元贞于此东岳行道,章醮投龙,作功德一十二夜。又奉敕敬造元始天尊一铺,并二真人夹侍。……"

大周万岁通天二年(公元 697 年),"东明观三洞道士孙文奉天册金轮圣神皇帝四月□日敕,将侍者姚钦元诣此观,祈请行道事毕,敬造石天尊像一躯并二真人夹侍。庶兹景福,永奉圣躬,聊纪其年,因传不朽……"

大周圣历元年腊月二日(公元 698 年)"大宏道观主桓道彦、弟子晁自揣,奉勅于此东岳设金宝斋河图大醮,七日行道,两度投龙……奉为天册金轮圣神皇帝

---

① 后晋·刘昫:《旧唐书·潘师正传》,中华书局 1975 年版。

敬造等身老君像一躯并二真人夹侍。……"

久视二年(公元 701 年),"神都青元观主麻慈力亲承圣旨,内赍龙、璧、御词、缯帛及香等物,诣此观中斋醮功毕,伏愿圣皇万福,宝业恒隆。……侍者道士麻宏信。

长安元年十二月廿三日,"道士、金台观主赵敬同,侍者、道士刘守真、王怀亮等奉十一月七日勅,于此太山岱岳观灵坛修金斋三日三夜;又于观侧灵场之所设五岳一百二十盘醮礼,金龙玉璧并投山讫……敬造东方三宝皇上天尊一铺并二真人、仙童玉女等夹侍。……"

大周长安四年九月八日,"勅使内供奉襄州神武县云表观主、神都大洞三景弟子、中岳先生周玄度并将弟子二人、金州西城县玄宫观道士梁悟玄,奉三月廿九日勅令,自于名山大川投龙、璧,修无上高元金玄玉清九转金房度命斋三日三夜行道。陈设醮礼,用能天地清和、风云静默,神灵效祉,圣寿之无穷者也。……"

大周长安四年十一月十五日,"大□□观威仪师邢虚应,法师阮孝波……奉勅于东岳岱岳观中建金大斋,四十九日行道,设醮、奏表、投龙、荐璧。……"①

洛阳的老君庙大约建于公元 66 年,这一年,唐高宗上老子的尊号为"太上玄元皇帝"。公元 682 年,唐高宗又令于老君庙立元观,亲题牓额。老君庙的位置,在洛阳城北。庙内有吴道子所画五圣真,即唐高祖、唐太宗、唐中宗、唐睿宗和唐玄宗。这是因为李唐帝室自认李耳(老子)是其祖先。②

洛阳的道观有金台观、东明观、青云观、大弘道观、福唐观等。其中以大弘道观最重要。公元 682 年"乃于太子甲第建弘道之坛",做过弘道观主的有杜义、桓道彦、张游雾等。据张彦远的《历代名画记》可知,弘道观中画有《东封图》,出于大画家吴道子手笔。

玄宗时,道教发展达到顶峰,连著名的龙门石窟佛教造像的壁间,也造有太上老君像(在双窑站外上部)。唐玄宗又自称梦中得拜见老子,醒来画出真容,又令人画老子像许多张,分送各州开元观安置,令男女道士庄严迎候,像到后设

---

①　清·王昶:《金石萃编》卷五三,中国书店 1985 年版。
②　唐·张彦远:《历代名画记》卷五,江苏美术出版社 2007 年版。

斋行道七昼夜。

玄宗于开元二十五年（公元737年）七月，再次下令重申："道士女冠宜隶宗正寺，僧尼令祠部检校。"并规定：凡道士女冠有犯法者，须按道格处分，州县官吏一律不得擅行决罚，违者处罪，借以维护道教的尊严。其次，他经常召见道士，拜官赐物，甚至亲受法箓，以道士为师。开元九年，玄宗遣使迎天台道士司马承祯入京，亲受法箓，前后赏赐甚厚。及还山，玄宗赋诗相赠。十五年又召至都，并令其于王屋山自选形胜，为之建阳台观，玄宗亲自题额，并赐绢三百匹，以充药饵之需。又令玉真公主及光禄卿韦韬至其所居修金箓斋，复加赠赐。对其弟子李含光也甚尊宠。天宝四载十二月，玄宗命中使赍玺书征之入京，馆于禁中，每欲咨询，必先斋沐。含光还山，乃敕杨、许故宅紫阳观居之，并明令禁止樵采。天宝七年三月十八日，玄宗受《上清经箓》于大同殿，先遣使至茅山告含光受经箓之期，遥礼度师，赐号玄静先生，并赐法衣，以伸师资之礼。

开元二十二年十月十三日，玄宗下令："道家三元，诚有科戒……今月十五日是下元斋日，禁都城内屠宰，自今以后，两都及天下诸州，每年正月、七月、十月三元日，起十三日至十五日并宜禁断屠宰。"①开元二十五年又下令规定：每年道教教主玄元降生日，天下诸州皆须设祭祀。天宝七载又下令规定："自今以后，天下每月十斋日，不得辄有屠杀。"并且对道教代表人物和各地的灵山仙迹，都规定了崇礼醮祭制度。

开元二十一年正月，制令士庶家均须藏《老子》一本，每岁贡举人量减《尚书》《论语》两条策，加《老子》策。开元二十五年正月，初置玄学博士，每岁依明经举。二十九年正月，制令两京及诸州各置崇玄学，置生徒，令习《老子》《庄子》《列子》《文子》，每年准明经例考试，称为"道举"。另外又"降制"："诸色人有能明《道德经》及《庄子》《列子》《文子》者，委所由长官访择具以名闻，朕当亲试，别加甄奖"②。天宝元年二月又规定将庄子号为南华真人、文子、列子、庚桑子分别号为通玄真人、冲虚真人和洞虚真人，四子所著书改为真经。崇玄学置博士、助教各一员，学生一百人。次年正月，又将崇玄学改为崇玄馆，博士为学士，助教

---

① 陈垣：《道家金石录》《潘尊师碣》（唐部分）第84页，文物出版社1988年版。

② 后晋·刘昫：《旧唐书·司马承祯传》，中华书局1975年版。

为直学士,更置大学士员。并规定大学士以宰相为之,领两京玄元宫及道观。

开元二十一年,玄宗亲注《道德经》,二十三年又修《义疏》。天宝二年,诏令崇玄馆学士于三元日讲《道德》《南华》诸经,群公百辟,咸就观礼。为了突出《道德经》的地位,天宝四载十月下诏规定:其坟籍中有载玄元皇帝、南华等真人犹称旧号者,并宜改正;宜以《道德经》列诸经之首,其《南华真经》等,不宜编在子书。天宝十四载十月,颁示《御注老子》并《义疏》于天下,令学者习之。

玄宗在即位之初,即先天元年至二年(公元712～713年),命太清观主史崇玄及昭文馆、崇文馆学士崔、湜、卢藏用、沈佺期、员半千、薛稷等修《一切道经音义》及《妙门由起》等共约150卷,玄宗亲自为《一切道经音义》作序。开元中,又发使搜求道经,纂修成藏,目曰《三洞琼纲》,总三千七百四十四卷(或谓五千七百卷),这是历史上第一次编纂的《道藏》。为了使道经广为流布,天宝八载下敕:今内出《一切道经》,宜令崇玄馆即缮写,分送诸道采访使,令馆内诸郡转写,其官本便留采访郡太一观持诵。天宝十载又命写《一切道经》五本(部),颁赐诸观。

《旧唐书·礼仪志》称,玄宗御极多年,尚长生轻举之术,于大同殿立真仙之像,每中夜夙兴,焚香顶礼。天下名山,令道士中官合炼醮祭,相继于路。投龙奠玉,造精舍,采药饵,真诀仙迹,滋于岁月。因为玄宗崇尚斋醮,故特别爱好各种斋醮乐曲,并组织创作。据《新唐书·礼乐志》载,开元九年,玄宗命司马承祯制《玄真道曲》,李含光制《大罗天曲》,贺知章制《紫清上圣道曲》。开元二十九年及天宝四载,他还先后自制《霓裳羽衣曲》《紫微送仙之曲》等奏于太清宫。天宝十载还在内道场亲自教诸道士步虚声韵。

唐玄宗时,著名道教学者、少室山达观子李筌在嵩山虎口岩石壁中得《阴符经》,托名黄帝撰,传为上清道士寇谦之藏。由于《阴符经》是讲修身养性、长生久视之道的,全书三百字,被列为道教五大经典之一,是道徒必诵的经卷之一。

由于玄宗的崇道,当时一些公主妃嫔,多有入道为女真者,杨贵妃也被度为太真宫女道士。朝臣中如宰相李林甫等,皆请舍宅为观,太子宾客贺知章清为道士,诗人李白也加入道教。仅长安城中的道观就有三十所之多。王公大臣对他的"尊道教","表贺无虚月",道士升官晋爵者颇不乏人。

唐玄宗天宝三年刻立的《大唐嵩阳观纪圣德感应之颂》,碑高约三丈,宽八尺,厚四尺,是中岳嵩山第一大碑。碑由李林甫撰文,徐浩书。碑文记载道士孙太冲为唐玄宗炼丹九转的事。[①]

"安史之乱"一度波及"仙山琼阁",遂使"正教凌迟,两京秘藏,多遇焚烧",多"洞天福地",也被侵占。尽管如此,唐代的崇道政策并未根本动摇。唐玄宗以后的统治者仍然奉行崇道政策,继续扶植道教,不断给道教上层人士封官晋爵,馈赠财帛,乃至延入宫闱侍奉,亲受法箓,并不断兴建宫观,发展道徒,促使道教在新的历史条件下仍然继续得以恢复和发展。在肃宗李亨平息了"安史之乱"后,直到僖宗李儇,无不继续"尊祖"、"崇本",采取许多崇道措施,使道教在中唐以后逐步恢复并继续发展。其中,尤以武宗李炎在位时最为突出。

武宗李炎是继玄宗之后又一个热烈崇道者。他"在藩时"即"颇好道术修摄之事"。开成五年(公元840年)正月,刚即位便下敕规定:二月十五日大圣祖玄元皇帝降生日为降圣节,令两京及天下诸州府设斋行道作乐,赐大酺三日,军期急速亦不在此限,永为常式。是年秋,召道士赵归真等八十一人入禁中,于三殿修金箓道场,武宗亲至三殿于九天玄坛受法箓,以归真为师。会昌元年(公元841年)六月,又以衡山道士刘玄靖(一作静)为银青光禄大夫,充崇玄馆学士,赐号广成先生,令与道士赵归真于禁中修法箓。会昌三年夏,作望仙观于禁中。四年三月,以赵归真为左右街道门教授先生。五年又迎罗浮道士邓元起(一作超),复造望仙楼于禁中,同时还建降真台,均极尽奢侈豪华。由于武宗的崇道,道士赵归真、刘元靖、邓元起等人的怂恿排佛,加以宰相李德裕的赞同,遂酿成会昌灭佛事件。武宗下令检括天下寺院及僧尼人数,并省天下佛寺,以"惩千古之蠹源,成百王之典法","将使六合黔黎,同归皇化"。表明他的废佛,是为了扶持道教。

据杜光庭于中和四年(公元884年)十二月十五日的记载,唐代从开国以来,"所造宫观约一千九百余,所度道士计一万五千余人,其亲王贵主及公卿士庶或舍宅舍庄为观并不在其数"[②]。在道教理论建设方面,唐代许多道教学者汲取儒释的一些思想,对教理、教义和修炼方术作了全面的发展,它不仅为宋元道

---

　① 清·王昶:《金石萃编》卷八六,中国书店1985年版。

　② 《集古今佛道论衡》卷丙,《大正藏》卷四九。

教理论的拓展创造了条件,而且在中国思想史和哲学史上占有重要的地位。这个时期,涌现了许多著名的道教学者,如孙思邈、成玄英、王玄览、李荣、司马承祯、吴筠、李筌、张万福等,特别是以成玄英、李荣为代表的重玄派,对当时和以后道教理论的发展都产生了重大的影响。自曹魏时道士孙登"以重玄为宗"解释《道德经》以来,道教中逐渐形成一个重玄派。发展到唐初,经成、李等人的系统论述并汲取佛教中观思想,遂成为当时《老子》学中最有影响的流派。该派阐释《老子》有两大特征:一是援《庄子》入《老子》,二是援佛学入《老子》。因此,重玄派也给佛教思想以影响,如佛教三论宗著作中即多次提到"重玄"的概念。唐玄宗注疏《老子》吸收了重玄派的某些观点;王玄览的《玄珠录》明显受重玄派思想方法影响;孟安排《道教义枢》集道教教义之大成,其中多为重玄派阐说的义理;重玄派阐释《老子》的一些哲学范畴如"理"、"心"、"性"等对宋明理学的形成具有相当的影响。经重玄派和其他道教思想家的阐发,唐代道教思想更为思辨化,更富哲理性。

重玄派中在河洛间影响较大的道士有:司马承祯、吴筠等。

司马承祯(公元647或655～735年),字子微,河内温人。周晋州刺史,琅玡公裔玄孙。少好学,薄于为吏,遂为道士,事潘师正,传其符箓及辟谷导引服饵之术。师正特赏异之,谓曰:"我自陶隐居传正一之法,至四叶矣。"承祯尝遍游名山,乃止于天台山。则天闻其名,召至都,降手敕以赞美之。及将还,敕麟台监李峤饯之于洛桥东。

景云三年,睿宗令其兄承祎就天台山追之至京,引入宫中,问以阴阳术数之事。承祯对曰:"道经之旨'为道曰损,损之又损,以至于无为。'且心目所知见者,每损之尚未能已,岂复攻乎异端,而增其智虑哉!"帝曰:"理身无为,则清高矣。理国无为,如何?"对曰:"国犹身也。《老子》曰'游心于淡,合气于漠,顺物自然而无私焉,而天下理。'《易》曰:'圣人者,与天地合其德,'是知天不言而信,不为而成。无为之旨,理国之道也。"睿宗叹息曰:"广成之言,即斯是也。"承祯固辞还山,仍赐宝琴一张及霞纹披而遣之,朝中词人赠诗者百余人。

开元九年,玄宗又遣使引入京,亲受法箓,前后赏赐甚厚。十年,驾还西都,承祯又请还天台山,玄宗赋诗以遣之。十五年,玄宗令承祯于王屋山自选形胜,置坛室以居焉。承祯因上言曰:"今五岳神祠,皆是山林之神,非正真之神也。

五岳皆有洞府,各有上法真人降任其职,山川风雨,阴阳气序,是所理焉,冠冕章服,佐从神仙,皆有名数。请别立斋祠之所。"玄宗从其言,因敕五岳各置真君祠一新。其形象制度,皆令承祯推按道经,创意为之。承祯颇善篆隶书,玄宗令以三体写《老子经》,因刊正文句,定著五千三百八十言为真本以奏上之。以承祯王屋所居为阳台观,上自题额,遣使送之,赐绢三百匹,以充药饵之用。俄又令玉真公主及光禄卿韦绚至其所居修金箓斋,复加以赐赍。

是岁,卒于王屋山,时年八十九,其弟子表称:"死之日,有两鹤绕坛及白云从坛中涌出,上连于天,而师容色如生。"玄宗深叹之,乃下制曰:"混成不测,入寥自化。虽独立有象,而至极则冥。故王屋山道士司马子微,心依道胜,理会玄远,遍游名山,密契仙洞。存观其妙,逍遥得意之场;亡复其根,安息无何之境。固以名登真格,位在灵官,林壑未改,遐霄以旷,言念高烈,有怆于怀,宜赠徽章,用光丹箓,可银青光禄大夫,号真一先生。"仍为亲制碑文。①

吴筠,鲁中之儒士也,少通经,善属文,举进士第,性高浩,不奈流俗,乃入嵩山,依潘师正为道士,传正一之法,苦心钻仰,乃尽通其术。开元中,南游金陵,访道茅山。久之东游天台,筠尤善著述,在剡与越中文士为诗酒之会,所著歌篇,传于京师,玄宗闻其名,遣使征之。即至,与语甚悦,令待诏翰林,帝问以道法,对曰:"道法之精,无如五千言,其诸枝词蔓说,徒费纸札耳。"又问神仙修炼之为,对曰:"此野人之事,当以岁月功行求之,非人主之所宜适意。"每与缁黄到坐,朝臣启奏,筠之所陈,但名数世务而已,间之以讽谏,以达其诚,玄宗深重之。

天宝中,李林甫,杨国忠用事,纲纪日紊。筠知天下将乱,坚求还嵩山,累表不许,乃诏于岳观别立道院。禄山将乱,求还茅山,许之,既而中原大乱,江淮多盗,乃东游会稽。尝于天台剡中往来,与诗人李白,孔巢文论篇酬和,逍遥泉石,人多从之。竟终于越中,文集二十卷,其《玄纲》三篇,《神仙五学论》等。为达识之士所称。筠在翰林时,特承恩顾,由是为群僧之所嫉,骠骑高力士素奉佛,尝短筠于上前,筠不悦,乃求还山。故所著文赋,深诋释氏,亦为通人所讥。然词理宏通,文采焕发,每制一篇,人皆传写,虽李白之放荡,杜甫之壮丽,能兼之者,其惟

---

① 后晋·刘昫:《旧唐书》卷一九二,中华书局 1975 年版。

筼乎!①

　　道教科仪,在唐代也有较系统的发展。随着大量宫观的兴建和道士人数的增多,对斋醮仪式和科律的需求日增,《全唐文》中所收名目繁多的各种斋词、醮词、青词、叹道文、忏文等,正是当时道教科仪繁荣的记录。唐玄宗时,道士张万福编撰科仪经文《传授三洞经戒法箓略说》《三洞法服科戒文》《洞玄灵宝道士受三洞经戒法箓择日历》《洞玄灵宝三师名讳形状居观方所文》《醮三洞真文五法正一盟威箓立成仪》等,是继陆修静之后的进一步发展。与张万福大致同时的玉清观道士朱法满则编《要修科仪戒律抄》十六卷,摘抄五十余种道书,实为当时道教科仪戒律的缩影。唐末五代的杜光庭著《道门科范大全集》八十七卷,将道教主要道派的斋醮仪式加以统一并使之规范化,集唐代道教斋醮科仪之大全,他制定的道门科范,至今仍为道教所沿用。当时道教界十分注重宗教戒律的传授,斋醮仪式也更趋完备和规范化。

　　唐代对宫观经济也予以扶持。按唐制,"凡道士给田三十亩,女冠二十亩"。可见唐初道士可分得口分田。朝廷先曾规定:"道士通《三皇经》者,给地三十亩",后改为"道士通《道德经》者,给地三十亩"。除口分田外,对一些著名宫观还别有赏赐。武德二年(公元619年)赐楼观台土田十顷及仙游监地充庄。弘道元年(公元683年),诏叶法善天师,封岳地方四十里,充观长生之地,禁樵采,断田猎。唐玄宗赐西京太清宫、东京太微宫近城庄园各一所,并量赐奴婢等,使宫观占有了一定量的田产。另外,宫观还通过继承遗产、购置、"官人百姓将庄田宅舍布施"等方式获得田庄。贺知章记述龙瑞宫周围方圆几十里都为其所管山界,表明某些大的道教宫观拥有的田产十分可观。但当局对于限外占田,也有所限制,对多占的土地,则予以收回。宫观除经营田庄而外,还通过营构宫观建置房产。有的以敕赐财物造宫观,如中和三年(公元883年)郭遵泰监在青羊宫,土木之工并用内库宣赐;有的将香灯斋醮所得财施崇葺观宇,兴置像设。这些房地产成为宫观经济的主要支柱之一。

　　宫观对社会经济也产生一定影响,出现了围绕宫观开展的经济活动,如生

---

　　①　后晋·刘昫:《旧唐书》卷一九二,中华书局1975年版。《集古今佛道论衡》卷丙,《大正藏》卷四九。

产、贩卖道教法事所需的器物,专业的写经、铸像等。如唐末五代四川成都的"蚕市",就是道教节日或重大法事活动时在道观周围形成的临时集市。据杜光庭《道教灵验记》记述,蚕市一般是三月三日在宫观周围进行,并有受箓活动等。实为近代庙会经济之雏形。

唐代道教对社会生活的影响亦不容忽视,社会各阶层都有信仰道教的。除唐皇室崇道外,大臣百官中也有不少人信奉道教,向往神仙。有的自愿弃官为道士,有的则居官学道,有的与道流过从甚密。由于向往神仙长生,上层社会中服食道教丹药蔚然成风。尉迟敬德晚年笃信仙方,飞炼金石,服食云母粉;李德裕好服药,有道士李终南授以丹砂丸;李抱真晚年好方士,以冀长生,有孙季长为之炼金丹。高处庙堂之上者如此热衷道教,退居山林的隐士更与道教有不解之缘。当时不少著名隐士实为"道隐",虽未正式隶身道流,实则行径与道士无异,多以道教思想、方术自慰自娱。文人学士将崇尚道教、与高道作方外游视为风雅。陈子昂"早爱赤松游",颜真卿"德惭好道";李白、贺知章干脆受箓入道。在寻常百姓日常民情风俗中道教的影响更是比比皆是。

在广泛表现社会生活的文学艺术作品中,更能感受到道教的深远影响。唐诗中有许多以宫观、道士为素材的题咏,咏叹神仙世界的奇谲瑰丽,渴望飞升入仙班成为唐诗的一大主题。唐人传奇小说中亦充满道教神仙故事。唐代文人画多取材于道教神仙人物。吴道子在洛阳老君庙画"老子化胡经变相"等壁画。宪宗时曾刻板印行《老子化胡八十一化图》。道教对神仙世界的想象,启发了唐代宫廷建筑的设计,道教音乐不绝于皇宫之中。可见,道教对唐代文学艺术的发展也颇具影响力。

道教的影响还远播海外。高祖李渊曾派使臣到高丽送天尊像,又派道士到高丽宣讲《老子》。道教还传入真腊,当地人"尤信道士"。日本也传入道教经书,故王维在《送秘书晁监还日本国并序》中有"金简玉字,传道经于绝域之人"。唐太宗令道士成玄英等与玄奘合作将《道德经》译为梵文,王玄策在印度建碑文宣传道教自然无为思想。这些都表现出盛唐时代道教的兴盛景象。

二、王远知与潘师正

东都洛阳在唐代的政治、文化地位仅次于西都长安。当时活跃在河洛地区的道教名士不计其数,其中影响最大的当属王远知与潘师正。

(一) 王远知

在中国道教史上,道教能久传不衰的,多系道士与上层社会有联系,尤其是与朝廷,上至皇帝下至朝臣的关系密切。王远知受重于隋炀帝,又受重于唐高祖和唐太宗,使偏传江南的茅山宗,盛传中原,经久不衰。王远知开其先,潘师正、司马承祯踵其后,尊道贵德,名垂史册,可使后人借鉴。

王远知(公元530~635年)为隋唐著名道士。一作"远智"。字广德。祖籍琅玡临沂(今属山东),后徙扬州(今江苏江宁南)。其祖景贤为梁江州刺史,父昙选为陈扬州刺史。少聪敏,博览群书。弱冠师事宗道先生臧矜。臧矜当时为国师,他洞察事物幽深微妙,思维深邃,空灵多变。平时大力倡导道教,曾得到梁、陈二朝皇帝的器重,以礼相见。在他的参谋下,朝野曾出现一派旺盛发达的景象。王远知接受臧矜的道教思想指导后,就开始修炼道教功法,辟谷休粮,日服松子。茅山,风景秀丽,幽静宜人,蜿蜒起伏,坐落在丹阳境内(今江苏西南),为道教圣地:"十大洞天"的"第八洞天";"三十六小洞天"的"第三十二洞开天";"天下七十二福地"的"第一福地"。上清派祖师杨羲等和东晋炼丹家葛洪,都曾在此修炼。南齐永明十年(公元492年),干了十四年朝廷闲官"奉朝请"的陶弘景,突然提出辞呈,齐武帝准允后,他就到矛山做了隐士,在金坛华阳洞开住了下来,并给自己取了个道号"华阳隐居先生"。后来梁武帝有关朝政大事都来山中询问,时人尊他雅号叫"山中宰相"。他继承了上清派经法,成为上清派茅山祖师;又继承了道教茅山宗,成为第九代宗师。

王远知仰慕茅山陶弘景,在弘景去世十一年后,隐遁到茅山,修习陶弘景的经法。当时大约二十岁。

南朝陈宣帝闻其名,召入重阳殿,"令讲论,甚见嗟赏"。隋开皇十二年(公元592年),晋王杨广镇扬州,使王子相、柳顾言相次召之,乃出山谷,旋复还归。大业七年(公元611年)炀帝杨广遣崔凤举迎请,见于涿郡之临朔宫,炀帝亲执弟子礼,请教神仙之事。后于京师洛阳置玉清玄坛以居之。唐高祖以其曾密告符命,授朝散大夫,赐金缕冠、紫丝霞帔。武德中,唐太宗为秦王时,与房玄龄微服谒之,从其受三洞法。太宗即位后将加重用,远知固请归山。据《旧唐书·王远知传》称,太宗李世民曾降诏书云:"先生操履夷简,德业冲粹,屏弃尘杂,栖志虚玄,吐故纳新,食芝饵术,念众妙于三清之表,返华发于百龄之外,道迈前烈,声高自古。非夫得秘诀于金坛,受幽文于玉笈者,其孰能与此乎!朕昔在藩朝,早获问道,眷言风范,无忘寤寐。近览来奏,请归还山,已有别敕,不违高志,并许置观,用表宿心……"乃诏洛州资给人船,并施法服。贞观九年(公元635年)又于茅山为其造太平观(《旧唐书》作"太受观"),并度道士二十七人,观未毕,即逝世。调露二年(公元680年),追赠太中大夫,谥曰升真先生。中宗嗣圣元年(公元684年)又赠金紫光禄大夫,改谥升玄先生。唐玄宗时,令道士李含光于太平观造影堂,写真像,以旌仙迹。其弟子以潘师正、徐道邈等最著名。《历世真仙体道通鉴》谓其著有《易总》十五卷。

(二)潘师正

中岳嵩山,钟灵神秀。前有新天师教主寇谦之,驻足嵩山三十年,开一代教风,成为国师,使新天师道传遍北方。无独有偶,后有第十一代茅山宗宗主潘师正,驻足嵩岳五十年,倡茅山宗风,使之传遍天下。寇谦之和潘师正的结局大不相同:寇谦之死后,其新天师道,不久即销声匿迹;而潘师正死后,后继有人,长久不衰,发人深思。

潘师正(公元586~684年)为唐代著名道士,字子真。上清派第十一代宗师。贝州宗城(一说赵州赞皇,均属河北)人。出身仕宦之家。自幼熟读六经,并得母口授《道德经》。年十三丧母,庐于墓侧,以至孝名于世。隋大业(公元605~618年)中,道士刘爱道见而器之,谓之曰:"三清之骥,非尔谁乘?"[①]

隋炀帝杨广在开皇十二年(公元592年)镇扬州时,曾具礼招迎茅山道士王

---

① 《道藏》:第5册,第245页,上海书店1988年版。

远知,到扬州问道,不久,又回茅山,开度后学。大业七年(公元 611 年),炀帝征高丽,派人迎请王远知,后在涿郡临朔宫召见,执弟子礼,并咨询神仙事。

炀帝回洛阳,在宫内置玉清玄坛,让王远知居住,一时名重朝野。刘爱道一见潘师正为人不凡,劝其师事王远知。不久,王远知就度潘师正为道士,尽以道门隐诀及符箓授之授他三清教法,三洞真诀,兼受正一法与灵宝道法。未几,潘师正随王远知至茅山,后又与刘爱道迁居于嵩山双泉顶,最后隐于逍遥谷,潜心修炼,清静寡欲,邈与世绝。据传,他隐居山中二十余年,唯以薛荔绳床为寝,青松涧水为食而已。

上元三年(公元 676 年),高宗巡洛阳,礼嵩岳,对其甚为礼重。请作符书,潘师正以“道有所伸,贵有所屈,竟不屑命,对以无为”,并辞以不解;问其所需,答曰:“茂松清泉,臣之所需,此中不乏”。高宗甚为叹异。

调露元年(公元 679 年),高宗再祀嵩岳,复召见,并以车舆迎送。又诏于逍遥谷建崇唐观,岭上别起精思院以处之。调露二年(公元 680 年),高宗乘坐车舆步辇,在洛阳西宫与潘师正相见。九十六岁的潘师正,鹤发童颜,神采飘逸,高宗称其为神仙。高宗降制命,改嵩阳观为奉阳宫,并修建花园曲径直通崇唐观,还亲笔题额,逍遥谷口立门为“仙游”,崇唐观后苑立门为“寻真”。

永隆二年(公元 681 年),高宗在东都金阙亭再次会见潘师正,殷勤致礼,诚挚询问三洞、七真的奥义,潘师正一一作答,高宗特设御宴招待。而且允准封师正为“天师”,在太子府第为师正建宏道神坛,在老君寿宫建元元观。宏道坛和元元观,由潘师正取名,高宗亲笔题额。

高宗前后赐诗数十首,极尽赞誉之词。潘师正虽受高宗尊宠,数应召对,但仍以山野之人自处,尝谓弟子曰:“吾实无用,接见帝王,惊扰灵岳。汝等学道,不厌深眇,则无累矣。”①

潘师正卒于永淳元年,享年九十八岁。卒赠太中大夫,谥体玄先生。有弟子多人,以韦法昭、司马承祯、郭嵩真为最著。

南北朝之际,佛教诸家讨论最为热烈的是所谓“佛性”问题。当时道教受佛性说的影响,也提出了“道性”的概念,以与佛教佛性说相颉颃。所谓道性,指众

---

① 《道藏》第 5 册,第 601 页,上海书店 1988 年版。

生禀赋于道或与道同一的不变之性,谓其为修道而得道的根本依据和可能性。潘师正在《道门经法相承次序》中答唐高宗问曰:"一切有形,皆含道性。"实源于佛教众生皆有佛性。他极为重视道教戒律的研究,并将道教戒目分为"有得戒"和"无得戒"两种:"所言戒者,法有二种,一者有得戒,二者无得戒。有得戒者,即《太玄真经》所谓三戒,五戒,九戒,十戒,百八十戒,三百大戒之例是也。无得戒者,即谓上机之人,灵识惠解,业行精微,离诸有心,不婴尘染,体入空界,迹蹈真源。不求常乐而众善自臻,不厌人间而诸恶自息,本自无持,今即不犯,无犯,是名无得。既其无得,亦复无失无得,故谓为真。上机之人,其戒如此。"①认为一切血性之物,皆有灵性,即有道性,由于其悟性有早、迟之分,故其修道阶次亦有快、慢之别。对于聪颖信徒(上机之人)不必拘泥于文字戒条,只用点悟的办法,即可得道成真。对于一般信徒,按道门阶次,经法浅深,循序渐进地给予开导疏通,也可位登上乘。其所谓"有得戒",即有文字可寻持的戒目;"无得戒",即没有文字可把持,纯靠道性的悟解,此划分理论,与佛教顿悟,渐修的佛法思想有相类之处。据今人陈国符考证,《正统道藏》收《道门经法相承次序》三卷,内有唐天皇于中岳逍遥谷与潘师正之问答,即唐高宗与潘师正的对话录。

三、武则天与河洛道教

武则天是高、武时期崇老尊经活动的积极参与者和主要倡导者。

唐王朝建立以后,李唐皇室为了神化皇权,巩固政权,追认老子为其始祖,极力神化老子及其经书,并对道教特别眷顾。武德八年(公元 625 年),唐高祖下诏宣布:"老先,次孔,末后释宗"②,明确规定了道教在三教关系中的领先地位。在唐高宗、武则天共同执政时期,进一步神化老子及其经书的至高无上地位,进一步得到确立。

关于神化老子的活动,在隋季初唐曾经多次发生,如霍山和龙角山老君"显

---

① 《道藏》:第 24 册,第 786 页,上海书店 1988 年版。
② 《集古今佛道论衡》卷丙,《大正藏》卷四九,上海书店 1988 年版。

圣"以及高祖驾幸楼观崇老等活动,但其范围多在关中和晋南一带。① 高、武时期,随着政治中心的东移,老君"显圣"的神话也多发生在东都附近。如:龙朔二年(公元662年)二月,高宗与武后驾幸洛阳宫,忽然有感,即命在洛阳北邙山老子祠旁建清庙及道场庆赞醮祭,"忽白光遍殿,照耀阶坛,老君现于光中,二真人夹侍,良久方隐"②。高宗借此兴起崇老高潮,"尊祖之庆,古今莫比"③。又如:仪凤四年(公元679年),高宗、武后亲临北邙山老君庙修功德,"上及皇后、诸王、公主等同见老君乘白马,左右神物,莫得名言,腾空而来,降于坛所,内外号呼,舞跃再拜,亲承圣音……"④

唐代曾经四次给老君加尊号,其他三次都发生在另一个崇道高潮的玄宗朝,而高、武时期则首开先河。乾封元年(公元666年),武后陪同高宗东封泰山以后,接着又巡幸了孔子故里曲阜和传说中的老君故里亳州谷阳县,成为唐代历史上唯一亲临老君故里的最高统治者。他们凭吊了老君庙,下令扩建老君庙的规模,增创祠堂:"其庙置令、丞各一员;改谷阳县为真源县,县内宗姓特给复一年";追尊老君太上玄元皇帝,重申老君为"朕之本系",这是历史上第一个被加封为最至高无上的"帝"号的杰出人物。在追赠老子的同时,老子的母亲也被追封为"圣母先天太后"⑤,这也透露出武后在这次崇老活动中的主导者地位。

上元元年(公元674年),武后在建言十二事中提出:"伏以圣绪出自玄元,五千之文,实惟圣教。望请王公以下,内外百官,皆习老子《道德经》,其明经咸令习读,一准《孝经》、《论语》,所司临时策试。"⑥上元二年(公元675年),正式下令:"加试贡士《老子》策,明经二条,进士三条。"⑦仪凤三年(公元678年),又进一步申令:"自今以后,《道德经》并为上经,贡举人皆须兼通。"⑧

唐初,"天下僧、尼、道士、女官,皆隶鸿胪寺",鸿胪寺是掌管"宾客及凶仪之

① 王永平:《隋末唐初的山西道教》,《沧桑》1999年第1期。
② 南宋·谢守灏:《混元圣记》卷八《道藏》第553册,上海书店1988年版。
③ 《犹龙传》卷五,《道藏》,上海书店1988年版。
④ 民国末年纂辑:《楼观志》第8页,员半千:《大唐宗圣观主银青光禄大夫天水尹文操道行碑序》。
⑤ 清·董皓:《全唐文》卷一二《上老君玄元皇帝尊号诏》,上海古籍出版社2007年版。
⑥ 宋·王溥:《唐会要》卷七五《明经》,中华书局1955年版。
⑦ 宋·欧阳修、宋祁:《新唐书·选举志上》,中华书局1986年版。
⑧ 后晋·刘昫:《旧唐书·礼仪志》,中华书局1975年版。

事"的机构，①这显然是与唐皇室尊崇道教的政治态度不相适应的。所以就在仪凤四年(公元 679 年)，高宗、武后制造了老君"显圣"的神话以后，紧接着就下敕，令：道士自今宜隶宗正寺，班在诸王之次。② 宗正寺是掌管"天子族亲属籍"的重要机构，宗正寺下设崇玄署，"令一人、丞一人、府二人、史二人、典事六人、掌固二人。令掌京都诸观之名数、道士之帐籍，与其斋醮之事"③。高宗、武后将道士、女冠由鸿胪寺改隶宗天寺，也即确认道徒为其本家，其用意当然是想通过抬高道士的地位，进一步神化李唐皇室，巩固其封建统治。

　　据《旧唐书》卷一九二《隐逸传序》说："高宗、天后，访道山林，飞书岩穴，屡造幽人之宅，坚回隐士之车。"茅山宗是唐代道教的主流派，唐初著名大师王远知、潘师正、司马承祯，分别被尊为茅山宗的第十代、十一代、十二代宗师。茅山宗的宗师们大多具有较强的政治活动能力，善于窥测政治风向的变化，及时采取相应的对策。王远知就是这样一个热衷于政治的道士，他先是在隋朝时，曾为隋炀帝夺嫡而张目，受到尊礼；隋末大乱时，又向唐高祖李渊密告符命，以此寻求新的政治靠山；及太子李建成与秦王李世民的斗争日益尖锐时，王远知又预告李世民将为天子，为李世民争夺帝位服务；及至晚年，王远知还把政治赌注压在唐高宗和武则天身上，"遗命子绍业曰：'尔年六十五见天子，七十见女君。'调露中(公元 680 年)，绍业表其言，高宗召见，嗟赏，追赠远知太中大夫，谥曰升真先生。武后时复召见，皆如其年。又赠金紫光禄大夫。天授中(公元 691 年)，改谥升玄"④。潘师正，曾师从王远知，居嵩山逍遥谷修道。永隆元年(公元 680 年)，高宗、武后亲自驾幸师正居所，看望并与之晤谈，大受尊礼，"上及天后、太子皆拜之"⑤，"留连信宿而还。寻敕所司于师正所居造崇唐观，岭上别起精思观以处之。初营奉天宫，帝令所司于逍遥谷口特开一门，号曰一仙游门，又于苑置寻真门，皆为师正立名焉。时太常秦新造乐曲，帝又令以《祈仙》、《望仙》、《翘仙》为名。前后赠诗，凡数十首。师正以永淳元年(公元 682 年)卒。……高宗

　① 宋·欧阳修、宋祁：《新唐书·百官志三》，中华书局 1986 年版。
　② 据员半千的《大唐宗圣观主尹文操碑》所记，似乎应该在仪凤四年。
　③ 后晋·刘昫：《旧唐书·职官志三》，中华书局 1975 年版。
　④ 宋·欧阳修、宋祁：《新唐书·王远知传》，中华书局 1986 年版。
　⑤ 宋·司马光：《资治通鉴》卷二〇二高宗永隆元年春二月条，中华书局 2005 年版。

及天后追思不已,赠太中大夫,赐谥曰体玄先生。"①

　　潘师正的弟子司马承祯在《唐默仙中岳体元先生太中大夫潘尊师碣文并序》中,更为详细地记述了高宗、武后对潘师正的优礼,尤其是对武后宠遇潘师正的描述特别突出,可以补正史之阙(碣文从略)。

　　由潘师正所受到的高宗、武后的特别优宠来看,潘师正与皇室的关系非同一般,这对密切皇室与茅山宗的关系也产生了非常深远的影响。茅山宗的传人们正是循着先辈宗师们所奠定的良好基础而进一步取得帝室的尊崇与扶持的。如司马承祯,事潘师正为道士,"传其符及辟谷导引服饵之术",高宗、武后驾幸嵩山潘师正居所时,司马承祯可能也随同受到接见。后来,司马承祯名气渐大,"则天闻其名,召至都,降手敕以赞美之。及将还,敕麟台监李峤饯之于洛桥之东"②。另外,高宗、武后还曾令道士魏降在茅山为国焚修,"总章二年(公元669年),诏于茅山修福,精茂典,并委于师。天后又降殊恩,赐山水衲帔一缘,回绮文于星杼,绚宝饰于云衣,悠悠往初,未之有也。"③

　　早期的道教宫观非常简陋,仅为修道者隐居修道的场所,不但规模较小,而且数量也不多。到隋唐时期,道教宫观制度才正式形成,道观的设置也进入了一个大发展的时期。但由于唐初国家经济尚处于恢复阶段,尚无财力大规模地兴建道观。到高、武时期,国家实力大大增强,随着政治上崇道的需要,道观的设置和度人入道活动进入了一个繁盛时期。就在武则天陪同唐高宗东封泰山以后,于乾封元年(公元666年)正月,下令在"兖州界置紫云、仙鹤、万岁观",天下诸州普置观一所。④ 永淳二年(公元683年),因改元宏道,于十二月四日下诏:"令天下诸州置道士观,上州三所,中州二所,下州一所。"⑤就在宏道元年(公元683年)下令天下诸州普置道观的同时,又令"每观度道士七人"⑥至于一些高道门下,更是道众云集,如茅山高道王轨,于乾封二年(公元667年)前,曾在华阳观

---

①　后晋·刘昫:《旧唐书·潘师正传》,中华书局1975年版。

②　后晋·刘昫:《旧唐书·司马承祯传》,中华书局1975年版。

③　陈垣:《道家金石录》胡楚宾:《大唐润州仁静观魏法师碑并序》唐部分第65页,文物出版社1988年版。

④　后晋·刘昫:《旧唐书·高宗纪》,中华书局1975年版。

⑤　清·董皓:《全唐文》卷一三《改元宏道大赦诏》,上海古籍出版社2007年版。

⑥　后晋刘昫:《旧唐书·高宗纪》,中华书局1975年版。

传道,门下弟子著名者就有戴慧恭、包方广、吴德伟、王元熠等 10 余人。① 而高道叶法善居京传道时,"二京受道者,文武中外男女子弟千余人"②。

《金石萃编》卷七一所载银青光禄大夫行太子右谕德兼崇文馆学士上柱国平凉县开国公员半千撰写的《大唐故宗圣观主、银青光禄大夫、天水尹尊师碑并序》(摘录)(公元？ ～688 年)可见周武之朝道教在当时的影响之大:

"……尊师讳口口,字景先,陇西天水人也。后秦尚书仆射纬之后纬仕长安,故为扈人焉。若乃郁为帝师,降迹于唐勋之代,光乎王佐,应命于周武之朝,家藉代口可略言矣。曾祖洪,宇文翰商州长史。大父舒,隋文州别驾。昭考珍,皇朝口散大夫。

尊师特禀氮,垂实冥华,始降迹也,其母袁氏夜梦玄妙玉女,授以九老丈人之符。数月而闻腹中诵经声。且时时有异光绕身矣。及载弄之始,止光炯然,眸子转眄,若有所见。及胜衣之日,自识文字。唯诵《老子》及《孝经》,曰:'此两经者,天地之心也。'此后见好杀之字,若蹈水火;视无礼之文,口口泉谷。稍长,闻有尹真福庭,乃精心事之。因读《西昇》、《灵宝》等经,渐达真教。既得玄味,便契黄中。闻师者,传道之父母,行道之神明。无数劫来,妙经是出,不因师学,谓之长昏。遂口口无已,求师不暇,时有周法师者,内音之先鸣,上皇之高足,乃愿参轩效驾,陪景啸空,奔走礼谒,以申宿志。法师见之,乃谓尊师曰:'汝于劫会之中,已受龟山之禄也。'便训以紫云之口口,授以青羽之隐法,入其心。谓赤松,王子乔可与抚烟月矣。

年十五,道行已周,有名于远近矣,属文德皇后遵上景而委中宫,于时搜访道林,博采真迹,尊师即应历景行,予缘口口。敕出家,配住宗圣观。虽翦芝琼园,采琳玄陇,意每远出未近谢也。将欲沐浴东井,栖迟南昌,保护昆仑,窥窬混沌矣。故属想丹烟,游心紫度,遍寻五岳,备涉九元。寻三君之祖气,口口口之慧眼,旋谒法师,便居终南,寂虑于温泉,冥精于寒俗,有年日矣,既通八景,又达九天。知来藏往,多所晓悟。若有神曰:法师上迁。及省所居,已去顺也。

贞观末年,行丧既毕。永徽三年,口口太白,入玄也。见所未见,闻所未闻。

---

① 元·赵道一:《历世真仙体道通鉴》卷二五《王轨传》,《道藏》第 53 册,上海书店 1988 年版。
② 宋·李昉等:《太平广记》卷二六叶法善条,中华书局 1995 年版。

此后,丹字紫书,三五顺行之法,扶晨接昼;九六逆取之方,咸得其要。尊师所有游山异迹,祈醮灵应,并有别禄,此不载之。至于显庆以来,国家□□人供奉,功德咨量,救代度人,转经行道,玄坛黄屋,帝座天言。东都西京,少阳太壹,九城二华,展敬推诚,三十余年,以日系月,始终不绝。有感必通。凡是效验,君臣同悉,敕书往复,□□□迴,神道昭章,岁时交集者不可具载。并传于帝居,□二要者,略举其目。

初,尊师游太白,高顶云雾,四周声振万壑,忽涌圆光,去地千仞,复有像充九色,其高十仞,欣然长往者,□□□焉。

高宗之在九成宫,有孛慧经天,长数丈。以问尊师,尊师对曰:"此天诫子也。子能敬父君,能顺天纳谏,征贤斥邪,远佞罢役,休征责躬,励行以合天心,当不日而灭。"上依而行之,应时消矣。是故,玄宗以晋府旧宅为太宗造昊天观,以尊师为观主。仪凤四年,上在东都,先请尊师于老君庙修功德,及上亲□□□,咸从上及皇后、诸王、公主等。同见老君乘白马,左右神物,莫得名言。腾空而来,降于坛所。内外号叫,舞跃再拜,亲承圣音。□非尊师之诚感也。由是奉敕修玄□□□圣□一部,凡几十卷,总百廿篇,篇别有赞。时半千为尊师□□纪赞异帙,缮写进之。高宗大悦,终日□□,不离玉案。乃授尊师银青光禄大夫、行太常少卿,尊师固让不得,□□官而□□焉。

永淳二年,天中有望告成,有日,万乘雷口,□骑风驰,天子乘阁道而御帝车,群官陪六仪口口七曜,将礼于天枢,幸中岳也,金绳未举,玉捡犹潜,而六龙顿辔,三□□色,圣体口安,□于皇极。属紫微□□□□□□国号诉,四方遏密。太后咨访尊师,尊师□□□坊仙境亦著代谢。物有荣悴,气有初终,大道之常。幸康神器,□宜存思。谅暗极想,钦明密理。百神潜庇万姓,文操人间地上。物里天中所有灵明,倍百祈请,亦望二十四结火烧而忧尽,七十二教水炼而法成,皆见先征,以明后事,乃著《祛惑论》四□,《□魔论》卅卷,《先师传》一卷。

垂拱四年,将□玉帝也,上足时道成,咸愿奏章以延福荫。尊师止之曰:'有顺宜遵,不可犯禁,'言讫委化,颜色如常。粤以长寿四年四月十二日,迁兆于终南文□□,弟子侯少微等追思龙汉,远慕龟岩,冀德音与天地同久,神道共阴阳齐化,昭庇骞林,冥兹柏树,俾斯贞石,文若三光。开元五年十月二日弟子侯少微等建。"

碑文中所指之事有典可据:《新唐书·艺文志》神仙家有戴诜《老子西昇经义》一卷。韦处元集解,《老子西昇经》一卷。又有《洞元灵宝五岳名山朝仪经》一卷。《高宗纪》总章元年二月戊寅如九成宫,四月丙辰有彗星出于五车,避正殿,减膳撤乐,诏内外官言事。《旧唐书·纪籍志》有《太上老君玄元皇帝圣经》十卷,尹文操撰也。

东都洛阳与中岳嵩山近在咫尺,嵩山封禅自然成为武则天施展政治抱负的表现形式之一。垂拱四年(公元 668 年)武则天改岳山为神岳,尊嵩山神为天中王,并在天册万岁二年(公元 696 年)亲行登封之礼。礼毕,改嵩阳县为登封县、阳城县为告成县。位于嵩山南麓,今登封市告成镇东约 3 千米处的石淙,是武则天多次巡游之地。地处玉女台下的石淙涧,两崖石壁高耸,险峻如削,怪古嶙峋多姿,大小别致。涧中有巨石,两崖多洞穴,水击石响,淙淙有声,故名"石淙",又有"水营山阵"、"天中胜景"之称。久视元年(公元 700 年)年,武则天在登封县东南的石淙水边建三阳宫,并率皇太子颖(唐中宗)、相王旦(唐睿宗)梁王武三思等许多贵族显臣,到石淙河游历,并设宴于一巨石之上。周围有仕女起舞,鼓乐相助,为此人称"石淙会饮"。所在的石头称为"乐台",其北临水的岸壁上刻有武则天与群臣十七人诗,称为摩崖碑。武则天在《夏日游石淙诗并序》中写道:"三山十洞光玄篆,玉峤金峦镇紫微。均露均霜标胜壤,交风交雨列皇畿。万仞高崖藏日色,千寻幽涧浴云衣。且驻欢筵尝仁智,雕鞍薄晚杂尘飞。"之后,武则天命大书法家薛曜书写,让工匠刻于崖壁上。

1982 年 5 月,登封县唐庄乡王河村农民屈西怀在中岳嵩山顶峰北侧峻极峰北侧的石缝中,发现一枚武则天的除罪金简。金简长 36.3 厘米,宽 7.8 厘米,重225.3 克,用纯度为 96% 以上的黄金制成。上錾刻 63 字,意为:武则天喜欢神仙之道,派使臣胡超向中岳嵩山山门投金简一通,乞求三官九府免除其罪名。简文中的落款为"太岁庚子",也就是武则天久视元年(公元 700 年)。

武则天晚年信奉道教,曾多次到登封设坛祭祀。公元 700 年 4 月,武则天到登封告城县三阳宫游幸得了重病,大臣阎朝隐曾表示,愿自身作猪羊祭品祭祀中岳,为圣神皇帝除病消灾。端午节时,病已康复的武则天大赦天下。七月七日"乞巧"日这天,又特派太监胡超带上表达自己心愿的金简到中岳嵩山代她祭拜祈福。金简上的文字即武则天对中岳祭拜的祈祷词,有人解释为是武则天拜谒中岳嵩山入门的"名片",即古代所谓的"入门投刺"。武则天曾标新立异地创造了二三十个新字在全国使用,简文中有五个字即为武则天新造。这通金简为首次发现,为我们了解唐代的历史风貌和一代女皇武则天的生平提供了可靠的实物依据。

四、吕洞宾的史实与传说

在民间,吕洞宾是一位与观音菩萨、关公一样妇孺皆知、香火占尽的人物,他们合称"三大神明"。唐宋以来,他与铁拐李、汉钟离、蓝采和、张果老、何仙姑、韩湘子、曹国舅并称为"八洞神仙"。"八仙"之一的吕洞宾,在关、洛修炼达数十年,又到南方长江中下游一带活动,后不知所终。吕洞宾为道教"北五祖"(五玄甫、钟离权、吕洞宾、刘海蟾、王重阳)之一;内外丹家,有《内外丹百字吟》存世。

(一)吕洞宾的史实

吕洞宾(798~?),唐代道士,后道教奉为神仙,是"八仙"中传闻最广的一位仙人,原名吕岩,字洞宾,道号纯阳子。民间尊称其"仙公"、"吕祖"、"吕仙祖"等。河中府永乐县人(今山西芮城县有纪念吕洞宾的道观——永乐宫),大约生于唐德宗贞元十四年(公元798年)四月十四日。其曾祖父吕延之,曾任唐浙东节度使;祖父吕渭,唐德宗时为礼部侍郎;父吕让,历任太子右庶子、海州刺史。一说吕岩为唐朝宗室,姓李,武则天时屠杀唐室子孙,于是携妻子隐居碧水丹山之间,改为吕姓。因常居岩石之下,故名岩。又常洞栖,故号洞宾。

据《古今图书集成·神异典》卷二四六行吕真人"江州望江亭自记"云"……唐末三举进士……年五十,道成";《列仙全传》卷六云"唐贞元十四年(公元798年)四月十四日巳时生,因号纯阳子";《安庆府志》载"吕岩字纯阳,别号洞宾,天宝时人,以进士授江州德化县令";宋代吴曾《能改斋漫录》十八行《雅言杂述》载"吕洞宾为唐懿宗时人,咸通(公元861~874年)中及第";范致明《岳阳风土记》云"先生名岩,字洞宾,河中府人……唐礼部尚书(应为侍郎),渭之孙,渭四子:温、恭、俭、让";据《杨亿谈苑》载"吕自言是渭之后"。吕渭在《唐书》中传记,系吕洞宾祖父,吕让系其父。据吕让墓志记,让生于唐贞元八年(公元792年),卒于唐大中九年(公元855年),以此推论,最早不会生于810年前,其理由是:"吕让有五子、四女,长子早夭……"按吕让18成婚推算,吕洞宾出生最早只能在810年以后,最晚不会超过公元855年(其父已死),这样看来,吕洞宾生于贞元十四年的说法不很确切。

关于吕洞宾的籍贯争议,主要有三种说法:一说湖南岳阳人。持此说是据《茶香室三钞》卷一八宋代邵博《闻见后录》"唐吕仙故家,岳阳人"。当年吕洞宾云游天下,传说遗迹甚多,曾有其三过岳阳楼题诗传世,但无确凿依据说明吕洞宾系岳阳人,此《录》之说疑为以讹传讹之嫌。二说京兆人。此说源于岳州吕洞宾自传石刻"吾乃京兆人"和前举《江州望江亭自记》云"吾京川人"。京兆一词,虽说为唐朝府名,治所在长安、万年二县,但从广义上讲,应包括关中全部地区,唐时京兆府辖二十三县。按吕让墓志谍谱记述:吕让父为吕渭,祖父延之,曾祖崇嗣,其为"太岳之后"。而吕藏墓志(公元736年)"蒲乘为……吕圭—吕休—吕徽—吕贵成—吕藏—吕湮"。吕湮同辈中并无崇嗣,延之的父亲是崇嗣,而无吕湮,说明吕渭非吕藏之后的直系传承。虽为一族(宗),谍系旁支。吕藏墓志出土于首阳山下风陵原,可知吕氏家族在唐时乃河中府盛族。吕让志文简要记述了其一生的仕途经历"……七岁失怙恃(吕渭卒于800年),23岁进士及第、解褐秘书省校书郎,以支使佐。故相国彭原李公程于鄂岳,岁余入京,奏相国崔公植,以公文章名重,欲特以右拾遗,史馆修撰授公。公以年少谦辞,即曰:除蓝田县尉,□高公霞寓,以勋业临边,欲重府幕,强公为书记。改监察御史,裹行转殿中侍御史,赐绯鱼袋。府罢除三原县令,改检校尚书,仓部员外郎,兼侍御史。以留守判官佐相国彭原公于北都门,检校都官郎中,府□随表赴阙,授海州刺史,罢郡西归。时彭原镇大梁(开封),以军司马留公,改检校秘书少监,兼御史中丞。未半岁,彭原公再领河中,公职如故。其冬,奏锡金紫,才出强仕,极命服之贵,时论荣美。泊彭原公南镇岘首,(襄阳)亦请公从,府罢除膳部郎中,改万年县令,疾免。既为司农少卿,迁右庶子"。此段记述既填补了《唐书》正史吕让任官记缺佚,同时也印证了吕洞宾幼年可能随父生活于京兆地区,如志文中提到的蓝田、三原、长安、万年等地,均属京兆地区,吕洞宾自称为兆人,为泛指之意,并无错误。三说河中府永乐人。持此说据《河南府志》云"吕岩字洞宾,本府河中人",唐时,河中包括如今永乐镇。又据《道藏》记载,吕洞宾是唐时河中府永乐人。他三次赴京会试不第,遂淡泊功名,隐居于故里之北九峰山潜心修道十九年,曾浪迹天涯,度化传道,随后携家隐入终南山不知所终。元朝新立,推崇吕洞宾的全真道教,元宪宗二年赦令在九峰山南麓建设"纯阳上宫",在其故里营建"大纯阳万寿宫",即迁于龙泉新址的永乐宫。永乐宫纯阳殿壁画"瑞应永乐",说明吕洞宾出生于永乐,现在尚存元朝宪宗皇帝的圣旨碑和吕仙的百字碑等古文物,亦是明证。另据吕让志文云:"繇是为德王傅,因中书哗阗者,降太子洗马,分司东都,复为濮王傅,改秘书监,致仕。"又言"在朝十余载,分洛八载……文翁之化,班马之文学,荀黄之德量,羊公仁受,山公俭节不掌乎?纶绰文柄不显乎?相印将坛不至乎?天乎天乎!不知所以然而然也。"道出了吕让仕途坎坷,怀才不遇的喟叹!晚年,客死东都任所私宅,次年葬于洛阳邙山清风原大茔。这就是吕让为什么会葬于洛阳的真实原因。

《宋史·陈抟传》记载吕岩为"关西逸人,有剑术,年百余岁。步履轻捷,顷刻数百里,数来抟斋中",是位修道有术的高士。《全唐诗》收有他的诗作二百多首。后世道教和民间称其为"剑仙"、"酒仙"、"诗仙"。吕洞宾得道成仙之前,曾流落风尘,在长安酒肆中遇钟离权,"黄粱一梦",于是感悟,求其超度。经过钟离先生生死财色十试,心无所动,于是得受金液大丹与灵宝毕法。后来又遇火龙真君,传以日月交拜之法。又受火龙真人天遁剑法,自称"一断贪嗔,二断爱欲,三断烦恼",并发誓尽度天下众生,方愿上升仙去。民间流传有吕洞宾三醉岳阳楼度铁拐李岳、飞剑斩黄龙等故事,吕仙形象深入民间,妇孺皆知。宋代封吕洞宾为"妙通真人",元代封为"纯阳演政警化孚佑帝君",后世又称"吕纯阳"。王重阳创立全真道后,又被奉为"北五祖"之一,故道教又尊称他为"吕祖"。全国各地广建吕祖祠庙,岁时祭祀,至今香火不断。相传吕祖诞辰为农历四月十四日。道教多于此日设斋醮以志纪念。署名吕洞宾的著述甚丰,如《吕祖全书》、《九真上书》、《孚佑上帝文集》、《孚佑上帝天仙金丹心法》等,大多为托名之作。

(二) 吕洞宾的传说

吕洞宾修行出走之前的儒者经历,以及他饮酒、赋诗,追求山林的情趣,更适应了中下层文人口味。在故事流传过程中,附合了许多文人传说因素,使他同时成为失意知识分子的神仙代表。吕洞宾传说的这些特点是在长期流传的过程中逐渐形成的,是多种文化现象的积淀,使得这类传说的研究意义更为深远。

1. "黄粱美梦"

吕洞宾最后一次落第之后,在长安街市游逛,以消遣解闷,不经意之间,在一酒肆遇见一位道士,边走边唱:"莫厌追欢笑语频,寻思离乱可伤神。闲来屈指从头数,得到清平有几人?得道真仙不易逢,几时归去愿相从。自言住处连沧海,别是蓬莱第一峰。"待道士唱完,吕洞宾不禁上前施礼道:"敢问道长尊姓大名?"道士答道:"贫道姓钟离,名权,字云房,号正阳子,又号天下都散汉。"吕洞宾立即延请道士共饮。三杯过后,钟离权请吕洞宾赋诗助兴,借以窥察他向道深浅。吕洞宾即席口占一绝道:"生在儒家遇太平,悬缨重滞布衣轻。谁能世上争名利,臣事玉皇归上清。"钟离权一听,知其诚心向道,即邀吕洞宾到自己终南山的隐居之所。钟离权为款待同志,亲自下厨做黄粱米饭,此时,吕洞宾却因醉进入了梦乡。梦中,吕洞宾赴京应考,一举成名,榜列甲第,官运亨通,自州县地方官青云直上而到朝廷政要。吕洞宾为官清正廉洁,政绩卓著,两次娶了清河大族崔氏名闺。举家人财两旺,儿孙满堂,为官显赫达四十年。后居宰臣十年,独禀朝政,春风得意。一日,忽遭厄难,籍没家产,贬谪边疆,孑然一身,困顿至极,瘦骨嶙峋,立马风雪之中,不禁仰天长叹。正在无奈之时,恍然惊醒。钟离权站在一旁,看着惊魂未定的吕洞宾,笑道:"黄粱尚未煮熟,梦境就如此结束了。"吕洞宾听后大惊,立即问道:"先生何以知之?"钟离权依然笑道:"人生如梦,转眼即逝,升降浮沉,荣辱无常。富贵不足喜,贫贱何足忧!梦境总有醒来时。"吕洞宾迷津顿悟,恳请钟离权收为弟子。

2. "十试道心"

汉钟离此来就是想度吕洞宾成仙的,但他有心要考考吕洞宾,于是出了十个题目来试他修道的诚心。

第一试:洞宾一日外出回来,突见家人悉皆病死,洞宾既不悲伤,也不悔恨,只管置办寿衣棺木,准备料理后事,不一会儿,家人又全都活过来,他也无惊喜之状。第二试:洞宾上街卖货,买主再三讨价还价后,讲好了价钱,杂主又反悔变卦,只付给一半价钱。洞宾不怒不恼,让买主大摇大摆地把货物拿走。第三试:

大年初一，洞宾正欲出门，遇一乞丐倚门乞讨，洞宾急忙施予财物，但乞丐却没完没了，一讨再讨，口出秽言，洞宾只是满脸堆笑。第四试：洞宾牧羊山中，忽遇一饿虎追捕羊群。洞宾保护羊群下坡躲避，自己上前以身挡虎，老虎见之悻悻而去。第五试：洞宾居山中茅舍读书，忽然来了一个漂亮女子，声称自己是迷了路前来求宿。继而，这女子百般挑逗洞宾，夜逼共寝。洞宾始终神态自若，不为所动。第六试：洞宾一日外出归来，发现家中遭窃，财产洗洗劫一空，洞宾没有张皇，没有报官，乃躬耕自锄。锄地时挖出十几锭黄金，洞宾赶紧用土掩埋，分毫未取。第七试：一次上街买铜器，回到家中一看，全都是金器，洞宾马上退还给货主。第八试：有个癫狂道士在街巷里卖药，声称服者立死，来世可以得道。人们听了，谁个肯自寻死路？洞宾不信这个邪，买回服之，安然无恙。第九试：河水泛滥，洞宾与众人乘舟渡河，行至中游，狂风暴作，波涛汹涌，众人惊惧，唯洞宾神态自若，端然不动，视生死于度外。第十试：洞宾独坐室中，忽见无数奇形怪物状的妖魔鬼怪，张牙舞爪，洞宾毫不畏惧。又一群夜叉，押着一个血淋淋的死囚，前来找洞宾索命："你前世杀了我，今当偿还我命！"洞宾道："杀人偿命，欠债还钱。"神态自若，端然不动。忽然见空中大喝一声，鬼怪皆无。一人拊掌大笑，却是云房先生汉钟离。

十试吕洞宾，吕洞宾皆以平常心态对待，钟离很是赏识，便带着吕洞宾回终南山鹤岭，传以灵宝秘法、上真秘法，共同开创了道教钟吕的丹金派。

3."狗咬吕洞宾，不识好人心"

吕洞宾成仙得道之前，原是个读书人。他有个同乡叫苟杳。苟杳父母双亡，家境贫寒，但为人忠厚，读书又很勤奋，吕洞宾很赏识他，与他结拜为金兰兄弟，并请他到自己家中居住，希望他能刻苦读书，以后有个出头之日。

一天，吕洞宾家来了一位姓林的客人，见苟杳一表人才，读书用功，便对吕洞宾说，想把妹妹许配给苟杳。吕洞宾深怕苟杳贪恋床第之欢误了锦绣前程，连忙推托。没料到，苟杳本人听说林家小姐貌美，执意要应允这门亲事。吕洞宾思索良久同意了，但对苟杳说："贤弟既然主意已定，我不阻拦，不过成亲之后，我要先陪新娘子睡三宿。"苟杳听了大吃一惊。寄人篱下，怎得不低头？因为婚礼的一切花费都得仰仗吕家，谁让自己一贫如洗呢？思前想后，只得应允了。

苟杳成亲这天，吕洞宾喜气洋洋，跑前跑后张罗一切，而苟杳却无脸见人，干脆躲到一边。到了晚上，送走了宾客，吕洞宾进了洞房。只见新娘子头盖红纱，倚床而坐。吕洞宾不去掀那红盖头，也不说话，只管坐在灯下埋头读书，林小姐等到半夜，丈夫还是不上床，只好自己和衣睡下了。天明醒来，丈夫早已不见。一连三夜都是这样，可苦坏了林小姐。

回头再说苟杳，好不容易熬过了三天，刚进洞房，见娘子正伤心落泪，低头哭着说："郎君为何一连三夜都不与我同眠，只顾对灯读书，天黑而来，天明而去？"这一问，问得苟杳目瞪口呆。苟杳双脚一跺，仰天大笑："原来哥哥怕我贪欢，忘了读书，用此法来激励我啊！"夫妻俩对吕洞宾充满了敬意。

几年后，苟杳果然金榜题名，封为高官。一晃八年过去了。一年夏天，吕家不慎失火，偌大一份家财化为灰烬。吕洞宾和妻小只好在残砖破瓦搭就的茅屋里寄住。家境贫寒的吕洞宾只好出门去求苟杳帮忙。一路上历尽千辛万苦，终于找上了苟杳府，苟杳对吕洞宾家遭大火非常同情，热情接待了他，可就是不提帮忙的事。吕洞宾一住几个月，一点银子也没拿到。吕洞宾仰天长叹："人情薄如纸，一阔脸就变，滔滔然天下皆是也！"一气之下，不辞而别。

回到家乡，吕洞宾老远就见自家的破茅屋换成了新瓦房，大为诧异：自己远离，子幼妻弱，怎能大兴土木？及至走近家门，更是惊得三魂走了两魄：大门两旁竟贴了白纸。他慌忙进屋，见屋里停着一口棺材，妻子披麻戴孝，正在号啕大哭。吕洞宾愣了半天，连声喊叫。妻子回头一看，惊恐万状，颤颤抖抖地叫道："你是人还是鬼？"吕洞宾更觉诧异："娘子怎出此言？我好好地回来了，如何是鬼？"娘子端详了半天，才敢相信真是吕洞宾回来了。原来，吕洞宾离家不久，就有一帮人来帮他盖房子，盖完了房子就走了。前天中午，又有一帮人抬来一口棺材，说是吕洞宾在苟杳家病死了。妻子一听，天塌地陷，哭得死去活来。

吕洞宾大悟，知道这都是苟杳玩的把戏。他操起一把利斧，狠劈棺材。"咔嚓"一声，棺材劈开了，里面全是金银财宝，还有一封信。吕洞宾展信读道："苟杳不是负心郎，路送金银家盖房。你让我妻守空房，我让你妻哭断肠。"吕洞宾如梦初醒，苦笑一声："贤弟，你这一帮，可帮得我好苦啊！"

从此，吕苟两家倍加亲热。这就是俗话常说的"苟杳吕洞宾，不识好人心"，因为"苟杳"与"狗咬"同音，传来传去竟成了"狗咬吕洞宾，不识好人心"。

第十二章　宋金元时期的河洛道教

金代之前河洛一带曾先后流传过太一教、大道教和正一教。待陕西人王重阳所传全真道在河洛兴起后,上述三教遂不传。

一、宋金元时期的河洛道教

北宋建都汴京,以洛阳为西京。宋太祖、宋太宗生于洛阳,也崇信道教。太宗将洛阳旧宅改为洞真宫,设女冠主持。还将唐玄宗时在洛阳北邙修建的大型道观上清宫,拟建于汴京。太宗时著名道教学者朗然子刘希兵在洛阳南郊栖霞宫传道,属内丹派,有《悟真诗》三十首传世,为修炼内功经验的总结,至今,仍有一定的科学研究价值。宋真宗笃信道教,数次幸北邙上清宫,并命画师武宗元在北邙上清宫壁画《三十六天帝》巨像。其中《赤明和阳天帝》为宋太宗真容。真宗驾幸上清宫,忽见此画,惊呼:"此真先帝也!"一时名传汴洛。真宗时编纂的《大宋天宫宝藏》4565 卷,徽宗时编纂的《万寿道藏》5481 卷都与洛阳各大道教宫观所藏典籍有关。

宋朝崇道,始于真宗。大中祥符七年(1014 年)幸亳州太清宫,上奉老子为"混元上德皇帝"。《宋史真宗纪》曰:"及澶渊既盟,封禅事作,祥瑞沓臻,天书屡降,导迎奠安,一国君臣如病狂然,吁,可怪也。"宋徽宗时,"溺信虚无,崇饰游观,困竭民力,君臣逸豫,相为诞谩,怠弃国政,日行无忌"。他让道士林灵素等为他上尊号为"教主"、"道君皇帝"。宣和元年(1119 年)下诏,"佛改号大觉金仙,余为仙人,大士僧为德士,易服饰,称姓氏。寺为宫,院为观。改女冠为女道,尼为女德"。他又下令将庄周、列御寇配享混元皇帝。

宋元以来,道教崇信的尊神除传统的"三官"(天官、地官、水官)、三皇(天皇、地皇、人皇)外,出现了"三清",即玉清原始天尊、上清灵宝天尊、太清道德天尊,似乎是模仿佛教的三身佛而来。宋元的"四御",有北极紫微大帝、南极长生大帝、西极太极大帝、东极青华大帝。但也有其他说法,例如把后土列为"四御"之一。后土在宋真宗时代被尊为"后土玄天大圣后像",政和七年(1117年)上尊号"承效法厚德光大后土皇地祇",从此后土改为女像。宋元时代的尊神还有日月五星、北斗星、二十八宿星,四方神(青龙白虎朱雀玄武),玄武宋代以后改为真武。此外,道教崇拜的俗神有雷公、电母、门神、灶神、财神、瘟神、城隍、文昌、关帝、马祖等等。

全真教也称全真道或全真派,是金大定间咸阳人王喆(号重阳)所创立的一个道教派别。因创始人王重阳在山东宁海(今山东牟平)自题所居庵为全真堂,凡入道者皆称全真道士而得名。《四库全书总目提要·甘水仙源录》云:金大定中,王重阳"聚徒宁海州,立三教平等会,以《孝经》、《心经》、《老子》教人讽诵,而自名其教曰'全真'"。该派汲取儒、释部分思想,声称三教同流,主张三教合一。以《道德经》、《般若波罗蜜多心经》、《孝经》为主要经典,教人"孝谨纯一"和"正心诚意,少思寡欲"。早期以个人隐居潜修为主,不尚符箓,不事黄白之术。

全真道认为清静无为乃修道之本,除情去欲,心地清静,才能返璞存真,识心见性。该派注重修炼"性命",认为"性者神也,命者气也","气神相结,谓之神仙"。主张修道者必须出家,并忍耻含垢,苦己利人,戒杀戒色,节饮食,少睡眠。《金莲正宗记》称该教"以柔弱谦下为表,以清静虚无为内,以九还七返(按指炼内丹—引者)为实,以千变万化为权"。王重阳死后,其弟子马钰等七人分别在陕西、河南、河北、山东等地继续传道,王喆(重阳)与其徒马钰(丹阳)、谭处端(长真)、刘处玄(长生)、丘处机(长春)、王处一(玉阳)、郝璘(广宁)、孙仙姑(马钰之妻,号清静散人)合称"七真人",亦即"北七真",先后创立了遇仙、南无、随山、龙门、嵛山、华山、清静等七派。

金代以洛阳为中京。王重阳所传七弟子,又各传一派,其中四派在河洛为开教祖庭：丘长春及其弟子在嵩阳崇福宫传全真龙门派,谭处端(长真)在宜阳韩城传真南无派,孙不二(道姑)在洛阳三井洞传全真清静派,刘处玄在洛阳云溪观传全真随山派,均属内丹派,注重性命双修。他们都有修炼著作传世,其中谭处端有《水云集》、孙不二有《女丹诗》《不二元君法语》、刘处玄有《道德注》《阴符演》《黄庭述》等。后俱收入明代编纂的《道藏》中。这些著作继承和发扬了我国传统道学的精华,对以后全真传内丹修持一直起指导作用。

二、河洛全真教

元初,统治者为了加强对汉族的统治,大力扶持全真道,丘处机又仿效佛教,建立了全真丛林制度。据现有的资料研究,"七真人"中就有谭处端、刘处玄、孙仙姑等三人传道于洛阳,而丘处机的大弟子乔公(号静虚)也在嵩山传道。

(一) 谭处端

谭处端(1123~1185年),名玉,字伯玉,号长真子,创立南无派,著有《云水集》。谭玉自幼不俗,《甘水仙源录·长真子谭真人仙迹碑铭》称其"幼而秀发,声韵琅然,人知其非常儿也"。六岁时,不慎坠入井中,人急下井去救,但见他端坐水上,安危无恙。又谭玉家中起火,有大木自房顶落下,坠于床前,谭玉正在床上熟睡,安然无恙,浑然不觉。这两件事都使乡里之人惊异不已,称其"盖有道之士,非水火所能殒越也"[1]。

谭玉少年时,智力超群,有神童之称。《甘水仙源录·长真子谭真人仙迹碑铭》言其"至十有五龄,而志于学,咏物警策,其《葡萄篇》已脍炙人口"。这说明谭玉自少年时,就能吟诗作对,颇有文名。但《长真子谭真人仙迹碑铭》却没有说明其《葡萄篇》的具体内容,而在《历世真仙体道通鉴续编·谭处端》中对此却有所记述:既入学,记诵敏给,同辈罕及。十岁学诗,一日,其所亲指木架葡萄令

---

[1] 《长真子谭真人仙迹碑铭》,《甘水仙源录》卷一,《道藏》第十九册,第731页,上海书店1988年版。

作诗,有云:"一朝行上青龙架,见者人人仰面看。"众喜其奇才。

大定七年(1167年)七月,王重阳抵达宁海,住于马钰南园全真庵。由于受到马钰的礼遇,同时也由于已经收取了丘处机,感发了郝大通,一时间王重阳的事迹在宁海妇孺皆知。谭玉听说了王重阳的神异表现,于是便来求医。《甘水仙源录·长真子谭真人仙迹碑铭》言:至大定丁亥岁仲秋,闻重阳真人度马宜甫为门生,公径赴真人所,祈请弃俗服羽,执弟子礼。真人付之以颂,便宿于庵中。时严冬飞雪,丹灶灰冷,藉海藻而寐,寒可堕指,真人遂展足令抱之。少顷,汗流被体,如置身炊甑中。拂晓,真人以盥洗余水使公涤面,从涤之月余,宿疾顿愈,于是公推心敬而事之。其妻严氏诣庵呼归,公怒而黜之。公拜祷真人,求道之日用,真人以四字秘诀授之,遂立今之名字焉,又道号长真子。据《金莲正宗记·长真谭真人》记载:当时王重阳还有诗赠予谭处端,诗云:"超出阴阳造化美,一心向道莫回还。清虚本是真仙路,只要安居养内颜。"

据《元遗山集》卷三八《长真庵铭》,长真庵在宜阳县韩城,文云:"福昌之东韩城,长真谭公旧隐之迹在焉。其徒王志明葺居之,名之曰'长真庵'。志明初隶唐州营卒,独以性行见称。其主狱因。有矜悯之实际工资,饥饱寒暑每为调护之,既久转将领,资产亦厚,一旦与道人语,慨然有高举远引之意,即弃家入道,其子追及襄城。泣拜请还,志明确然不移,遂入嵩山,师事紫虚于大师及即仙翁债年。避壬辰之兵,东之海滨,乱定还洛阳,筑环堵于韩城居之,道俗归向,以为坚坐六年,非世人所能堪,乃即谭所居而奉之。"据《金莲正宗记》:"曾过招提,就禅师处乞残食。禅师大怒,以拳殴之,击折两齿,先生和血咽入腹中。旁人欲为之争,先生笑而稽首,殊不动心,由是名满京洛。"

大定二十五年谭处端卒于洛阳朝元宫。传全真道南无派,后被奉为"北七真"之一。元世祖至元六年(公元1269年),赠封"长真云水蕴德真人"。

(二)刘处玄

刘处玄(1147～1203年),号长生,创立随山派,著有《仙乐集》、《至真语录》等。据《洛阳县志》云:"刘处玄,字通妙,号长生子,武功人,大定时入洛,住云溪观。门人为了凿洞室,忽得石井,众方骇异,处玄笑曰:'不远数尺,更有二井,此我三生前修炼处。'凿之果然。金主召问治道,对曰:'寡嗜欲则身安,薄赋剑则国泰。"金主悦,敕修灵虚观以居之。

金主召刘处玄事见刘祖谦《终南山重阳祖师仙迹记》,文云:"承安、泰和间,道陵亦屡召玉阳、长生至阙下,赐居'修真观'。"(《金石萃编未刊稿》)。金源寿《终南山神仙重阳子王真人全真教祖碑》则称承安于巳十月(1197年)"召刘处玄至,命待诏天长观"[1]。

刘处玄的大弟子道显时居嵩山传道,于道显在嵩山有弟子王志明和孙伯英等。王志明与元好问(1190~1257年)是同时代人,曾于嵩山师事于道显(号离峰),于道显是刘处玄的大弟子。金哀宗开兴元年(1232年)三月蒙古军占领洛阳,至次年六月塔察儿杀金守将强伸,再克洛阳的历史一路领先(见《新元史》卷一二一《塔察儿传》及《金史》卷一一一《强伸传》)。王志明为避壬辰之兵,在韩城"坚坐六年"的时间大约是1234~1239年。

(三) 孙伯英

孙伯英(1180~1230年),祖籍雄州容城。世居洛阳,早岁入太学,与名士交游,因遭河南尹温迪罕福兴诬陷遁去,贞祐丁丑岁(1217年)入嵩山投于道显为师,成为全真道士。《中州集》引载《孙伯英墓铭》云:"伯英在太学时,所与游皆一时名士。贞祐初,中原受兵,朝廷隔绝。府治中高庭玉献臣,接纳奇士,号为衣冠龙门。大尹复兴基之(按即金河南尹温迪罕福兴)。会有为蜚语者,云治中结客,将据河以反,遂为尹所构。凡所与往来者,如雷渊希颜、王之奇士衡、辛愿敬之,俱陷人狱,危有一网之祸。伯英出入府寺,得先事遁去,变姓名,从外家称道人王守素,会赦乃归。贞祐丙子,予自太原南渡,故人刘昂霄景玄爱伯英,介予与之交。因得过其家,登寿乐堂,饮酒赋诗,谈笑有味,使人久而不厌。伯英时年四十许,困名场已久,重为世故之所摧折,稍取庄周,列御寇之书读之,视世味盖漠然矣。世已乱,天下事无为。思得毁裂冠冕,投窜山海。以高骞自便,日暮途远,倒行而逆施之。古人或为抱关,或仕执翿,或妄从博徒卖浆者游,皆出于无聊赖之至耳,非本志也。又明年,客有来嵩山者,云伯英为寇师矣。正大庚寅十月,殁于亳之太清宫。春秋五十有一,因即其地葬之。伯英初名邦杰,后改天和。孙氏

---

① 清・王昶:《金石萃编》卷一五八,中国书店1985年版。

雄州容城人,居雒阳四世矣。"

孙伯英作为河洛名士,入全真道,事离峰子于道显为师,乃刘处玄之道孙也。刘静修有《道士孙伯英容城故居诗》云:"政教才气敌希夷,寇岯翻然亦未宜,谁辨胡寅论鸿客,只除坡老识安期。可怜乔木空秋色,惟有青山似旧时。欲传先贤问遗事,故园猿鹤有胜悲。"徐洪客,隋末道士,反隋炀帝者也。

洛阳是中国道教女丹的发祥地,初有西晋魏华存的《黄庭经》,中有唐代玉真公主(时住河南阳台观)的《琼宫五帝内思上法》,后有金代的《孙不二元君法语》。

(四)孙仙姑

孙仙姑(1119~1182年)名不二,原名渊贞,又叫富春姑,宁海豪族孙忠翊之幼女,号清净散人,创立清净派,著有《不二元君法语》。

孙不二之父孙忠翊,见马从义(名钰、号丹阳)有文采,惜其才德,以女妻之。大定七年七月,王喆至山东宁海州传道,马钰与孙不二俱执弟子之礼。大定九年底,王喆率弟子马钰,谭处端,刘处玄,丘处机西迈,离山东时,马钰以资产付子庭珍、庭瑞、庭珪,并以"离书"(离婚证书)付孙氏,乃易道服而去。

孙仙姑入洛传道,约在大定十六年(1176年),居洛六年,大定二年十二月在洛阳去世,是时,马钰在山东文登县之七宝庵。"冬十二月晦,师谓门弟子曰:'今日有非常之喜'。遂乃歌舞自娱。二年春正月,报者云:'仙姑孙不二返真于洛阳矣'。"[①]龚嵩林编《洛阳县志》引《洛下备闻》,却将此事颠倒,说马钰"得道居洛六年,跳跌而化"。实际应是孙不二得道居洛六年。

据《洛阳县志》记载,孙仙姑从凤仙姑居洛阳下清宫之凤仙洞乞食度日,垢面蓬头,处秽污而远世魔。"凤仙如,俗呼小二娘,秦人,不显姓氏。乞食度身,就秽污不觉也。信口放言,俱有玄旨。常云:'绿叶漫天长,黄花满地开,千里觅不得,万里捉将来。'又曰:'油尽灯干灯自灭、随风却见剔灯人。'似此才不一而足。"[②]按《道藏·历世真仙体道通鉴》言,孙仙姑一日沐浴更衣,跳跌而逝,奄然

---

① 清·王昶:《金石萃编未刊稿》王利用《全真第二代丹阳抱一无为真人马宗师道行碑》,中国书店1985年版。

② 清·龚嵩林编:《洛阳县志》卷八仙释。

而化,香风散漫,瑞气氤氲,竟日不散。时丹阳居宁海环堵中,俄闻仙乐骇空,仰而视之,见仙姑乘彩云而过,仙童玉女旌节仪仗拥导前后,府而告丹阳:"吾先归蓬岛侍君也。"相传孙不二羽化时,携二仙人乘鹤冲洞而去,洞顶遂留有一大一小的三个洞眼,由下上望,深如井洞,后人称为"三井洞"。此洞后经兵火,已不复存在。明朝嘉靖年间,洛阳伊王府,曾在孙不二修炼原址建"三井洞"一窟,坐西朝东,面临瀍河。窟高、宽、深均为三丈,用青砖箍成,窟顶穿凿三个洞眼,一大两小,直通上天,日光可照洞中。洞中塑有孙不二等三仙像。俗称"三仙洞"。"三井洞"毁于"文革"中的1971年夏。按《道藏·历世真仙体道通鉴续编》言,元世祖至元六年(1269年)褒赐"清静渊贞顺德真人";元武宗至大三年(1310年)加封"清静渊贞玄虚顺化元君"。俗称清净孙祖,流传清净派。

又据明人郑安撰《重修康节先生安乐窝记》云,金大定初,全真道张六公购得安乐窝之邵乡故宅,创为九真观。元末毁于兵火,[①]但我们不知道张六公的名字。

(五)丘处机

丘处机(1148~1227年),字通密,号长春子,是龙门派的创始人,成吉思汗曾在西域八鲁湾召见他,封为国师,命其总领道教,著有《摄生消息论》、《大丹直指》、《磻溪集》等。丘处机是登州栖霞人。但《说嵩》、《登封县志》则说他是"嵩阳显族"。从丘处机自己写的诗推断,他确曾到过嵩山,据大安元年五月(1209年)的《真清观牒》,可知大定二八年十二月(1188年)修武县七贤乡马坊村马愈男将地贰亩叁厘立契卖于全真门弟子王太和、王崇德为永业,大安元年,全真弟子纳米东平府,买到日字号空名观额一道,乞书填为'真清观',此事就是由"第一教太虚观丘处机"状告尚书省礼部而敕可的。[②]

有确切证据是丘处机的大弟子乔公住持嵩山崇福官司,事见元代梁宜撰《嵩阳嵩福宫修建碑》(朝□大夫、河南府路总管兼本路诸军奥鲁总管□内劝农事知□方事梁宜撰文、□□□□诸道行御史台监察御史申达尔书。□□□□土

---

①　清·龚嵩林编:《洛阳县志》卷八仙释。

②　清·王昶:《金石萃编》卷一五八,中国书店1985年版。

承旨荣禄大夫知制诰兼修国史张起岩篆额）。

碑云：夫嵩高方四岳为居中，崇福埒琳宫为最古，而全真道教则为独隆，盖金世季年。重阳王真君非藉绍授，恍悟道于空际，别阐一家。一时海内奔趋，景响如鸟投岑，郁鱼口口口口惟恐其口而罔及。

太祖皇帝启运龙阙，首召崇阳大弟子长春邱真人，深口眷注。尝侍口口问，恒以清静养民不杀为言。上甚嘉纳。至混一区夏，于是有孚崇阳宫。踞嵩岳之麓，口汉万岁观，有奉邑。唐改曰太乙，宋升为宫。以太一殿改祈真，又曰保祥。左右建真宗元神本命二殿。天圣中，保祥北为真宗御容殿，象真献后，于西阁帐内供设提举管勾，以主祝釐。高选若、范忠文、刘元城、吕献可，皆曾奉祠，司马温公及子康，程明道与文太中，迭任斯职，余不能殚举，皆为当代闻人。

离宫掖其东，殿阁千楹有奇。累朝于兹避暑。有弈棋、樗蒲、泛觞三亭尚存。魏天师寇谦之，唐真人刘道合、庆历、董道绅，宋王崇祐、王口之、张若柔，俱有道昔也。一出口是宫。迨殿于金，兵事寔口，道流稍筑殿廊，渐次粗完。奉玺书蠲徭赋，禁樵牧。苟有得，令亟葺其弊损而庇卫，均岳荷矣。

初，戊戌岁，知宫正一赵道人，因翟讲师志深、王君德明游方至嵩，将邀庙之，二人辞曰：“我辈凉薄奚甚，必须得人。长春大弟子乔公比口渡河。余此无出其右。”于是县府僚佐合道宫，相率具疏状恳请，凡四阅岁才允。远近豪右知之，或割地，或输财，填辏其门。王德明又以口口自任，缮毁起废，创构七真堂，钟楼、方丈、厨福、庾库，百务咸兴。

乔殁，周真人志谨嗣。周殁，提点罗公道全嗣。公征记，理出浸没上田若干亩，仍凿导洞泉，造碾硙数区，构静虚乔真人祠，真君、启母二庙，天师保禄殿，像设悉备。大起琉璃“三清殿”。崇殿规制宏邃，节棁构栋，涂金间碧，亟共绚丽高真，容服尊严，见者莫不竦肃。公之志口谓勤且敏焉。公累受惠和慈济广德大师、宗主、都提点，被以金冠法服。一日偕中岳提点张口德良，状其愿本，口求记文，乃思之曰：

境非人弗腾，道非世弗成。人重则腾其境，世响则宏其道。境与道则卜示人之重轻，世之向背而已。崇福之在嵩阳，虽以甲宫而占神岳，其或不得人，不依世而腾与弘，殆虽以轻议已。今乔真人倡于前，而罗公赞于后，厥功浩博。因有加于襄昔。然揆之宋日，十犹唯一。

　　伊发启全真教自重阳始,大振全真教则自国家始。由罗公溯之重阳,本源寔一。躅其戊者苟存存不,赞赞治朝,以扩祖师之玄学,将见宋日光□□还□□□,余不口少冀因□以曰:……

　　……壬年十月日建

　　此碑已断为两截,字迹多舛,今朴在地,现存登封北崇福宫院内,为温玉成先生近年访得。该碑为金石学家所遗,为研究全真道增添了宝贵的新资料。由此可知,丘处机的大弟子乔公及其徒弟、徒孙掌教于嵩山崇福宫,这一段史实,道藏失载,陈垣所著《南宋初河北新道教考》亦无著录。

　　乔公住崇福宫,时间应在戊戌岁后四年,即公元1242年,是年福宫由正一道转化为全真道。

　　丘处机的徒孙秦志安(号通真)亦曾住嵩山。秦志安(1188~1244年),据《元遗山集》卷三一中《通真子墓碣》记载:"通真子讳志安,字彦容,陵川秦氏。大父讳事轲,通绎博古,工作大字,为州里所推重。父讳略,字简夫,以诗为专门之学,自号西溪道人,当代文士极称之。生二子,通真其长也。蚤岁趣尚高雅。正大中,西溪下世,通真子已四十,遂致家事不问,放浪嵩少间。取方外书读之,以求治心养性之实。于二家之学有所疑,质诸禅子,久之,厌其推堕溷漾中而无可征诘也。去从道士游。河南破,北归,遇披云老师宋公于上党,数语即有契,叹曰:'吾得归宿之所矣。'因执弟子礼,受上清大洞紫虚等籙,且求道藏书纵观之。披云为言:'丧礼之后,图籍散落无几,独管州者仅存,吾欲力绍绝业,镂木宣布,有可成之资,第未有任其责者耳,独善一身,曷若与天下共之。'通真子再拜曰:'谨受教。'乃立局二十有七,役工五百有七,通真子校书平阳玄都以总之。其于三洞四辅,万八千余篇,补完订正,出于其手者为多。仍增入《金莲正宗记》、《烟霞籙》、《繹仙》、《婆仙》等传附焉。起丁酉,尽甲辰,中间奉被朝旨,借力贵近,牵合补缀,百万并进,卒至于能事颖脱,真风遐布,而通真子云道价,益重于时矣。通真子记育谈洽,篇什敏捷,乐于提诲,不立崖岸,居玄都垂十稔,虽日课校讐,其参玄学,受章句,自远方至者,远远不绝。宝藏既成之五月,为徒众言:'宝藏成坏,凤关幽显,冥冥之间,当有阴相者,今大缘已竟,吾其行乎!'越二十有五日,夜参半,蜕形于所居之樗栎堂,得年五十有七,高弟李志实等奉其衣冠宁神于天坛之麓,披云命也。所著《林泉集》二十卷,行于代。"碣中所提宋德方,号披云,系丘处机的弟子,曾令秦志安于平阳玄都(今山西省临汾县)校刊道藏。

中岳庙提点张德良,与嵩福宫罗道全是同时代人,可能也是全真道道士。

总之,全真道在其产生的最初阶段——金大定中即已传至洛阳。全真道"七真人"中的三人——谭处端,刘处玄,孙不二即曾在韩城"长真庵"(今宜阳县)、洛阳城东北"云溪观"等外传道,此后,在洛阳安乐窝"九真观"、嵩山的"崇福宫"等处亦大力发展,直到元代后期,全真道在洛阳的史实还有记载。

《金石萃编未刊稿》卷上所载《洛京緱山改建先天宫记》碑,(真大道门人,崇道广演大师、休庵老人、前进士杜成宽撰,锦山张瑜书丹,篆额。)仍可见元代河洛道教的传承轨迹:

"……无奈去古日远,望道日微。法令虽张,功伪弥盛。以利禄功名为事业,以富贵矜泰为尊荣。或言行道而化人,翻成矫世而炫俗;或以咒术而为救治,或用符法而制妖口,以斋转为行持,以烧炼为修养,是皆舍本而逐末,安能成道而证真。

唯我祖师东岳真人刘君(刘德仁),生居沧州乐陵县之北界,首以爱敬事母,清静处身,端由正念之克存,乃感圣师之临御。复驾青㹺,来抵其家,授以宗乘,传以经笔。俾兴大道之正教,以度末世之黎民。其教也,本之以见素抱朴,少思寡欲。持之以虚心实腹,守气养神。及乎德盛而功成,乃可济生而度死。以无为而保正性命,以无相而驱役鬼神。行教三十八年,住世五十九载。以法传付二祖大通真人陈君(陈师正)。二祖既掌天权,弘宣祖道,度人罔极,设化无方,阐教垂一十五年,法寿则莫得而识。以法传付三祖纯阳真人张君(张信真)。三祖禀质不凡,行法好古,敷宣圣教,克肖先师,处世五十五年,阐教二十五载。乃以教法传付元阳真人毛君(毛希琮)。四祖见性达聪,冈恋成法,心厌尘世,不永斯年,掌教五星有奇,得年三十八岁,复以教法逊于五祖太玄真人郦君(郦希诚)。五祖为教之日,值大元立国之初。法令未行,逆魔乱起。始终一十五载,遭逢十七大魔,以五祖道德崇高,威灵显赫,魔不胜道,寻乃自平。自戊戌以来。化因以洽,南通河岳,北极燕齐,立观度人,莫知其数。真人尊太玄之号,教门得真假之分。阐教三十六年,享寿七十八岁,将法传付六祖通玄大师孙君(孙德福)。六祖得法之后,德感宸毓,名闻朝野。君王眷顾,卿相主持。秉统辖诸路之权,受通玄真人之号。嗣承宗教,转见辉光。敷化一十五年,享寿五十六岁。于至无癸酉四月念二日,以微疾而终。虽与历代同示坐亡,其应现威仪化其他有异,于预先七日,将法传付七祖颐真大师李君(李德和),其传授事意,又极昭彰。道俗官民,咸称殊异。七祖得法之后,宣授统辖诸路,赐颐真体道真人名号。

有河南路洛京提点举师杜公德元来诣师堂,告曰:"德无所往之府店缑山,乃周灵王太子子乔仙君飞升之地也。始创原庙,赐号宾天。时有前朝,就为观额。庙处仙山之末,观居缑岑之阿。殿堂房屋有四五百间,受业之徒,莫知其数。屡经劫火,焚荡一空。至乙巳年间,得本里宫民杨弹压、王弹压及庄院人等具疏屈清本教道人杨德元主持此山,以奉仙君,为祝圣祈祥之地。届于丙午,蒙先师五祖真人法旨,令德元与尊宿老大师李德用,引领徒门郦德和、侯德保等同来,偕杨元住此,启修真开化之途。经承师命,赐德元紫衣、明照大师号。补作法师,随即升充保举。仍锡杨德元为紫主、清和大师,迁以法师之职。迄六祖真人掌教,剖差德元为河南路提点举师,杨德元之充执本路道禄职事。仍就此山为开教化人之所。

德用与杨德元等同志协心,经营起造,躬持畚锸,亲执斧斤,开拨荆榛,驱除瓦砾。鸠工作址,命匠抡材。二三岁间,方有伦序,真圣之堂再葺,仙君之庙更新。庙庑洁齐,斋庐成办。既营厩库,乃建房廊。内观则丈室尊严,外望则宫门整肃。粤自结茅而立道,至于筑室以垦堂,补故作新,奉真安众,既成其事,上白元师,乃告于王。遽然获旨,鼎新革故,改观为宫。即作宾之嘉名,盖先天之美号。爰从轫始,迄至于今,荏苒光阴,垂三十载。

惟大道光亨于此日,化仙君丕显于兹辰。圣师开圣教之端,宗主嗣宗门之法。……愿听宗师之法旨,许令立石以纪口。……

所惮者此道重兴,不从高位。傍门小法,相与混淆,加以斋戒精严,家风清肃。异途殊归,绝物不群。以致常流,多生腹诽,其于正教,故自无伤。痛嗟来世天民,不得闻斯妙义,转归迷妄,难免沉沦,幸兹行教之高人,深得太玄奥旨,二流净众,能守规绳。不将物欲役心,专以农桑为务。以兹存念,道必能弘。尚赖圣主神灵,仙君威灵,充此道之国王、长者、有力檀那,敷化多方,如风偃草。使万姓乐唐虞之化,群生歌尧舜之年。……

大元国至元十五年岁次戊寅仲春二十二日。

本宫赐紫、悟真师,法师兼知宫事黄成仙、副宫韩成道同立石。洛京石匠申贵、胡璵、任成、张福朗刻。"

东岳真人刘君(刘德仁)二祖大通真人陈君(陈师正)三祖纯阳真人张君(张信真)四祖元阳真人毛君(毛希琮)五祖太玄真人郦君(郦希诚)六祖通玄大师孙君(孙德福)七祖颐真大师李君(李德和)

第十三章　明清时期河洛的主要道观

降自两宋,随着都城的东迁,洛阳作为中国政治、文化的中心地位已经动摇。

洛阳作为兵家的必争之地,经过近千年的征战,已经千疮百痍,残缺不堪。无论佛寺还是道观,仅存遗址,罕见昔日辉煌。

明清时代,洛阳道观数量虽然不少,但有规模的道观已经寥寥无几。

(一)上清宫

上清宫位于今洛阳市老城西北约 4 公里的邙山翠云峰上。上清宫原处,相传为东州柱下史老子炼丹处,曾是东汉五斗米道开山祖张道陵修真处,又是洛阳京畿之地、古郐国(今新密市)人魏伯阳修真处,又是益州巴郡(今四川重庆市)人帛和修真传道处。

唐高宗于龙朔二年(公元 662 年)下诏洛州长史谯国公许力士,在邙山翠云峰建上清宫以镇鬼。上清宫建成后,唐高宗下令设醮行祭。唐高宗乾封元年(公元 666 年)追尊老子(李耳)为玄元皇帝,玄宗开元二十九年(公元 741 年)诏令两京诸州置庙祭祖,所以唐代称上清宫为玄元皇帝庙。又为避玄宗讳,改称元元皇帝庙,或称太微宫。老子被人尊为太上老君,故又称"老君庙"。

上清宫金元已废,明伊王(太祖第二十四子朱橚)姊方氏捐资重修。明代三乐《上清宫碑记》记载:嘉靖二十四年(1545 年),道士张玄慕募钱修建,把梁、柱、椽、瓦换为铁铸,配殿覆盖琉璃瓦,所以明代以后又称上清宫为铁瓦琉璃殿。嘉靖三十四年地震,殿宇被震毁(今尚存铁瓦等少量构件)。清康熙二十一年(1682 年)巡抚阎兴邦、雍正八年(1730 年)知府张汉均、民国初年民国政府都曾先后予以重修。新中国成立后,洛阳文物部门也曾先后两次维修。

上清宫坐落在邱山之颠,海拔250米,是洛阳北郊的制高点,地势险峻,风景秀丽,既是消夏避暑胜地,又是历代兵家必争之地。古代这里树木葱郁,苍翠如云,故称"翠云峰"。抗日战争期间,上清宫内外的古柏、柿树、榆树等数十株,多被日寇飞机投弹炸毁,殿宇也遭破坏。唯翠云洞和洞顶平台上的3间老君殿巍然犹存。站在殿前平台向南眺望,古城洛阳尽收眼底。

历代有很多文人学士登临老君庙,留下了不少歌咏上清宫的诗文。隋炀帝在仁寿四年冬曾登临邱山,南望伊阙,策定在翠云峰正南跨洛河修建新城,并于翌年迁都洛阳,定为东部。大诗人杜甫在天宝八年(公元749年)登上了玄元皇帝庙,观览了洛阳山河形势,写出了"山河扶绣户,日月近雕梁"(《冬日洛城北谒玄元皇帝庙》)的名句,极力描绘了洛阳山河的壮丽和皇城的宏伟。唐代大画家吴道子曾在这里绘过《五圣图》壁画。金世宗大定七年(1167年)四月,在陕西户县刘蒋村传道的王重阳,启行到山东传道,五月路过洛阳,特到北邱上清宫瞻仰圣迹,兴致盎然,遂作《题上清宫壁》诗一首:"丘谭王风捉马刘,昆嵛顶上打玉球。你还般在寰海内,赢得三千八百筹。"宋代文学家苏东坡也曾来这里刻石题句。惜沧桑多变,岁月流逝,这些宝贵的壁画和碑碣石刻均已荡然无存了。今庙内新存的明、清重修碑三十七块,记载了上清宫的历史沿革和明代重修前的位置以及地震情况等有价值的资料。

在上清宫南边的山岭下,原有中清宫和下清宫。而今中清宫已无迹可寻,下清宫却幸存至今,为一座青砖小院,规模不大,紧凑幽静,院外还有道士塔数座。

(二)吕祖庵

吕祖庵又叫吕祖庙,在洛阳市北约2.5公里的邱山上。现存建筑为清代所留。现有歇山式山门、卷棚、大殿(原供吕祖像)、二殿、配殿及厢房等建筑,另有石狮一对,古碑碣十余通。它和上清宫相互遥望,形成一隅道教圣区。

相传八仙之一吕洞宾曾"憩鹤于邱山之巅",后人在此处修庙塑像,即今之吕祖庵。其历史事实是,吕洞宾的父亲吕让有"分洛八载"的经历,吕洞宾随父亲在洛阳生活过。该庵坐西朝东,依山临水。庵院小巧玲珑,古树参天,风景清幽,特别是从崖下仰望,如见天空仙境,故为洛阳城北著名的游览胜地。

吕祖庵地处南北要道,初为茶庵,是行人饮茶歇脚之所。后改为道教场所。因庵中道人属全真派,故香火敬起全真派"五祖"之一的吕洞宾,因施茶性质未变,且庙宇规模较小,故仍称"吕祖庵",亦称"纯阳洞"。

吕祖庵初建于清乾隆年间,现存不见一木的砖石结构山门,琉璃瓦顶的卷棚、大殿,青瓦顶的后殿。二殿均面阔三间、进深二间。另有石碑 20 余方。在吕祖潘师正的弟子司马承祯在《唐默仙中岳体元先生太中大夫潘尊师碣文并序》中,更为详细地记述了高宗、武后对潘师正的优礼,尤其是对武后宠遇潘师正的描述特别突出,可以补正史之阙。碣文曰:清心独向壶中养;妄念常从剑下消。二殿书联是:乘白鹿负青蛇远遍天界;寡私欲清心田尽在壶中。三殿书联较长,原联是:东南瞻鄂岭千层翠黛朝凤阙;西北听洪水万丈波涛出龙门吕祖庵建成后,曾经过几次修缮。清代宣统三年即 1911 年的那一次,重修了山门、舞楼、大殿等。现存的古建筑即为清代所留存,是洛阳市保存较完整的一处道教庙观建筑。早年,每至清明时节,四方游人远道而来,云集辐辏,不少文人墨客临风凭吊,吟诗题咏,景象非常热闹。为了保护这一处古建筑,近年来,洛阳市人民政府还拨出专款把吕祖庵整修一新,文物保护部门还在庵内庵外植树绿化,更增添吕祖庵的诱人景色。

(三)祖师庙

祖师庙位于洛阳老城北大街中部,庙内原供奉的是道教始祖老子。现存有大殿、侧房等。大殿面阔 5 间,进深 3 间,为单檐歇山顶,琉璃瓦覆面,檐下有斗拱、彩画,金碧辉煌,是一座具有典型元末明初风格的古建筑。新中国成立前,由上清宫管辖,规模较大,院内还有戏楼,殿内供奉有祖师的铜像,常有人们拜祭,香火不断。后国民党曾在此驻军,并做过私学,以后规模渐小。新中国成立后,归政府管理,仅存大殿、耳房和前殿,已无香火供奉。

祖师庙的古建筑对研究古代建筑构造、绘画雕刻艺术等具有重要参考价值。2006 年 5 月被列为第六批全国重点文物保护单位。

(四)河南府城隍庙

河南府城庙隍位于洛阳市老城西大街西段北侧,2006 年 6 月被列为河南省重点文物保护单位。

城隍是中国古代神话中守护城池的神,后为道教所信奉,最早见于记载的为芜湖城隍,建于三国吴赤乌二年(公元239年)。唐宋以后,奉祀城隍的风俗遍及全国各地。

河南府城隍庙创建于何时,文献缺乏记载。据明武宗正德庚午年(1510年)五月所立的河南府重修城隍庙碑文记载:"正德丙寅,章山沈公来守是邦,顾瞻庙貌颓然,上雨旁风,莫为障蔽,大想(惧)无以称事之职,亟工图之。出帑金若干,率所部之响义者共其役,再阅寒暑,厥工告成,栋宇壮丽,一日改观,足以妥神之灵而慰吏民之望矣。"由此可见,河南府城隍庙至迟在明代初年就已建立,其面积计占地120亩。后历经明代崇祯,以及清代乾隆、嘉庆、道光、同治、光绪年间的多次重修,所存建筑基本完整,依稀可见当日风貌。此庙坐北朝南,正南辕门3间,山门3间(原来庙内两侧塑有马童牵引的泥马两匹,现已无存),往后依次为戏楼3间,六角石柱亭1座,亭两侧东西厢房12间,卷棚3间,威灵殿5间,后殿5间。

庙内主体建筑是威灵殿,因府城受隍封为威灵公,故名。大殿为歇山九脊单檐顶,面阔5间,进深4间,斗拱飞檐,琉璃瓦覆面。殿内供威灵公木雕像1尊,两侧塑判官、速报二神。每逢农历三月初三、八月十五、十月初一城隍出巡,即将此像抬出。大殿顶部山脊上垒砌浮雕石刻,有鸟兽、花卉图案,造型逼真,栩栩如生。殿顶的四角戗脊上,塑韩信、庞涓、周瑜、罗成四矮人。传说四将生前奸短,故上天示惩使其危立檐角,下临无地,走投无路。

民国年间,这里十分热闹。孙中山先生逝世后,曾辟为中山公园,因此,将城隍庙胡同改为公园巷。民国19年(1930年),又改为河洛中学。1959年修建中州路将其分为南北两部。今南院为洛阳市第三十中学占用,北院为洛阳市第六中学占用。该庙虽神像已不复存在,但其建筑规模和四进院落仍大体保持原状。

(五)洞真观

洞真观位于新安县城西南17.5公里处的烂柯山麓,铁门镇玉梅村。所谓山,不过是较高的丘陵而已。新安八景之一的"烂柯胜迹",即泛指这一带的"王乔仙洞"与洞真观。

烂柯山一带为石灰岩体,山断崖处多有溶洞,其中最大的一个即"王乔洞"。据传有樵夫王质,入山砍柴,因观道人对弈,不觉时迁。局终返视,斧柯已烂,故名"烂柯山"。王质后在烂柯山修道,王乔洞(乔乃樵之转声)即为王质修行处。洞口嵌有石碑1通,上刻"烂柯山真人王乔仙洞,嗣教玄逸子书",尾署"大元大德五年岁次辛丑十一月下旬十方,王乔仙洞兼下院洞真观住持纯和子孙道兄等立石"。洞上有溶岩下垂,颇类枯干,下有碑刻"石树"2字,俗谓"树倒成石"。洞门内两侧壁间各嵌石刻1方,为元大德年间敕保道观的皇帝圣旨。其洞口狭中宽,高3～4米,面积约为50平方米。洞后有小洞,据云可通至"棋盘山",因其狭小深坳,无人亲探。

洞真观为元大德年间(1297～1307年)敕建。观前有戏台(今存遗址);观宇分三进:前为山门,入内为三清殿,再进为官厅;后院为道房。三清殿为观内最大的建筑,殿宇3间,中有立柱8根,东、西及后墙均绘彩画,约30余幅。现虽颜色褪敝,但观其轮廓,似为道教故事。殿长13.7米,宽10.2米,原供老子李耳。此殿后世曾多次重修。殿侧的三宫殿、王母殿,均为清代重修。殿后有官厅,专供接待公卿官宦之用。三清殿西南,存有碑刻达百余块。殿旁有甘泉一眼,曰"香珠泉"。东有迎春花藤,西有首乌竹园,泉水自三清殿底泛出,随四季气候而变化:春温、夏凉、秋爽、冬暖。旧时三月三庙会,逢会都携瓶带罐,争贮泉水,返与家人共品甘露。据当地老人回忆,"洞真观"在民国初年香火甚盛,为全县寺观之首。观内设有僧官,凡是辖境僧道,均由该观僧官委派,并按季向观内交纳贡物。

(六)济渎庙

济渎庙位于济源市西北2公里处的庙街村,占地120余亩,是河南省现存规模最大的古建筑群之一。

济渎庙因坐落在济水的发源地而得名。据《禹贡》载:"导沇水东流为济。"沇水即天坛山西崖下的太乙池,伏流地下100余里,至此复出,名为济水。在古代,济水曾与长江、黄河、淮河并称为"四渎"。

济渎庙平面呈甲字形,前为济渎庙,后为北海祠,东为御香殿,西有天庆宫。现存殿宇72间,其中有宋代开宝年间(公元968～976年)的济渎寝宫、元代临渊门、明代的亭台殿阁等。

济渎庙初建于隋开皇二年,此后自唐代到清乾隆年间,多个皇帝派官员到此祭祖、加修。至明天顺四年(1460年),整个庙宇已达400余间,占地面积530亩。后历经战乱、毁坏、变迁,到民国初年,仅剩南北长510多米、东西最宽处约200米的范围,相当于今天的面积。济渎庙现存主体建筑,一是中轴线上的清源洞府门、清源门、寝宫和临渊门,二是北海池周围的龙亭、碑亭、临渊阁和白虎亭、青龙亭等建筑。此外,还有御香殿、长庆宫、长生阁等建筑。

济渎寝宫创建于宋开宝年间,距今约1000余年。面阔5间,进深3间,为单檐歇山式木结构建筑。从这座殿的整体来看,檐柱比较粗矮,斗拱雄巨疏朗,屋顶坡度平缓,无一不是宋初建筑的特征,为河南省内现存最早的单体木结构建筑。1965年以来,省、市文物部门曾几次拨款,根据"整旧如旧"的原则进行了修葺。

清源洞府门即济渎庙的山门,系用并排4根柱承托着一个大屋顶。面阔三间,单挑檐山造,状如牌楼。门上斗拱九跑重拱重昂,单材蚂蚱头上置齐心斗。斗拱比例适中,气势雄伟。清源洞府门是一座建筑结构纯度高、价值比较大的明代木牌楼建筑,为国内罕见。

龙亭面临小北海,面阔进深各三间,单檐歇山造。临渊门在寝宫之北。面阔三间,进深一间,补间铺作用真昂,具有元代特征,故此门可能是在清代重修时利用元代的斗拱。济渎庙内还有迎春阁等不少殿、亭,不同程度地保留有早期建筑特征和明清建筑的地方手法,为研究中国古代建筑史和明清时期河南地方建筑特征提供了重要资料。

济渎庙内亭台楼阁,错落石致,北海荡波,垂柳拂面,为典型的北方古典园林,"济渎晨霞"为济源九景之一。庙内济渎池内有三座并列的元代石桥。另有唐、宋、明时期碑碣20余通,书体有正、草、隶、篆等。其中,金大定年间(1161~1189年)创建石桥的古碑拓片,曾于1973年赴日本展览。

庙内古柏参天,郁郁葱葱。其中一棵大柏树,身粗可由6个人来抱,高达30多米,苍劲挺拔。相传唐代大将尉迟敬德在此监修济渎庙时,曾在此树上挂过钢鞭,故名"将军柏"。明代人曾以"夜来明月枝头动,疑是将军宝剑光"之诗句来怀念尉迟敬德。

(七)中岳庙

中岳庙位于河南省登封市城关镇东3公里的太室山南麓,背依黄盖峰,面对玉案山,庙内建筑群立,翠柏参天,风光秀丽,是我国现存最早的道教庙宇之一。

中岳庙创建于秦代,是为祭祖中岳神而建,原名"太室祠",内设祠官,专事祖典。西汉时庙宇规模得到较大发展,据《汉书·武帝纪》载:西汉元封元年(公元前110年),武帝游嵩岳,令官祠扩大"太室祠",禁止砍伐树木,并设立"嵩高邑",把嵩高山(即嵩山)下的300户划归中岳庙管辖,所有应交皇粮差款全部解交祠官,以作该庙奉事祖典之用。约在北魏时改称中岳庙。

中岳庙庙址几经变迁。据金代黄久约撰《重修中岳庙碑》,中岳庙"旧址在东南岭上"(东南岭即玉案山),"北魏太武帝太延元年(公元435年)立庙于嵩高山上"。据《嵩高山记》载:"中峰南下二百步有岳庙。"唐代韦行检碑记载:"北魏文成帝太安年间(公元455~459年),徙庙于黄盖山上,唐玄宗初年始改建于此。"唐开元十八年(公元730年),玄宗李隆基下令整修中岳庙,费库银十万,奠定了今日中岳庙庙址、规模。宋真宗时增修崇圣殿、碑楼等800多间,绘制功德壁画470余幅,形成"飞甍映月,杰阁联云"景象,中岳庙盛极一时。北宋末年庙宇失修,有所塌废。金、明、清曾多次整修。

中岳庙现存庙制基本上保留了清代规模。中轴线建筑自南向北主要有中华门、天中阁、崇圣门、化三门、峻极门、中岳大殿、寝殿、御书楼等400余间,全长650米,面积10万多平方米,是五岳中现存规模最大、保存较完整的古建筑群。

中岳庙坐北向南,门前有汉代石翁仲一对。前门曾是一座木建筑牌楼,上书"名山第一坊"。1942年改建为现在所看到的砖结构庆殿式牌坊,并更名为"中华门"。

中岳庙大门原名黄中楼,面阔5间,进深1间,明嘉靖年间重修时改为天中阁。阁房是建在一砖砌高台之上的重檐绿瓦歇山式建筑,沿台两侧梯道可入阁楼。楼下有3个高大宽阔的圆圈门,厚重的门扇上装虎头钉126个,每个重达3斤。门口是一扇形砖砌月台,月台边有清代石狮、石雕望柱等。

崇圣门东有古神库,四角各立一铁质巨人,高3米。怒目挺胸,握拳振臂,形象威严,栩栩如生。是我国现存形体最大、保存最好的4个"守库铁人",亦称

"镇庙铁人"。铁人乃北宋英宗治平元年(1064 年)忠武军匠人董襟等铸造。与神库相对的甫道西有一亭。再向外是东华门、西华门。两门内各立二碑,是宋代状元王曾、卢多逊、骆文蔚和金代状元黄久约撰写,人称宋金"四状元碑"。

峻极门,又名将军门,两侧有东西掖门。创建于金大定年间(1161~1189),明崇祯时毁于大火,清顺治、乾隆年间都曾重修。歇山庑殿顶,五彩斗拱,覆以绿色琉璃瓦。面阔 5 间,进深 6 间,面积 290 平方米。峻极门附近有北魏太安二年《中岳嵩高灵庙之碑》,高 2.82 米,为嵩山著名道士寇谦之所书魏体,仿汉碑古制,碑额下有一透孔圆洞。碑文记载了中岳庙沿革和重修经过,是中岳嵩山一带现存最早的石碑。

中岳大殿,又名"峻极殿",是中岳庙主体建筑。面阔 9 间,进深 5 间,面积 920 平方米。重檐庑殿顶,覆黄色琉璃瓦,斗拱和梁架均有彩画。殿内天花板中部有精雕盘龙藻井,神龛内塑岳神中天王坐像。配以侍臣、将帅等塑像,生动逼真。殿外有明万历年间铸大铁钟和清乾隆年间铸大铜钟。中岳大殿于宋真宗大中祥符六年)增修,明崇祯时被大火吞没,清顺治时重建,乾隆时又几次重修,高大宏伟。气宇轩昂,是我国古代建筑中的代表作。

寝殿,明成化、清乾隆年间重新修建。面阔 7 间,单檐歇山顶。殿内龙塌上塑中天王卧像,塌旁天灵妃陪坐。

御书楼,原名"黄篆殿",是贮存道篆的地方,创建于明神宗万历年间(1573~1619 年)。清代皇帝祭祖中岳时,常在此殿内题碑书铭,因而改名御书楼。现为八角重檐黄瓦琉璃亭。俯亭远眺,可尽览中岳全景。

中轴线两侧还有神州宫、祖师宫、太尉宫、行宫、火神宫、小楼宫等。宫内有彩色绘画的天仙碧霞元君、地仙碧霞元君、车马、楼阁等,形象生动,技艺绝妙。

中岳庙还散存有铸器、碑碣石刻等百余件,内容极其丰富。庙内还有古柏近400 株,仅汉宋时期的古柏就达 200 余株,其中尤以高 20 余米、直径约 7 米的"卧羊柏""猴柏""荷花柏"最为罕见,至今仍枝繁叶茂,生机益然。

(八)关林

金元以后,全真道和其他道教派系也陆续接受了关公神话及其灵,如全真道曾以关羽为四元帅(或四天将)之一,至今武当山道观犹与马、赵、温同塑一堂。

元代蒙古大汗封敕关公的徽号也带有明显的道教色彩,如至顺二年(公元1331年)封为"齐天护国大将军、检校尚书、守管淮南节度使,兼山东、河北四门关招讨使、兼提调诸宫神、无分地处检校官、中书门下平章政事、开府仪同叁司、驾前都统军、无佞侯、壮穆义勇武安英济王、护国崇宁真君",并且开始出现托名关公的道经,如《道藏》收辑的《太上大圣朗灵上将护国关王妙经》中,则称关公为:

"大圣馘魔纠察叁界鬼神刑宪都提辖使,叁界采探捕鬼使者,元始一气七阶降龙伏虎大将军,崇宁真君雷霆行符伐恶招讨大使、三十六雷总管酆都行台御史,提典叁界鬼神刑狱公事大典者,提督刑案神霄大力天丁、叁界都总兵马招兵大使、统天御地诛神杀鬼大元帅"。

显然大大提高了关公的神权,道教亦借此增加其影响力。也为日后关公被明代封敕为"叁界伏魔大帝,神威远镇关圣帝君",以至近世台湾传出关公为"第十八代玉皇大帝"的说法奠定了基础。

从1999年开始,洛阳市政府以关林为依托,举行一年一度的朝圣大典,与湖北当阳关陵的"关公文化节"和山西运城关帝庙的"金秋大祭"遥相呼应,在海外关庙和宗亲组织及华侨中引起强烈反响。

第十四章　河洛的景教、祆教与摩尼教

秦汉以降,河洛地区流行的宗教文化,除了佛道两家之外,景教、祆教与摩尼教也曾在河洛地区传播发展。这些外来的宗教文化,由于种种原因没能挤入主流文化,但在中华文化发展历史上也有一定的影响。

一、河洛景教

中国唐代所谓的"景教"是基督教东传的一支,即聂思脱里派。它的创始人是叙利亚安提俄克城(Antioch)人聂思脱里(Nestorius)。公元431年,爱佛速斯(Ephesus)地方会议决裂后,聂思脱里被黜,而其教旨则流行于波斯及所有东方各教堂。公元498年,与君士坦丁堡东正教完全脱离关系。在波斯王的支持下,聂派大行于波斯各地。公元7、8两世纪,聂派大肆布教于哈烈(Hera)、撕麻耳干(Samarkand)乃至中国。

明天启五年(1625年)西安出土的《大秦景教流行中国碑颂并序》,对于景教传入中国的史实,提供了极珍贵的资料。早在明末清初即被译为拉丁文、法文、意大利文、葡萄牙文、英文、德文和日文,引起国际学者高度重视。

依据《大秦景教流行中国碑颂并序》可知,大秦国僧阿罗本于贞观九年(公元635年)来至长安,唐太宗使宰臣房玄龄宾迎入内,"翻经书殿,问道禁闱"。可能已有《新旧约》之译文。贞观十二年七月(公元638年)太宗下诏曰:

"道无常名,圣无常体,随方设教,密济群生。大秦国大德阿罗本,远将经像，来献上京。详其教旨，玄妙无为。观其元宗，生成立要。词无繁说，理有忘。济物利人，宜行天下"。当时在西京义宁坊街东之北立"大秦寺"一所，度僧廿一人。唐太宗"青驾西升"后，唐高宗"敕令有司，将帝写真，转模寺壁"①。

洛阳在唐为东都，景教寺的设立必在贞观十二年七月诏令之后不久。唐高宗时"于诸州各置景寺。仍崇阿罗本为镇国大法主。法流十道，寺满百城，家殷景福"（按：殷当同荫字）。可见，高宗时河南诸州也都设立了景教寺。大概在武则天时，对景教并不见重，所以碑文中列举太宗、高宗、玄宗、肃宗、代宗、德宗七帝弘扬景教的功德而未言及则天。碑中特别说到"圣历年，释子用壮，腾口于东周（即洛阳、称为"撒拉哈"（Saragh）；先天末，下士大笑，讪谤于西镐"。这证明，在武则天执政时的洛阳景教徒受到了佛教徒的排斥和攻击。而在玄宗初年，景教徒在西安又遭到了"下士"（可能是道士）的嘲笑和诽谤。景教已处于极不利的地位。所以碑中接着说："有若僧首罗含，大德及烈，并金方贵绪，物外高僧。共振玄纲，俱维绝纽"，"法栋暂桡而更崇，道石时倾而复正"。

唐玄宗曾令宁王李宪等五王"亲临福宇，建立坛场"。天宝初年，又令"高力士送《五圣写真》寺内安置，赐绢百匹，奉庆睿图。龙髯虽远，弓剑可攀。日角舒光，天颜咫尺"。值得我们注意的是洛阳城北玄元皇帝庙中也有《五圣图》，是大画家吴道子所绘。（见杜甫：《冬日洛地北谒玄元皇帝庙》诗，杜甫自注云："庙有吴道子画《五圣图》"）吴道子官至宁王友，那么，高力士所送的《五圣写真》很可能也出自吴道子手笔。"五圣"即唐高祖、唐太宗、唐高宗、唐中宗和唐睿宗。玄元皇帝庙绘五圣图，是因为唐帝室自称其李氏源于老子李聃。那么，在景教寺立五圣写真意义何在呢？这是因为唐帝室把景教也看做道家者流。唐太宗贞观十二年七月的诏令中就说"详其教旨，玄妙无为"，就是明证。因此之故，武则天的不崇景教，自非偶然。

景教在洛阳和河南各州的详情，我们无从查考。在唐德宗、宪宗时有大秦景教僧景净，曾与罽宾国佛教僧般若共译《六波罗蜜经》七卷。景净就是《大秦景教流行中国碑颂并序》的撰述者，唐人张彦远在《历代名画记》卷三中记载长安有"净景寺"，很可能就是景净住持的大秦寺。而般若也曾传教于洛阳。洛阳的

---

① 此事又见宋·宋敏求《长安志》卷一〇，文渊阁四库全书本。

景教寺,先名为波斯寺,后改名为大秦寺。玄宗天宝四载九月(公元745年),诏曰:"波斯经教,出自大秦。传习而来,久行中国。援初建寺,因以为名。将欲示人,必修其本。其两京波斯寺,宜改为大秦寺,天下诸府、郡置者,亦准此。"①1908年,法国伯希和(Paulpelliot)在甘肃敦煌藏经洞发现了聂思脱里派祈祷所用的《圣歌》一篇,题曰《景教三威蒙度赞》。"威蒙度"(Emad)即叙利亚文施洗主义。

唐肃宗时,曾在长安、洛阳、灵武等地"重立景寺"。住洛阳的景僧,据日本佐伯好郎的研究是曜轮。唐代宗每于诞辰,则颁御馔以赐景教徒众。唐德宗朝,景教也有所发展。约2006年出土于洛阳的《大秦景教宣元至本经幢记》石幢(公元814年),反映了安姓、米姓、康姓等昭武九姓人信奉景教的史实。降至唐武宗会昌五年八月(公元845年)下令拆毁寺院时"勒大秦、穆护、祆三千余人并令还俗,不杂中华之风"②。约在五代末,景教在内地基本已禁绝。

景教第二次传入河南是蒙元时代。法国人卢白鲁克曾受法兰西王圣路易之命出使鞑靼诸王之廷。他曾于蒙古宪宗三年(1253年)。到达哈剌和林,晋见了蒙哥水汗,返国后著有《纪行书》。根据卢白鲁克的记载,蒙古克烈部、蔑里乞部、乃蛮部和汪古部皆奉基督教。汪古部分布在今大同至包头一带。《马哥孛罗游记》云其地有聂派基督教徒甚多。卢白鲁克还说到西京(即大同)有总主教驻节其地。元代基督徒在中国者有两派:即聂思脱里派(Nesto-rians)和圣方济各派(Franciscans)。《元史》统称之为"也里可温"③。元代也里可温散布于河南的确证见于中岳庙元惠宗《圣旨碑》。碑首作二龙戏珠纹样,额中双钩正书《圣旨》二字。碑身高200厘米,宽80厘米。时间是至元年十二月初十日(1335年)。《圣旨》中命令"和尚每(们)、也里可温、先生(道士)、答失蛮(回教僧侣),不拣什么差发,休着者告天祝寿者麼道。有来如今,依着在先圣旨依体例裏,不拣其麼差发休着者(这)太上老君的体例裏告天祝寿者麼道。河南府路裏嵩山中岳庙裏住特提点、崇玄志德安逸大师张德良、清真文靖玄德大师樊道清、冲虚玄妙缨宁大师张口微为头先生每根底,执把的圣旨与了也。……"(按:此碑未

---

①　宋·王溥:《唐会要》卷四九,中华书局1955年版。
②　宋·宋敏求:《唐大诏令集》卷一〇三,中华书局2008年版。
③　陈垣:《元也里可温考》,商务印书馆1923年版。

被金石家收录)这就证明在河南也居住着基督徒——也里可温。

蒙古汪古部人月合,也是也里河温。元世祖征宋时(1276年)留至汴(开封),掌馈饷,累官礼部尚书。其子润同,知漳州路总管府事,家于光州(河南潢川县)。润同子祖常(1279～1338年),被元文宗赞为"中原硕儒"①。从马润同到马祖常,两代人在河南汴州和光州生活近六十年,则元时也里可温居河南者当不止个别人。② 但是,关于元人在河南建基督堂之事,尚无史料可考。

明时,汴梁有"十字教",供奉天主。其传入情形,已不明了。约于明孝宗末(公元16世纪初叶),十字教衰微。意大利籍耶稣会士利玛窦(1552～1610年)(Matteo Ricci)于明万历廿九年(1601年)入京师(北京)后,即有中州人氏艾孝廉(即艾田,万历癸卯举人,官知县)和张孝廉往访之。且声言中州早有"天主古教"。文云:

"中州都会,原有教堂,乃如德亚(即犹太之明译)国所传天主古教。适其教中艾孝廉计偕入京,造访利子(即利玛窦),利子将《天主经典大会》(即旧新约)一部,系如德亚原文,并附译大西文字示之。艾君诵读其文,深喜而拜焉。艾子同袍张君,同访利子。谓汴梁昔有一教,名'十字教',以奉天主为主,张孝廉亦奉教之后裔也。奈百年来,多不得其传。利子以所佩十字架示之,张君一见,不禁泪下,是后利子遣从淤黄明沙驰访其实,果如二君之言,但不得其初来传之详耳。是后张君选授关中教谕。"③然艾田等人所奉,实是"一赐乐业教",一赐乐业系以色列之异译,即犹太教。据康熙四十一年罗马教士郭氏的记载,当时开封即有犹太教徒二三千人之多。

明末有葡萄牙人费奇观(G. Ferreira)于万历卅二年来华(1604年),先后传教于河南和江西建昌,复往广东,卒。所著有《振心总牍》、《玫瑰经十五端》等。此后,又有葡萄牙人费乐德(Rde, Figueredo),以天启二年来华(1622年),传教河南,究习中国文字,卒于崇祯十六年(1643年),葬于开封。著有《圣教源流》、《总牍念经》及《念经劝》等。④

① 明·宋濂:《元史·马祖常传》,中华书局1976年版。
② 陈垣:《元西域人华化考》,《励耘书屋丛刻》第1集第1种,北京师范大学出版社1982年版。
③ 张星烺:《中西交通史料汇编》第一册,中华书局1977年版,第379～380页。
④ 张星烺:《中西交通史料汇编》第一册,中华书局1977年版,第388页。唐·魏征:《隋书·礼仪志》,中华书局2008年版。

二、河洛祆教

祆教的创始人是琐罗亚斯德(Zoroaster),系公元前 600 年至 520 年间人。生于伊朗本部的阿特罗柏敦(Atropatene)其教之圣经为《阿维斯塔(A Vesta)》。祆教认为世上有善恶二神,人生天职是助善神以对抗恶神。而以火代表善神而崇拜之。日为光明之原,亦崇拜之。其余月、星等天体,也在崇拜之列。所以中国人以火拜天,称之"天神"、"胡天神"。至萨珊朝(公元 226～651 年),定为国教,始大行于西域。考古资料证明,战国至西汉时,祆教已传入新疆。据《后汉书·陈敬王羡传》记载,东汉末期祆教已传入河南之陈国,这是祆教传入中国最早的记载。

北魏时,嵩山已有"天神"之信奉。《魏书·灵太后传》云:神龟二年九月(公元 519 年),皇太后胡氏"幸嵩高山。夫人、九嫔、公主已下从者数百人,昇于顶中。废诸淫祀,而胡天神不在其列"。

北齐后主末年(约公元 570～576 年),"祭非其鬼,至于躬自鼓舞,以事胡天,邺中遂多淫祀,兹风至今(隋)不绝"①。

至唐武德四年(公元 621 年),置祆祠及祆官——祆祝等②常有群胡奉事,取火咒诅。唐代洛阳会节坊、立德坊及南市、西坊(按:南市西有思顺、福善二坊)皆有祆祠。唐代张鷟《朝野金载》卷三说,"河南府立德坊及南市西坊皆有僧妖神庙。每岁商胡祈福,烹猪羊,琵琶鼓笛,酣歌醉舞。酬神之后,募一僧为祆主。其祆主取一横刀,利同霜雪,以刀刺腹。食顷,平复如故,西域之幼法也"。

唐时"两京及碛西诸州火祆,岁再祀而禁民祈祭"③,宋时,东京开封北有祆庙,俗以火神祠之。"京师人畏其威灵,甚重之。其庙祝姓史,名世爽。自云家世为祝累代矣。藏先世补受之牒凡三。有曰怀恩者,其牒咸通三年(公元 862 年)宣武节度使令狐绹。令狐者,丞相绹也,有曰温者,周显德三年(公元 956

---

① 唐·魏征:《隋书·礼仪志》,中华书局 2008 年版。
② 唐·杜佑:《通典》卷四〇,中华书局 1988 年版。
③ 宋·欧阳修、宋祁:《新唐书》卷四六,中华书局 1986 年版。

年)端明殿学士权知开封府王所给,王乃朴也。有曰贵者,其牒亦周显德五年(公元 958 年)枢密使权知开封府王所给。王亦朴也。自唐以来,祆神已祀于汴矣。而且祝乃能世继其职,逾二百年,斯亦异矣。"①宋代帝室亦祭祆祠。《宋史》卷一〇二《礼志》云,"大中祥符二年(公元 1009 年),旱,遣司天少监史序祀玄冥、五星于北郊,除地为坛,望告已而雨足,遣官报谢及社稷,……又诸神祠、天齐、五龙用牛,祠祆祠、城隍用羊一,八八豆"。宋代东京祆祠在"大内西去右掖门"②。

唐代大画家吴道子画有火星神像,此或即与祆教崇拜有关。汤垕《画鉴》云,"尝见道子《荧惑像》,烈焰中神像威猛,笔意超动,使人骇然,上有金章宗题印,秘在内府。又见《善神》二灯……行笔甚细,恐其弟子辈所为耳"。

三、河洛摩尼教

摩尼教,或作末尼、末摩尼,皆是 Manichaeism 之音译。此教创自波斯,其教义乃是融和祆教、基督教和佛教而成。在波斯,其教主摩尼 Manl(公元 216 ~ 277 年)遭祆教僧之诛戮,信徒亦被驱逐。其教之法师称"法主"、"慕阇"、"拂多诞"等,摩尼教之传入我国,当在周、隋之际。

唐武后延载元年(公元 694 年),波斯国人拂多诞持《二宗经》伪教来朝于洛阳。③

宋代佛僧宗鉴说:"二宗者,谓男女不嫁娶,互持不语,病不服药,死则裸葬等。"④玄宗开元七年(公元 719 年)吐火罗国支汗那王帝赊,上表献解天文人慕。其人智慧幽深,问无不知。伏乞恩唤取慕,亲向臣等事意及诸教法,知其人有如此之艺能。望请令其供奉,并置一法堂,依本教供养。⑤

---

① 宋·张邦基:《墨庄漫录》卷四,中华书局 2002 年版。
② 宋·孟元老:《东京梦华录》,中华书局 1982 年版。
③ 宋·释志磐:《佛祖统纪》卷三九,上海古籍出版社 1995 年版。据陈垣先生的研究,《二宗经》即《摩尼教经》。
④ 宋·释志磐:《佛祖统纪》卷三九,上海古籍出版社 1995 年版。
⑤ 宋·乐史:《太平寰宇记》卷一八六,中华书局 2008 年版。

　　玄宗开元二十年七月(公元 732 年),敕末尼本是邪见,妄称佛教,诳惑黎元,宜严加禁断。以其西胡等即是乡法,当身自行,不须科罚者。① 唐玄宗以前,传摩尼教入中国者为波斯及吐火罗国。唐肃宗以后,传摩尼教入中国者为回鹘。据《九姓回鹘可汗碑》的记述,回鹘登里可汗"亲率骁雄,与王师(即唐政府军)犄角,合势齐,克复京洛"。而在此之前,摩尼教早已传入回鹘。碑云:"帅将睿思等四僧入国,阐扬二祀,洞彻三际。况法师妙达明门,精研七部,才高海岳,辩若悬河,故能开政教于回鹘"。当回鹘军"顿军东都"、"西入西京之后","慕阇徒众,东西循环,往来教化"。② 由此可知,随着回鹘军收复东都洛阳,即有摩尼慕阇(按:慕阇系摩尼教中一种职名)入东都传教之事。

　　洛阳龙门寺沟村发现宋元丰七年(1084 年)所立的《龙门山天竺寺修殿记》碑一通,过去一直被当作佛教文物看待,今细研碑文,实应是摩尼教的碑刻,"妄称佛教"而已。

　　《龙门山天竺寺修殿记》碑,高 94 厘米,宽 56 厘米,厚 11 厘米,碑身左侧略残,碑座已失,今存龙门文物保管所中。

　　碑云:"道常入于无体,时出而应物,循缘而尽。……唐代宗即位之元年,梵僧五百自天竺来,以扶化而开人之天,驻锡于洛之龙山,构梵刹以容其泉人。得开天之灵,则地之灵岂得不胜哉! 故那罗延神者,应时现迹,运道神变,达祇陀之源而泉。于是以发地之灵,于是披榛而嘉木见,发石而清流激。山因泽而秀,林因滋而茂,土膏草肥,水冽竹修,夏患者洗心而清;疾疾者濯痾而醒。则是山之地始开灵矣! 故谓其水曰八功德泉,而名其寺曰天竺,为一山之胜绝。

　　其后迭兴迭废;尤盛于德宗之正(贞)元间,历五代之兵而烬于火。梁末复兴,至宋庆历中,虽殿像俱坏,其山青水灵,秀发一谷而得于天者犹在。……"

　　此碑撰于立天竺寺后三百二十二年,是宋人魏宜的追叙。我们断定此系摩尼教石刻,理由有四点。

　　第一,按之史实,唐代宗即位之年即宝应元年(公元 762),是时史思明之子史朝义尚盘踞洛阳,直到这年十月"遣元帅、雍王(李适),领河东、朔方诸节度、

---

① 唐·杜佑:《通典》卷四〇,中华书局 1988 年版。

② 清·李文田:《和林金石录》,江氏湖南使院 1895 年。按和林即哈拉和林,在今蒙古人民共和国。

回纥兵马赴陕……二十九日与朝义战于山之下。逆贼败绩，走渡河，斩首万六千，生擒四千六百，降三万二千人，器械不可胜数"①。史朝义败逃后，回鹘登里可汗继进于河阳，列营而止数月，去营百余里。人被剽劫逼辱，不胜其弊。

洛阳经安禄山攻陷（天宝十四载十二月丁酉，公元756年）以来，四面数百里人相食，州县为墟。至东都再经贼乱，"回纥纵掠坊市及汝郑等州，经屋荡尽，人悉以纸为衣，或有衣经者"②。

在这战乱频年，烽火遍地的时刻怎么会有"梵僧五百自天竺来"呢？即使在天宝以前的"盛世"，也未见过"梵僧五百自天竺来"的盛况。唯正确的解释是随回纥大军进入东都后留下了大批的回纥人及摩尼教徒，"以扶化而开人之天"，唐代宗为之立摩尼教寺院。盖"天竺"实即西域之谓，而"梵僧"实即回纥之谓也。

第二，摩尼教虽然常混淆为佛教，然而摩尼寺所供奉者，是"魔王"。《佛祖统纪》卷四二云，"梁贞明六年（公元920），陈州末尼聚泉反，立母乙为天子。朝廷发兵擒母乙，斩之。其徒以不茹荤饮酒，夜聚淫秽。画魔王踞坐，佛为洗足，云佛是大乘，我法乃上上乘，其上慢不法有若此"。《僧史略》卷下有云，"梁贞明六年，陈州末尼党类，立母乙为天子，累讨未平，从贞明中，诛斩方尽。后唐石晋，时复潜兴。推一人为主，百事秉从。或画一摩王踞坐，佛为其洗足，盖影谤佛教，所谓相似道也。或有比丘为饥冻故，往往随之效力，有识者尚远离之。此法诱人，直到地狱，慎之哉"。按赞宁的《僧史略》撰于太平兴国间（公元980年），去朱梁之世不过六十年，且赞宁多年主管西京（洛阳）及东京（开封）佛教事务，对摩尼教内幕，知之颇详。

天竺寺供奉那罗延神。按唐人玄应《一切经音义》廿四曰，"那罗，此云人，延，云生本。即是梵王也。外道谓一切人皆从梵王生，名人生本也"。《大日经疏》十曰："毗纽天有泉多别名，即是那罗延天别名地。"由此可知，那罗延即是外道梵王，又是毗纽天的别名，应即是替宁等人所记的"魔王"。

第三，摩尼教是敬水、不茹荤的。李肇《国史补》卷下云："回鹘常与摩尼议

①　后晋·刘昫:《旧唐书》卷二〇〇,中华书局1975年版。
②　后晋·刘昫:《旧唐书》卷一九五,中华书局1975年版。

政,故京师为之立寺。基法日晚乃食,敬水而茹荤,不饮乳酪。……"《新唐书》卷二一七上《回纥传》所记略同。(按:摩尼斋食,不茹荤,此文中有误脱)

此天竺寺修殿记大赞山泉,尊之为"八功德泉","患者洗心而清,疾疾者濯痼而醒",敬水备至。而碑阴镌刻的《天竺寺泉》诗则云:

"大唐五百梵僧居,神号罗延翠赎书。

暗弓西流泉见底,穴开北岸水通渠。

厨炮甘洁晨斋备,俗饮清凉凤瘵祛。

故事最灵千古在,至今供汲尽真如。"

尊水而斋食,并见于诗中。

第四,天竺寺的兴衰恰与摩尼教的兴衰完全一致。即初兴于代宗,大盛于德宗,五代时遭毁,梁末复兴。

综上四点,可以推断天竺寺系一摩尼教之寺院。如此论不误,则摩尼教在我国立寺应始于宝应元年,比公认的大历三年始立法堂说早六年。《僧史略》卷下载"大历三年六月:回纥置寺,宜赐额大云光明之寺",这道敕令,应是统一赐额,而不是"摩尼之有法堂,自大历三年始"①。

大历六年(公元771年)正月,又荆、越、洪等州,各置大云光明寺一所。② 元和二年正月庚子,回鹘使者请于河南府、太原府置摩尼寺三所,许之。③ 会昌初年,回纥败亡之际,唐政府即取消其江淮传教区域,仅允许在长安、洛阳和太原三地传教④会昌三年二月制有曰:"回纥既已破灭,应在京外宅及东都修功德回纥,并勒冠带,各配诸道收管,其回纥及摩尼寺庄宅钱物等,并委功德使以御史台及京兆府各差官点检收抽,不得容诸色等影占。……摩尼寺僧,委中书门下条疏闻奏。"⑤

龙门山天竺寺当在会昌三年被毁。据比丘义川撰《唐东都圣善寺志行僧怀财于龙门废天竺寺东北原创先修一所敬造尊胜塔记》,大中四年(公元850年,

---

① 陈垣:《摩尼教入中国考》,北京大学《国学季刊》第1卷第2号,1923年版。
② 宋·释赞宁:《僧史略》卷下,上海古籍出版社2005年版。又见《通鉴》卷二三七胡注。
③ 宋·王钦若:《册府元龟》卷九九九,中华书局1982年版。
④ 唐·李德裕:《会昌一品集》卷五,上海古籍出版社1994年版。
⑤ 后晋·刘昫:《旧唐书·武宗纪》,中华书局1975年版。又见于《唐大诏令集》卷一三〇,《唐会要》卷四九。

即会昌毁法后七年)时天竺寺已是废寺。①

但是,末尼教在会昌后并未根绝,相反,它以佛教的面目继续流传了下来。至五代梁贞明六年秋,(公元920年),陈州(河南淮阳)末尼教徒以母乙为首,聚泉千人起义,陈州、颍州(安徽阜阳)、蔡州(河南汝南)纷纷响应,"朝廷累发州兵讨捕,反为贼所败。"至十月,乃"发禁军及数郡兵合势追击,贼溃,生擒母乙等首领八十余人;械送阙下(开封),并斩于都市"②。

摩尼教虽累朝皆遭禁断,但迄明朝犹有信奉者,其名目有"白衣善友"、"牟尼教"、"明教"、"二子"等等。③

总之,景教、祆教与摩尼教传入中国后,虽有汉人信奉,但人数不多。唐人舒元舆在《重岩寺碑序》中概论道:"国朝沿近古而有加焉,亦容杂夷而来者,有摩尼焉、大秦焉、火焉。合天下三夷寺,不足当氏一小邑之数。"④而三夷寺在河南的情形,史料更属罕见,故本书谨略述梗概。

---

① 义川《尊胜塔记》原石存龙门文物保管所。
② 宋·薛居正:《旧五代史》卷一〇,中华书局2003年版。
③ 何乔远:《闽书》卷七,福建人民出版社1994年版。
④ 宋·姚铉:《唐文粹》卷六五,上海古籍出版社1994年版。

附录　河洛宗教大事年表

说明：

一、本年表起自古代，止于清末，包括早期的祭祀、佛教、道教、伊斯兰教、袄教、摩尼教、也里可温教以及其他宗教在洛阳发生的大事。

二、洛阳及其周围之偃师、登封、伊川、宜阳、孟津、新安、渑池、陕县等县，自古就是一个宗教区域。因此，所谓"洛阳宗教大事"，实应概括这些县份的宗教活动，不应因行政区分之别予以割裂。

三、本表大部分采自文献原文。文字冗长者，作适当的概述，但力求保存原意。

四、凡经本人实地考察取得的碑刻、墓志、塔铭等资料，或经本人考证取得的资料，皆注《调查》字样，以资区别。

五、凡实有其事而年代不确者，书"约于某年"字样，以待博学者刊正之。

六、本表中唐及五代部分多采自张遵骝《隋唐五代佛教大事年表》。凡经本人补充者亦注为《调查》字样，以示区别。

七、本表编纂时，曾请杨顺兴同志协助查阅《洛阳县志》（乾隆十年武进龚嵩林纂修），补充了明清两朝的部分资料，谨致谢意。

仰韶文化：洛阳王湾遗址中出土人头骨上普遍塗朱，这可能是一种宗教饰终仪式，距今六千年左右。（《考古》61—4）

黄帝：（轩辕氏）：华山、首山、太室（即嵩山）、泰山、东莱五山是"黄帝之所常游与神会"。（《史记·封禅书》）

《山海经》：伊水南岸各山山神是"人面而鸟身"；新安县青要山是"帝之秘

都"；少室山上有群帝休息的树"帝休"。

夏禹：夏都阳城（今登封告成镇），禹曾治水于伊阙。禹之子启郊褅祖宗。启之子太康畋于洛十旬不返。（《国语》、《世本八种》、徐旭生：《中国古史的传说时代》）

夏代：偃师县二里头遗址发掘了一处殿堂遗址，东西36米、南北25米，是一座宗庙建筑——"世室"（大室）。（《商周考古》）

商代：偃师商城遗址中发现了大型祭坛。学者认为此城是"西亳"。

公元前1064年：周成王诵继位，周公旦摄政。周公将殷顽民迁雒邑，为减少阻力，周公三次卜问鬼神，说卜居瀍水东为吉利。于是兴建"成周"城。又于涧水东修"王城"。（《尚书·洛诰》等）周公制礼作乐，立七庙。成王祭天、祀地、享人、鬼。

公元前116年：汉武帝拜齐人公孙卿为郎，东使候神于太室。（《史记·封禅书》）

公元前110年：正月西汉武帝行幸缑氏，诏曰："朕用事华山，至于中岳，见夏后启母石"。登太室祠中岳，令祠官扩修"太室祠"（即中岳庙）改"嵩高"为"崇高"。（《史记·封禅书》《汉书·武帝纪》）

公元56年：汉光武帝宣布图谶于天下。（《后汉书·本纪》）

公元65年：汉明帝下诏说："楚王诵黄老之微言，尚浮图之仁祠"。洁斋三月，与神为誓。（《后汉书》）

东汉明帝永平年间（公元58～75年）：明帝遣使者郎中蔡愔、博士弟子秦景宪等十二人于大月氏遇中印度僧人摄摩腾、竺法兰写佛经四十二章。藏在兰台石室等十四间，时于雒阳城西雍门外起佛寺，于其壁画千乘万骑绕塔三匝。这就是白马寺。又于南宫清凉台及开阳城门上作佛像。明帝存时，予修显节陵，亦于其上作佛图像。（《牟子理惑论》）

公元71年：嵩山建大法王寺。（《说嵩》）

公元72年：释道比较焚经。是年正月一日，五岳诸山道士褚善信（南岳）、刘正念（西岳）桓文度（北岳）、焦德心（东岳）、吕惠通（中岳）等一千三百一十人上表。勅令以正月十五日释道集白马寺筑坛火验，焚道经七百四十卷。（《佛祖历代通载》卷四）据传，今白马寺"焚经台"即本此。

公元 79 年:汉章帝于洛阳白虎观召开会议,讲议五经异同。

公元 118 年:阳城长吕常造"太室石阙"并刻有斋诫奉祀"崇高神君"的铭文,在今中岳庙南一里。(《调查》)此外还有"少室阙"(公元 123 年建)和"启母阙"(公元 123 年建)都建于东汉安帝时期。

公元 126～144 年:东汉顺帝时,琅玡人官崇到宫门献上他的老师于吉所得的神书——《太平青领书》170 卷,这是"太平道"的缘起。(《后汉书·襄楷书》)

公元 147 年:安息国王太子安世高至雒阳。此后二十余年中,译经三十五部,或云百七十六部,或云九十五部。主要有《安般守意经》、《阴持入经》、《大十二门经》、《小十二门经》和《百六十品经》等。临淮人严浮调其为译经助手,也是我国出家最早之一人。汉桓帝、汉灵帝之世(公元 2 世纪 40 年代至 80 年代)在雒阳译佛经者还有安息国优婆塞(居士)安玄(汉灵帝末游贾洛阳)、月支国沙门支娄迦讖(178～189 间译经于洛阳)、天竺沙门竺朔佛(灵帝时至洛)、康居国人康孟祥(194～199 于洛译经)、康巨(或作臣)(187 年译经于洛)等人。东汉时雒阳之寺宇有"白马寺"、"菩萨寺"。参加译经的汉人有雒阳人孟福(字元士)、张莲(字少安)。(汤用彤:《汉魏两晋南北朝佛教史》第四章。

公元 153 年:司徒公吴雄、司空公赵戒奏孔庙置守庙百石卒史一人,制曰可。(《金石萃编》卷八)

公元 156 年:五斗米道创立者张陵卒。张曾入嵩山石室学道,隐斋九年,后入川。

公元 164 年:襄楷上书言闻"宫中立黄老、浮图之祠"。祠在雒阳城西北角濯龙殿、汉桓帝并祭道、释二氏。(《后汉书·桓帝本纪》、《后汉书·襄楷传》)

公元 165 年:汉桓帝三次浮宫至苦县(今河南鹿邑县)祠老子。意在陵云成仙。《全后汉文》卷六三。

公元 167 年:月支人支娄迦讖至洛阳,至公元 186 年,译经二十三部。支忏弟子有支亮、支亮弟子有支谦、并为博学之士。时人赞扬说,"天下博知,不出三支"。

公元 170 年:洛阳烧沟汉墓中出土建宁三年镇墓缸,是道教文物。

公元 175 年:中郎将堂谿典请雨于嵩高山庙。(《金石补正》卷五)

公元 176 年:当灵帝改中岳"崇高"为"嵩高"。(《后汉书·灵帝纪》)

公元 179 年:洛阳拖厂出土了光和二年铅质买地券,是一种墓中厌胜的道教文物。(《文物》1980— 6)

公元 181 年:安玄与严佛调共译《法镜经》。

公元 178~184 年:月支人支娄迦忏于洛阳译出《般若道行经》、《般舟三昧经》、《首楞严三昧经》。

公元 184 年:太平道"大贤良师"张角派"大方帅"马元义往来京师洛阳,布置起义。因叛徒告密,汉灵帝捕杀马元义及洛阳城内太平道信徒千余人,时在二月。

汉时,洛阳有石刻怀盘,祠祀"大老君"、"真人君"、"东海君"、"西海君"。(洪适《隶续》卷二)

公元 184~189 年:支曜译出《成具光明经》。

公元 197 年:西汉沙门竺大力于洛阳译出《修行本起经》,康孟祥度为汉文。(《开元录》)

公元 207 年:西域沙门昙果译《中本起经》康孟祥度语。(《开元录》)

公元 224 年:三国魏文帝下诏禁巫史左道。(《三国志》卷二)

公元 250 年:中天竺国昙摩迦罗(意译·法时)及婆芬陀于 220 年至洛阳,于 250 年与康国康岂页等翻译众经于白马寺。始立羯磨受具,是我国有戒律之始,译出的有《僧祇戒心》等。(《四分律抄》)

公元 254 年:安息国沙门昙谛来洛阳,在白马寺译出《昙无德羯磨》一卷。

公元 258 年:龟滋沙门帛延来洛阳译出《无量清净平等觉经》、《菩萨修行经》、《除灾患经》《首楞严经》等。

公元 260 年:沙门颍川人朱士行从洛阳出发,西行求法而于是年至于阗国。公元 282 年,遣弟子弗如檀等十人送经胡本至洛阳。后于 291 年由优婆塞竺叔兰译出,名《放光般若经》(《祐录》卷七)

公元 261~267 年:北魏沙漠汗(文帝)入宾于晋,从者务勿尘、登仙于伊阙之山寺。(《魏书·释老志》)

公元 288 年:头陀僧诃罗竭至洛。后入洛阳西娄至山石室中坐禅。(《高僧传》十)

公元 289 年:月支人竺法护(昙摩罗刹)于洛阳白马寺开始译出《文殊师利

净律经》。后又译出《魔逆经》,校阅《正法华品》(比丘康那律译)。(《祐录》)西晋之世,沙门法炬、法立、支敏度、僵良娄至、安法钦、竺叔兰、支孝龙等译出佛经多部。洛阳有寺院四十二所,如:白马寺、东牛寺、菩萨寺、石塔寺、愍怀太子浮图、满水寺、盘至鸟山寺、大市寺、竹林寺、宫城西法始立寺等。(《汉魏两晋南北朝佛教史》第七章)。

公元 302 年:湹水西南有曹魏时仙人帛和字仲理墓,墓前有碑云"真人帛君之表",立于是年。(《水经注》卷一五)

公元 306 年:天竺沙门耆域经海路至洛,多神异。(《高僧传》)又有西域僧揵陀勒,来至洛阳,在洛城东南百里槃至鸟山修故寺,勒曾寺主(《高僧传》卷十)

公元 310 年:龟滋国沙门佛图澄帛和所传者,世称"帛家道",流行江南,来适洛阳,欲立寺,以乱不果。潜伏草野,以观时变。(《高僧传》卷九)

公元 313 ~ 316 年:沙门法始于宫城西门立寺,比丘尼净检从法始学习,后和上智山从受十戒,同志廿四人于宫城西共立竹林寺。(《比丘尼传》卷一)

公元 334 年:女道士魏华存卒(公元 252 ~ 334 年)。魏久居洛邑,太康九年,王君授宝经于魏,是为道教茅山宗第一代太师。(《茅山志》卷一〇)

公元 357 年:请外国沙门昙摩揭多立戒坛于洛阳。(《比丘尼传》卷一)

公元 361 年:洛阳竹林寺尼净捡卒(公元 292 ~ 361 年),晋土有比丘尼,捡为始也)。(《比丘尼传》卷一)

公元 423 年:北魏明元帝四月幸洛阳,遣使以太牢祀嵩高。(《魏书·礼志》)。同年,李谱文至嵩岳授寇谦之《天中三真太文录》。(《魏书》卷一一四)

公元 435 年:北魏太武帝立庙于嵩岳上,置侍祀九十人,岁时礼祷水旱。(《魏书·礼志》)

公元 448 年:北魏道士寇谦之死。他早年爱好仙道。学张鲁之术,入嵩山修道,自称于公元 415 年遇到太上老君,赐以《云中音诵新科之戒》二十卷,从此提倡新道教,得到北魏太武帝的支持。(《魏书》卷一一四)

公元 456 年:寇谦之书《中岳嵩高灵庙之碑》立于岳庙。

公元 484 年:生禅师创立嵩阳寺于嵩山。(《中岳嵩阳寺碑铭》,刊于公元 535 年。《调查》)

公元 493 年:太和十七年,邑主、中散大夫、荥阳太守孙道务,宁远将军、中散大夫、颍川太守、安城令卫白犊,率新城县功曹孙秋生等二百人,开凿龙门山古阳洞(古称"石窟寺")佛像一龛,这是龙门石窟开山造佛像之始。(《调查》魏孝文帝"观洛桥、幸太学、观石经"。(《魏书》本纪)

公元495年:北天竺僧跋陀移居洛阳,孝文帝敕于少室山阴立少林寺以居之。(《魏书·释老志》)沙门昙覆为皇帝,皇太后造水泉石窟,约启工于是年。(《调查》)

公元498年:北海王元详造弥勒像龛于龙门古阳洞。

公元498年:僧懿卒(? ~498年),乃京兆王元子推之子元太兴。晚年为沙门居嵩山。(《魏书》卷一九)

公元500年:龙门最早的洞窟古阳洞完工于是年。

公元500~523年:北魏世宗宣武帝诏大长秋卿白整,准代京(山西大同)灵岩寺之制于伊阙山为高祖孝文帝、文昭皇太后开窟二所。永平中,中尹刘腾复奏为宣武帝开窟一所,至公元523年费工八十万二千三百六十六(即今宾阳三洞,宾阳中洞古称灵岩寺)。(《魏书·释老志》。按:《资治通鉴》谓费工十八万二千三百六十六)

公元502年:宣武帝立景明寺于洛阳城南(《洛阳伽蓝记》卷三)比丘道恒立灵仙寺于城西皇女台上。(《伽蓝记》卷四)

公元503年:文川王祖母太妃候氏为孙造弥勒像龛于古阳洞。

公元504年:北魏宣武帝行幸伊阙。

公元506年:百官立正始寺于洛阳城东。(《伽蓝记》卷二)

公元507年:安定王元燮造释迦像龛于龙门古阳洞。

公元510年:十一月宣武帝于式乾殿为诸僧,朝臣讲《维摩经》。

公元511年:雒阳信士李廓奉勅于永平间(公元508~511年)撰《元魏众经目录》一卷。(《历代三宝记》卷九)

公元516年:灵太后胡充华立永宁寺于城中阊阖门南御道西,并造九层浮图。次年八月帝与太后共登之。(《洛阳伽蓝记》卷二)

公元517年:齐郡王元祐造佛龛于龙门古阳洞。

公元517年:北魏灵太后胡氏幸伊阙石窟寺(古阳洞)即日还宫。(《魏书·本纪》)

公元 518 年:十一月,灵太后胡氏遣崇立寺比丘惠生向西域取经,有敦煌人宋云偕行,经流沙西出,至于阗,经葱岭入天竺,公元 519 年入乌苌国。公元 521 年冬,惠生始还洛阳,取来大乘经典七十部。(《伽蓝记》卷五)或曰一百七十部。(《魏书·释老志》)同年,比丘尼慈义(即世宗皇后高氏)卒于瑶光寺。慈义有弟子法王等一百人。(《墓志集释》)

公元 519 年:北魏灵太后胡氏幸嵩高山,废诸淫祠,而胡天神(祆教)不在其列。(《魏书》)

公元 520 年:冯亮与沙门统僧暹,河南尹甄琛等造閒居寺于嵩山。(《魏书·冯亮传》)

公元 521 年:灵太后遣崇立寺比丘惠生使西域取经,往返三年,是年归阙。(《大正芷》)

公元 521 年:在嵩山为孝明帝妹永泰公主立明练寺,后改称永泰寺。(《调查》)

公元 522 年:太后造景明寺七层浮图一所。汝南王造砖浮图于灵台上。(《伽蓝记》卷三)

公元 523 年:邑主汝南令石灵凤等卅人建造门像碑,今存偃师县宋弯村。

公元 524 年:尼慈庆(王锤儿)卒(439～524 年),赠比丘尼统。慈庆太和中出家,居紫禁中,侍护世宗,肃宗,比之乳母。(赵万里:图版 239)同年,兰仓令孙辽(公元 458～524 年)卒,孙辽曾烧两指供养佛法,子女为造浮图一坯,置于北邙墓所。(《墓志集释》)

公元 526 年:孝明帝幸南石窟寺(火烧洞),即日还宫。

邑主王进达等二百人造新安县西沃石窟完工。(《考古》83—2)公元 528 年:南天竺僧菩提达摩自梁入魏,止于少林寺,主性空宗之禅法,面壁九年。被尊为"禅宗初祖"。公元 536 年灭化于洛浜,葬于熊耳山之空相寺。(《续高僧传》)

公元 529 年:任城康王女元纯陀,四十岁入大觉寺为尼,是年卒(公元 475～529)。(图版 131)公元 567 年:邑主韩永义等合邑人造七佛宝龛有今偃师县寺里碑村南。

公元 532 年:平阳王修入纂大业,造平等寺五层塔一所,造大觉寺砖浮图一所。(《伽蓝记》卷二、四)公元 571 年,邑师道略共邑义三百余人造佛龛,今存偃师县寺里碑村南。

公元 534 年:北天竺僧菩提流支(道希)(? ～527 年)自永平初来洛,在少林寺、永宁寺及邺都译经三十九部一百二十七卷,被称为北魏的"译经元匠"。(《续高僧传》卷一、《调查》)天竺僧人菩提流志,跋陀和勒拿摩提可称为北魏后期译经的三大家。是年二月,永宁寺浮图为火所烧,帝登凌云台望火,百姓咸来观火,悲哀振动京邑,大火三月方熄。(《伽蓝记》卷一)二月五日,平等寺塔木毕工,帝率百僚作僧会。(《伽蓝记》卷二)。是年,北魏昭玄沙门大统僧令法师卒(公元 454～534 年)。僧令俗姓杜,京兆人,曾任闲居寺主,都维那。孝庄帝时任沙门大统,弟子有智微、道逊、觉意等。(赵万里:《墓志集释》图版 288)大司农卢元明居洛东猴山,曾作《嵩高山庙记》(今佚)(北史)卷八八崔赜传)。公元 535 年:刊《中岳嵩阳寺碑》。

公元 546 年:大将军高欢迁洛阳石经于邺。(《伽蓝记》卷三)

公元 547 年:杨衒之重游洛阳,后著《洛阳伽蓝记》五卷。公元 518 年,洛阳城有寺五百所,魏末达一千三百六十七所。州郡有三万余所,僧尼达二百万人。嵩洛北魏寺院之重要者有嵩山永泰寺(建于公元 512 年、初名"明练寺",为孝明帝妹永泰公主立)、永宁寺(公元 516 年灵太后胡氏立)、龙门香山寺(公元 516 年立)、瑶光寺(世宗宣武帝立。孝文帝废皇后冯氏、宣武皇后高氏、孝明皇后高氏等皆出家于此),嵩岳寺(初名"闲居寺",公元 520 年立。著名的"嵩岳寺大塔"建于公元 523 年)。(《伽蓝记》《调查》)

公元 557 年:刘碑率缁素造石佛龛于登封县。(《萃》卷三三)

公元 559 年:比丘道朏造卢舍那法界人出像龛于偃师。(《萃》卷三三)

公元 565 年:姜纂为亡息、道士姜元略造老君像及左右二夹侍碑。(原在偃师县董家村,今存县文管会)。(《萃》卷三四)

公元 572 年:北齐冯翊主高润等造像碑。(《萃》卷三四)在偃师县寺里碑村。

公元 574 年:北周武帝纳道士张宾建议毁灭佛法。

公元 581 年:普诏天下,任听出家,仍令计口出钱营造经像。官写一切经置京师,洛州等大都邑。(《隋书·经籍志》四)

公元 587 年:隋文帝下勅征六大德入京,即洛阳慧远(敦煌李氏 523～592)、魏郡慧藏(赵国郝氏 522～605)、清河僧休、济阳宝镇、太原昙迁(博陵王氏542～607)、少林寺洪遵(相州时氏 530～608)。(《续高僧传》卷二一)

公元 588 年:在新安县建定智寺。(《元一统志》卷三)

公元 601 年:隋文帝诏命各州起塔下舍利,并行道七日。(道宣《广宏明集》17《金石萃编》卷四〇)

公元 603 年:西京大禅宗定道坊灵幹奉敕于洛州汉王寺下舍利,置塔于寺。(《续传》卷一二)

公元 605 年:洛阳东马沟村出土大业元年石造老君像。(《中原文物》84—3)

公元 606 年:隋炀帝于洛阳上林园置翻经馆、征达摩笈多(婆罗门僧)并诸学士按经、津、赞、仑、方、宗、杂书七类进行翻译,统其译事者是彦悰。(《续高僧传》)

公元 607 年:玄奘十二岁,于洛州净土寺敕度为僧。(《现代佛学》64—3)隋东都内慧日道场智脱卒(公元 541～607 年)建方境于洛阳县金谷里之北邙山。

公元 608 年:日本僧旻、南渊清安、惠隐和广齐等随遣唐使小野妹子、吉士雄成至洛阳。(《日本书记》卷二二)

公元 610 年:隋炀帝有敕,郡别简三大德入东都于四方馆仁王行道,别敕慧乘(公元 555～630 年)为大讲主,三日三夜与诸人论道。奉敕为高昌王讲金光明经。乔昌王麦氏布髮于地,屈乘践焉。(《续传》卷二四慧乘)

公元 611 年:炀帝命道士王远知于中岳嵩山修斋仪。(《旧唐书》卷一九二)

公元 612 年:初为嵩山道士潘诞作"嵩阳观",华屋数百间,常设数千人,所费巨万,使炼金丹六年不成,至县诛之于涿郡。(《资治通鉴》卷一八一)

公元 615 年:火祆教徒翟突娑(字薄贺比多)卒于洛阳嘉善里(公元 546～615 年)。其父娑摩诃是大萨宝。(赵万里《汉魏南北朝墓志集释》)。东都宝扬法安卒(公元 518～615 年)、《续传》卷二六。

公元 616 年:慧乘于东都图写龟兹国檀像,举高丈六,存洛州净土寺。(同上)

公元 619 年:东都道士恒法嗣曾献《孔子闲房记》于王世充,言世充当代隋为天子,世充以为谏大夫。(《鉴》卷一八七)

公元 621 年:以东都少林寺僧助平王世充有功,(翻"镮州城"擒王仁则),秦王李世民遣李安远持书告少林寺主教,后又封僧县宗为大将军及同立功僧共十三人。

公元 625 年:依旧置立少林寺,并赐地四十顷,水碾硙一具;唐置祆祠及祆官。洛阳会节坊,立德坊及南市西坊皆有祆祠。(《通典》卷四〇,《朝野金载》)

公元 630 年:五月,诏于战场立寺。太宗破王世充于邙山,因立昭觉寺,是年寺成。(《纺》卷三九)

公元 631 年:于崇教坊立西华观,687 年改称金台观,705 年改称中兴观,707年改称龙兴观。(《会》卷五〇)

公元 632 年:于唐高祖潜龙旧宅(劝善坊)立天宫寺(《会》卷四八)

公元 637 年:下敕召沙门法恭及法宣等入洛。(《续传》卷一六《法恭传》)

公元 638 年:唐太宗下诏令景教(基督教聂斯脱里派)行天下。(《景教碑》)

公元 635 年:茅山道士王远知卒(公元 510 ~ 635 年)。早年入茅山从陶弘景、臧兢学道。受陈主及晋王礼重。炀帝时敕于都城玉清玄坛处元,执弟子礼。(《旧》卷一九二)

公元 641 年:魏王李泰于伊阙为长孙皇后造佛龛(即宾阳南洞)、立碑,碑文极称佛教,谓为儒道所不及(《萃》卷四五《伊阙佛龛碑》)

公元 642 年:慧满禅师行化洛州。(《灯录》卷三)

公元 643 年:遣李义表、王玄策使西域,游历百余国。(《统》卷三九)

公元 644 年:玄奘法师自天竺回国,至于阗上表,太宗即下敕迎劳,玄奘至沙州再上表,太宗时在洛阳,令西京留守左仆射房玄龄使有司迎待。(《慈恩传》卷五)

公元 645 年:玄奘法师正月七日返抵长安,二月赴洛阳谒见太宗,太宗劝玄奘罢道还俗未果,乃命撰《西域记》并居弘福寺译经。(《慈恩传》卷六敬播《西域记序》)

公元 648 年:洛阳人王玄策以天竺方土那逻迩婆寐来京师,其人自言寿二百,有长生术,太宗深加礼敬,馆之于金飙门内,使造延年之药。令兵部尚书崔敦礼监主之,发使天下,采诸奇药异石,不可称数。延历岁月药成,服之无效,后命还本国。(《旧》卷一九八)

洛阳思顺坊老幼造弥勒像于宾阳南洞。(《调查》)

公元650年:洛阳净土寺主智傅于龙门敬造阿弥陀像一区。(《调查》)。是年,命于诸州各立景寺,仍崇阿罗本为镇国大法主。(《景教碑》)

公元651年:第三任哈里发奥斯曼(公元644～656年)遣使来华,是为伊斯兰教传入中国之始。(《回回教入中国史略》)。刘氏造《观世音经》于龙门老龙洞。

公元655年:三月,为王君才造救苦观世音菩萨石龛,出土于洛阳徐村。(《中原》卷八四)

公元655年:罽宾国沙门佛陀多罗于白马寺译《园觉经》。(《统》卷三九)

公元656年:为太宗追福,立昊天观,于普宁坊立东明观。(《会》卷五○)

公元657年:于东都怀仁坊建敬爱寺,寺别用钱各过二十万贯……妙极天仙,巧穷神鬼。691年改称佛授记寺。《会》卷四。又为诸王、公主造资戒、崇敬、招福、福寿等二十余寺。(《慈恩传》卷十)

玄奘随高宗幸东都,请改葬父母,洛下道俗赴者万余人。(《慈恩传》卷九)

玄奘表请入少林寺专力译经,未许。(《慈恩传》卷九)

公元660年:昭迎岐州法门寺佛骨至东都,入内供养。武后舍所寝衣帐直绢一千匹,为舍利造金棺银椁,雕镂穷奇。(《珠林》卷五一)再召沙门静泰,道士李荣在洛宫议论。荣以词屈,命还梓州。(《衡》丁)

公元662年:在巩县石窟寺立《后魏孝文帝故希玄寺之碑》(《调查》)

公元663年:常才造鸠摩罗什译《金刚般若波罗蜜经》于龙门敬善寺区。敕令东都大敬爱寺书写一切经芷,沙门静泰等奉敕撰《众经目录》。

公元664年:玄奘卒(公元596～664年)。玄奘家乡是偃师缑氏陈河村。(《慈恩传》卷一○)是年,高宗造老子像勒送邙山,令洛下文物备列。洛州长史韩孝威集二十二县五众送之。(《续传》卷二三)

公元665年:九月十五日,王玄策于龙门(宾阳南洞中)造弥勒像。(《调查》)

公元667年:四月十五日,康法藏为父母等于龙门造阿弥陀像。于魏字洞(《调查》)

公元672年:敕洛阳龙门山镌石龛卢舍那佛像,高八十五尺。是年武后助钱

两万贯。(《萃》卷七三)676 年大像完工。(《调查》)

公元 673 年:西京法海寺主惠简于龙门山造弥勒像。(《调查》)

公元 675 年:于教芒坊武后母相氏宅立太原寺,687 年改魏国寺,691 年改为福先寺。(《会》卷四八)

公元 676 年:高宗至东都礼嵩岳,召见道士潘师正,请作符书,辞不解。(《茅山志》)

司农卿韦宏机为东都留守,有道士朱钦遂为中宗所使,至都所为横恣,宠机执面囚之。高宗特发中官告毋漏泄。(《会》卷六七)

公元 679 年:高宗在东都,命道士尹文操于"老君庙"修功德后,授银青光禄大夫行太常少卿。(《萃》卷七一)

奉高宗敕于洛阳龙门山南置大奉先寺,次年正月十五日,大帝书额。(《调查》)。是年孟冬高宗及武后至嵩山处土田游岩居处,又至道士潘师正所居,高宗武后及太子皆拜之。公元 680 年,唐高宗召潘师正至洛阳西宫,寻命所司于师正所居造崇唐观。(在今登封嵩阳书院东逍遥谷中),改嵩阳观为奉天宫。(《萃》卷六二)

公元 680 年:沙门智运禅师于洛阳龙门山镌石为一万五千佛,因名智运洞。(《统》卷三九)现为龙门石窟"万佛洞"。(《调查》)是年七月十五日,沙门玄照于龙门造观世音一躯。玄照两次赴天竺,客死于奄摩罗跋国。(事见义净《大唐西域求法高僧传》卷上)。于修仁坊雍王第立宏道观。(《会》卷五〇)

公元 682 年:唐高宗召嵩山道士潘师正,执天师之礼,又于太子甲第建弘道坛、老子寿宫、立玄元观。是年潘师正卒,追赠大中大夫,号体玄先生。(《萃》卷六二)

公元 683 年:司门郎中、太孙恣议王知敬书《大唐天后御制诗书碑》,今存少林寺内。(《调查》)

公元 684 年:进嵩山隐士田游岩朝散大夫、拜太子洗马,垂拱初年坐与裴炎交结,特放还山。(《旧》卷一九二)

公元 685 年:修东都故白马寺,以僧怀义为寺主。怀义与洛阳诸大德在内道场念诵,威势凌人,王公朝贵皆匍匐礼谒,人称薛师。(《旧》卷一八三《武承嗣传》附《怀义传》)

洛阳北市丝行开龛造像于龙门山。(《调查》)

公元 686 年:中岳隐居太和先生王徵君卒(公元 632~686 年)。(《萃》卷六〇)

公元 687 年:南天竺沙门菩提流支至东都,令居福先寺译经。后葬于龙门山。(《调查》),《大正藏》卷五〇)

中天竺沙门日照卒于东都,会葬者数万人,则天施绢千匹以充殡礼,葬于龙门东山。以梁王武三思请置伽蓝,赐名香山寺,造石像七龛。(《调查》)

公元 688 年:四月或五月以武承嗣等伪造符瑞,文云:"圣母临人,永昌帝业。"则天亲至洛拜瑞图,文物卤簿之盛为唐兴以来所未有。(《旧》卷二四《礼仪志》卷四)

公元 689 年:于阗国沙门提云般若(天智)来长安,谒则天于洛阳,令就魏国东寺翻译。(《宋传》卷二《天智传》

弘忍大弟子法如禅师卒(亦称禅宗六祖)。法如奉事弘忍十一年,号称"定门之首"。后行化于少林寺六年(公元 687~689 年)。(《调查》)今存《法如禅师行状》碑于少林寺东法如塔内。

公元 690 年:沙门怀义与法明等十人进《大云经》四卷陈符命,言则天是弥勒下生,当代唐作阎浮提主,制颁布于天下。(《旧》卷一八三《薛怀义传》)

则天改国号周,加尊号曰圣神皇帝。(《新》卷四)

制颁于天下,令两京诸州各置大云寺,各藏《大云经》一本,总度僧千人,及则天革命称周,乃封怀义、法明等为县公,皆赐紫袈裟银龟袋。(《旧》卷六《则天皇后》)

公元 691 年:金台观主、中岳先生马元贞奉敕:"缘大周革命,往五岳四渎投龙作功德"。(《金石萃编》卷五三)

公元 692 年:命三阶法藏禅师(637~714 年,苏州吴县诸葛氏)于东都大福先寺检校《无尽藏》,至长安年,又命检校化度寺《无尽藏》。(《萃》卷七一《法藏塔铭》)。是年义净将《南海寄归内法传》寄回洛阳。史延福造佛陀波利译《佛顶尊胜陀罗尼经》于龙门莲花洞。

公元 693 年:天竺沙门慧智于东都授记寺译《观世音颂》一卷。(《宗传》卷二《慧智传》)

公元694年:波斯国人拂多诞(即侍法者)密乌没斯持《二宗经》来朝,至洛阳。《二宗经》即《摩尼教经》。(《统》卷三九《闽书》卷七)

河内有老尼与嵩山人韦什方等以妖妄惑众,尼自号净光如来,则天甚信重之,赐什方姓武氏,以为正谏大夫同平章事。(《鉴》卷二〇五,《新》卷四)

洛阳北市彩帛行开凿"净土堂"于龙门山,不久,又刻出《佛说菩萨呵色欲经》咒骂武则天。(《调查》)

公元695年:沙门义净往天竺求法,经二十五年,历三十余国,是年还至洛阳,天后亲迎于上东门外。(《宋传》卷一《义净传》)是年,敕佛授记寺沙门明佺道、福庆、思言七十人等撰《大周刊定众经目录》十五卷。是年以崇先府为寺,736年改名广福寺。《会》卷四八

则天以晋译《华严》未备,遣使往于阗国迎沙门实叉难陀(学喜)于东都大内大遍空寺,与菩提流支、义净等重译,是为八十卷《华严》。沙门复礼缀文,法藏笔受。(《宋传》卷二《突叉难陀传》)

则天命僧怀义作夹纻像,其小指犹容数十人,于明堂北构天堂以贮之,日役万人,采木江岭,数年之间,费以万计,府藏为之耗竭。(《旧》卷一八三《薛怀义传》)

诏征嵩岳慧安禅师入禁中问道,待以师礼,与神秀禅师同被钦重。(《灯录》卷四,《通》卷十二)诏洛阳京福先寺仁俭禅师(号腾腾和尚)入殿。(《灯录》卷四、卷三〇)

公元696年:福先寺沙门慧澄乞依前朝毁《老子化胡经》,乃敕刘如睿等八学士议之,皆言汉隋诸书所载,不当除削。(《统》卷三九)

洛阳弘道观主杜乂乞为僧,赐名玄嶷,赐腊三十夏,敕住佛授记寺,嶷著有《甄正议》,斥道教及道经之妄。(《宗传》卷一七《玄嶷传》)

僧怀义益骄恣,并选有勇力僧千人居白马寺,则天恶之,乃计杀之于禁中,送尸白马寺焚之,其侍者僧徒皆流放远恶处。(《旧》卷一八三《薛怀义传》)

新罗王之孙,玄奘弟子文雅(字园测)卒,葬于龙门香山寺北谷。(《调查》)

腊月甲戌,甲申封于神岳,登封坛在嵩山太室中峰;又禅于少室,有封祀坛,在登封城西二里之万羊岗上。(《调查》)

公元698年:景教白圣历始至先天年,在两京并为释道讪谤,幸有僧首罗含,

大德及烈护持,得维持不坠。(《景教碑》)

公元 699 年:则天至缑山,书《升仙太子碑》,述周灵王太子晋升仙故事。
(《调查》)

公元 700 年:七月七日,武则天命胡超于中岳嵩高山门投金简一通,"乞三
官九府除武曌罪名"。(《调查》)

公元 701 年:神都青元观主麻慈力亲承圣旨,内贲龙璧、御词、缯帛及香等物
诣岱岳道斋醮。(《金石萃编》卷五三)在此前后,东明观三洞道士傿孙文、洛阳
大宏道观主桓道彦,金台观主赵敬同、云表现主神都大洞三景弟子、中岳先主周
玄度、玄宫观道士梁悟玄、其观威仪师邢虚应、法师阮孝波等于五岳等名山大川
投龙璧、修斋行道。(按《唐会要》卷五〇"孝敬升储,立东明观;雍(英)王升储,
立宏道观")

公元 704 年:则天复税天下僧尼,作大像于洛阳城北邙山白司马阪。(《旧》
卷九四《李峤传》)。遣凤阁侍郎崔玄暐、沙门法芷、文纲等十人往歧卅无忧王寺
迎舍利。(《萃》卷一〇一)

四月七日沙门义净、少林寺寺主义奖等于东都少林寺解旧结新,重结"戒
坛",并自制铭,(《萃》卷七〇)是依"一切有部律"建立的戒坛。

公元 705 年:义净三藏于东洛内道场译《孔雀王经》,中宗为制《大唐龙兴圣
教序》,又以昔居房邸,常祈念药师,乃又命重译《药师七佛经》,亲自笔受。后亲
御洛阳西门宣示群官新翻之经。(《宗传》卷一《义净传》)

九月,禁《化胡经》。(《旧》中宗本纪)

则天是年卒,中宗为其追福,于彰善坊,造圣善寺,立报慈阁,修大像。
(《会》卷四八)

十月,唐中宗幸龙门山香山寺。(《旧》本纪七)

公元 706 年:嵩岳寺僧道莹奏清于北魏旧寺址为故永泰公主建寺度僧。敕
从之。(《萃》卷八四《中岳永泰寺碑》)

赐嵩岳慧安禅师紫袈裟,为度弟子十四人,仍延入禁中供养,在禁中三年,辞
归少林寺。(《调查》)

以中宗节愍太子宅为崇恩寺(在宣教坊)。后改卫国寺,景云元年十二月改
安国寺。(《会》卷四八

北宗初祖神秀禅师自则天延请入都,及中宗即位尤加礼重,大臣张说常问法要,执弟子之礼,神秀主摄心息想,奉《楞伽》以为心要,亦主"不外求佛"之旨,至是卒于东都天宫寺。(《宋传》卷八《神秀传》)

是年二月丙申敕上庸公慧范(太平公主党羽)加银青光禄大夫,充圣善寺主;沙门万岁加朝散大夫,封县公,充都维那;沙门广请检校殿中监,充功德使。(《统》卷四〇)

是年八月,武则天御书《升仙太子碑》,立于偃师县缑山上。是我国最早的完好碑之一。

公元713年:敕西京太清观主史崇玄及东都大福唐观法师侯抱虚,上座张至虚、大德刘大良等修《一切道经音义》。(《元河南志》卷一云:福唐观在北崇业坊)(《妙门由起》序)。

公元707年:鉴真大师杖锡东都,后再入东都住授记寺,从全修律师、慧策律师听律疏。鉴真弟子中有福先寺僧灵佑。(日本淡海真人元开撰《唐大和上东征传》,日本东大寺沙门凝然《三国仏法传通缘起》卷下)。是年,韦庶人于道光坊立安乐寺,后改为景云寺、昭成寺。(《会》卷四八)

公元708年:嵩岳慧安禅师卒,弘忍弟子,号"老安",诏将舍利入留禁中。(《调查》)。中宗令法芷等归送仏骨于法门寺。

召安州玄赜禅师入京,便于东都广开禅法,时净觉(韦后弟)逃封,乃从赜受法。(《楞伽师资记序》)

公元710年:吐火罗僧宝隆造佛像于龙门东山。(《调查》)。

公元710年:于崇业坊新都公主宅立福唐观,为第九女昌隆公主立玉贞观。(《会》卷五〇)

公元711年:北天竺僧宝思惟在龙门东山麓立"天竺寺"。722年毁于水。(《调查》)睿宗皇帝敬凭太清观道士杨太希于名山砍烧香供养。(《金石萃编》卷五三)

公元712年:华严宗大师康法藏卒(公元643～712年)天台宗宏景卒(公元634～712年),宏景是智凯的弟子,曾受武则天、中宗诏入内殿供养。(《宗传》卷五)

公元712年:睿宗为武太后追福立慈泽寺,后改为菏泽寺。于景行坊立华严寺,733年改为同德寺《会》卷四八。

公元713年:沙门义净卒(公元634~713年)葬于龙门西山上,(《调查》)睿宗拜道士叶法善为鸿胪卿、封越国公。高宗时曾于东都凌空观设坛醮祭。(《旧》卷一九一)

约公元711~713年:宰相姚崇(字元之)为母亲追福造石窟,是年完工,即今龙门极南洞。(《调查》)

公元716年:庞坞和尚李元珪(公元644~716年)卒,居嵩岳东闲居寺,是法如弟子。(《调查》)

公元717年:命毁则天拜洛受图坛及碑文并显圣侯庙。(《旧》卷八)

公元718年:玄宗即位,数召嵩山隐士卢鸿入见,皆辞不赴。五年再下诏严征。是年鸿乃至东都谒见,仍不拜。拜为谏议大夫,固辞不受,许还山,岁给米百斛,绢五十匹。鸿到山中广学庐,聚徒至五百人。(《新》卷一九六《卢鸿传》)

公元720年:敕慧弟子神会禅师往南阳龙兴寺,续于洛阳大兴禅法,始判南北二宗。(《宗传》卷八《神会传》)玄宗有意于神仙,敕使与道士任无名于东岳泰山投龙合练,宠以紫绂,送以绀线。(《金石萃编》卷五三)

公元721年:北天竺沙门宝思惟卒于龙门山天竺寺,葬仪全依西域制度。(《宋传》卷三《宝思惟传》)

公元722年:诏两京及诸州各置玄元皇帝庙一所,每年依道法斋醮。并置崇玄学,其徒令习《道德经》及《庄》、《列》、《文》子等,每年准明经例举送。(《册》卷五三)东都玄元皇帝庙在玄宗藩邸、积善里东南隅(《册》卷五三)十二月奉敕龙门龙华寺合入奉先寺。

公元723年:嵩山会善寺景贤禅师卒(公元660~723年)是禅秀弟子。(《调查》)

公元724年:善无畏于洛阳译经,除为一行译出《大毗卢庶那经》。(《大日经》卷七)又译出《苏婆呼童子经》三卷及《苏悉地揭罗经》三卷。(《宋经》卷二《善无畏传》)

公元725年:优婆夷裴氏,河东闻喜人,卒于是年(公元667~725年),葬于龙门山菩提寺之后岗。(《金石补正》卷五三)

公元725年:汝州风穴寺可贞禅师卒(公元642~725年)。可贞曾住洛阳白

马寺。玄宗谥为天台宗之"七祖",开元廿六年弟子宗本为建七祖塔。(《萃》卷八三)

唐玄宗至龙门,即日还宫,宦官高力士等一百六十人造像于龙门山。(《调查》)

公元726年:玄宗下制处士王希夷可朝散大夫,守国子博士,听致仕还山,王希夷早年隐居嵩山,从道士黄颐学道四十年。(《旧》卷一九二)

公元727年:天文学家一行(俗名张遂)禅师卒。一行是普寂之弟子,曾住嵩山会善寺。(《调查》)

南天竺沙门菩提流支卒,春秋一百五十大岁,于洛南龙门西北原起塔。(《宋传》卷三《菩提流支传》)

玄宗从道士司马承祯言,敕五岳各置真君祠一所,又为承祯在王屋山造阳台观。(《旧》卷一九二)

公元728年:吏部尚书裴崔为少林寺撰《皇唐嵩岳少林寺碑》。(《萃》卷七七《少林寺碑》)

公元729年:敕两京度僧尼道士女冠,御史一人莅之。(《新》卷四八《百官志》)

公元731年:令五岳各置老君庙。(《旧》卷八)内道场智运的弟子尼惠灯卒(公元650~731年)惠灯受武则天供养,卒葬龙门西山(《调查》)

令两京及天下诸州各置太公尚父庙以张良配享。(《旧》卷八)

龙门香山义琬禅师卒(公元673~731年)是嵩山会善寺道安(号老安)弟子,郭子仪片旁其寺曰"乾元寺"。(今香山寺)(《调查》)

公元732年:北宗义福禅师卒,赠谥"大智禅师",葬于伊阙奉先寺之北,送葬者数万人,中书侍郎严挺之躬行丧服,为之撰碑文。(《调查》)。七月,敕禁断中国人信摩尼教。(《通典》卷四〇)唐玄宗妹金仙公主卒于东都开元观。金仙公主公元706年度为道士,以史崇玄为师。(《萃》卷八四)

公元733年:玄宗遣中书舍人徐峤邀张果至东都,问以神仙之事,可银青光禄大夫,号通玄先生。后归恒山。(《旧》卷一九一)日本沙门荣睿、普照随第八次遣唐使至洛阳,受玄宗召见。后于大福先寺从定宾律师学戒律。

公元734:大安国寺大德比丘尼惠隐卒,京兆荣氏(公元659~734年)葬于

龙门。(《金石补正》卷五六)

公元735年:善无畏卒。赠鸿胪卿,遣鸿胪丞李岘,威仪僧定宾律师监护,开元二十八年葬于龙门西山。乾元元年郭令公奏塔院为"广化寺"。(《调查》)是年,六月三日表请,至九月十五日经出,合城具法仪于通洛门奉迎,便请颁行天下,写本入藏,宣副史官。其月十八日于敬受寺设斋庆赞。(《房山石经》)

公元736年:日本副使中臣名代返国,由于荣睿、普照的动员,洛阳大福先寺沙门道璿等同行至日本,住奈良大安寺两唐院讲《律藏行事钞》,为日本华严宗第一代祖师。(按道璿、似是道睿之误。公元702～768年,普寂弟子)。是年,杜甫写《游龙门奉先寺》诗。(《李白与杜甫》)

公元738年:优婆夷未曾有卒(公元717～738年),是义福弟子卒葬伊阙西岗。(《金石补正》卷五六)

公元741年:开元廿九年金刚智卒,谥灌顶国师,至天宝二年葬于龙门奉先寺西岗(《调查》)

制两京诸州各置玄元皇帝庙并崇玄学。(《旧》卷九)。是年,大奉国寺守忠卒(平阳高氏,公元657～741年)葬龙门南岗。(《金石补正》卷五七)

道士孙甑生以左道得幸,往来嵩、少间,于请无度,乱吏治,河南少尹李憕辄挫之。(《旧》卷一八七)

公元742年:九月敕两京玄元庙改为太上玄元皇帝宫。东都太上玄元皇帝宫在积善坊。(《会》卷五〇)

公元743年:佛弟子成大娘等为亡双亲造墓塔七级,在孟津县南石山村。四月为太原郡王夫人建五级墓塔于孟津县向阳村。

公元743年:追尊老君为大圣祖玄元皇帝,改两京崇玄学为崇玄馆,博士为学士,助教曰直学士,置大学士一人,以宰相为之,改两京玄元宫及道观。(《旧》卷九)是年,改西京玄元庙为太清宫,东京为太微宫,天下诸郡为紫极宫。(《旧》玄宗本纪下)

公元744年:敕两京天下州郡取官物铸玄宗等身金铜天尊及佛各一躯,送开元观及开元寺。(《旧》卷九)

玄宗命道士孙太冲于嵩阳观炼丹,宰相李林甫为颂以献。立《大唐嵩阳观纪圣德感应之颂》碑于登封嵩山。(《萃》卷八六)

公元 745 年:兵部侍郎宋鼎请神会禅师入东都行法,大弘慧能宗旨,南北二宗始判。(《宋传》卷八《神会传》);九月,玄宗下诏令景教波斯寺宜改名大秦寺。洛阳波斯寺即于此时改称大秦寺。(《唐会要》卷四九)

公元 746 年:嵩山会善寺净藏(公元 675 ~ 746 年)卒,系道安("老安")及惠能的弟子,"净藏塔"是中国最早的八角塔。(《调查》)

公元 748 年:慈愍三藏慧日卒于洛阳罔极寺,年六十九(公元 680 ~ 748 年),曾游学天竺,十三年并著有《往生净土集》行于世。

公元 749 年:神会禅师于洛阳菏泽寺为慧能立影堂。(《宋传》卷五《慧能传》)

公元 758 年:神会禅师卒于荆府开元寺(公元 684 ~ 758 年)公元 765 年迁塔于洛阳龙门西山宝应寺,谥真宗大师。塔号般若,有《语录》传世。(《世界宗教研究》84 - 2)

公元 762 年:梵僧五百自天竺来,代宗立龙门山天竺寺。(又称西天竺寺,今寺沟)(《调查》)

公元 767 年:从沙门乘如请,于嵩岳会善寺建立戒坛。(《宋传》卷一五《乘如传》)

宁刹寺大德惠空和尚卒。(《墓志》)

公元 768 年:道王睿卒(公元 702 ~ 768 年),他是洛阳大福先寺定宾律师的弟子,也是普寂弟子。开元廿四年应日本荣睿、普照之请入日,被奉为日本"古京六宗"中律宗第二祖。去日本的还有洛阳僧德清、福先寺灵佑。

公元 770 年:少林寺同光禅师卒(公元 700 ~ 770 年),是普寂弟子,"演大法义,开大法门,二十余年,震动中外"。(《调查》)

公元 782 年:东都大安国寺比丘尼唐十六师建陀罗幢,今存伊川县郭寨。

公元 784 年:弘圣寺真坚卒(公元 728 ~ 784 年)。(《唐文续拾》卷四《真坚经幢》)

公元 786 年:北天竺迦毕试国高僧般剌若(智慧)达于西京。后往洛阳,卒年不详,葬于龙门西岗。(《宋传》二)

公元 790 年:少林寺法玩禅师卒(公元 715 ~ 790 年)系普寂弟子。(《调查》)

公元 791 年:户部侍郎卢征在龙门东山造救苦观世音菩萨。(《调查》)

公元 792 年:龙门宝应寺上座、内道场临坛大律师园敬卒(公元 729～792 年)(《文苑英华》卷七八五)

公元 793 年:建三坛角于三都,在西都曰灵感坛;在东都曰会善坛;在北都曰甘露坛。(《萃续》卷九《甘露义坛碑》)。是年冬,洛阳同德寺大德方便和尚无名(高力士之孙)卒于五台山佛光寺(公元 721～793 年)《宋传》卷一七

公元 800 年:嵩山隐士孔述睿空(公元 730～800 年)曾重修《地理志》,时称详究。(《旧》卷一九二)

公元 801 年:明演禅师卒(公元 733～801 年),隶名于洛阳敬爱寺,受戒于嵩岳坛场。(《巩县石窟寺》又见《金石补正》卷六七)

公元 802 年:麟趾寺法华院律大德(寇又觉)卒(? ～802 年)。(《墓志》)

公元 803 年:东都圣禅寺大师凝公卒,翰林白居易作《八渐偈》吊之。(《白氏长庆集》卷二二)

公元 804 年:新罗真鉴国师慧昭随使来唐,问法于沧州神鉴大师,元和中于嵩山少林寺受戒。至太和四年返国,大弘禅教,并立禅宗“六祖”慧能影堂于其国。(《萃续》卷二一《真鉴禅师碑铭》)冬,日本国空海大师(公元 774～835 年)赴长安过洛阳。

公元 807 年:回纥请于河南府、太原府置摩尼寺三所,许之。(见《册》卷九九九)

公元 812 年:嵩山会善寺戒坛院临坛大律德惠海卒(公元 748～812 年)(《金石补正》卷六九)

是年,天女寺尼胜藏律师卒(? ～812 年)(《胜藏经幢》)

公元 815 年:中岳寺僧园净年八十余,尝为史思明将,与淄青节度使李师道相结,谋于东都举事,烧宫殿、行剽掠,事发尽擒其党。园净临刑叹曰:“误我事,不得使洛阳流血”,党与死者凡数千人。(《旧》卷一五)

公元 821 年:自在禅师卒(公元 741～821 年),曾建云涯寺于伏牛山(嵩县白河乡)(《宋传》)

公元 822 年:新罗使金柱弼来唐,沙门无染禅师偕来,先从香山如满问法,后再参麻谷宝彻和尚(马祖弟子)皆嘉异之。亩唐二十余年,至会昌五年始返。归

国后大见崇重,崔致远为作塔铭。(见《萃续》卷二一《朗慧和尚塔铭》)

公元 827 年:龙门香山寺临空诣龙门天竺寺迁河东柳珵。(《宋传》)

公元 827 年:福先寺临坛大德广宣律师志辩卒(?～827 年)。(《墓志》)

公元 832 年:白居易修葺龙门香山寺,撰《修香山寺记》。(见《白氏文集》)

公元 835:香山寺临空卒(公元 759～835 年),曾于天竺寺对何东柳珵予言佛法将衰。(《宋传》卷二〇)

公元 836 年:李德裕请沙门崇珪于洛阳龙兴寺化徒,两京缁白往来问道,棻施交骈,宗神秀禅法。未几卒。白侍郎撰碑铭。(《宋传》卷九《崇珪传》)

白居易置其文集于东都圣善寺律疏库楼,"请不出院门,不借客官,有好事者任就观之"。(《白氏长庆集》卷六一《圣善寺白氏文集记》)

同年,敬爱寺上座惠满卒。(?～836 年)(《惠满经幢》)

公元 839 年:裴度卒(公元 765～839 年)》裴度讨淮西,赏赐巨万,尽捐以修福先寺。(《元一统志》卷三)

公元 840 年:白居易暮岁中风痹之疾,乃舍俸钱三万,命工人杜宗敬画"西方世界"一部,又画"弥勒上生",皆为作记。自谓"归三宝、持十斋、受八戒者有年岁矣,常日日焚香佛前,稽首发愿……离生死流,成无上道"。先是居易发愿修香山寺已八年,经藏堂成,亦为作记。(三记皆载《白氏长庆集》卷七〇)

公元 841 年:同德寺宝信法师卒(?～841 年)(《宝信经幢》)

公元 843 年:制谓"回纥既以破灭,义在翦除。宜令诸道兵马使同时进讨,……在京外宅及东都修功德回纥并勒冠带,各配诸道收管"。(《旧》卷一八上)

公元 844 年:唐武帝下令毁拆天下山房兰若、普通佛堂义井,村邑斋堂,未满二百间不入寺额者其僧尼等尽勒还俗。是役长安城坊佛堂亦毁三百余所,天下无数。同时天下尊胜石幢僧墓塔皆令毁拆。(《巡礼记》)

十月令毁拆天下小寺,经佛入大寺,钟送道观。(《巡礼记》)

公元 845 年:七月令并省天下佛寺,中书门下奏上州留寺一所,下州并废,上都、东都留十寺,寺僧十人。乃命上都、东都每街留寺两所,寺留僧三十人,上都左街留慈恩、荐福,右街留西明、庄严。东都留弘圣寺等。(《调查》)

公元 847 年:统左禁军杨汉公以定策功,请复佛教,并访求沙门知玄,于是复僧入居宝应寺(龙门山)。(《宋传》卷六《知玄传》)。

白居易卒(公元 772~846 年)。遗嘱葬于香山寺如满塔侧。(《旧》卷一六六《白居易传》)

公元 850 年:洛阳龙门大德僧审元奉诏再建达摩塔于陕州。(《金石补正》卷七五)

是年,圣善寺行僧于龙门废天竺寺创先修莹一所。(《尊胜塔记》)

公元 855 年:日僧智证大师圆珍等自七年至福州,历温、台,于八年至越州住开元寺。九年以欲住两京及五台巡礼求法,乃于越州都督府领过所,五月至长安住福寿寺。十二月十七日圆珍至龙门山礼拜善无畏塔;十八日游历东都。次年正月十三日又至龙门礼拜金刚智塔(《调查》)

公元 865 年:河南尹曹汾命登封令李方郁以府库十万修饰中岳庙。(《金石补正》卷七六)

公元 858 年:郭子仪后裔郭珙立《汾阳王置寺表》石碑于陕县元上村空相寺(《调查》)

公元 866 年:洛京敬爱寺北禅院大德从谏卒(?~866 年),年八十余,南阳张氏。送建春门外尸陀林,鸟兽不食,改从火葬。(《宋高僧传》卷一二)

公元 874 年:约于是年,司图空作《为东都敬爱寺讲律僧惠石霍化募雕刻律疏》,后印律书,印本共八百纸,是我国较早的印本记录。(《一鸣集》卷九)

公元 880 年:黄巢起义军入洛阳。黄巢起义失败后,据说于洛阳南禅寺为僧,寺壁间有黄巢画像。(《邵氏闻见录》。自题诗云:"犹忆当年草上飞,铁衣脱尽挂僧衣。天涯桥上无人识,独阑干看落辉。

公元 904 年:内殿讲论普明大师宏哲(公元 833~904 年)迁化于洛京长寿寺。(《金石补正》卷七九)

公元 914:智晖自江表来洛,创设中滩浴院,一浴可集二三千僧。造轮汲水,神速无比。(《宋传》卷二八)

公元 915 年:长老惠光(?~915 年)卒于丽景门外禅院内。(《金石补正》卷七九)广智大师道丕住福先寺弥勒院,言此处即晋道安翻泾创俗之地也。《宋传》卷一九

公元 924 年:后唐河南尹张全义奏"万寿节"于嵩山开琉璃戒坛度僧百人。(《册》卷五二)

公元 923 年:勅僧录慧江、道士程紫霄入内殿谈论,设千僧斋。(《统》卷四二)

十二月后唐庄舆驾幸龙门山广化寺祈雪。(《调查》)

公元 925 年:少林寺住持行钧卒(公元 848～925 年)。(《调查》)

骑将史银枪有战功,随庄宗入洛,忽悟禅道请出家,名契澄,号无学大师,以其居为后晋时,西域僧口缚日罗在洛阳大行瑜伽教法,凤翔法门寺僧志通于洛下礼事之。(《宋传》卷二三)

五月戊申,后唐庄宗幸龙门山广化寺开佛塔祈雨。(《册府元龟》)

公元 926 年:后唐庄宗天成元年九月九日,百僚于敬爱寺设斋,召缁黄之流于中兴殿讲论。(《旧五代史》卷三七)

公元 932 年:(后唐长兴三年)巩县争土寺寺主思敬为兄杨简等建佛顶尊胜陁罗尼经幢(《金石补正》卷七九)

公元 933 年:长兴四年。敦煌卷子(法 P3803 号)有:"长兴四年中兴殿应圣节讲经文。"

公元 934 年:沙门可止以冯道故至洛阳,河南尹秦王从荣优礼待之,止深精外学百家子史,经目无遗,近体声律诗尤为所长,有《三山集》诗三百五十篇,盛行于时。是年卒(公元 860～934 年),至 935 年建塔于龙门山广化寺东南隅。(《宋传》卷七《可止传》)

公元 934 年:后唐枢密使,开府仪同三司,检校太尉兼中书令,上柱国沛郡开国公朱宏昭为亡母张氏建加句灵验佛顶尊胜陁罗尼真言。(《金石补正》卷七九)

公元 934 年:五代时最有影响的密教阿闍梨道贤(？～936 年)从末帝李从珂入洛大弘密教(《宋传》卷二五)后卒于洛,葬龙门。

公元 936 年:后晋馆契丹主于天宫寺。(《洛阳县志》卷二四)

公元 937 年:后晋洛阳宣徽将朱崇掘屋地得唐垂拱六(元?)年造石佛干躯,崇大感悟,即舍所居为寺。(《统》卷四二)后汉洛阳天宫寺从隐卒(公元 897～949 年)

公元 949 年:左街天女寺罗汉院比丘尼超悟、超惠为亡先姑建幢一所(《调查》)

公元 955 年:下诏天下寺院无赐额者皆废除之,所有功德佛像及僧尼并拼于合留寺院内安置,今后不得再造寺院。(《旧史》卷一一五)

洛京福先寺道丕禅师卒(公元 889～955 年)葬于龙门山广化寺,之左立石塔焉。(《宋传》卷五一)

公元 960 年:宋太祖赵匡胤建宋朝,定都汴京(开封),洛阳称西京。解除显德毁佛之令。

公元 962 年:右街长寿寺讲华严经大德赐紫司永建尊胜幢。(《调查》)

公元 969 年:西京宝坛院从彦卒。从彦先游于嵩少间,后于洛京构禅坊延僧侣养之。(《宋高僧传》卷二八)

公元 971 年:在洛城南建华藏寺。(《县志》)

公元 973 年:禅宗临济宗四世汝州风穴匡沼卒(公元 896～973 年)。旧史皆误作延沼,其嗣法弟子为汝州首山省念(公元 926～993 年)。(《调查》、《景德传灯录》卷一三)

公元 975 年:三月,宋太祖幸洛阳,至龙门山广化寺,开善无畏三藏塔,礼敬真体。(《佛祖统纪》卷四三)

公元 976 年:西京太宫寺僧助缘修建郑州开元寺塔(《中原文物》1983 年第 1 期)

公元 979 年:西京广爱寺普胜卒(公元 917～979 年),在洛阳从崇法大师研习《唯识论》,宋太祖赐号"宣教法师"葬于龙门宝应寺西。(《宋高僧传》卷二八)

公元 980 年:宜阳柏阁山宗渊卒(公元 898～980 年),葬以纸衣。有诗文《洛西集》留世。(《宋高僧传》卷三〇)

公元 984 年:日本国东大寺法济大师奋然与弟子成算,嘉因等六人巡礼洛阳白马寺与龙门佛教圣迹和广化寺(《世界宗教资料》82、3 期)为陇西县君李氏造尊胜幢一所,在孟津县北陈村。

公元 978 年:西京天宫寺义庄卒(公元 901～978 年),葬龙门菩提寺西。(《宋传》卷二八)

公元 988 年:朗然子刘希岳于西京通玄观述诗三十首。通玄观即今楼霞庄。(《调查》)

公元 989 年:广福寺禅院主通惠大师米法照卒。(？~989 年)(《墓志》)

公元 991 年:宋太宗令中使至白马寺祈雨,有验,命修葺之。苏易简撰《大宋重修西京白马寺记》(《调查》)。太原沙门重达天竺还,往返十年。赐紫服住西京广爱寺。(《统》卷四三)

公元 1001 年:汴京左街僧禄赞宁卒(公元 919~1001 年),赞宁是一代高僧,著有《宋高僧传》三十卷。公元 996~998 年曾主持西京洛阳教门事。(《佛祖历代通载》)

公元 1004 年:洛京修行寺大悲院尼审定卒(李氏 950~1004)。同学妹赐紫明化大师审贞等为建卵塔。(《金石补正》卷八七)宋徽宗诏谥白马寺摩腾三藏启道圆通法师、竺法兰开教总持法师。《统》

公元 1007 年:置国子监于西京。

公元 1009 年:诏于洛阳夹马营太祖诞生地,建"应天寺",以奉神御(《佛祖统纪》卷四四)。后来也叫"发祥寺"。(《嘉庆一统志》卷二〇六,河南府二)

公元 1004 年:朱真宗遣官司往保州奉顺祖惠元皇帝、惠明皇后,简穆皇后神枢于西京白寺。1005 年以一品礼葬河南县(康陵)。(《宋会要》)

公元 1011 年:三月宋真宗祭汾阴,祀后土,幸洛阳至广化寺,白马寺。真宗撰并书《龙门铭》(在龙门东山)。(《佛祖统纪》卷四四)同年,宋真宗加上中岳尊号曰"中天崇圣帝",中岳后曰:"正明后"。(见《崇岳庙史》)是年,于嵩山置崇福宫。(《元一统志》卷三)

公元 1016 年:宋真宗命沙门楼棲演给工修饰龙门山石龛佛像。凡一万七千三百三十九尊。此后,即 1026 年,又有丁裕监修龙门石佛。(《佛祖统纪》卷四四、《调查》)是年,左街普济禅院尼惠遇卒。(《墓志》)

公元 1017 年:诏天下立放生池。(《稽古略》卷四)

公元 1018 年:大宋故内殿崇理阁门祗候苻训字世则建胜顶尊胜陀罗尼幢,于孟津县小良村。

公元 1022 年:骆文蔚写中岳庙碑。宋代撰中岳庙碑王曾(1014 年)等(《调查》)

公元 1022 年:立《增修中岳中天崇圣帝庙碑铭并叙》于中岳庙,陈知徽撰,邢宗元书。

公元 1028 年:偃师县寿圣寺有《宋重修泗州大圣殿碑记》撰于是年。(《偃志》卷二八)

公元 1030 年:创建"会圣宫",于偃师山化乡凤凰山上,绘宋太祖、太宗、真宗、仁宗四帝画像以供朝拜。(《调查》)

公元 1032 年:河南省重修净垢院(在洛水北岸,后唐长兴四年建)。欧阳修为重修撰记。(见《欧阳修全集》上册)

公元 1033 年:洛阳妙觉禅院师明因道诠卒(公元 981～1033 年),欧阳修为之撰塔记。(见《欧阳修全集》上册)西京留司、天水县开国男赵世长建缑山通天观重修升仙太子大殿,于偃师县缑山。(《调查》)同年龙门宝应寺义从法师(郑州人,公元 971～1033 年)善讲《百法论》、《弥勒上生经》,是年卒于宝应寺。(《金石补正》卷八二)

公元 1034 年:修明因大师塔。明因大师骨葬龙门下山。(《县志》)是年四月,立西京国子监。

公元 1046 年:偃师县重修仙鹤观,请东京上清宫道士左庆之为道士。(《萃》卷一三五)

公元 1061 年:彭城刘用元(1000～1061 年)卒,刘公曾于龙门山宝应寺、奉先院、西京遐庆院、白马寺四处设平等大会各一次。《墓幢》在孙旗屯乡马营村。

公元 1062 年:洛阳沙门鉴聿撰《韵总》五篇,欧阳修为之序,乃云"正五方之讹,儒者不能难"。(《佛祖统纪》卷四四)

公元 1063 年:欧阳修撰《集古录》首载龙门山造像题记。宋仁宗敕建"大招福寺家佛堂"于偃师。(《萃》卷一三五)

公元 1064 年:中岳庙铸四铁人,由永安县维那主吕荣、施主董恩永、王忠等施捨。忠武军匠人铸造。

公元 1070 年:在洛阳彭婆镇建襄贤显忠寺,为范文正公(仲淹)香火院。(《县志》)

公元 1073 年:文彦博在龙门修复胜善寺(始建于唐开元间)并建立"药寮"为人治病。(《调查》)

公元 1082 年:宋神宗诏辟汴京相国寺六十四院为八禅二律。在此以前(约1056 年),证悟修颙禅师住持少林寺,后至洛阳。(《景德传灯录》卷八、一二)龙门广化寺宝觉大师德良刻黄伸,刘奉世等诗于广化寺。(《调查》)是年以后,道楷先后住持师招提寺及洛龙门乾元寺。

公元1082年:文彦博就资胜院建大厦曰耆英堂,共十三人立耆英会。(《邵氏闻录》)

公元1084年:巩县净土寺保月大师惠深卒赵州杨氏(1010~1084年)(《金石补正》卷一〇七)立《龙门山天竺寺修殿记》碑于龙门寺沟。(《调查》)

公元1086年:司马光卒(1019~1086年)他因不满王安石的新政,归洛"养疾"十五年。实际上是组成保守派官僚的在野集团。司马光与文彦博等人结成"耆英会",表面上仿白居易、如满等人的"香山九老社",实际上是联络保守派的组织。(参见《宋史》)

公元1087年:少林寺住持广庆为当今少帝(宋哲宗)、太皇太后(曹氏)、皇太后(高氏)圣寿延远建塔于少林寺西院(《调查》)

公元1087年:丞相韩缜请报恩禅师住持少林寺,并在少林寺"革律为禅"(《补续僧传》卷九)

公元1092年:佛弟子张金宝造泗州大圣石像,今存关林。

公元1088年:建洪恩寺于洛东南三十里司马庄。(《县志》)

公元1093年:洛京龙门山广化寺令观卒,(1003~1093年)(《补续僧传》)

公元1100年:登封令楼异因修治泰陵(哲宗陵)之余续修崇高少林道场。为"面壁兰若"。(见《佛祖统纪》卷四六),在此前不久,芙蓉道楷禅师住持洛阳某寺,宣扬曹洞禅法。(《续传灯录》卷一〇)

公元1102年:诏天下每郡择一寺更为禅林。(《萃》卷一五四)

公元1109年:西京左街天庆禅院住持显达卒(洛阳刘氏1018~1109年)(《金石补正》卷一一一)

公元1111年:少林前住持智通,住持惠初将"南岳观世音菩萨赞"立石。(《金石补正》卷一一〇)

公元1114年:宗赜立《墨中佛事碑》于少林寺初祖庵。

公元1115年:嵩山崇福宫知宫、崇教大赐紫张若柔立《唐李元礼戒杀生文》。(《金石补正》卷一一一)

公元1116年:运使李昌孺示少林长老惠初颂上石。(《金石补正》卷一一

一)

公元 1121 年:西京宝应寺僧孔清觉赴杭州白云庵,创立白云宗,专斥禅宗,坐流恩州(广东江阳县),卒于此年(1043～1121 年)。(《补续僧传》)

公元 1126 年:四月,信女三娘下舍利石匣于少林寺祖师在面壁塔下。时少林住持为佛灯大师惠初。(《中原文物》85—2)是年十一月二十五日金人攻破京师汴京(开封)少林寺僧赵宗印被范致虚用为河南宣抚司参议官兼节制军马,与金兵斗争,是年宋都破,宋印等兵败。(《宋史·范致虚传》)是年之末,东白马寺被焚,寺于本塔俱废,唯留余址。(《县志》卷一四)

公元 1123 年:少林寺立"普通塔"。

公元 1129 年:嵩山龙潭寺照祥善亿卒(1071～1129 年)。(《释氏疑年录》)

公元 1140 年:金人最后占领洛阳(1126～1140 年),抗战十五年。

公元 1150 年:刻朗然子刘希岳诗于洛阳楼霞庄(《中州金石记》卷五)。

公元 1157 年:少林寺西堂法和,道号"无迹庵主"、"善应道人",在"戒马生郊、戈铤遍地"的战乱时期在少林寺大建禅宗。是年卒(1079～1157 年)(《金石补正》卷一二四)

公元 1167 年:少林寺住持祖端禅师卒(？ ～1167 年)

公元 1161 年:金世宗迁都汴京。

公元 1163 年:憨休创立报忠寺于宜阳,后改名灵山寺。(《调查》)

公元 1175 年:彦公大土重修东白马寺释迦舍利塔(即今齐云塔)。(《县志》)

公元 1178 年:六月大金重修中岳庙成,费钱 14964 贯,用工 48362 个。(《调查》)是年少林寺住持法海卒(1132～1178 年)

公元 1182 年:黄久约撰郝史书《重修中岳庙碑》。(《调查》)是年,全真道仙姑孙不二,返真于洛阳云溪观《金石萃编未刊稿》)孙不二(1119～1182 年),是丹阳子马钰之妻,山东宁海人。得道后居洛阳六年(1176～1182 年)。孙不二在洛从凤仙姑游,传全真道。(见《县志》)

公元 1183 年:刻《崐嵛山长真谭先生题白骨诗》,在洛阳云溪观《中州金石记》卷五。

公元 1185 年:全真道谭处端去世。他曾住持福昌韩城长真庵(在今宜阳县

内)(《元遗山集》卷三八)

公元 1203 年:全真道刘处玄卒(1147 ~ 1203 年),号长生子,曾于大定间在洛阳云溪观宣道。(《县志》)

公元 1205 年:道悟,号佛光,兰州寇氏,曾住熊耳山从白云海(? ~ 1184 年),又住宜阳三乡竹阁庵,是年卒三兆大势寺(1151 ~ 1205 年)。(《大明高传》卷八)

公元 1206 年:长安希皓逸人撰《玄元观碑》立于新安县五头乡全沟村。文中云此观是相令公之丘陵也,女孙杨宗宝在此入道。

公元 1208 年:少林寺兴崇禅师卒(1166 ~ 1208 年),兴崇曾于泰和四年(1204 年)铸铜钟一口,重一万一千斤。(《金石补正》卷一二七)

公元 1209 年:少林寺住持教亨在寺内刻立释迦、老子和孔子的"三教圣像"。(《调查》)

公元 1212 年:体元大师、中都太极宫提点李太汝广道全钟师刘道元奉圣旨至嵩山投送金龙,春二月宿偃师仙鹤观。(《偃师县志》)

公元 1219 年:教亨禅师号虚明,承临济宗,先后在嵩山戒坛寺(即会善寺)大法王寺和少林寺住持,得到金朝河南知府,国公石抹仲温的支持。是年(1150 ~ 1219 年)卒。(《调查》)

约公元 1219 年:龙门山乾元寺慧杲卒。(《金文最》卷五六)

约公元 1220 ~ 1222 年:曹洞宗大师万松行秀的弟子东林志隆为少林住持,创办"药寮"以僧德、僧浃主其事。(《调查》)

约公元 1224 ~ 1231 年:木庵性英住持少林寺,前曾主持过龙门山宝应寺和乾元寺。性英是大诗人元好问四十年交好的朋友,与崇洛隐士、文人辛敬之,赵宜之,刘景玄等友善。有《木庵诗集》传世。赵秉文称赞他是"书如东晋名流,诗有晚唐风骨"。(见《元遗山文集》)1224 年:少林寺住持广铸卒(1170 ~ 1224 年)

公元 1230 年:洛阳人全真道士孙伯英卒(1180 ~ 1230 年)(《中州集》卷三一),1217 年入嵩山投于道显为师。

公元 1231 年:屏山居士李纯甫卒(1185 ~ 1231 年)自谓,"卷波澜于圣学之域,撤藩篱于大方之家"。曾从万松行秀学禅,博学多能,愤世嫉俗。屏山与志隆等友善,主张指归佛祖的儒释道三教合一说,人们目之为"孔门禅"。在少林寺有他写的《重修面壁庵记》、《新修雪庭西舍记》(并见《金石补正》卷一二八),猛烈攻击腐儒。晚年著《鸣道集说》。《调查》)

公元 1232 年:八月蒙古军塔察儿占领洛阳。七月曾与宋监军徐敏子战于龙门之北。(《新元史·太宋本纪》)是年,全真道嵩山道士王志明(师事离峰子于道显)避兵至东海。后还阳韩城长真庵。(《元遗山集》卷三八)此地乃是谭处端(号长真)旧隐之地。

公元 1234 年:湛然居士耶律楚材为《鸣道集说》作序。(见《佛祖历代通载》)

公元 1242 年:丘处机大弟子乔公(号静虚)住嵩山崇福宫(《调查》),使崇福宫由正一道转化为全真道。

公元 1244 年:通真子秦志安卒(1188～1244 年),早年放浪嵩少间,晚年刊印道藏。(《元遗山集》)

公元 1245 年:燕都报恩寺万松行秀的大弟子雪庭福裕在少林寺做资戒会,重开少林寺,归曹洞宗。(《调查》)

公元 1248 年:蒙古定宗诏少林住持雪庭福裕至都城哈拉和林(今蒙古人民共和国额尔德尼昭),住太平兴国禅寺。(《调查》)

公元 1258 年:因少林寺住持雪庭福裕和兰麻总统的要求,在蒙古哈拉和林万安阁召开佛道辩论大会,由忽必烈参加,巴思八主持。道者义堕,十七个道士剃头做了和尚。(《佛祖历代通载》卷二二)

公元 1266 年:万松行秀弟子乳峰德仁卒(1197～1266 年),他长期任少林寺及大都万寿寺住持,传曹洞宗。(《调查》)

公元 1267 年:佛国普安大禅师至温卒(1210～1267 年)总摄关西五路、河南、南京等路,太原府路、邢洛、磁、怀、孟等州僧尼事。(《佛祖历代通载》卷二二)

公元 1275 年:少林住寺、大都大万寿寺住持、都僧省雪庭福裕卒(1203～1275 年),赠大司空开府仪同三司、追封晋国公,起塔少林寺。(《调查》)

公元 1278 年:真大道教徒立《洛京缑山改建先天宫记》碑于偃师缑山。(《调查》)

公元 1283 年:复庵园照卒(1206～1283)。曾住持嵩山法王寺,少林寺。(《调查》)

公元 1291 年:王屋山阳台宫道士李大方创立清和观于新安县北安里村。约公元 1294 年:龙川行育卒。龙川,女真人,姓纳合氏。曾任西安兴教寺住持、江淮释教都总摄和白马寺宗主。帝师以释源白马寺荒废岁久,奏请命龙川兴葺,仍假怀孟六县官田之租以供支度。龙川卒后,赠鸿胪卿、司空、护法大师。(《调查》)

公元 1289 年:少林寺立印公长老之塔。(《调查》)是年,少林寺住持灵隐文泰卒(?～1289 年)

公元 1296 年:沈巴上士奏奉圣旨,遣成大使弛驿届白马寺,塑一佛、二弟子、三菩萨像于大殿,塑四天王像于三门,计费中统钞二百锭。(按元塑菩萨殿于 1966 年冬)(《调查》)

公元 1299 年:召河南府缑氏大画家马君祥等妆绘白马寺,费中统钞三百五十锭。(《调查》)

公元 1301 年:新安县烂柯山洞真观住持孙道先状告中书礼部,元成宗皇帝下圣旨保护洞真观,是年立圣旨碑。(《新安县志》)

公元 1302 年:真觉国师仲华文才卒(1241～1302 年),文才继龙川为白马寺宗主。(《佛祖历代通载》卷二二)

公元 1303～1349 年间:日本僧人龙山德见因被误勾结倭寇,编管于洛阳白马寺。

公元 1313 年:贾昌文撰:《古缑氏县重修泰山庙记》碑立于偃师缑山。(《金石萃编·未刊稿》)公元 1323 年:少林寺住持菊庵法照卒(1257～1323 年)。

公元 1313 年五月,释源宗主宗密圆融大师慧觉(姑臧杨氏:?～1313 年)卒于白马寺。慧觉是龙川的弟子,曾爱太后(元世祖南必皇后)诏赴凉修佛事。(《调查》)

公元 1331 年:召亳州太清宫道士马道逸、汴梁朝天宫道士李若讷、河南嵩山道士赵亦然,各率其徒赴阙,修普天大醮。(《元史》文宗纪)

公元 1318 年:古岩普就卒(1247～1318)。公元 1313 年古岩受大都三禅会和集贤大学士、荣禄大夫陈颢劝请,住持少林寺五年。置庄一所,开田二顷,创盖

及翻修屋舍八十余间。古岩首以"百丈清规"行之于少林寺。此时僧众多达二千人。(《调查》)

公元 1333 年:日本吉祥山永平寺义玄卒(1253～1333 年)。义玄,洛阳人。(《调查》)沙门淳拙文才撰《洛京白马寺祖庭记》立碑于白马寺。

公元 1336 年:赠大司空,领临济宗,大都大庆寿寺鲁云行兴卒(1274～1333 年),是年建灵塔于汝州风穴寺。(《调查》)少林寺住持月照江公卒(?～1336 年)。

公元 1335 年:二月,制授洞阳显道忠贞大师,诸路道教都提点、中岳庙住持都提点并公装领嵩山中岳庙。(《金石萃编》未刊稿)十二月,嵩山中岳庙住持提点崇玄志德安逸大师张德良等立《圣旨碑》于中岳庙。元惠宗命令保护中岳庙,不许侵扰。圣旨要求和尚们、也里可温(基督徒)先生、答失蛮(回教僧侣),不管什么差发休向中岳庙索取。(《调查》)日本国但州正法禅寺古源邵元 1327 年入元,约于 1335 年入少林寺,为书记、首座。约于 1340 年离开少林寺并撰写《少林寺菊庵照公碑》和《息庵让公碑》、1347 年返国,住日本大圣、等持、东福等寺。(《调查》及《文物》)

公元 1338 年:少林寺立月照禅师之塔。(《调查》)

约公元 1308 年至 1324 年间于洛城宣仁门之北建"十贤堂"、祀有邵、周、司马、张、(二)程、朱、张、吕、许为序。盖以齿之长少,时之先后定也。

公元 1340 年:息庵义让卒(1284～1340 年),息庵曾住持山东灵岩寺,嵩山法王寺、洛阳天庆寺、熊耳山空相寺和少林寺。他在少林寺时"仓廪之储;十倍于常"。(《调查》)少林寺住持损庵洪益卒(1263～1340 年)。

公元 1342 年:风穴寺住持慈相立临济宗祖师匡沼塔于风穴寺。匡沼一般史籍均讹为延沼。(《调查》)

至元某年:梁宜撰全真道教《嵩阳崇福宫修建碑》,立于崇福宫(今登封县城北三里畜牧场)。元时全真道盛行于嵩洛。(《调查》)

公元 1344 年大元特授光绿大夫、大司徒、白马寺宗主法洪卒(1272～1344 年)(《调查》)陇西巩昌刘氏。

公元 1345 年:立少林寺住持无为容公和尚塔。少林寺住持风林珪公卒(1284～1345 年)(《调查》)妙鉴通辨大师无能了学(?1345 年)卒于法王寺闲

居庵。了学,曲河刘氏。(《调查》)

公元 1351 年:颍州红巾军突入少林寺。(见《少林寺志》)

约至正年间(1341～1370 年):萨天锡写《洛阳龙门记》指出:龙门旧有八寺,今无一存者,龙门山石像大部残破不全。(《萨都剌集》)

公元 1368 年:加上中岳为"中天大宁崇圣帝"。(见《嵩岳庙史》)

公元 1360～1368 年:天下劫勣,饥欠相仍,少林僧纷纷逃避(监寺松原觉训"避难于秦"),祖庭仅存其半,殿中佛像刮金破背。二千人的少林寺只余二十多人,("日则耕耘,夜则参道",住持松溪定公(1314～1386 年)维持山门而已。(见《少林寺志》及《调查》)

公元 1368 年:明太祖朱元璋建国大明。

公元 1369 年:诏去中岳历代封号,称"嵩山中岳之神"。(《嵩岳庙史》)

公元 1382 年:六年孝慈皇后马氏崩,周定王朱棣为国母资悼冥福,命少林寺住持,河南僧纲司僧纲松庭子严(？～1392 年)升座说法、赐僧伽黎衣以旌异之。(《调查》)

公元 1393 年:奉周定王朱棣令旨,仁山(1338～1405 年)住持少林寺,达十三年之久(1395～1405 年)。公元 1405 年五月赴京参加圣会,道发宸御。后住邓州香岩长寿禅寺。(《调查》)

公元 1409 年:周王为生男佛宝、造玉石阿弥陀像分送少林、法王、会善、永泰、风穴诸寺。(《调查》)1421 年:少林寺住持凝然了改卒(1335～1421 年)。

公元 1442 年:在洛阳城西北隅建法藏寺,俗名水陆堂。(见《县志》)

公元 1454 年:重修邵康节祠。邵雍定尧夫(1011～1077 年),此祠在金大定间由全真道张六公改为道观名"九真观"郑安撰:《重修康节先生安乐窝记》。(《县志》)

公元 1462 年:河南太守虞廷玺筑"观澜亭"由龙门西山锣鼓洞旁,中书汪景昂题额。(郑安伊:《观澜亭记》)

公元 1469 年,巩县青龙山慈云寺住持觉顺去世。

公元 1473 年:立少林住持长老性公自然之塔。本性(？～1473 年)(《调查》)

公元 1482 年:镇守河南太监蓝忠等命拙庵性成主持少林,1487 年退隐乐

闲。(《调查》)

公元 1483 年:洛阳无方可从卒(1420~1483 年)。无法可从早年参嵩阳龙潭寺无为顺公,后礼谒少林寺俱空斌公。出世住龙门山菩提寺。公元 1474 年住持少林寺,理故丛席,振而兴之。公元 1483 年住徽王府观音寺。(《调查》)

公元 1499 年:四月复九贤祠于东部之巽地,立其像碑於之傍。(《县志》)少林寺住持归原可顺卒(1444~1499 年)。

公元 1512 年:河南南阳农民刘惠、赵燧起义,少林武僧参加镇压行动。(《调查》)

公元 1516 年:三官庙住持、羽士张清林卒,伊王朱讦渊建灵塔于邙山之阳。

公元 1525 年:都穆卒(1458~1525 年),著有《游伊阙记》。(《洛阳龙门志》

公元 1527 年:偃师县牛心山立《重修观音堂记》碑,为牛心山最早之碑刻。

公元 1535 年:修唐梁国公狄仁杰祠,"兹建祠以崇贤,敦祀以立教"。(《县志》)

公元 1548 年:河南府仪卫司千长李臣为三奇交公立塔于少林寺。交公曾参加镇守山陕和镇压云南苗民起义。(《调查》)

公元 1552 年:徽王朱载土仓捐金命重修少林寺甘露台,藏殿。(《调查》)

公元 1553 年:少林武僧竺方参公率僧兵五十名,参加征讨师尚诏的战争。(《调查》)

公元 1555~1556 年:司礼监掌印太监兼总督东厂龙山黄锦等修茸白马寺。(《调查》)奠定今白马寺面貌。

公元 1560 年:僧道连等迁龙门东山乾元寺于山南草甸村。(见《伊阙石刻图表》)

公元 1565 年:少林寺武僧竺方周参卒(1517~1574 年)曾参加征讨师尚诏行动。(《调查》)是年,少林寺立乾没哪塔扁囤和尚灵塔。(《调查》)扁囤曾住四川峨眉山寺。

公元 1567 年:小山宗书卒(1500~1567 年)小山于 1557 年住持少林寺,凡八年。(《调查》)

公元 1569 年:立白马寺住持尤潭禅师于白马寺之西。

公元 1574 年:五岳山人陈文火蜀等刻《五岳真形之图》于中岳庙。

公元 1580 年:重润为坦然平公立塔于少林寺。(《调查》)

公元 1587 年:圣母慈圣宣文明肃皇太后命工刻印续入藏经六百三十七函通行,颁少林持诵,珍藏。(《少林寺志》)

公元 1592 年:无言正道(1547~1609 年)住持少林、计十七年之久。(1592~1609 年)曾为周王朱肃溱及世子朱恭枵说《保寿之法》。(《调查》)

公元 1593 年:洛城南"关冢"前建坊,次年皇帝赐坊名为"义烈"。1596 年八月请求建庙,得到支持。(《调查》)又据《县志》载,康熙二年(1663 年)黄绥撰《重建朱子祠堂记》去:"洛阳南门外,有汉寿亭侯庙,庙后有朱文公祠。……公与侯,时与事相去运矣。"同时毛际可撰《重建朱夫子祠碑记》指"关冢"处则更曰:"郡之人为祠以祀紫阳(朱熹),盖数百年于兹矣。明季闯寇之乱,乃于其前置关壮缪像,民之奔走俎豆于其下者,相沿而不知革,几不知为紫阳之旧"。(《县志》)

公元 1599 年:关林大殿起造于万历二十四年(1596 年),至是年完工,次年完成殿内塑。

公元 1601 年:功德主张仲玉等 160 人重修龙门广化寺,立《重修伽蓝殿记》。

公元 1603 年:洛阳县各里信士施钱修龙门山佛像。(《双窑明碑》)

公元 1610 年:重修城隍庙。(见《县志》)是年:山西平阳府绛州张一川妻造地藏王像一尊于龙门山,是龙门最后一尊造像。

公元 1613 年:白马寺住持福庵寿公卒(?~1613 年)。

公元 1624 年:迎恩寺,在东郭、明代福王朱常洵为母创建。两年落成,乾隆七年重修。

公元 1639 年:少林寺住持寒灰慧喜卒(1564~1639 年)。

公元 1641 年:李自成军破洛阳、杀死福王朱常洵于周公庙。(《予变纪略》)(《县志》)

公元 1644 年:清世祖福临清朝。

公元 1656 年:范文程撰《重修先文正魏国公墓碑记》叙述了范仲淹祠和褒贤寺的兴废变迁。(见《县志》)

公元 1666 年:彼岸海宽卒(1596~1666 年)彼岸是明末少林寺最后一任住

持;也是清初第一任少林寺住持。著有《五灯会元缵续》。(《调查》)

公元 1684 年:法王寺弥鋆行澧卒,(1636～1684 年)台州宁海胡氏。先后参木陈忞、费隐容,俘石贤。(《调查》)

公元 1696 年:景日昣纂《嵩岳庙史》。

公元 1702 年:重修积庆寺,(在今伊川县)宋文潞公建为香火院。(《县志》)

公元 1731 年:为临济宗三十五世颖公如琇和尚立塔于白马寺东。

公元 1782 年:立孟津县《伯乐凹村泰山庙碑》。

公元 1704 年:康熙颁御书"宝树芳莲"、"少林寺"匾额。(《调查》)

公元 1705 年:禅僧智心、寂明等重修龙门山广化寺。《修广化寺碑》、(《调查》)

公元 1708 年:汤右曾等人重修龙门香山寺。(即今址之寺)(《县志》)

公元 1709 年:在龙门东山北端琵琶峰为白居易冢立碑。

公元 1716 年:江总撰《重修释源大白马寺殿宇碑记》。(《调查》)

公元 1734 年:重修县北八里翠云山的上清宫,即唐玄元皇帝庙,梁柱屋瓦。皆范铁为之。(《县志》卷一一)

公元 1739 年:重修伊阙山麓之乾元寺。(《县志》)在今草旬村一带。(《调查》)

公元 1747 年:施奕簪、焦如衡写成《少林寺志》。

公元 1750 年:清高宗弘历皇帝游幸龙门香山寺(即现寺址)少林寺和中岳庙并留下诗碑三座,保存完好。并遣官致祭于关林。(《调查》)

公元 1765 年:偃师牛心山立《重修灵官殿并创建石坊碑》,石坊今犹存完好。

公元 1780 年:广阳陈信主向龙门宾阳洞捐施灯油地亩。(《县志》)

公元 1792 年:新安县洪福寺僧大儒妙成卒(?～1792 年),寺在白垟村。

公元 1817 年:少林寺僧净府卒(1728～1817 年)净府字善修。偃师人,曾与乾隆面谈,奏对悉当。特皆赐联匾、客食、以示优沃。(《调查》)

公元 1844 年:新安县石泉寺坡村立《创建广生母殿重修龙王、关圣帝庙记》。

公元 1885 年:少林寺立《合寺僧俗公议规矩碑》。内云:"近经兵荒,匪人蜂起,混迹道门,借游滋事。"(《调查》)

公元 1875 年：毕节路朝霖撰成《洛阳龙门志》。

公元 1901 年：九月十九日，慈禧太后及光绪帝西巡回銮，幸伊阙并诣关林庙赡礼。（关林《永遵不易》碑）

本表资料出处及其简称：

《旧唐书》，《旧》。

《新唐书》，《新》。

《唐会要》，《会》。

《册府元龟》，《册》。

《金石萃编》，《萃》。

《金石续编》，《萃续》。

《八琼室金石补正》，《金石补正》。

《汉魏南北朝墓志集释》，《墓志集释》或赵万里图版××

《洛阳伽蓝记》，《伽蓝记》。

《洛阳县志》，《县志》。乾隆十年龚崧林纂修。

《资治通鉴》，《鉴》。

《古集今佛道论衡》，《衡》。

《高僧传》

《续高僧传》，《续传》。

《宋高僧传》，《宋传》。

《开元释教录》，《开元录》。

《景德传灯录》，《灯录》。

《佛祖统纪》，《统》。

《佛祖历代通载》，《通》。

《入唐求法巡礼记》，《巡礼记》。

《旧五代史》，《旧史》。

《法苑珠林》，《珠林》。

《大唐慈恩法师传》，《慈恩传》。

《大唐西域记》，《西域记》。

《宋会要辑稿》，《宋会要》。